"十四五"全国统计规划教材

"大国三农"系列规划教材

应用统计学

主编◎杨汭华

副主编◎李晓峰 穆月英 陈秀凤 马红旗

中国统计出版社
China Statistics Press

图书在版编目(CIP)数据

应用统计学 / 杨汭华主编 ; 李晓峰等副主编. —— 北京 : 中国统计出版社, 2022.9

ISBN 978-7-5037-9869-6

Ⅰ. ①应… Ⅱ. ①杨… ②李… Ⅲ. ①应用统计学—高等学校—教材 Ⅳ. ①C8

中国版本图书馆 CIP 数据核字(2022)第 130304

应用统计学

作　　者/杨汭华　李晓峰　穆月英　陈秀凤　马红旗
责任编辑/徐　颖
封面设计/黄　晨
出版发行/中国统计出版社有限公司
通信地址/北京市丰台区西三环南路甲 6 号　邮政编码/100073
发行电话/邮购(010)63376909　书店(010)68783171
网　　址/http://www.zgtjcbs.com
印　　刷/河北鑫兆源印刷有限公司
经　　销/新华书店
开　　本/787×1092mm　1/16
字　　数/520 千字
印　　张/24
版　　别/2022 年 9 月第 1 版
版　　次/2022 年 9 月第 1 次印刷
定　　价/68.00 元

国家统计局
全国统计教材编审委员会第七届委员会

出版说明

教材之于教育，如行水之舟楫。统计教材建设是统计教育事业的重要基础工程，是统计教育的重要载体，起着传授统计知识、培育统计理念、涵养统计思维、指导统计实践的重要作用。

全国统计教材编审委员会（以下简称编委会）成立于1988年，是国家统计局领导下的全国统计教材建设工作的最高指导机构和咨询机构，承担着为建设中国统计教育大厦打桩架梁、布设龙骨的光荣而神圣的职责与使命。自编委会成立以来，共组织编写和出版了“七五”至“十三五”七轮全国统计规划教材，这些规划教材被全国各院校师生广泛使用，对中国统计教育事业作出了积极贡献。

党的十九届五中全会审议通过的《中共中央关于制定国民经济和社会发展第十四个五年规划和二〇三五年远景目标的建议》，为推进统计现代化改革指明了方向，提供了重要遵循。实现统计现代化，首先要提升统计专业素养，包括统计知识、统计观念和统计技能等方面要适应统计现代化建设需要，从而提出了统计教育和统计教材建设现代化的新任务新课题。编委会深入学习贯彻党的十九届五中全会精神，准确理解其精神内涵，围绕国家重大现实问题、基础问题和长远问题，加强顶层设计，扎实推进“十四五”全国统计规划教材建设。本轮规划教材组织编写和出版中重点把握以下方向：

1.面向高等教育、职业教育、继续教育分层次着力打造全系列、成体系的统计教材优秀品牌。

2.围绕统计教育事业新特点，组织编写适应新时代特色的高质量高水平的优秀统计规划教材。

3.积极利用数据科学和互联网发展成果，推进统计教育教材融媒体发展，实现统计规划教材的立体化建设。

4.组织优秀统计教材的版权引进和输出工作，推动编委会工作迈上新台阶。

5.积极组织规划教材的编写、审查、修订、宣传评介和推广使用。

“十四五”期间，本着植根统计、服务统计的理念，编委会将不忘初心，牢记使命，充分利用优质资源，继续集中优势资源，大力支持统计教材发展，进一步推动统计教育、统计教学、统计教材建设，进一步加强理论联系实际，有序有效形成合力，继续创新性开展统计教材特别是规划教材的编写研究，为培养新一代统计人才献智献策、尽心尽力。

同时，编委会也诚邀广大统计专家学者和读者参与本轮规划教材的编写和评审，认真听取统计专家学者和读者的建议，组织编写出版好规划教材，使规划教材能够在以往的基础上，百尺竿头，更进一步，为我国统计教育事业作出更大贡献。

国家统计局
全国统计教材编审委员会
2021 年 9 月

前言

互联网发展促进了大数据的各种应用，也进一步发展和推广了应用统计学，深化了统计学作为数据分析工具的重要性。本教材是在王治方主编的《统计学原理》、辛贤主编的《统计学原理》的基础上，参考了其他优秀的统计教材和著作，结合多年统计学教学的实践和经验编写而成。本教材以13章内容对统计调查、数据整理展示、数据描述分析和统计推断等知识板块进行了系统介绍，既可以作为高等学校经济管理类专业本科生教学使用，也可以作为其他专业、科研工作者和统计工作者的参考书。

本教材主要有四个方面的特点：

第一，具有涉农特色。在统计学基本理论和方法介绍中融入了农业统计制度、指标和方法。统计学作为一种方法论，已经应用到了诸如农业统计学、经济统计学、生物统计学、消费统计学、医学统计学、人口统计学等等广泛的专业统计学中，为此，教材编写中加入以农业统计方法制度的内容，目的在于引导读者体会和理解统计原理和方法的一个具体应用。

第二，以“统计与实践”引导各章内容。本教材以统计学发展的基本线索、人物或故事等引导每章内容，有助于了解统计思想，认识统计科学与统计实践的关系。

第三，将统计分析软件与统计方法原理相结合。本教材例题丰富，除了给出手工计算结果，还给出了SPSS统计软件操作过程，帮助读者更好地融会贯通统计软件背后的统计学原理，提高学习兴趣和学以致用。

第四，教材内容简洁且比较全面。教材对于应用统计的基本工作过程进行了系统介绍，其中简洁地体现了统计学的基本方法原理和思想。每章后附有关键术语、内容小结和思考练习题，有助于读者归纳和复习。

本教材是《应用统计学》课程组共同努力的成果。由杨汭华担任主编，李晓峰、穆月英、陈秀凤、马红旗担任副主编。第1章和第2章由杨汭华编写，第3章和第8章由杨汭华编写，第4章由杨汭华、魏加威编写，第5章由杨汭华、任天驰、熊亚涛编写，第6章和第7章由陈秀凤编写，第9章和第10章由李晓峰编写，第11章由穆月英、孟婷、朱晨编写，第12章由穆月英、孟婷、董莹编写，第13章由马红旗编写。邓晓玲、郭莲莲、毛佩锦、田耿胜、魏雪颖、闫雨做了全书的素材编撰和校对。最后，主编和副主编人员共同完成了全书的定稿工作。

本教材的出版得到了中国农业大学经济管理学院领导和教务老师的大力支持，也吸收了中国统计出版社编辑部领导和老师的指导性建议，在此致以真诚的感谢。由于作者水平的局限，教材中存在的不足和错误之处还请同行和读者不吝指正，以便于我们不断更新和完善内容，为高质量教材建设贡献一份力量。

编 者

2022 年 8 月

目　录

第1章 绪 论

统计与实践

人类最早的“结绳记事”，是一种原始的统计活动。我们能看到的最早的统计资料，就是公元前2000多年我国夏朝的土地和人口数字的“普查”记录：夏朝分中国为九州，人口1355万人，土地约2438万顷。几乎同时，在古希腊、罗马的奴隶制国家里，也有人口、财产和世袭领地的记录。到了封建社会，统计在管理国家中的重要性日益显著，统计实践活动已具有一定的规模。至秦汉，地方已有户口和田亩的记载。唐宋则有计口授田，田亩鱼鳞册等土地调查和计算。到了明清，又建立了经常的人口登记和保甲制度，等等。随着统计实践的积累，有关统计的思想和方法也在逐步形成。在我国春秋时期，反映管仲思想的重要著作《管子》一书中有这样的论述：不明于计数，而欲举大事，犹无舟楫而欲经于水险也。这就是说，不善于利用计数而进行宏伟事业，犹如没有船和桨而想渡过激流险滩一样。《商君书》中指出“强国知十三数”：境内仓、口之数；壮男、壮女之数；老、弱之数；官、士之数；以言说取食者之数、利民之数；马、牛、高藁之数，以此十三数作为反映基本国情的数量指标，反映了商鞅的统计思想。可见，那时已经有了全国规模的人口调查制度，而且已经对人口按照年龄、职业等进行分组统计，甚至有了国民经济各种数量指标的对比分析。这种“计数”产生的意义是非常重大的，就像恩格斯说的，“为了计数，不仅要有可以计数的对象，还要有一种在考察对象时，撇开对象的其他一切特性而仅仅考虑到数字的能力”，这也就是抽象的数字的概念，实物的多少与数的对应关系的确立，并建立了运算规则，为统计学的诞生与发展奠定了基础。统计活动随着社会生产的发展和国家管理的需要而不断发展。17世纪中叶，统计学诞生并在18、19世纪不断发展，以法国数学家拉普拉斯(Pierre-Simon Laplace，1749－1827)、比利时统计学家凯特勒(Lambert Adolphe Jacques Quetelet，1796－1874)、波兰统计学家奈曼(Jerzy Neyman，1894－1981)等为代表的一些学者将统计学与研究不确定性的概率论相结合，产生了现代意义上的统计学——数理统计学。凯特勒把概率论原理和大量观察法引进了统计研究领域，他认为，“统计学是对性质相同的事物进行大量观察，从而探索出社会现象相继不绝的一门学问。”他还借助于一个生动的例子来说明大量观察法的作用。他说，人者分而观之，人心之不同各如其面，几无规律可循，然而人人而观之，则相去不远，其间自有不变的规律在。从大量现象中寻找统计规律性，正是现代统计学的核心。

始于“结绳记事”，统计实践走过了人类历史的农业经济时代、工业经济时代，又走进了正在到来的知识经济时代，统计学虽然已产生了300多年，但仍在快速发展。在20世纪以前，统计学的领域主要是人口统计、生命统计、社会统计和经济统计，随着社会、经济和科学技术的发展，今天统计的范畴已覆盖了社会生活的一切领域，几乎无所不包，成为通用的方法论科学。

1.1 统计学的基本问题

1.1.1 统计的基本含义

对“统计”一词的理解通常有三层含义：一是统计工作，即搜集统计数据的活动。统计工作是对所研究对象的数量方面进行调查、整理、分析等工作的总称；二是统计资料，即统计工作的成果。统计资料是反映研究对象的特征或规律的数据资料，是数字资料、文字资料、统计图表、统计公报、统计年鉴和统计分析报告等的总称；三是统计学（Statistics）。统计学是一门研究如何搜集、整理和分析数据的方法论科学。统计工作、统计资料和统计学三者之间相互联系、不可分割。一方面，统计工作和统计资料是统计过程和结果的关系，统计资料来源于统计工作，反过来又服务于统计工作；另一方面，统计学和统计工作是理论和实践的关系，统计学来源于统计实践，反过来又应用于统计实践，促进统计工作的发展。

20 世纪以来，进入统计学的方法工具不断丰富，统计学的应用领域不断扩大，成为经济、社会、天文、地理、工程、军事等众多领域分析研究中不可或缺的助手，被冠“应用统计学”的名称。目前，尽管应用统计学的内涵仍有争议，但形成的共识是，应用统计学是从应用的角度阐述数据搜集、整理、分析的一系列统计理论和统计方法。

1.1.2 统计学的性质

了解统计学的起源和发展过程，才能说明统计学的性质。统计学是一门很古老的科学，一般认为其学理研究始于古希腊的亚里士多德（Aristotle，公元前 384－322）时代，迄今已有两千三百多年的历史。在两千多年的发展过程中，统计学至少经历了城邦政情、政治算术和统计分析科学三个发展阶段[①]。

第一阶段：城邦政情（matters of state）阶段。城邦政情阶段始于亚里士多德撰写“城邦政情”或“城邦纪要”。他一共撰写了一百五十余种纪要，其内容包括各城邦的历史、行政、科学、艺术、人口、资源和财富等社会和经济情况的比较、分析，具有社会科学特征。“城邦政情”式的统计研究延续了一两千年，直至 17 世纪中叶才逐渐被“政治算术”这个名词所替代，并且很快被演化为“统计学”（Statistics）。如今，统计学依然保留了城邦（state）这个词根。

第二阶段：政治算术（politcal arthmetic）阶段。政治算术阶段与城邦政情阶段并没有很明显的分界点，二者也没有很本质的差别。“政治算术”的特点是统计方法、数学计算和推理方法开始结合，分析社会经济问题的方式更加注重运用定量分析方法。以 1672 年英国古典政治经济学的奠基人威廉·配第（William. Petty，1623－1687）的《政治算术》一书作为这个阶段的起始标志。他用数字、重量和尺度量化社会经济现象的方法是近代统计学的重要特征。构成“政治算术”方法的核心是“数字”。配弟在书中使用的数字有三类：第一类是对社会经济现象进行统计调查和经验观察得到的数字。第二类是运用某种数学

① 贺铿，关于统计学的性质与发展问题[J]. 中国统计，2001(09)：5－7.

方法推算出来的数字，其推算方法可分为三种：(1)以已知数或已知量为基础，循着某种具体关系进行推算的方法。(2)通过运用数字的理论性推理来进行推算的方法；(3)以平均数为基础进行推算的方法。第三类是为了进行理论性推理而采用的例示性的数字。配弟把这种运用数字和符号进行的推理称之为"代数的算法"。从配弟使用数据的方法看，政治算术阶段的统计学已经比较明显地体现了"搜集和分析数据的科学和艺术"特点，统计实证和理论分析相结合，即使在现代统计学中也依然具有这种方法。

第三阶段：统计分析科学(science of statistical analysis)阶段。在政治算术阶段出现的统计与数学的结合趋势逐渐发展形成了统计分析科学。19 世纪末，欧洲大学里开设的"国情纪要"或"政治算术"等课程名称逐渐消失，代之而起的是"统计分析科学"课程。当时的"统计分析科学"课程的内容仍然是分析研究社会经济问题。"统计分析科学"课程的出现是现代统计发展阶段的开端。1908 年，戈塞特(William Sleey Gosset)发表了关于 t 分布的论文，他创立了小样本代替大样本的方法，开创了统计学的新纪元。现代统计学的代表人物首推比利时统计学家奎特莱(Adolphe Quetelet，1796－1874)，他将统计分析科学广泛应用于社会科学、自然科学和工程技术科学领域，因为他深信统计学是可以用于研究任何科学的一般研究方法。现代统计学的理论基础概率论始于研究赌博的机遇问题，大约开始于 1477 年。数学家为了解释支配机遇的一般法则进行了长期的研究，逐渐形成了概率论理论框架。在概率论进一步发展的基础上，到 19 世纪初，数学家们逐渐建立了观察误差理论、正态分布理论和最小平方法则。于是，现代统计方法便有了比较坚实的理论基础。

史料表明，统计学起源于定量地说明和研究社会经济问题并不断完善和发展，成为我们研究社会现象和自然现象的基本方法。可以认为，统计学具有以下性质：

1. 统计学的研究对象是各类社会现象和自然现象

随着人类活动各种实践的需要，各个领域都要研究事物的数量方面，并通过其数量表现揭示事物的本质。不论社会的、自然的或实验的现象，凡是有大量数据出现的地方，都要用到统计学，凡能以数量来表现的均可作为统计学的研究对象。比如农业统计学、对外贸易统计学、金融统计学、人口统计学，等等，都是研究社会经济现象的总体数量特征和规律性的方法论科学，生物统计学、遗传统计学、气候统计学等是研究自然现象的总体数量特征和规律性的方法论科学。统计方法已渗透到其他科学领域，成为当前最活跃的学科之一。

附：什么是农业统计学？

农业统计学是社会经济统计学的重要组成部分。以农业部门为研究对象，农业统计学运用统计学的一般理论与方法对农业领域进行统计调查、整理和分析，从质与量的密切联系中研究现象总体的数量方面，分析大量现象的本质特征及其发展变化规律，同时还研究农业统计指标体系及其计算方法、农业统计调查分析方法和应用等。

农业统计的内容和方法与农业生产上和经济上的特点相适应。与其他部门统计学相比，农业统计具有的特点在于：(1)以土地为最重要的生产资料，故而土地的数量及其利用情况是农业统计的重要内容；(2)农业生产周期长、季节性强、地域广阔，农业统计必须围绕国家统计制度、针对不同地区提出具体要求；(3)农业生产时间和劳动时间不一致，要求农业统计必须研究不同季节劳动力和生产资料的利用情况;(4)农业生产易受自然条件影响、农业经营单位分散、农业生产和农村经济情况复杂,故在实际工作中,必须把普查、统计报表、抽样调查和典型调查等方法结合运用。

农业统计学的主要内容有:(1) 农业生产条件统计。包括农业户数、人口、耕地面积、农业土地利用、农业土地流转、农村劳动力数量与质量、农村劳动力流动与转移、农业生产经营单位、农业经营形式、农业固定资产、农业现代化和农业机械设备、农业科技等方面的统计;(2) 农业生产统计。包括种植业、畜牧业、林业和渔业生产、农业总产值、农业净产值、农业增加值、农业商品产值和纯收入统计等的统计;(3) 农业经济效益统计。包括土地利用率、农业劳动生产率、农户可支配收入、农村经济收入分配、农村消费与积累统计等;(4)农村经济调查。包括农业普查、农业统计报表制度,抽样调查和典型调查,农产量调查,农民家庭收支调查,农产品成本调查、农产品市场调查等。

2. 统计学研究的是现象总体的数量特征与规律性

统计学所要研究的是总体的数量特征及其分布的规律性。如果把总体比喻为"森林",把组成总体的各个单位比喻为"树木",以研究树木的高度特征为例,每个树木在高度上受到必然和偶然两种因素的支配。其中必然因素反映了该"森林"总体树木高度的基本特征,偶然因素致使树木个体高度存在差异,通过对树木个体高度及其差异分布进行统计来描述或推断全部树木的高度特征,就是统计的目的。

3. 统计学是一门方法论科学

统计学是一门方法论科学,而不是研究实质性问题的科学。统计学是一门独立的科学,既不属于数学,也不属于任何"实质性"科学,例如它不属于经济学、农学或者生物学等,统计学的目的是为统计工作研究实质性问题提供方法论指导,揭示具体研究对象总体的数量特征和规律性。

1.1.3 统计学的分科

统计方法已经被广泛地应用到自然科学和社会科学的众多领域,统计学也发展成为若干分支组成的学科体系。统计学大致有以下两种分类:

1. 描述统计学和推断统计学

从统计方法构成的角度,将统计学分为描述统计学和推论统计学。这种分类方法不仅反映了统计发展的两个阶段,同时也反映了不同的侧重。

(1)描述统计学(discriptive statistics)。描述统计学主要阐述的是如何搜集、整理和描述资料的方法。本教材中主要包括统计调查、统计整理、统计图表、统计指标、统计指数、时间序列常规分析等理论和方法。

(2)推断统计学(inferential statistics)。推断统计学也称归纳统计学。20 世纪之前,统计学基本上处于描述阶段,之后推断统计学理论不断丰富并成为统计学研究的主流。推断统计学是根据研究对象总体的部分数据去推论研究对象总体的数量特征和规律性的理论和方法。本教材中介绍了统计量分布、参数估计、参数检验、非参数检验、方差分析、回归与相关分析、时间序列非常规分析方法等内容。

一般来说,描述统计学是推断统计学的基础,推断统计学是描述统计学的拓展,是现代统计学的核心。描述统计学和推断统计学的区别与联系:

(1)概念不同。描述统计学研究如何取得反映客观现象的数据,并通过图表形式对所搜集的数据进行加工处理和显示,进而通过综合概括与分析得出反映客观现象的规律性数量特征。推断统计学是以概率论为基础,用随机样本的数量特征信息来推断总体的数量特征,作出具有一定可靠性保证的估计或检验。

(2)所用方法不同。描述统计学是使用总体数据(如普查数据),经过描述统计之后达到认识总体数量规律性;而推断统计学只是研究总体的一部分数据(样本数据),应用概率论的理论并根据样本信息找到总体的数量规律性。

(3)相关性。描述统计和推断统计都属于统计学的方法。描述统计是整个统计学的基础,推断统计则是现代统计学的主要内容。

2. 理论统计学和应用统计学

从统计方法研究和应用的角度,将统计学分为理论统计学和应用统计学。

(1)理论统计学(theoretical statistics)。理论统计学是指统计学的数学原理,它扎根于纯数学的一个分支—概率论。它以抽象的数量为研究对象,研究内容包括概率论及一些并不属于传统概率论的内容,如随机理论、假设检验原理以及一般决策的原理,其侧重点在于统计数学原理的推导和证明。同时,统计实践还在推动统计理论不断发展。

(2)应用统计学(applied statistics)。应用统计学与理论统计学相对应。应用统计学是将理论统计学的基本原理应用于各个领域,阐述统计数据搜集、整理和分析的一系列理论和方法。它包括一整套统计分析方法,有的是它适用于各个领域的一般性统计方法,如参数估计、假设检验、方差分析、相关与回归等。有的则是某一专业领域中特有的分析方法,例如经济统计学中的时间序列分析、指数分析法、综合指数评价法等。应用统计学淡化了统计学方法数学原理的推导,而是侧重于阐明统计思想,并将理论统计学的结论作为工具应用于各个具体领域。近几十年来,由于统计研究的范围越来越广,一些科学实验也日趋复杂,应用统计方法也相应地复杂化和专门化。

在统计学的发展过程中,虽然由于研究重点不同产生了理论统计学和应用统计学,但二者不是割裂的,而是相互促进和共同发展的。理论统计学的研究成果为应用统计学提供了数量分析方法,应用统计学的发展反过来也促进着理论统计学的发展。数理统计理论与方法并不限于概率统计,这些方法的形成也并不都是纯粹数学研究的结果。例如,统计误差理论来源于天文观察,回归与相关分析来自生物科学,时间序列分析来自经济学和气象学,分量和等级分析来自心理学,χ^2 分析来自社会学,等等。数理统计理论与方法形成的历史较短,多数是近一个多世纪以来的成果,而且发展的速度越来越快,这个部分是统计学中最为活跃的内容。

1.1.4 统计工作过程

一个完整的统计工作过程,主要包括统计调查方案设计、统计调查、统计资料整理和统计分析四个环节,见图1.1。

1. 统计设计

统计设计是根据研究问题的目的和要求,对统计研究的对象、研究内容、调查组织方式、数据搜集方法和经费支出等所做出的系统性安排。统计设计是统计工作的第一阶段,即定性认识的阶段,其结果表现为统计调查方案。统计是一项需要高度集中统一的工作,没有预先的科学的设计,没有具体的工作规范,就难以达到预期的目的。特别是在一项大规模的统计调查活动开始前,必须进行统计设计。

2. 统计调查

统计调查是根据统计调查方案设计的统计组织方式、数据搜集方法和研究内容的要求,有计划、有目的、有组织地搜集统计原始资料的工作过程,是统计工作的第二个阶段。统计调查是定量认识的起点,是全部统计分析工作的基础。

3. 统计整理

统计整理是指根据统计研究的目的,将统计调查得到的原始资料(和次级资料)进行科学地分类和汇总,使其条理化、系统化的工作过程,是统计工作的第三阶段。这个阶段的主要任务就是为统计分析阶段准备能在一定程度上说明总体特征的统计资料。在实际工作中,统计整理与统计调查和统计分析并非总是截然分开的,而是相互交织在一起的,它是统计调查的继续,也是统计分析的开始。统计调查和统计整理都是一种定量认识活动。

4. 统计分析

统计分析是在统计整理的基础上,根据研究目的和任务,利用科学的统计分析方法,对统计研究对象的数量方面进行计算、分析的工作过程,是统计工作过程的最后阶段。这一阶段的目的是揭示研究对象总体的数量特征和规律性,达到统计研究的最终目的。

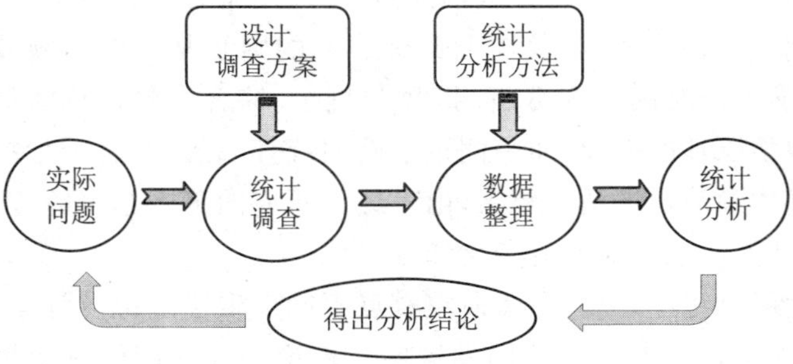

图 1.1 统计工作过程

从统计工作的逻辑顺序来看,统计设计、统计调查、统计整理和统计分析这四个阶段是从定性认识开始,经过定量认识,再到定性认识的循环往复的过程。统计工作阶段是理论上的划分,实际工作中这四个阶段是交织在一起的。

1.1.5 统计学研究的基本方法

统计学对客观现象总体的数量特征与规律性统计进行研究的方法较多,最常用的方法包括:大量观察法、统计分组法、综合指标法和统计推断法、动态分析法、相关分析法、统计图表法等。这里介绍前四种最基本的方法。

1. 大量观察法

大量观察法(method of mass observation)指对所研究对象的全部或足够数量进行观察的方法。通过大量的个体观察,可以使影响个体的偶然因素相互抵消,从而显示出现象的数量特征和规律性。比如,掷硬币正反面出现的概率分别为 1/2、随机误差呈现的“正态分布”、植物病害流行的“S 型曲线”、反映人们消费结构变化的“恩格尔定律”,等等,都是在对大量经验数据的观察中发现的。

2. 统计分组法

统计分组法(statistical grouping method)指按某一标志将研究对象总体划分为若干部分,用于区分社会经济现象的类型、研究现象的内部结构、揭示现象之间的相互依存关系等的方法。比如,按照产业属性,将国民经济划分为第一产业、第二产业和第三产业,借以分析三次产业结构及其变动。按照经济发展状况,将我国分为东部、中部、西北和东北部四大经济地带,用以研究区域发展的平衡性。统计分组法是统计资料整理和分析的基本方法,在统计研究中具有特别重要的意义,第 3 章中将涉及统计分组法的应用。

3. 综合指标法

综合指标法(comprehensive indicator method)指运用各种综合指标对研究对象的总体特征进行数量方面的概括说明。总量指标、相对指标、平均数和变异指标等都是综合指标。如农业总产值、农业发展速度、人均可支配收入、投资回报稳定性等。综合指标法是描述统计的核心内容,是其他统计析方法的基础,如时间序列分析、统计指数、抽样推断等都以综合指标分析为前提。综合指标法将在第 4 章介绍。

4. 统计推断法

统计推断法(statistical inference)指在一定的概率把握程度(即可靠程度)下,根据样本指标对总体参数作出估推断的方法。它既可以用于对总体参数的估计,也可以用于对总体某些分布特征进行假设检验。常用的统计推断法有抽样推断、参数估计和假设检验等,属于现代统计学的基本方法。该方法将主要体现在第 6 章至第 10 章中。

1.2　统计学中的几对基本概念

在统计学涉及的基本概念中,以下概念是最为基本的。

1. 总体和总体单位

(1)总体(population)。总体是研究对象的所有个体的集合。表述总体的文字中通常带有如“全部”“所有”“全体”这些表示将研究对象的个体全部包括在内的关键词。例如,对某街道居民的家庭收入情况进行调查,该街道的所有居民家庭就构成统计总体。

(2)总体单位。总体单位是构成研究对象总体的每一个个体。原始资料的取得往往都是从个体事物出发获得的。表述总体单位的文字中通常也有如“每一”字样的表示个体的关键词。如对某街道居民家庭收入情况的调查中,每一个居民家庭就是总体单位。

总体与总体单位间的关系如同集体与个体的关系。但是,总体与总体单位不是固定不变的,随着研究目的和任务的不同,两者间是可以相互转化的。比如,要研究北京市涉农企业的经营情况,此时“北京市所有涉农企业”是总体,而“北京市每一个涉农企业”是总体单位。但是,如要研究北京市某涉农企业经营情况,此时“北京市某涉农企业”是总体,该企业下属的各分公司(或经营网点)就成为总体单位。

统计总体按其总体单位的多少分为有限总体和无限总体。有限总体指总体的范围明确,包含的个体是有限可数的。无限总体指包含的总体单位很多,以至于无限的总体。比如,一条河中鱼的尾数、粮仓中小米的粒数、无限生产的产品数、宇宙中的星球数,其数量是客观存在的，但是，由于其数量过大，可以看作无限总体。在社会经济统计中，对于无限总体只能抽取一部分单位进行非全面调查。大多数总体属于有限总体，对于有限总体既可以进行全面调查，也可以进行非全面调查。

2. 样本和样本单位

(1)样本(sample)。样本指从研究对象总体中抽取部分单位所构成的集合体。抽样的目的是通过样本的数量特征推断总体的数量特征。

(2)样本单位。样本单位指构成样本的各个单位，构成样本的单位数称为样本容量(sample size)。在抽样调查中，样本容量的确定很重要，取决于研究问题精度的需要和人财物的限制。对于探索性研究，样本量一般较小，而用于结论性研究，一般要求较大的样本量。

3. 标志与指标

(1)标志(characteristic)。标志是说明总体单位所具有的某种属性或特征的名称。它是以统计分组法进行数据分析的依据。标志有品质标志和数量标志之分。

品质标志(qualitative characteristic)指那些不能用数值表示，只能用事物的属性体现的标志。比如个体的性别、民族、籍贯、职业、学历和职称等都是品质标志，以文字来表示。

数量标志(quantitative characteristic)指说明个体数量特征的名称，以数值来表示。比如年龄、身高、体重、考试成绩等，都是数量标志。需要指出的是，数量标志的名称用文字表达，对应的数值是标志值(characteristic value)，用数值表示。

数量标志可以转换为品质标志。如人的实际年龄是数量标志，按照年龄组分组法，可将实际年龄转变为少年儿童组、成年人口组或老年人口组这样的品质标志。一个人的受教育年限，可以转化为相应的文化程度如小学、初中、高中、大学或研究生等品质标志。

(2)指标(indicator)。统计指标是反映总体数量特征的概念和数值。它由指标名称和指标数值两部分构成，例如，2020 年我国 GDP 为 1013567 亿元。

统计指标的分类较多，以下给出其中的四种：

①按反映总体的特征不同，将统计指标分为数量指标和质量指标。数量指标是将性质相同的个体的标志值累加后得到的反映总体数量多少、规模大小的指标，如 2020 年某行政村 105 户农户的耕地面积总和为 1000 亩、经营性收入为 105 万元、工资性收入为 280 万元等。质量指标是反映社会经济现象相对水平或平均水平的指标，如“粮食亩产量、粮食生产单位面积成本、畜产率、林产品价格、农业劳动生产率”，等等。

②按反映内容的不同，将统计指标分为基础指标和特征指标。基础指标是反映研究对象总体基本状况的指标，由总量指标和相对指标构成。特征指标是反映数据取值分布特征的指标，由三部分组成：一是反映数据取值分布集中趋势的平均指标；二是反映数据分布离散程度的变异指标；三是反映数据分布形状的偏态和峰度系数。

③按管理功能不同，将统计指标分为描述指标、评价指标和预警指标。描述指标提供对研究对象总体的基本认识。如反映社会经济条件的土地面积、自然资源拥有量、劳动力资源等指标，反映生产经营过程和结果的农业固定资产、农业总产值、亩产量等指标。评价指标用于对社会经济运行的结果进行比较、评估和考核，以检查工作质量或其他定额指标的结合作用。预警指标一般是用于对宏观经济运行进行监测，对国民经济运行中即将发生的失衡、失控等进行预报和警示。

④按照取得数据的依据不同,将统计指标分为客观指标和主观指标。凡是对研究对象客观总体进行计量而获得的数据为客观指标,如耕地面积、牲畜头数、粮食产量等。凡凭人们的感受、体验而确定的对研究对象进行评价的指标为主观指标,如民意测验、专家评审产生的满意度、支持率、综合得分等方面的统计指标。

(3)标志与指标的关系

标志与指标是一对非常重要的概念,两者之间既有区别又有联系。

两者的区别是:其一,标志反映个体特征,而指标反映总体特征;其二,标志可以用数量表示(数量标志),也可以用文字表示(品质标志)。统计指标只能用数值表示。

两者的联系是:其一,总体单位的数量标志加总得到指标,品质标志加总得到总体总数。例如,一个银行营业网点所有职工的月工资相加得到该网点职工的月总工资,而职工性别的汇总即是该网点的总人数;其二,标志和指标之间存在着变换关系。例如,研究某省的农业增加值,则该省所辖各县(市)的农业增加值为数量标志,而如果以某县(市)为研究对象总体,则其农业增加值就为统计指标。

4. 变异和变量

(1)变异(variation)。变异表现为总体单位之间的差异,包括质的差异和量的差异。比如,一个行政村中人口有性别差异;农户家庭经营类型有纯农户、兼业农户和非农户之分;农产品有特等品、一等品、二等品和三等品等,这都是质的变异。不同农户家庭经营耕地面积大小、年可支配收入和成本支出等的差异均是量的变异。有变异才有统计,若事物总是一成不变,便不需要统计了。

(2)变量(variable)。变量指可变的数量标志,变量的具体取值即为变量值。

变量有连续型变量和离散型变量之分。连续型变量是指两个整数间可以进行无限分割的变量,也就是可以取小数的变量,如耕地面积、农作物播种面积、化肥施用量、粮棉油产量、农业固定资产额等。离散型变量是指只能取整数的变量,如行政村数、农业劳动力人数、农业机械台数、大牲畜头数、水利灌溉设施个数、农村淘宝店数等,都是离散型变量。

5. 参数和统计量

(1)参数(parameter)。参数是描述研究对象总体特征的数值或者指标。参数通常用希腊字母表示,如总体均值(或数学期望)用 μ 来表示,总体标准差用 σ 来表示。对某一确定的总体,参数是唯一的。

(2)统计量(statistic)。统计量是描述样本特征的数值或者指标,是对总体参数进行统计推断的依据。统计量通常用英文字母来表示,如样本平均数用 $\bar{x}$ 表示,样本标准差用字母 s 来表示。样本是由总体中抽取的部分单位构成的小总体,由于样本单位可能有不同的组合,所以得出的统计量是样本的函数,随样本的不同而不同,即统计量不是唯一的。

在统计推断中,统计量用于推断总体参数。

1.3 统计数据的类别

1.3.1 统计数据的计量尺度

计量尺度是指对计量对象量化时采用的具体标准。按照计量尺度(scale of measure)不同,可将统计数据分为定类尺度、定序尺度、定距尺度和定比尺度四种。

1. 定类尺度

定类尺度或称列名尺度(nominal scale),在统计中是一种最原始、最低的或最有限制性的一种计量。例如,人口按性别、爱好、籍贯、职业等分类都是定类尺度的计量。这种列名的分类没有严格的顺序,只是为了便于整理汇总。把这些类别赋予数字代号,比如籍贯,用"1"代表北京,"2"代表山东,"3"代表广东等等,数字的大小没有意义,不能用于排序和加减运算。

2. 定序尺度

定序尺度(ordinal scale)较定类尺度要高一级,它的排列是有一定顺序的,比如学生考试成绩划分为优、良、中、及格、不及格就是一种顺序的计量,但各成绩档次之间的差异不能计量。又如,体育比赛中有冠军、亚军和季军之分,三者之间的距离也不能确切计量。因此,定序尺度区别于定类尺度之处在于各类之间可以排序,共同之处在于都不能进行加减乘除运算。

3. 定距尺度

定距尺度(interval scale)是用以测量总体单位数量特征的计量尺度。它不但可以区分类别、进行排序,还可以计算出类别之间的差距大小。但是,定距尺度的零点是人为设定的,没有真正的零点,所以乘法和除法运算的结果不唯一,因而没有意义。例如,以摄氏来计量温度,当0℃时并不是完全没有温度,它只是海平面上水结冰的温度,这里只是以0℃作为一个起点。物理上的绝对零度约是−273℃,如果说40℃比20℃高20℃是可以的,但如果说40℃是20℃的2倍就不恰当了。因为40℃实际上是代表273+40=313℃,20℃是代表273+20=293℃,所以313℃并非为293℃的两倍。定距尺度通常使用自然或物理单位作为计量单位,如收入用"元"、考试成绩用"分"、温度用"度"、重量用"克"、长度用"米",等等。等距尺度的每一间隔都是相等的,只要给出一个度量单位,就可以准确地指出两个数值之间的差值。智商、摄氏温度、华氏温度、考试成绩等都是等距尺度。

4. 定比尺度

定比尺度(ratio scale)也是用以测量总体单位数量特征的计量尺度。定比尺度具有绝对零点,这是它与定距尺度之间唯一的差别,它不仅可以用于分类、排序、计算差距,也可以计算比例。例如,身高、体重、年龄、资产、负债、利润等等,都是定比尺度。

对数据计量的四种尺度加以比较,见表1.1。从各自的运算功能来看,定比尺度包含了前三种尺度的功能,因而认为是最高的计量尺度,定类尺度是最低的计量尺度。一般说来,较高的计量尺度可以转变为较低的计量尺度,比如,可以把企业按照年产值的高低,划分为大型、中型和小型企业,而较低的计量尺度则不能转变为较高的计量尺度。

表1.1 四种统计计量尺度的比较

测定层次	特 征	运算功能	举 例
(1)定类尺度	分类	计数	性别、出行方式、职业分类、产业分类
(2)定序尺度	分类、排序	计数、排序	文化程度、赛事排名产品质量等级
(3)定距尺度	分类、排序;无绝对零点;有基本测量单位	计数、排序、加减	摄氏温度、考试成绩、智商
(4)定比尺度	分类、排序;有绝对零点;有基本测量单位	计数、排序、加减、乘除	年龄、身高、价格、绝对温度、粮食产量

1.3.2 统计数据的类型

统计数据有不同类型,不同类型数据在处理和分析方法上有所不同。所以,明确数据的类型是非常重要的。

1. 根据计量尺度分类

按照计量尺度的不同,将统计数据分为分类数据、顺序数据和数值型数据。

(1)分类数据(categorical data)。分类数据是按照定类尺度取得的数据,数据表现为类别,是用文字表述的,如在统计调查中收集到的人口按性别、爱好、籍贯、职业等数据就是分类数据。通常用频数和频率表示这一类数据的统计结果,例如,我国人口中的男女人数及比例,受过研究生教育人口中硕士和博士人数及比例等。

(2)顺序数据(rank data)。顺序数据是按照定序尺度取得的数据。顺序数据也表现为类型,是文字表述的,但可以排序。如前面提到的学生考试成绩划分为"优、良、中、及格、不及格"、体育比赛中有"冠军、亚军和季军"之分等情形,还有如在满意度调查中,选项有"非常满意、比较满意、满意、比较不满意、特别不满意"等。在实际工作中,这类数据为我们所常见和常用,可以统计每类的总频数及频率。

(3)数值型数据(metric data)。数值型数据是按照定距尺度和定比尺度获取的数据,这类数据表现为数值,如前述温度、考试成绩、身高、体重、年龄、资产、负债、利润等等。在实际应用中,数值型数据可以转化为排序数据,以便更好地观察数据中不同类别质的差异。另外,要注意区别数值型数据中以定距尺度和定比尺度计量有绝对零点是否存在的不同,以便能够恰当地进行有关统计分析。

2. 按照时间属性分类

按照时间属性不同,将统计数据分为静态数据和动态数据,亦称截面数据和时间序列数据。静态数据表示现象在特定时间、空间相对静止状态下的数据,如每年不同区域农产品产量、农村劳动力流出状况、农村居民基本养老保险购买情况等。动态数据指现象在特定时期内演变过程的数据,例如历年全国粮食总产量、农村居民人均可支配收入等数据。

在实际应用中,还可将截面数据和时间序列数据合并形成混合数据或面板数据。

3. 按照数据搜集方法分类

按照数据搜集方法的不同,有询问数据、实验数据和观察数据之分。

(1)询问数据。询问数据是指调查者对被访者通过问卷、座谈等方式进行调查获得的数据。比如,农业普查、农产量调查、居民消费水平调查等,都需要与被调查者直接接触来获取数据。

(2)实验数据。实验数据指运用实验法获得的数据。例如,农业上通过田间实验了解水分、温度、肥料对农作物产量的影响,医学上通过实验验证新药的疗效。实验法还广泛运用于市场营销、心理学、教育学的研究以获取所需要的数据。

(3)观察数据。在统计调查中,还可以通过观察获取资料,包括自然观察和设计观察。这类数据表现为数值,如前述温度、考试成绩、身高、体重、年龄、资产、负债、利润等等。在实际应用中,数值型数据可以转化为排序数据,以便更好地观察数据中不同类别质的差异。另外,要注意区别数值型数据中以定距尺度和定比尺度计量有绝对零点是否存在的不同,以便能够恰当地进行有关统计分析。

4. 按照数据是否直接取得分类

按照数据是否直接取得,统计数据有直接数据和间接数据之分,直接数据即为原始数据,间接数据又叫作二手数据。

(1)直接数据。对于一个特定的统计研究问题,需要通过询问、实验或观察等调查等方法直接获得第一手资料。例如,涉及国情国力方面的数据,必须实施如人口普查、农业普查、经济普查等全面调查,其他二手数据是难以满足数据分析需要的。另如,要了解某产品的消费者满意度状况,没有现成的调查数据,也必须专门组织调查。本教材介绍的统计数据搜集,指的是原始数据的搜集。

(2)间接数据。在我们的统计分析工作中,常常用到多方面的间接资料。间接数据主要有如下来源:

其一,重要的出版物。在统计出版物中,有我国国民经济各部门的宏观数据资料,如中国统计年鉴、中国农业统计年鉴、中国保险年鉴、中国金融年鉴等。有国民经济某方面的数据资料,如全国农产品成本收益资料汇编、中国物价统计年鉴、中国对外经济统计年鉴等。我国人口普查、农业普查和经济普查等专项调查也都出版了资料专辑。同时,还有各省区市统计年鉴、县域统计资料等。此外,世界各国国民经济数据资料,如国外经济统计资料、世界经济年鉴等,也为我们提供了进行统计分析的数据来源。

其二,统计公报(statistical communiquè)。统计公报是政府统计机构通过报刊向社会公众公布一个年度国民经济和社会发展情况的统计分析报告。阅读统计公报是一个很好的统计学习过程,有助于我们掌握其中的统计概念和专业术语,在更高层面上观察、分析、把握社会经济形势,从历年数量变化的轨迹中找到其中的规律性。

其三,网络资源。网络数据资源比较丰富,例如国家统计局官网、中国农业信息网、中国人民银行官网、证券交易所、期货交易所网站、中金在线等,还有国外官方统计网站和国际组织网站等,都有助于了解我国和其他国家国民经济和社会统计方面的资料。

其四,资讯系统和有关数据库。咨询系统和有关数据库可以提供系统的专业研究数据。例如南华期货富远行情分析系统、易盛农产品期货价格系列行情资讯系统、万德(Wind)资讯数据库、国泰安 CSMAR 数据库、中国研究数据服务平台(CNRDS),等等。另外,还有许多国际数据库,如联合国粮食及农业组织统计数据库(FAOSTAT)、经济合作组织(OECD)统计数据库、国际货币基金组织(IMF)统计数据库等,都是非常重要的数据来源。

1.4 SPSS和Excel统计软件的基本应用

统计软件种类较多，比如SPSS、Excel、Stata、R、Matlab、Pathon等软件。统计软件在基本分析功能上相同，但是各自的特点有所不同。本教材采用SPSS 24进行示例，本节列出了Excel统计函数以便辅助有关内容的学习。

1.4.1 SPSS for Windows

SPSS(Statistical Package for the Social Science)即社会科学统计软件包，由美国SPSS公司在1960年代开发研制，是一个组合式软件包，最新版本为SPSS28.0。该软件集数据整理、分析功能于一身，数据输入便捷、统计分析结果清晰、直观、易懂。其基本功能包括数据管理、统计分析、图表分析、输出管理等，具体内容包括描述统计、列联分析，总体的均值比较、相关分析、回归模型分析、聚类分析、主成分分析、时间序列分析、非参数检验等多个大类，每个大类中还有多个专项统计方法。

1. 系统运行环境

SPSS10.0以上版本软件包可以工作在两种模式下，单机模式和作为网络系统的用户界面模式。

2. SPSS的运行方式

SPSS提供了三种基本运行方式：完全窗口菜单方式，程序运行方式、混合运行方式。程序运行方式和混合运行方式是使用者从特殊的分析需要出发，编写自己的SPSS命令程序，通过语句直接运行。

SPSS中使用的对话框主要有两类，一类是文件操作对话框，文件操作对话窗口操作与Windows应用软件操作风格一致。另一类是统计分析对话框，统计分析对话框可以分为主窗口和下级窗口，在该类对话框中，选择参与分析的各类变量及统计方法是对话框的主要任务。

3. SPSS的操作界面

SPSS有五个操作界面，见图1.2。分别是：数据编辑窗口(主窗口)、结果输出窗口、对

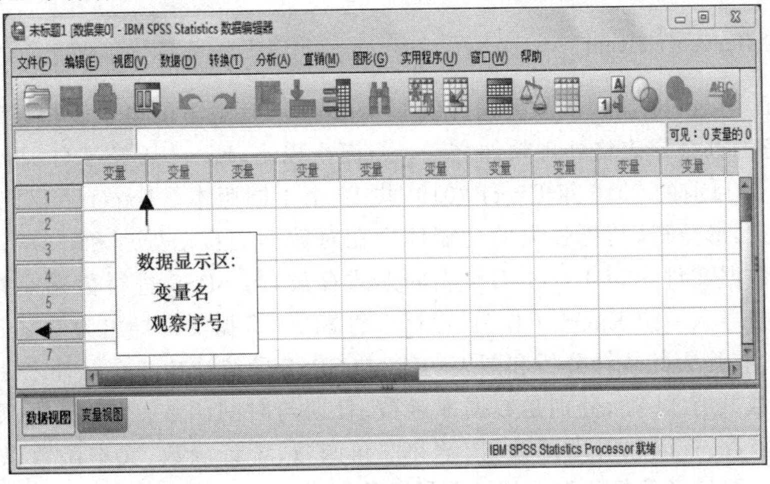

图1.2 SPSS数据编辑窗口

象编辑窗口、语法编辑器窗口、脚本编辑窗口。主要界面是数据编辑窗口和结果输出窗口。数据编辑窗口是 SPSS 对数据进行定义、录入、修改、管理等基本操作的窗口。数据编辑窗口下方有两个视区：变量视图和数据视图，分别用于定义变量类型和输入变量的数值。

SPSS 的数据编辑窗口与 Excel 类似，但 SPSS 的统计功能更为丰富。表 1.2 给出了数据编辑窗口菜单栏的基本功能。

表 1.2　SPSS 数据编辑窗口菜单栏的基本功能

菜单名	功能	解释
文件	文件操作	对相关文件进行基本管理(如新建、打开、保存、打印等)。
编辑	数据编辑	对数据编辑窗口中的数据进行基本编辑(如撤销/恢复、剪切、复制、粘贴等)，并实现数据查找、软件参数设置等功能。
视图	窗口外观状态	对窗口外观进行设置(如状态栏、表格线、变量值标签等是否显示、字体设置等)。
数据	数据操作管理	对数据编辑窗口中的数据进行加工整理(如变量排序、转置、选取、分类汇总、加权等)。
转换	数据基本处理	对数据编辑窗口中的数据进行基本处理(如生成新变量、计数、分组等)
分析	数据分析	对数据编辑窗口中的数据进行统计分析和建模(如基本统计分析、均值比较、相关分析、回归分析、非参数检验等)。
图形	制作统计图	对数据编辑窗口中的数据生成各种统计图形(如条形图、直方图、饼图、线图、散点图等)。
实用程序	实用程序	其他辅助信息(如显示变量信息、定义变量集、菜单编辑器等)。
窗口	窗口管理	对多个窗口进行管理(如窗口切换、最小化窗口等)。
帮助	帮助	实现联机帮助(如语句检索、统计教练等)。

1.4.2　Microsoft Excel

Microsoft Excel 是美国微软公司开发的 Windows 环境下的电子表格系统，它是目前应用最为广泛的办公室表格处理软件之一。自诞生以来，Excel 历经了自 1987 年 Excel 2 for Windows 到目前的 2016 年 Excel 2019，共 16 个不同版本。Excel 不仅能够方便地处理表格和进行图形分析，其更强大的功能体现在对数据的自动处理和计算方面。实际工作中，我们的数据文件多以 Excel 工作表的形式存放，与 SPSS 进行数据交换非常方便。SPSS 可以直接导入一个 Excel 工作表，也可以将 SPSS 数据文件导出为 Excel 工作表。同时，Excel 也具有强大的统计分析和图表功能，与 SPSS 的统计功能有互补之处。

Excel 函数共有 11 类，分别是数据库函数、日期与时间函数、工程函数、财务函数、信息函数、逻辑函数、查询和引用函数、数学和三角函数、统计函数、文本函数以及用户自定义函数。其中，统计函数是我们在统计分析中特别需要关注的，见表 1.3。

表 1.3 Excel 中的统计函数及其功能

AVEDEV 返回一组数据与其均值的绝对偏差的平均值
AVERAGE 返回一组数据的平均值
AVERAGEA 返回一组数据的平均值，包括数字、文本和逻辑值
BETA. DIST 返回 Beta 概率分布函数
BETA. INV 返回具有给定概率的累积 Beta 分布的分位点
BINOM. DIST 返回二项分布的概率
CHISQ. DIST 返回 分布的左尾概率
CHIINV 返回给定概率的 分布的左尾分位点
CHI. TEST 返回独立性检验值
CONFIDENCE 返回总体平均值的置信区间
CORREL 返回两组数值的相关系数
COUNT 计算包含数字的单元格个数
COUNTA 计算区域中非空单元的个数
COUNTIF 计算满足给定条件的单元格个数
COVARIANCE. P 返回总体协方差
CONVARIANCE. S 返回样本协方差
DEVSQ 返回一组数据的离差平方和
EXPON. DIST 返回指数分布
F. DIST 返回两组数据的(左尾)F 概率分布
F. INV 返回(左尾)逆 F 概率分布
FISHER 返回 FISHER 的变换值
FISHER. INV 返回逆 FISHER 变换
FORECAST 根据给定的数据计算或预测未来值
FREQUENCY 返回一组数据的频率分布
F. TEST 返回 F 检验的结果
GAMMA 返回 Gamma 函数值
GAMMA. DIST 返回 Gamma 分布
GAMMA. INV 返回逆 Gamma 累积分布
GAMMALN 返回 Gamma 分布的自然对数
GEOMEAN 返回几何平均数
GROWTH 返回指数回归拟合曲线的拟合值
HARMEAN 返回数据集的调和平均值
HYPGEOM. DIST 返回超几何分布
INTERCEPT 返回回归线截距
KURT 返回数据集的峰态系数
LARGE 返回数据集中第 K 个最大值
LINEST 返回线条趋势的参数
LOGEST 返回指数趋势的参数
LOGINV 返回逆对数正态分布
LOGNORMDIST 返回对数正态分布的累积函数
MAX 返回参数列表中的最大值
MAXA 返回参数列表中的最大值，包括数字、文本和逻辑值 MEDIAN 返回数据集的中位数
MIN 返回一组数据的最小值
MINA 返回一组数据的最小值，包括数字、文本和逻辑值
MODE 返回数据集的众数
NORM. DIST 返回正态分布函数值
NORM. INV 返回给定概率的正态分布分位点
NORM. S. DIST 返回标准正态分布函数值
NORMS. INV 返回标准正态分布的分位点
PEARSON 返回 Pearson 相关系数
PERCENTILE. EXC 返回数组的 K 百分点值
PERCENTRANK. EXC 返回特定数据在数据集中的百分比排位
POISSON. DIST 返回 Poisson 分布
QUARTILE 返回数据集的四分位数
RANK 返回某数在数字列表中的排序
RSQ 返回 Pearson 相关系数的平方
SKEW 返回分布的偏态系数
SLOPE 返回线性回归直线的斜率
SMALL 返回数据集的第 K 个最小值
STANDARDIZE 返回正态分布概率值
STDEV. P 计算给定样本的总体标准偏差
STDEVA 估计样本标准偏差，包括数字、文本和逻辑值
STDEV. S 计算样本标准偏差
STDEVPA 计算样本标准偏差，包括数字、文本和逻辑值
STEYX 返回线性回归计算 Y 预测值所产生的标准误差
T. DIST 返回学生－t 分布
T. INV 返回逆学生－t 分布
TREND 返回线性回归拟合线的拟合值
TRIMMEAN 返回数据集的截尾平均数
T. TEST 返回学生－t 检验的概率值
VAR. P 计算给定样本的总体方差
VAR. S 计算样本方差
VARA 估计样本方差，包括数字、文本和逻辑值
VARPA 计算整个样本方差，包括数字、文本和逻辑值
WEIBULL. DIST 返回 Weibull 分布(概率密度)
Z. TEST 返回 Z 检验的单尾 P 值

关键术语

理论统计学 theoretical statistics
应用统计学 applied statistics
大量观察法 method of mass observation
综合指标法 comprehensive indicator method
统计推断法 statistical inference
总体 population
样本 sample
参数 parameter
样本容量 sample size
统计量 statistic
变异 variation
变量 variable
标志 characteristic
指标 indictor
定类尺度 nominal scale
定序尺度 ordinal scale
定距尺度 interval scale
定比尺度 ratio scale
原始数据 raw data
统计公报 statistical communique

本章小结

1. 统计的含义和分类。统计包括三个含义:统计工作、统计资料和统计学。统计学是关于如何搜集资料、如何对搜集的资料加以整理、分析和推断等一系列方法和原理的科学。按照统计学的发展阶段,将统计学划分为描述统计和推断统计;从统计方法研究和应用的角度,将统计学划分为理论统计学和应用统计学。

2. 统计学的性质。从统计学的发展和形成过程来看,统计学具有三个方面的重要性质:统计学的研究对象是各类社会现象和自然现象;统计学研究的是现象总体的数量特征与规律性;统计学是一门方法论科学。

3. 统计工作过程和统计学研究方法。一个完整的统计工作过程,主要包括统计调查方案设计、统计调查、统计资料整理和统计分析四个环节。统计学的研究方法较多,最基本的方法是大量观察法、统计分组法、综合指标法和统计推断法。

4. 几对基本概念。应用统计学中的名词概念较多,总体和总体单位、样本和样本单位、参数和统计量、标志和指标、变异和变量是最为基本的几对概念。弄清这些基本概念,有利于把握统计学的基本理论和方法,有助于进行统计分析工作。

5. 统计数据的计量尺度。统计数据的计量尺度有四种:定类尺度、定序尺度、定距尺度和定比尺度。其中,定比尺度包含了前三种尺度的功能,是最高层次的计量尺度,定类尺度是最低的计量尺度。一般说来,较高的计量尺度可以转变为较低的计量尺度,而较低的计量尺度不能转变为较高的计量尺度。定距尺度与定比尺度的差别在于前者没有绝对零点,只能进行加减运算,后者有绝对零点,因而可以进行加减乘除运算。

6. 数据分类。统计数据有不同类型,不同类型数据在处理和分析方法上有所不同。根据计量尺度的不同,可以把数据分为分类数据、顺序数据和数值型数据,这是最基本的分类;按照所描述现象和时间的关系,将统计数据分为静态数据和动态数据;按照数据搜集方法的不同,分为询问数据、实验数据和观察数据;按照数据是否直接取得,分为直接数据和间接数据,其中直接数据来源于对研究对象实施的询问、实验和观察等,间接数据的来源渠道比较多,如统计年鉴、统计公报、数据库和资讯系统等。

7. 统计软件。统计软件种类较多,比如 SPSS、Excel、Stata、R、Matlab、Pathon 等软件。各种统计软件在基本分析功能上相同,但是各自的特点有所不同,有时可以相互辅助。本教材以 SPSS 24 给出操作实例,同时推荐以 Excel 作为辅助软件。

思考题

1.1 “统计”有几种含义?各种含义之间有什么联系?

1.2 统计学的性质和特点?

1.3 统计学的基本分科?

1.4 统计学研究的基本方法有哪些?

1.5 统计工作的基本过程?

1.6 总体和总体单位之间、样本和样本单位之间的关系?

1.7 标志和指标的区别与联系?

1.8 参数和统计量有什么不同?

1.9 统计数据的计量尺度有哪些?如何理解?

1.10 统计数据的种类?统计数据的来源?

1.11 SPSS 软件有哪些统计分析功能?

第2章 统计调查

统计与实践

相比于普查活动的悠久历史,抽样调查的发展才是近一个世纪的事情。1895年之前,人们在使用样本和进行简单推算方面已有了相当的发展,抽样调查相继出现了典型抽样、随意抽样、定额抽样等有意抽样方式,但有意抽样不够科学和完善,随机抽样逐渐产生并为人们所接受。在该年举办的第五届国际统计学会议上,挪威国家统计局长凯尔(Anders Niscolai Kiaer,1838—1919)提出了所谓"代表性调查"的抽样方法,成为了引起了激烈争论的问题,推动了抽样调查的形成和发展。至1925年,丹麦统计学家詹森和英国统计学家鲍莱在第十六届国际统计学会议上发表论文,第一次对有意抽样和随机抽样进行了比较,提出了随机抽样要按照概率原理给每个单位有同等被抽中的机会。由此,抽样调查的概念和原则得以确立并逐步发展成为完善的抽样理论,抽样调查方法作为一种更及时、更经济的数据搜集方法,被广泛应用于经济、社会、科学等各个领域。可以说,20世纪期间,传统的普查与新产生的抽样调查,作为两大数据搜集方法体系,共同应用于对社会经济发展的测量,发挥了重要的作用。我国自20世纪30—40年代开始发展抽样调查,推进了人口、能源、社会经济、森林木材、草原和农田估产、昆虫数量估计等方面的抽样调查活动。1994年,我国确立了以周期性普查为基础,抽样调查为主体,辅之以必要的全面报表、重点调查、科学估算的统计调查方法体系,确立了抽样调查的主体地位和普查的基础地位。如今,抽样调查方式已经广泛地应用于农作物产量、居民收入、人口、价格、消费、民情民意调查等广阔的领域。

统计调查就是进行统计资料的搜集,这是统计工作的第一步。本章将首先介绍普查、抽样调查、统计报表、重点调查和典型等统计调查方式,然后介绍面谈法、观察法和实验法等统计调查方法,以及统计调查方案设计、调查问卷设计以及数据误差等基本内容。

2.1 统计调查的意义和要求

2.1.1 统计调查的意义

统计调查(statistical survey)是根据调查的目的与要求,运用科学的调查方法,有计划、有组织地向调查对象搜集数据信息的统计工作过程,又称为数据采集。统计资料搜集要明确为何搜集、何地搜集、向谁搜集、搜集什么、何时搜集、如何搜集、谁来搜集等基本问题。

统计工作的各个环节是紧密衔接、相互依存的。统计调查是统计工作的开始阶段，是统计资料整理和分析的前提。统计调查在整个统计工作中担负着提供基础资料的任务，是一切统计资料的来源。一般情况下，统计研究是从统计调查开始，通过接触实际情况，占有原始资料，取得感性认识，再经过对资料的系统整理和综合分析，提高到理性认识。统计调查工作的质量如何，直接影响到整个统计工作成果的质量。

2.1.2　统计调查的基本要求

统计调查的基本要求是要做到准确性、及时性和完整性，这是衡量统计工作质量的重要标志。

(1)准确性是统计数据质量在统计信息客观真实性方面的体现，是统计数据质量的核心要求，也是对统计工作的最基本要求。如果统计数据不准，统计数据失实，那便会丧失了统计数据的使用价值。

(2)及时性是统计数据质量在统计信息的时间价值上的体现，是对统计数据形成和提供的速度要求。统计工作既有事前预警，又有事后分析，这也意味着数据搜集必须要考虑时效性，只有做到了及时性，才能保证统计资料的时效，提高统计资料的使用价值。

(3)完整性是统计数据在统计信息的内容含量上的体现，就是要求统计调查提供的统计数据在内容上应该包括使用者所需的所有项目。

2.2　统计调查组织方式

实施统计调查时，必须针对调查对象的特点和调查目的，选择适当的调查组织方式。统计调查的组织方式体系见图 2.1。按统计调查对象包括的范围不同，统计调查的组织方式有全面调查和非全面调查之分。全面调查用以对研究对象的所有单位进行调查，而非全面调查仅对研究对象的部分单位进行调查。统计报表制度既可以用于组织全面调查，也可以用以组织非全面调查。按照调查的时间是否连续，统计调查组织方式可分为经常性调查和一次性调查。如统计报表制度可用于进行连续性调查，属于经常性调查。每次普查之间相隔的时间比较长，常被看作一次性调查。为了某种特种目的而专门组织的调查为专门调查，如普查、抽样调查、重点调查和典型调查等调查组织方式。

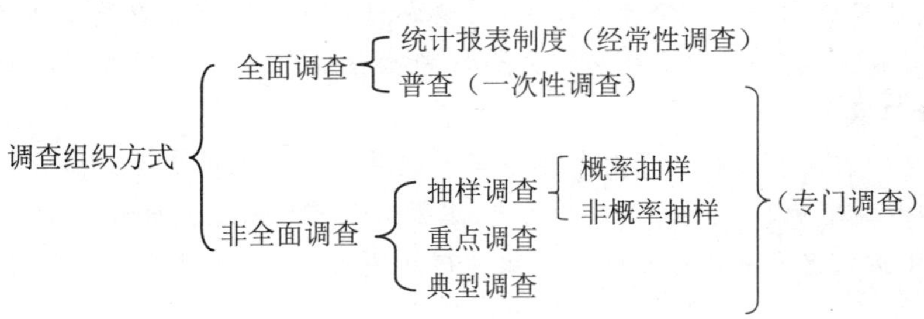

图 2.1　统计调查的组织方式体系

2.2.1　普查

普查(census)是为一特定目的而专门组织的、一次性的全面调查。普查主要用来搜集某些不能够或不适于用定期的全面统计报表搜集的统计资料，以搞清重要的国情、国力和一定范围上的社会经济现象的总量。从宏观上讲，普查是了解国情、国力的重要调查方法，世界各国都在定期进行各种普查。我国也开展了如人口普查、农业普查、经济普查、野生动物普查、全国污染源普查、旅游资源普查等各种普查。

普查作为一种全面统计调查的组织方式，具有以下特点：

(1)普查是一次性或者周期性调查。普查涉及面广、调查单位多，需要耗费大量的人力、物力和财力，因而不能经常进行，一般每隔 10 年进行一次。我国的普查工作不断规范化、制度化，如逢"0"的年份进行人口普查，逢"3"和"8"的年份进行经济普查，逢"6"的年份进行农业普查。

(2)规定统一的标准时点。标准时点是指对被调查对象登记时所依据的统一时点。调查资料必须反映调查对象在这一时点上的状况，以避免调查时因情况变动而产生重复登记或遗漏现象。例如，我国第七次人口普查的标准时点为 2020 年 11 月 1 日零时，第三次农业普查的标准时点为 2016 年 12 月 31 日 24 时。

(3)规定统一的普查期限。在普查范围内，各调查单位或调查点尽可能同时进行登记，并在最短的期限内完成，以便在方法和步调上保持一致，保证资料的准确性和时效性。

(4)规定普查的项目和指标。普查时必须按照统一规定的项目和指标进行登记，不准任意改变或增减，以免影响汇总和综合，降低资料质量。同一种普查，每次调查的项目和指标应力求一致，以便于进行历次调查资料的对比分析和观察社会经济现象发展变化情况。

(5)普查数据一般比较准确，规范化程度也较高，因此它可以为抽样调查或其他调查提供基本依据。

(6)普查的使用范围比较窄，只能调查一些最基本及特定的现象。

附：我国第三次全国农业普查方案(部分)

一、普查目的和意义

农业普查是全面了解"三农"发展变化情况的重大国情国力调查。组织开展第三次全国农业普查，查清我国农业、农村、农民基本情况，掌握农村土地流转、农业生产、新型农业经营主体、农业规模化和产业化等新情况，反映农村发展新面貌和农民生活新变化，对科学制定"三农"政策、促进我国实现农业现代化、全面建成小康社会，具有十分重要的意义。

二、普查对象

第三次全国农业普查的登记对象是中华人民共和国境内的农业经营户、农业经营单位、居住在农村且有确权(承包)土地的住户；填报对象是列入农业普查范围的村(居)民委员会、乡镇(街道)；遥感测量对象以农作物种植地块为主，并包括其他与之相关的土地覆盖要素。

三、普查行业范围

第三次全国农业普查的行业范围包括农作物种植业、林业、畜牧业、渔业和农林牧渔服务业。

四、普查内容

第三次全国农业普查主要包括以下内容：(一)农业从业者情况；(二)土地利用和流转情况；(三)农业新型经营主体情况；(四)农业现代化进展情况；(五)农业生产能力和结构情况；(六)粮食生产安全情况；(七)农产品销售与农村市场建设情况；(八)村级集体经济与资产状况；(九)乡村治理情况；(十)乡镇社会经济发展状况；(十一)农民生活状况；(十二)建档立卡贫困村与贫困户情况；(十三)主要农作物种植等空间分布情况。

五、普查表种类及登记原则

第三次全国农业普查共设6张普查登记表，包括农户普查表、规模农业经营户普查表、农业经营单位普查表、行政村普查表、乡镇普查表和农作物面积遥感测量实地调查表。

六、普查组织

第三次全国农业普查的组织原则为“全国统一领导、部门分工协作、地方分级负责、各方共同参与”。全国农业普查工作在国务院和地方各级人民政府领导下进行。

主要农作物面积遥感测量工作在国务院及各省(自治区、直辖市)农业普查领导小组办公室统一领导下，由国家统计局各调查总队具体组织实施。

七、普查区划分及普查人员配备

普查区按村(居)民委员会所辖地域划分。每个普查区至少配备一名普查指导员。普查区下设置普查小区。

八、普查时间安排

普查时点为2016年12月31日24时。凡是年末资料，均以普查时点数据为准。普查时期为2016年1月1日至12月31日。

主要农作物面积遥感测量实地调查时点：实地调查按照播种季节进行，秋冬播调查时点为2016年4月30日；春播调查时点2016年5月15日；夏播调查时点2016年8月15日。

资料来源：国家统计局

2.2.2 抽样调查

抽样调查是实际中应用最为广泛的一种调查方式，可分为传统抽样调查和网络抽样调查两大类。

1. 传统抽样调查

传统抽样调查(sampling survey)可分为概率抽样(probability sampling)和非概率抽样(non-probability sampling)两种。

(1)概率抽样

概率抽样也称为随机抽样，即遵循随机原则进行的抽样，总体中的每个单位都有一个确定被抽到的概率。概率抽样排除了主观上有意识地抽取调查单位，每个单位被抽中的概率是已知或可计算的。

概率抽样包括简单随机抽样、分层抽样、整群抽样、系统抽样和多阶段抽样等。

①简单随机抽样(simple random sampling)。简单随机抽样也称为纯随机抽样，是最基本的抽样设计方法。该方法的基本步骤是，将调查对象全部编号，通过抽签(包括用机器摇号、掷骰子或随机数表)等方法，从中随机抽取所需要的一定数量的调查对象。当调

查对象数量不十分庞大,调查对象个体差异较小时,可用此方法。如某企业要从其 100 家产品用户中抽取 20 家进行调查,了解其对本企业产品的质量和服务方面的意见,则可把 100 家用户作 001—100 的编号,然后用抽签的方法,从中抽取 20 个号码,并对持有该号码的 20 家用户进行调查。该方法简单直观,其对总体调查对象不加任何区分和限制,保证每一个调查对象都有均等机会被抽到。

②分层抽样(stratified sampling)。分层抽样也称为分类抽样,是对调查对象总体按照不同特征分层(分类),然后用随机方法从各层(类)中抽取一定的样本单位,将这些样本单位合在一起就构成了一个随机样本。当调查对象总体中的个体差异较大时,为提高样本的代表性,则可用此法进行抽样调查。采用分层抽样有两条原则:一是各层间具有明显的差异性,二是层内个体间的差异要尽量小。与简单随机抽样相比,分层随机抽样能够保证每个类型都体现在样本中,提高了样本对于总体的代表性。

③整群抽样(cluster sampling)。整群抽样是先把总体划分为若干群,再从总体群中随机地抽取群构成样本,然后对抽中的群内的各个单位进行全面调查。比如,对某县域的农户小额贷款状况进行调查,从该县中随机抽取若干村,再对抽中村的全部农户进行全面调查。整群抽样的优点在于,在难以获取完整的总体名单时采用,通过将抽样单位由个体转换成群,使由简单抽样和分层抽样所不能进行的抽样调查成为可能,扩大了抽样调查的应用范围。

比较而言,分层抽样是在各层都进行随机抽样,所以层是缩小了的总体,抽样单位仍是总体单位。而整群抽样只抽取部分群,故群实际上是扩大了的总体单位。

④系统抽样(systematic sampling)。系统抽样法又叫做等距抽样法或机械抽样法。它是先将总体单位按某一标志排队,并按某种规则确定一个随机起点,然后每隔一定的间隔抽取一个样点,直至抽出 n 个样点构成样本。

系统抽样的步骤是:

第一步:编制抽样框。抽样框,就是有关标志排队一览表,即将总体各单位按某标志的高低进行顺序排队,同时对辅助变量进行累计,就形成了抽样框。

采用系统抽样时,对总体单位可按无关标志和有关标志两种方式排队。

按无关标志排队。即总体单位的排列顺序与所调查的标志无关。如进行居民家计调查中,可将居民按姓氏笔划排列,也可按电话号码或门牌号排序。这与居民生活水平是无关的。一般认为,按无关标志排队是一种抽签法,在本质上相当于简单随机抽样,只是等距抽样大大简化了抽样方法。由于每隔一定距离抽出一个单位,样本单位在总体中的分布比较均匀,从而有可能使样本的代表性增强。

按有关标志排队。即总体单位的顺序与所要调查的标志有直接关系。如在居民家计调查中,按居民家庭人口、工资收入或工龄长短等排序。在调查农产量情况时,按照亩产量排队。这种按有关标志排序的等距抽样又称为有序系统抽样,它能使标志值高低不等的总体单位均有可能选入样本,增强样本代表性,减少抽样误差。

第二步,确定抽样距离。抽样距离用 k 表示,通过辅助变量的总和($\sum f$)与所抽样本容量(n)之比求得。计算公式为:

$$k=\frac{\sum f}{n}$$

第三步，确定随机起点。随机起点用 r 表示，用于决定在第一组中从何处开始抽取样本点，其取值范围是：$0 < r < k$。

第四步，确定样点位次。有以下三种情形：

情形一：当抽取的样点数 n 为偶数时

第一个样点位置为：r（随机抽取）

第二个样点位置为：$2k - r$

第三个样点位置为：$2k + r$

第四个样点位置为：$4k - r$

第五个样点位置为：$4k + r$

第六个样点位置为：$6k - r$

……

情形二：当抽取的样点数 n 为奇数，$\frac{n+1}{2}$ 也为奇数时（如 $n = 9$）

第一个样点位置为：r（随机抽取）

第二个样点位置为：$2k - r$

第三个样点位置为：$2k + r$

第四个样点位置为：$4k - r$

第五个样点位置为：$\sum f/2$，即第 $\frac{n+1}{2}$ 项

第六个样点位置为：$5k + r$

第七个样点位置为：$7k - r$

第八个样点位置为：$7k + r$

第九个样点位置为：$9k - r$

情形三：当抽取的样点数 n 为奇数，$\frac{n+1}{2}$ 为偶数时（如 $n = 7$）

第一个样点位置为：r（随机抽取）

第二个样点位置为：$2k - r$

第三个样点位置为：$2k + r$

第四个样点位置为：$\sum f/2$，即第 $\frac{n+1}{2}$ 项

第五个样点位置为：$5k - r$

第六个样点位置为：$5k + r$

第七个样点位置为：$7k - r$

第五步，代表性检查。对于抽取的样本要进行代表性检查，计算式为：

$$\text{代表性指标} = \left| \frac{\text{样本指标}}{\text{总体指标}} - 100\% \right|$$

该指标的计算结果一般要求不超过 2%。如果不符合要求，就需要重新抽样。下面举例说明系统抽样的做法之一。

【例 2.1】某行政村共有 25 个地块种植小麦，为了进行小麦测产，现按照系统抽样法从中抽取 7 块地组成样本。

解：按照以下步骤进行系统抽样：

第一步，编制抽样框。抽样框，就是有关标志排队一览表。一般地，将全村所有地块（有关标志）按照前三年的平均单产从低到高的顺序排队编号，相应地对各地块的播种面积（辅助变量）进行累计，得到累计播种面积 $\sum f = 396$ 亩，这便形成了抽样框，见表 2.1。

第二步，确定抽样距离。若欲抽取的样本容量 $n=7$，则抽样距离为：

$$k=\sum f/n=396/7=56.57(\text{亩})$$

该结果的含义是，在全部 396 亩的播种面积中，每隔 56.57 亩便抽出一个地块。

第三步，随机起点 r 的确定，可借助随机数表。该例属于上述情形三，则各地块位置的确定见图 2—2。

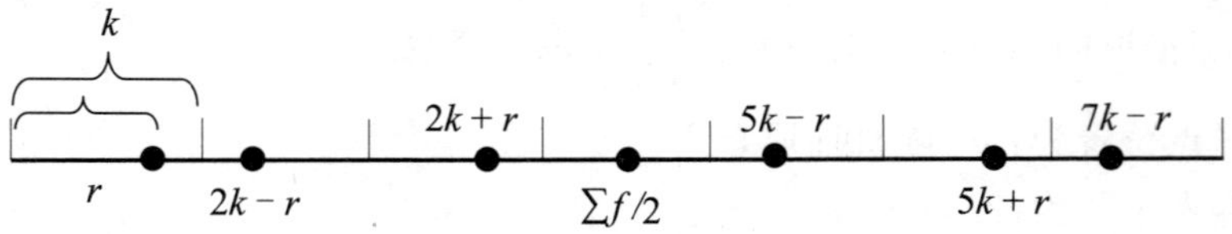

图 2—2　系统抽样方法

第四步，确定各样本点的位次。按照随机起点、对称等距抽样的规则，若随机抽取的第一个样点的位置为 $r=20$(亩)，则

第二个样点位置为：$2k-r=2\times56.57-20=93.14$(亩)

第三个样点位置为：$2k+r=2\times56.57+20=133.14$(亩)

第四个样点位置为：$\sum f/2=396/2=198$(亩)

第五个样点位置为：$5k-r=5\times56.57-20=262.85$(亩)

第六个样点位置为：$5k+r=5\times56.57+20=302.85$(亩)

第七个样点位置为：$7k-r=7\times56.57-20=375.99$(亩)

表 2.1　对称等距抽样的抽样框

序号	地块名称	近三年平均亩产排队(kg)	播种面积 f (亩)	累计播种面积 $\sum f$ (亩)	抽中的样本点位置	抽中地块
1	长垄地	358	9	9		
2	二节地	358	13	22	20.00	√
3	北横垄	384	10	32		
4	西　岗	392	15	47		
5	北边界	406	17	64		
6	下　洼	424	20	84		
7	南　山	424	12	96	93.14	√

表 2.1(续)

序号	地块名称	近三年平均亩产排队(kg)	播种面积 f(亩)	累计播种面积 $\sum f$(亩)	抽中的样本点位置	抽中地块
8	xxx	432	7	103		
9	xxx	456	10	113		
10	xxx	458	15	128		
11	xxx	480	15	143	133.14	√
12	xxx	488	25	168		
13	xxx	496	8	176		
14	xxx	504	13	189		
15	xxx	504	17	206	198.00	√
16	xxx	536	20	226		
17	xxx	544	18	244		
18	xxx	550	20	264	262.85	√
19	xxx	550	28	292		
20	xxx	552	16	308	302.85	√
21	xxx	552	10	318		
22	xxx	552	40	358		
23	xxx	553	15	373		
24	xxx	554	7	380	375.99	√
25	xxx	554	16	396		
合计	—	—	396	—	—	—

由表 2.1 可见，第一个随机抽样点为 $r=20$(亩)，含在累计 22 亩中，对应于第 2 块地(二节地)被抽中；第二个随机抽样点为 93.14(亩)，含在累计 96 亩中，对应于第 7 块地(南山)被抽中。同理，其他 5 个对应的地块被抽中。

被抽中的 7 块地亩产的简单平均数为：

$$(358+424+480+504+550+552+554)\div 7=488.86(\text{kg})$$

全村 25 个地块小麦亩产平均数为 482.44kg，则该样本的代表性指标为：

$$\left|\frac{488.86}{482.44}\times 100\%-100\%\right|=1.33\%<2\%$$

代表性指标的计算结果未超过 2%，则抽取的该样本符合代表性要求。若抽取的样本不符合代表性的要求，就需要重新确定随机起点 r，获取一套新样本。如果更换几次 r 后所得样本仍不能满足代表性要求，就需要采取增加样本数目的方法。

⑤**多阶段抽样**(multistage sampling)。多阶段抽样也称为多级抽样或分段抽样，指在

抽取样本的时候,按照抽样个体的隶属关系或层次关系,分为两个或两个以上的阶段从总体中抽取样本的一种抽样方式。其具体操作过程是:第一阶段是将总体划分为若干个一级抽样单位,从中抽选若干个一级抽样单位入样;第二阶段是将入样的每个一级单位分成若干个二级抽样单位,从入样的每个一级单位中抽选若干个二级抽样单位入样。从集体抽样到个体抽样,分成若干阶段逐步地进行。

【例 2.2】某省在 100 多万农户中按照多阶段抽样抽取 1000 户,调查农户生产性投资情况。

解:多阶段抽样的过程是:

第一阶段,以县为抽样框,抽取 5 个县;

第二阶段,从抽中的 5 个县中各抽 4 个乡;

第三阶段,从抽中的 20 个乡中各抽 5 个村;

第四阶段,从抽中的 100 个村中各抽 10 户;

最后,所有抽中的农户构成样本,该样本容量为 $n=100\times10=1000$(户)。

在整个过程中,各阶段的抽样可以采取简单随机抽样、分层抽样或系统抽样来进行。

多阶段抽样区别于分层抽样,也区别于整群抽样,适用于抽样调查的面特别广,不要求有具体的包括所有总体单位的抽样框的情况,因而比较容易进行。它同样适用于总体范围太大,无法直接抽取样本的情况,可以相对节省调查费用。因此,在总体范围特别大、对象的层次特别多的社会研究中一般采用多阶段抽样方法。但是,由于每段抽样都会有误差,经过多阶段抽样,最后抽出来的样本误差就会比较大,所以在同等条件下,多阶段抽样的效率一般低于其他形式的随机抽样的效率。

附:我国粮食产量抽样调查制度

我国粮食产量抽样调查采用二阶段抽样。以国家调查县所辖行政村为总体,抽选调查村。具体抽选方法是:(1)县抽村。首先,按农业普查行政村的地址码排队,随机起点,根据确定的大样本容量等距抽选大样本。在大样本中按照有关标志排队,对称等距抽选出满足各单项调查的小样本。其次,将抽中的大样本的所有村的近三年平均亩产值,从高到低(或从低到高)顺序排队,以相对应播种面积资料累计,编制成抽样框。按规定抽样数目,以对称等距抽样方法抽选确定农产量调查村。最后,对用以上方法抽出的多套样本进行比较,从中选择一套代表性强,结构合理,分布均匀的调查网点。(2)村抽调查地块。村抽地块时,调查地块不固定,每季调查前进行估产,按单产排队,播种面积累计编制抽样框,对称等距抽选调查地块。

资料来源:国家统计局

(2)非概率抽样

非概率抽样也称为不等概率抽样或非随机抽样,是调查者根据自身方便或主观判断抽取样本的方法,包括目的抽样、方便抽样、滚雪球抽样、判断抽样、配额抽样和自愿抽样等类型。

①目的抽样(purposive sampling)。目的调查即调查者主观地选择研究对象。比如,在民意调查中,在不同收入层次的人群中各取得部分样本单位,样本单位多少取决于预先

就有的知识。

②方便抽样(convenience sampling)。方便抽样即偶遇抽样,主要用于探索性研究。可以以较少的花费得到对研究对象的近似了解。比如,为了了解顾客对超市扶贫专柜农产品的销售建议,可以对停留在专柜前观察产品的消费者进行调查。

③判断抽样(judgment sampling)。判断抽样即目的抽样,是方便抽样的延伸。调查人员根据自身的判断,选择有代表性的调查对象。比如要研究各县域的情况,研究者仅在一个县中抽样,认为该县能够代表其他县。判断抽样包括重点调查、典型调查、代表抽样等调查方式。

④滚雪球抽样(snowball sampling)。滚雪球抽样又称为推荐抽样,是一种在稀疏总体中寻找受访者的抽样方法。例如,要研究大城市里农村家政服务人员的生活状况,就可以通过结识几位家政服务员,再通过他们结识其朋友,不用很久,就可以了解一大批家政服务员,即用少量样本单位通过滚雪球的方式获取更多的样本信息。

⑤配额抽样(quota sampling)。配额抽样与概率抽样中的分层抽样类似。先是确定类别及其比例,然后利用方便抽样或判断抽样法,从每一类中按比例选取需要的样本单位数。例如,在一项调查中,我们希望最后完访的1000名受访者在性别上的分布与总人口一致。就可以预先设置好男性和女性两组人群所分别需要达到的样本数(分别为510人和490人),然后按照这个数量进行数据收集。当任何一组人群达到了预设的数量,对该组人群的数据收集工作就完成了。

⑥自愿抽样(volunteer sampling)。自愿抽样指被调查对象中的个体自愿参加得到的样本。比如,个人自愿参与某种新药测试、自愿参与某农产品质量调查等。

非概率抽样不是严格按随机抽样原则来抽取样本,所以失去了大数定律的存在基础,也就无法确定抽样误差,无法正确地说明样本的统计量在多大程度上适合于总体。虽然根据样本调查的结果也可在一定程度上说明总体的性质和特征,但不能从数量上推断总体。

2. 网络抽样调查

大数据背景下网络调查日益广泛。网络抽样调查指以网络为载体,利用计算机和网络技术进行抽样调查的统计调查方式。与传统抽样调查类似,网络调查也可分为概率抽样和非概率抽样,但大多数网络抽样调查为非概率调查。

(1)网络概率抽样

网络概率抽样有以下四种方式:

①基于cookies技术的问卷调查法。该方法通常采用系统等距抽样,每隔k个访问者邀请一位参与调查。

②概率抽样panel法。该方法通过概率抽样的方法来招募志愿者组成panel,如进行客户满意度监控或品牌追踪,就可以在客户的E-mail清单中随机抽取志愿者,此时能建立一个高质量的抽样框,有助于获得一个可靠的结果,这一方法是近年网络调查的主流方法。

③电子邮箱清单概率抽样法。该方法是在积累相当多有效的被调查者的电子邮箱地址的基础上,先进行概率抽样,再发送问卷到相应的被调查者的电子邮箱,请求他们完成问卷。

④与传统调查相结合的网络调查法。该方法是先依据电话簿或地址清单等抽样框进行概率抽样，再邀请被抽中者到指定的网站和为没有上网工具的被抽中者提供上网工具，参与调查，即保证样本中每个个体都可以上网回答问卷，这种方法保证了样本的代表性，是目前有可能由样本推断总体的网络概率抽样方法。

(2)网络非概率抽样

网络非概率抽样有以下四种方式：

①随意拦截法。该方法在门户网站随意发送弹出式调查问卷给访问该站点的用户。

②志愿者调查法。该方法通常是在访问率较高的门户网站或与调查主题相配合的专业性信息站点发布调查的信息，进入这些网站的访问者可以自由选择，点击进入调查问卷。

③志愿者 panel 法。该方法是在网上招募志愿者建成一个 panel，根据研究需要，选择符合某一特征的被调查者，并通过密码或 IP 控制进入调查的样本。

④滚雪球网络调查法。该方法从一个已知属于目标总体的个体开始，访问、询问他们所知道的该群体中其他个体的资料，根据所提供的线索，选择此后的被调查者，这一过程会继续下去，形成一种滚雪球的效果。此调查方法的主要目的是借助网络的时效性和匿名性，对总体稀有事件或敏感性问题进行调查。

(3)网络抽样调查特点

①经济性。网络抽样调查使调查工作的组织检查相对简单，调查人员不需要挨家挨户去搜集统计数据，更节省人力、物力和财力。

②时效性。由于网络传送资料具有直接、迅速的特点，有利于改变统计调查过程中信息传递手段的滞后性，周期缩短、时效更快，能够在第一时间得到第一手统计数据，而且数据的处理不受空间限制。

③便利性。网络使统计调查及数据采集能够随时随地进行，简化了统计工作过程，提高了运算效率。对于大规模的矩阵运算，繁琐的数据处理分析过程都可在网上轻易进行。同时，网络抽样调查便于实施信息采集中的质量控制措施，可附全面规范的指标解释，对采集信息的质量实施系统检验、控制及反馈。

2.2.3 统计报表

统计报表(statistical report forms)是我国搜集统计资料的一种重要方式，是我国政府统计工作的一项基本内容。统计报表是按照国家有关法规的规定，自上而下地统一布置，自下而上地提供基本统计资料的一种统计调查。它以一定的原始记录为基础，按照统一表式、统一指标、统一报送时间和报送程序进行填报。

统计报表的类型多样。按调查范围不同，统计报表分为全面报表和非全面报表。全面统计报表要求调查对象的每一个单位都填报，非全面统计报表只要求调查对象的一部分单位填报。按报送周期长短不同，统计报表分为日报、旬报、月报、季报和年报等。报送周期越短，人、财、物力花费得就越多。因而，周期短的日报和旬报只限于填报最主要的指标。凡是年报、季报能满足管理要求的，就不要用月报和旬报。按报表内容和服务范围，统计报表又分为国家、部门和地方统计报表。国家统计报表从整个国民经济的角度出发，按国民经济部门划分，统计农业、工业、基建、物资、国内商业、对外贸易、劳动工资、交通运输、人民生活等方面的内容，为整个国民经济管理服务。部门和地方统计报表主要为国民经济各部门和各地方管理服务，按各部门和各地方要求填报。

附：《农林牧渔业统计报表制度》

一、为及时准确反映全国农林牧渔业生产经营活动情况，为各级政府制定政策、进行宏观经济管理与调控提供依据，依照《中华人民共和国统计法》的规定，制定本报表制度。

二、本报表制度属于国家统计调查，是国家统计局对各调查总队、省、自治区、直辖市统计局以及新疆生产建设兵团报送统计调查资料的要求。统计调查内容包含各级政府和业务主管部门共同需要的主要农业统计指标。地方、部门特殊需要的统计资料可以通过地方统计调查和部门统计调查收集，但应避免与国家统计调查重复。

三、本报表制度的调查统计范围，包括全部农业生产经营户，各省、自治区、直辖市以及新疆生产建设兵团所属的各种经济组织类型、各个系统的全部农业生产单位和非农行业单位附属的农业生产活动单位。军委系统的农业生产(除军马外)也应包括在内，但不包括农业科学试验机构进行的农业生产。

四、对于种植业的粮食等主要农作物，畜牧业的猪、牛、羊和家禽，国家实行以省为总体的抽样调查，并对生猪调查大县实行以县为总体的抽样调查。农业生产条件、热带农作物、园林作物、设施农业、其他畜禽等生产统计报表为全面统计报表制度，调查方法由各省区市统计局自行确定。林业和渔业报表资料分别来自林业和渔业部门统计，调查统计方法由有关部门自行确定。

五、国家统计局各调查总队和各省、自治区、直辖市统计局按工作分工要求，分别负责依照本制度统一规定的统计调查范围和指标口径填报本制度内的各类报表。

六、本报表制度实行全国统计分类标准和统一编码，各级统计部门和业务主管部门必须严格贯彻执行。

资料来源：国家统计局

2.2.4　重点调查

重点调查(key-point survey)是在调查总体中选择一部分重点单位进行调查，借以了解总体基本情况。重点调查属于非全面调查，其关键问题是要选择好重点单位。重点单位数占总体总数很小的比重，但其标志值却占总体绝大部分。比如，要了解我国粮食产出情况，只要把握 13 个粮食主产省的产出总量就可以得出判断。要了解我国煤炭产量情况，只需要选取几个大型煤矿进行调查，即可对全国煤炭产量作出整体评价，这是重点调查的具体体现。显然，重点调查中的重点单位是主观判断的，重点调查的目的是了解总体的基本情况。

重点调查的优点在于调查单位少，对人力、物力和时间消耗少。局限性在于重点调查只能把握总体的基本情况，不能对被研究对象总体的数量特征进行统计推断。

2.2.5　典型调查

典型调查(model survey)是根据统计调查的目的和任务，从被调查总体中选择一个或几个有代表性的单位，进行“解剖麻雀”式的细致调查的一种调查组织方式。典型调查的目的在于通过对典型单位调查来认识事物发展变化规律，例如中央电视台的“焦点访谈”

节目就是典型调查。典型调查也属于非全面调查,其关键问题是如何选择好典型单位。典型单位是在对总体进行全面分析的基础上,有意识地选择出来的具有代表性的单位,这样的单位可以选择一般的典型,也可以选择突出的典型。

与重点调查相比,典型调查单位更少。典型调查主要用于定性分析,可以获得关于调查对象的数据资料和文字资料。典型调查的结果也是只能大体反映总体基本情况,不能用于推断总体。

2.3 统计数据搜集方法

不论采取哪种统计调查组织方式,都要运用具体的数据搜集方法去采集统计数据。数据搜集方法有询问法、观察法和实验法。

2.3.1 询问法

询问调查是调查者与被调查者直接或间接接触获取数据的一种方法。具体包括面访法、座谈会、邮寄调查、电话调查、网络问卷调查和电脑辅助调查等。

1. 面访法

面访法(face-to-face interviews)是调查者与被调查对象面对面进行交谈获得所需资料的一种最常见的调查方式。面访法可分为标准式访问和非标准式访问两种。标准式访问又称为结构式访问,是按照事先设计好的标准化问卷或表格,有顺序地依次提问,由受访者做出回答。这种方式的优点在于调查过程中可以避免对问题理解的偏差、回答率高、能深入了解情况、可以直接观察被调查者的反应等,获得较为可靠的调查结果。非标准式访问又称为非结构式访问,调查人员只是根据一个调查提纲,与受访者进行自由交谈,从中了解所需资料。面谈法的不足之处在于调查成本高,资料质量受调查者主观偏见的影响大。

2. 座谈会

座谈会又称为集体访谈法。座谈会属于一种定性调查法,是一种圆桌讨论会议形式,人数通常为6～10人,在一个主持人的引导下,受访者对某一主题进行深入讨论。座谈会不同于一问一答式的面谈法。因为是多人讨论,在有经验的主持人引导下,受访者互相之间有一个互动作用,彼此影响和启发,产生比同样数量的人做单独陈述时所能提供的更多的信息。

3. 邮寄调查法

邮寄调查法是调查者把事先设计好的调查问卷或表格邮寄给被调查者,要求被调查人自行填妥寄回来搜集所需资料的方法。这种方法的优点在于调查范围大、成本低、被调查者有充分时间独立思考问题。不足之处在于所用时间长、问卷回收率低,同时,由于调查者和被调查者没有直接交流,被调查者对问卷的理解可能存在偏差,会影响到数据质量。

4. 电话调查法

电话调查法是调查者通过电话与被调查者进行交谈以搜集资料的方法。这种方法进行调查的主要优点是搜集资料快、成本低、电话簿有利于分类。其主要缺点是通话时间不可能太长，所提问题不能太多，难以深入交谈。同时，对于被调查人的年龄、受教育程度、职业收入、身份情况等不便询问。

5. 网络问卷调查

网络问卷调查即调查者制作网络问卷，通过网络邀请参与者填写问卷以获取统计资料的一种调查方法，比如“问卷星”调查。这种调查的主要优点是搜集资料快、成本低。不足之处在于问卷设计问题不能太多，难以进行深入调查。

6. 电脑辅助电话调查

电脑辅助电话调查(computer assisted telphone interview, CATI)就是在电话调查时，调查的问卷、答案都由计算机显示。通常的工作形式是：电话拨号、计算机管理与呈现问卷、访员依计算机屏幕上的问题进行访问并将受访者回答的答案直接输入计算机中，最后由计算机处理数据。若受访者不愿通过调查者回答问题，亦可由受访者直接将答案输入计算机中以保障受访者的隐私。这种方法效率高，目前已经开始广泛运用。

2.3.2　观察法

观察法(observational survey)是指研究者根据一定的研究目的，编制研究提纲或观察表，用自己的感官和辅助工具去直接观察被研究对象，从而获得资料的一种方法。科学的观察具有目的性和计划性、系统性和可重复性。常见的观察方法有：核对清单法、级别量表法、记叙性描述。观察一般利用眼睛、耳朵等感觉器官去感知观察对象。由于人的感觉器官具有一定的局限性，观察者往往要借助各种现代化的仪器和手段，如照相机、录音机、显微录像机等来辅助观察。例如，在自助餐饮场所设置电子设备，记录消费者对菜品的选择行为。

观察法的主要优点主要在于，它能通过观察直接获得资料，不需其他中间环节，故而观察的资料比较真实。同时，在自然状态下的观察，受访者没有受到干扰，能获得生动的资料。观察法能及时捕捉到正在发生的现象，也能观察搜集到一些无法言表的材料。不足之处在于，观察法可以观察到受访者的真实行为特征，但是只能观察到外部现象，无法观察到调查对象的一些动机、意向及态度等内在因素。调查人员的任何看法或偏见都会造成调查偏误。

2.3.3　实验法

实验法(experimental survey)指通过在实验中控制研究对象的其他变量而观察某一变量的变动来搜集数据的方法。其优点在于，可以有控制地分析和观察研究对象的某些变量之间是否存在着因果关系及其相互影响程度，通过实验取得的数据比较客观，具有一定的可信度。其不足之处在于，实验法耗时较长且费用较高。实验中要正确控制无关因素的影响以减少干扰，使实验接近真实状态，否则将失去结果的可信性。

常用的实验法主要有以下几种：

1. 事前事后对比实验

事前事后对比实验是最简便的一种实验调查形式。采用这一方法是在同一场所内，对实验前的情况进行测量，搜集必要的数据。然后进行现场实验，经过一定的实验时间以后，再测量搜集试验过程中(或事后)的数据。通过进行事前事后对比观察，了解实验效果。例如，在市场营销中，改变某食品宣传广告或商品在超市货架的摆放位置，观察商品销售量的变化。

2. 实验组和对照组对比实验

实验组是指实验中进行探索研究的一方，对照组是指试验中作为对比参照的一方。采用这种实验调查方法的优点在于实验组与对照组在同一时间内进行差异性对比，不需要按时间顺序分为事前事后，这样可以排除由于实验时间不同而可能出现的外来不确定性影响。例如，农业田间实验中，设计实验组和对照组，控制其他条件不变，考察氮肥施用量不同对某种作物产量的影响。在奶牛养殖中，抽取奶牛构成实验组和对照组，考察新饲料对奶牛产奶量的影响。

3. 有对照组的事前事后对比实验

有对照组的事前事后对比实验，是指对照组事前事后实验结果同实验组事前事后实验结果之间进行对比的一种实验调查方法。这种方法不同于单纯的在同一个场所的事前事后对比实验，也不同于在同一时间的对照组同实验组的单纯的事后对比实验。这一实验方法，是在同一时间周期内，选取对照组和实验组，并且对实验结果分别进行事前测量和事后测量，再进行事前事后对比。该实验方法有利于消除实验期间外来因素的影响，从而可以大大提高实验的准确性。

4. 随机对比实验

随机对比实验，是指按随机抽样法选定实验单位所进行的实验调查。事前事后对比实验、实验组同对照组对比实验、有对照组的事前事后对比实验等三种方法，尽管它们的特点不同，但是在选择实验单位上都有一个共同点，即都是按照判断分析的方法选出的。在对调查的对象情况比较熟悉、实验单位数目不多的条件下，采取判断分析法选定实验单位，简便易行，也能够获得较好的调查效果。当实验单位很多，市场情况十分复杂时，按主观的判断分析选定实验单位就比较困难。这时可以采用随机对比实验，即采用随机抽样法选定实验单位，使众多的实验单位都有被选中的可能性，从而保证实验结果的准确性。

2.4 统计调查方案设计

统计调查方案(survey plan)是在正式调查前，根据统计研究的目的和要求，对整个统计调查工作进行的统筹协调和安排，是统计调查工作的指导性文件。

2.4.1 统计调查方案的内容

统计调查方案的主要内容包括：确定调查对象、调查内容、选择合适的调查方式和方法、确定调查时间和地点、进行经费预算，并制定具体的调查工作程序等。

1. 明确调查目的和意义

明确统计调查目的是统计资料搜集的首要问题。为此，要使调查者清楚所进行调查的意义和要求。例如，第三次全国农业普查的目的是“查清、查实我国农业、农村、农民基本情况，全面掌握农业现代化进程、社会主义新农村建设和农民生活新变化，为党中央、国务院科学制定三农政策提供全面扎实可靠的决策依据。”

2. 确定调查对象和调查单位

确定调查对象主要解决“向谁调查”的问题。例如，第三次全国农业普查的对象确定为“农业经营户，居住在农村有确权（承包）土地或拥有农业生产资料的户；农业经营单位；村民委员会；乡镇人民政府”。调查单位是构成调查对象的每一个单位，是调查内容的承担者，则每一个农业经营户、农业经营单位、村民委员会和乡镇人民政府是第三次全国农业普查的调查单位。

3. 确定调查项目和调查表

调查项目即调查的具体内容。调查内容主要回答“调查什么”的问题，也就是对调查对象的哪些方面进行调查。调查项目依附于调查单位的统计标志，其标志表现就是统计调查的资料。确定调查项目时，要注意所选择的项目能够取得确切的统计资料，项目要有确定的含义和统一的解释，还要注意各项目之间的联系和衔接，以便于核对和分析。

调查项目确定后，还应设计调查表或调查问卷。调查表或调查问卷用来表现调查项目，目的是保证数据的规范化和标准化。为了保证填写正确，须附有填表说明和项目解释。

4. 确定调查的方式和方法

确定调查方式和方法，主要回答“如何调查”的问题。应根据调查目的和要求以及调查经费限制决定采用何种调查组织方式，同时还要考虑样本量的大小和调查精度要求等，之后再根据调查内容和调查对象的要求选择具体的调查方法，如面访法、电话调查、实验调查、观察调查和网络调查等。

5. 确定调查时间和调查期限

调查时间指统计资料所属的时间。如果调查的是时期现象，调查时间是资料反映的起讫时间；如果调查的是时点资料，调查时间是统一规定的标准时点。调查期限是调查工作开展的期限，包括搜集资料和报送资料的整个工作过程所需的时间。调查规模和调查方法不同，所需调查期限也不同。例如，邮寄调查所需的期限较长，电话调查所需的期限较短，因此在安排进度时应按照调查的难易、工作量大小和效果的要求进行合理安排。

6. 确定调查的组织计划

为了确保调查工作的顺利进行，必须明确调查工作的组织计划，主要包括调查工作的组织领导、人员培训、问卷印刷、调查经费预算和开支办法、调查进度和数据质量控制等。

2.4.2　调查方案的优化

对于调查方案可以从三个方面进行评价：是否体现调查目的和要求；是否具有可操作性；是否科学和完整。通过这三方面评价调查方案的优缺点之后，还要进行必要的可行性研究，完成调查方案的优化。可行性研究方法主要有以下三种：

1. 逻辑分析法

逻辑分析法即检查调查方案的内容是否符合逻辑。例如，在设计“A超市消费者购买行为调查方案”选取样本时，从逻辑上讲，可以按照A超市周边各小区的人口比例进行样本分配。若各小区内居民数量大体相仿，则对于各小区的样本分配采取等额方式。若各小区居民比例差别较大，则应按照各小区人口的多少计算该小区的取样数。

2. 经验判断法

在调查方案设计过程中，应多参考专家意见，一方面应邀请相关专家进行专业理论指导，另一方面也应组织统计调查专业人士对方案进行初步研究判断，及时发现问题进行方案修正。

3. 预调查法

在调查方案实施之前，可以小范围选择部分样本进行预调查，通过实地检验确认调查方案的可行性，查找应当增减的部分，对方案进行修订和补充。同时，预调查也可以作为大规模调查之前的实战演习，以找出调查方案的薄弱环节。

2.4.3 调查问卷设计

统计调查问卷(questionnaires)是调查者根据调查目的和要求而设计，以一系列的问题和备选答案的形式组成，向被调查者搜集第一手资料的重要技术和工具。

1. 调查问卷的种类

调查问卷的类型，可以从不同角度进行划分。

(1)按问题答案划分，分为结构式、半结构式、开放式问卷

结构型问卷是将问卷问题按一定的提问方式和顺序进行安排，且问题答案设置了有限选项的问卷，适用于大规模调查。无结构型问卷则无需在组织结构上进行严格的安排，只是围绕调查主题提一些问题，适用于较小规模的深层访谈调查。这种问卷不设置固定的答案，让答卷者自由发挥。半结构式问卷介乎于结构式和开放式两者之间，问题的答案既有固定的、标准的，也有让回卷者自由发挥的，吸取了两者的长处。半结构式问卷在实际调查中运用还是比较广泛的。

(2)按调查方式划分，分为自填问卷和访问问卷

自填问卷是由被访者自己填答的问卷，访问问卷则是调查者通过面访受访者，由调查者填答的问卷。自填式问卷由于发送的方式不同，又分为发送问卷和邮寄问卷两类。发送问卷是由调查员直接将问卷送到被访问音手中，并由调查员直接回收的调查形式。邮寄问卷是由调查员直接邮寄给受访者，受访者自己填答后，再邮寄回给调查者的调查形式。

这两种调查形式的特点是，访问问卷的回收率高，填答的结果也比较可靠，但是成本高，费时长。自填问卷回收率低，调查过程不能进行控制，数据可信性与有效性都较低。

(3)按问卷用途划分，分为调查问卷、甄别问卷和回访问卷等

调查问卷是问卷调查最基本的方面，也是研究的主体形式。任何调查，可以没有甄别问卷，也可以没有复核问卷，但是必须有调查问卷，它是统计分析的基础。

甄别问卷是为了保证被访者符合既定的调查对象而设计的一组问题。比如，既定调查对象是家庭农场主，如果受访者不是这样的身份，访问就此中止。如果要调查的是30—50年龄段的人群，如果受访者不在此列，则访问中止。

回访问卷，又称复核问卷，是指为了检查调查者是否按照访问要求进行调查而设计的一种监督形式问卷。

2. 调查问卷的结构设计

调查问卷的结构主要包括标题、说明、问卷编码、筛选/过滤、问卷主体、背景资料、结束语等部分组成。

(1)标题

调查问卷必须针对特定的调查主题，做到标题简明扼要。例如："xxx省农村普惠金融

调查问卷”这一标题，界定了调查对象和调查内容，能够让受访者对所要回答的问题有一个大致的了解，易于引起他们配合问卷调查的兴趣。

(2)说明

说明一般放在问卷开头，可以是一封致调查对象的信，写明问卷用途，说明调查的目的、意义、主要调查内容、研究者的身份、调查结果的使用者承诺被调查者的私人信息不会被泄露，使被调查者愿意填写问卷。接着，还应写明调查员的姓名、调查时间等，以便对调查员的任务进行记录，方便监控与复核。

如果是自填式问卷，还应有填表须知、交表时间、地点及其他事项说明等，但不要过长。

(3)问卷编码

大部分调查采用计算机进行数据分析，相应的调查问卷就需要将调查项目变为代码数字。编码在统计数据处理过程中进行，但在问卷设计时，就应确定每一个调查项目的编号，为编码做好准备。同时，为了在调查过程中能够识别问卷、调查员、对应样本等信息，每份问卷都应该有问卷编号，便于过程的监控和事后的分类归档。

(4)筛选/过滤

筛选/过滤的主要目的是选择符合调查要求的调查对象。在问卷的开始，应设计甄别部分，过滤掉不符合要求的受访者，例如，在“xxx 省农村普惠金融调查问卷”中，所选择的调查对象是该省农村住户，如在街头拦截过程中遇到的对象是从城市来的乡村旅游者，就可通过甄别部分将其过滤掉，从而确保问卷的有效性。

(5)问卷主体

问卷的主体部分由问题和答案构成。问题的形式和内容十分重要，问题的数量同样是保证调查是否成功的关键因素，同时还要注意问卷整体的逻辑性等。

(6)背景资料

背景资料通常包括被调查者的性别、年龄、婚姻状况、职业、文化程度、个人收入、家庭人数等信息。这部分信息往往属于敏感性问题，通常放在问卷的最后，也可以放在问卷前面，要讲究交谈技巧和观察受访者的配合程度，并应得到受访者的同意后方可进行记录。

(7)结束语

结束语的目的就是告诉受访者调查结束，也可在此表示对受访者合作的谢意。由于调查的形式不同，结束语可能略有不同。如街头拦截访问问卷的结束语可能是“访问到此结束，我们有一份小礼物送给您，再度感谢您的配合”，邮寄问卷的结束语可能是“访问到此结束，请您再度检查全部问题均回答完毕，将问卷放入随附的回邮信封并投入信箱，谢谢您的配合”等。

以上内容构成了一份调查问卷的完整内容，如只是进行简单调查，也可以相应简化。

附：实施乡村振兴战略调查农户问卷(简例)

调查日期：2021 年________月________日________时

受 访 者：________　　电　话：________　　访 问 者：________

地　　点：________省________区(县)________乡(镇)________村

亲爱的农民朋友：您好！

本问卷调查的目的在了解您对乡村振兴的有关需求和希望，所有选择题不涉及对错，我们承诺所搜集的信息仅供研究使用，并保证对您提供的所有信息保密。

一、家庭基本情况部分

1. 您的年龄__________。

2. 您的受教育程度__________。

3. 您家人口数__________。

4. 您的家庭户类型？(单选)

A. 纯农户　B. 农业兼业户　C. 非农兼业户　D. 非农户

(解释：按照农业部农村经营管理统计制度，“纯农户”是指第一产业收入占家庭纯收入80%以上的家庭户。“农业兼业户”指第一产业收入占家庭纯收入50～80%。“非农兼业户”指第一产业收入占家庭纯收入20～50%。“非农户”指第一产业收入占家庭纯收入20%以下。)

5. 您家的经营类型(可多选)

A. 种植业　B. 养殖业　C. 建筑业　D. 运输业

E. 餐饮业　F. 其他(请填写)

6. 您家的年收入__________万元。

二、现状评价部分

7. 您对目前生活现状和自家日子的评价(单选)

A. 很满意　B. 比较满意　C. 一般　D. 不太满意　E. 很不满意

三、存在问题部分

8. 您存在的主要生产生活困难(可多选，最多选3项，并按照困难程度排序)

A. 缺乏劳力，承包的土地或园子种不下去了

B. 老人体弱多病，长年离不开人

C. 小孩缺人管，学校教学质量不高

D. 买东西、看病、存取款不方便，费时费力

E. 事不好找，挣钱难，家庭收入低、开销大

F. 左邻右舍都各忙各的，来往少，生活单调

G. 其他(请填写)

四、措施部分

9. 您对美丽乡村建设和乡村振兴的需求(可多选，最多选3项，并按照需求的强烈程度排序)

A. 把村庄环境好好整整，彻底改善村容村貌

B. 重新铺路，改水改厕，提高学校、卫生室水平

C. 还是要组织起来。村里和上级要多支持合作生产，多搞文化娱乐活动

D. 如果国家提高盖房(抗震节能改造)补贴，我家也想将房子重新翻建

E. 我们村的地理位置太偏、资源少，最好能搬出去或去区里、镇上建屋买房

F. 帮助就业，提高公益补贴标准，增加收入

G. 其他(请填写)

五、农村信息化基础条件部分

10. 是否有智能手机：A. 有　B. 无

11. 家中是否有无线网络：A. 是　B. 否

12. 是否用“微信”进行沟通交流：A. 是　B. 否

13. 家中自产农产品采取哪种方式销售(可多选)：A. 传统　B. 网店　C. 微店

14. 您对农村基础设施改善还有什么建议？(请填写)

问卷到此结束，谢谢您的配合！

3. 问卷结构设计的原则

(1)问卷问题编排要符合逻辑规律

问卷中的问题之间应该遵循一定的逻辑排列，如时间顺序、类别顺序、性质顺序等，以便使问卷形成一个整体。基本原则是，容易回答的问题应先于较难回答的问题，总括性问题应先于特定性问题，将敏感性问题、开放式问题放在后面。

调查问卷头几个问题的设置要谨慎，如果一开始就提出复杂的问题或涉及个人隐私的问题，或需要较长时间来作答的开放式问题，受访者感到回答费力或者尴尬，可能直接拒绝调查或填写虚假信息。而如果先问对方熟悉的问题或感兴趣的问题，受访者配合调查的可能性较高，比较容易回答后面的复杂问题。

(2)每一个问题都有存在的必要

按调查主题组织起来的每一个问题都应为调查目的服务。当调查主题较为敏感时，可能会有一些融洽调查气氛的问题。或者在各类不同信息的转换处，可能会设置一些过渡性问题进行连接，但数量都不能过多。如果有问题不属于以上任何一类，就应当删除掉。

(3)问题的数量不能太多

受访者最初开始填写问卷时，对问卷的兴趣较高，态度较为认真，但是随着时间的推移，其兴趣越来越淡，逐渐会产生烦躁情绪。因此，问卷的内容应当精简。

(4)问卷能回答调查目标所需的所有信息

一个较为简单的检查方法是：首先列出来所有调查目标，接下来，在每一个调查目标的后面写下来对应的问题的题号。对于没有对应目标的问题应该予以删除，而如果有的目标没有对应的问题，或者对应的问题不足以搜集该目标的所有信息，就应该考虑增加问题。

(5)为开放式问题留出足够的填写空间

通常来说，一个开放式问题留三五行空间就足够了，太短的开放式问题得不到多少信息，太长的问题受访者会没有兴趣填写完。同时，对于其他问题的题目与题目之间、答案与答案之间，也应留出足够的空格，避免单纯为了节约用纸而刻意压缩问卷的空间，造成卷面排版拥挤凌乱。

(6)问卷中的说明用不同字体字号标出

如果一张问卷全部是同样的字体字号，受访者无法区分问题与说明，看上去也会较为混乱。因此，对于说明部分应该用明显的字体标出以避免混淆，同时也可以将问卷分割为更加清楚的几个部分。

4. 问卷问题设计的原则

(1)每个问题应当只针对一个方面提问

问卷中的每一个问题应该定义清晰,只有一种解释,不要出现一问两答的情况,否则可能产生歧义,令受访者无所适从。

(2)避免诱导性问题

调查应当是客观、中立的,受访者应当有充分的独立性来回答问题,因此在设计问题的过程中要注意用词,避免产生诱导性。例如,“大部分人都觉得农村小额信贷不错,您怎么看?”,这样的问题可能造成受访者盲目从众,使调查结果产生严重偏差。

(3)提问的方式应在容易理解的前提下尽量简洁

首先,大部分受访者不是专业人士,过分学术化的语言或者专有名词会令他们无法理解,因此在设计问题的时候应尽量简单和贴近生活。其次,在保证问题足够容易理解的基础上,句子应当尽量简洁。

(4)问题应当尽量具体精确

问题应当有特定的答案,不要过于笼统抽象。对于某些词语,不同的人理解不同,必须加以精确化。例如:“你对农村小额信贷的印象如何?”这样的问题过于笼统,可以细化为贷款难度、贷款额度、还款条件等方面的问题。

5. 答案设计的原则

(1)穷尽性原则

在每个问卷问题下,应该列出该问题可以找到的全部答案,否则可能有受访者发现没有答案可选,造成放弃回答或者随便选择一个。特别是对于较为复杂的问题,可以通过开放式问题进行预调查,以预调查的结果来提炼选项,也可以通过查阅前人研究或专业资料列出选项,切忌凭空想象。

(2)互斥性原则

每个问题下面所列的选项不仅应当包括该问题所可以找到的全部答案,同时,答案要用同一标准在同一层次上分类,每个答案之间不能出现交集,更不能相互包容。

(3)根据研究的具体要求选择答案形式

不同的问题有不同的答案设计方法。如果希望了解具体的数字,可以采用填空式,即“您家的年收入是________元”。但这类问题较为敏感,采用填空式容易造成受访者拒绝回答,因此采用选择式较好。

(4)注释和填答标记应恰当

进行大规模的调查时,问卷最好写清楚如何对答案进行选择。例如,“填写说明:请在所选答案编号上画‘√’或在横线上填写相应内容,各题除特殊说明外均为单选题。”这样可以在数据整理时较为简单、清晰地辨认出受访者选择的答案,减少因为辨认不清造成汇总错误,提高数据整理的效率。

2.5 数据误差

数据误差是指统计调查得到的数据与研究对象真实结果之间的偏差。数据误差分为抽样误差和非抽样误差两类,对各种误差成因加以细分,有利于针对性地进行误差控制。

2.5.1　抽样误差

抽样误差(sampling error)也称为代表性误差，特指由于概率抽样的随机性引起的样本指标与总体参数之间的差异。抽样误差是概率抽样调查所固有的误差。由于从总体中按照随机原则抽取样本，其样本结构很难与总体结构完全一致，因而样本指标与总体参数之间往往存在误差。显然，若抽样误差越小，说明样本指标对总体参数的代表性越高；若抽样误差越大，说明样本指标对总体参数的代表性越低。

为了反映抽样误差的一般水平，需要采用抽样平均误差指标。影响抽样误差的因素有：抽样容量、总体标志变异程度、抽样组织方式和方法。在其他条件不变的情况下，样本容量越大，抽样误差则越小。总体标志变动程度越小，抽样误差就越小。对于抽样组织方式和抽样方法，分层抽样误差小于简单随机抽样，不重复抽样的抽样误差小于重复抽样的抽样误差。这部分内容将在第 6 章中介绍。

如果抽取的样本有偏误，可能会导致分析结论的错误。常见的两种与样本缺陷相关的偏差是选择性偏差和幸存者偏差。选择性偏差是非随机性样本导致的偏差，幸存者偏差是有偏样本数据导致的偏差。

1. 选择性偏差

选择性偏差(selection bias)为一种认知偏误，指在研究过程中因人为主观选择样本而导致得到的结论存在偏差。选择性偏差导致了非随机性样本。来看一个关于选择性偏差的例子，现有某研究机构要研究一个主题“医院是否可以让人变得更健康”。这个机构随机挑选了 10 万人来测量其健康水平，然后根据最近一年是否有去过医院将 10 万人分为两组，最后得到的统计结果是，最近一年没去过医院的群体其健康水平要好于去过医院的群体。这个结果能说明医院让人变的更加不健康吗？这是一个典型的选择性偏差导致的结果，因为最近一年没去过医院的群体其健康水平可能本来就要好于去过医院的人群，所以测试结果也是如此，并不能说明医院让人变得更加不健康。

2. 幸存者偏差

幸存者偏差(survivorship bias)为一种逻辑偏误，指过度关注“幸存于某些经历”的人或事，忽略那些没有幸存的(可能因为无法观察到)的人或事，这样取得的有偏样本导致了结论的偏误。一个比较经典的事例是，二战的时候美军为了加强战机的防护能力，所以就把参加过战斗的飞机研究了一遍，发现飞机的弹孔大多集中在机翼和尾部，于是分析中心的工作人员认为建议将这些受损最严重的地方加固。美国统计学家亚伯拉罕・沃尔德(Abraham wald，1902—1950)却得出一个跟直觉相反的结论。他发现参与调查的都是在战斗中幸存下来的飞机，它们并未遭受致命的袭击。相反，机舱和发动机等看似毫发无伤的地方反而比较危险，因为这些区域一旦被击中，就会导致飞机失事坠毁。其实我们看到的飞机是被筛选过后的飞机，还有一部分已经坠毁的飞机我们是看不到的，这就是幸存者偏差。在实际生活实践中，幸存者偏差的事例很多。

2.5.2　非抽样误差

非抽样误差(non-sampling error)是相对于抽样误差而言的，指除了抽样误差之外，由于其他原因引起的样本指标与总体参数之间的差异。非抽样误差不仅存在于概率抽样调查中，也存在于非概率抽样调查中。非抽样误差的来源很多，可以归纳为以下分类：

1. *按其产生方式不同，可以分为登记性误差和系统性误差*

登记性误差是指在调查过程中，由于工作失误而造成的误差。登记性误差来源于调查者和被调查者，其表现形式是多样的，比如由于计量手段的局限性、由于登录、计算、抄报、汇总错误、由于调查者有意虚报满报以及受访者所报不实等所带来的误差，都属于登记性误差。要严格挑选和培训调查员，对于调查员虚报瞒报造成的误差，要进行监督和检查。受访者因人为因素干扰形成的有意虚报或瞒报误差，要进行逻辑检查和复核，这类问题在统计调查中应予以特别的重视。

系统性误差是指在抽取样本单位时，由于加入主观意愿，破坏了随机抽样原则使样本不足以代表总体而造成的误差。对于系统性误差，只要遵循了随机原则就可以避免。

登记性误差和系统性误差一样，都是由抽样组织工作的偏误造成的，可以采取措施预防误差发生或将其减小到最低程度。

2. *按其产生环节不同，可以分为设计误差、调查误差和汇总误差*

设计误差是指在抽样设计阶段产生的误差。产生设计误差的主要原因是由于采用了有缺陷的抽样框或者是调查问卷设计不科学所造成的。在概率抽样中，需要着力编制良好的抽样框，抽样框中的个体与研究对象的总体单位需要一一对应。如果抽样框中遗漏了研究对象单位，或者纳入了不属于研究对象总体的个体，就会影响抽样结果，导致后续统计推断结果的错误。调查问卷设计中如果存在设计不当的问题，也会在调查过程中形成数据误差。

调查误差是指在调查过程中产生的误差。这种误差从其产生的人员来划分主要包括调查员误差和受访人误差两种。调查员误差源于其登记调查结果时出现错误，也可能由于其在调查过程中的不当提问，如倾向性诱导，还有表情、语气和语速变化，都会干扰受访者客观地回答问题。受访人误差源于其理解误差、记忆误差、有意识误差、无回答误差等。记忆误差是受访者由于时间久远，造成记忆模糊而产生一种随机误差。有意识误差是一种系统误差，对于敏感性问题，受访者可能故意不提供真实的答案。关于无回答误差，有时是随机的，有时是系统的。不因调查内容的无回答是随机的，可通过增大样本量来解决，而因调查内容的无回答则是系统性误差，可能是由于调查问题设计不当造成的。

汇总误差是指在调查数据汇总、整理和数据传输过程中产生的误差。这种误差的形成原因主要是由于统计数据处理技术落后和汇总人员的失误所致。

关键术语

统计调查 statistical survey
调查方案 survey plan
普查 census
抽样调查 sampling survey
概率抽样 probability sampling
非概率抽样 non-probability sampling
简单随机抽样 simple random sampling
分层抽样 stratified sampling
系统抽样 systematic sampling
多阶段抽样 multi-stage sampling
整群抽样 cluster sampling
网络抽样 network sampling survey
统计报表 statistical report forms
重点调查 key-point survey

典型调查 model survey
统计调查方案 survey plan
问卷调查 questionnaires survey
面访法 face-to-face interviews
观察(调查)法 observational survey
实验(调查)法 experimental survey
抽样误差 sampling error
非抽样误差 non-sampling error

本章小结

1. 统计调查就是进行统计资料的搜集,这是统计工作的第一步。统计调查的基本要求是要做到准确性、及时性和完整性,这是衡量统计工作质量的重要标志。

2. 统计调查组织方式。按调查对象包括的范围不同,可分为全面调查和非全面调查。按调查的组织形式不同,可分为定期统计报表和专门调查。其中全面调查包括统计报表制度和普查,非全面调查包括抽样调查、重点调查和典型调查,这三种方式都属于专门调查。按调查的时间是否连续,可分为经常性调查和一次性调查。

3. 普查。普查是一次性的全面调查,主要用于搜集国情国力方面的数据资料。我国政府统计中的统计调查方式体系是以周期性普查为基础,抽样调查为主体,辅之以必要的全面报表、重点调查和科学估算,其中确立了普查的基础地位。在抽样调查中,普查是抽样框编制的依据。

4. 抽样调查。抽样调查是使用最为广泛的统计组织方式。传统抽样调查有概率抽样和非概率抽样两大类。概率抽样遵循随机抽样的原则,包括简单抽样、分层抽样、整群抽样、系统抽样和多阶段抽样等方式,调查结果可以用于推算总体。非概率抽样包括目的抽样、方便抽样、滚雪球抽样、判断抽样、配额抽样和自愿抽样等,调查结果只能用于把握总体的基本情况。相比于传统抽样调查,网络抽样调查也有概率抽样和非概率抽样,但大多数为非概率抽样。网络抽样调查具有经济性、时效性和便利性的特点。

5. 统计调查方法。不论采取哪种统计调查组织方式,都要运用具体的数据搜集方法去采集统计数据。数据搜集方法有询问法、观察法和实验法。其中询问法包括面访法、座谈法、邮寄法、电话调查法、电脑辅助电话调查法、网络问卷调查法等。

6. 统计调查方案设计。统计调查方案是统计调查工作的指导性文件,其基本内容包括调查目的和意义、调查对象和单位、调查项目和调查表、调查方式和方法、调查时间和调查期限、调查组织计划等部分。对于统计调查方案,可采用逻辑分析法、经验判断法和预调查法加以优化。调查问卷是统计调查方案的核心内容,是调查项目的载体。调查问卷可分为结构式、半结构式、开放式问卷等类型。调查问卷的结构主要由标题、说明、问卷编码、筛选/过滤、问卷主体、背景资料、结束语等部分组成。无论是问卷结构设计、问卷问题设计,还是问卷答案设计,都要遵循相应的原则。

7. 数据误差。数据误差是指统计调查得到的数据与研究对象真实结果之间的偏差。数据误差分为抽样误差和非抽样误差两类。对各种误差成因加以细分,有利于针对性地进行误差控制,提高数据质量。

思考与练习

2.1 什么是统计调查？统计调查的意义和基本要求是什么？

2.2 统计数据的来源？数据误差产生的原因有哪些？

2.3 统计调查组织方式有哪些？各有什么特点？

2.4 分层抽样和整群抽样有什么不同？

2.5 系统抽样如何操作？

2.6 统计调查方法有哪些？

2.7 如何设计统计调查方案？

2.8 调查问卷设计有哪些技术要点？

2.9 如何控制数据误差？

2.10 如果准备实施一次农村居民家庭普惠金融调查，你将如何组织？

第 3 章　数据整理和图表展示

统计与实践

用图形图像描绘、记录量化信息的思想，从人们开始观察这个世界进而产生测量、管理的需要时就出现了。15－17 世纪是可视化起始阶段，随着测量学、绘图学的快速起步，三角测量技术、数学函数表相继出现，数据可视化也开始了早期探索。18 世纪伴随早期统计学的萌芽，数据可视化进入孕育期，就出现了当前为我们所熟悉的直方图、柱状图、饼图、圆环图等图形形式。19 世纪官方统计机构在欧洲普遍建立，数理统计成为一门新的学科，可视化图形开始制定分类和标准，数据可视化成为展示数据信息的常用方式。为人们所熟知的是，英国护士和统计学家南丁格尔（Florence Nightingale，1820－1910）通过统计方法拯救过许多生命。在 1854 年克里米亚战争（Crimean War）中，她通过绘制"玫瑰图"，揭示因不卫生环境而死亡的士兵比因战斗而死亡的士兵还多。她通过改善医疗卫生条件并利用统计数据展示实际效果，由此还推动了医疗制度改革。在 20 世纪里，借助计算机科学技术带来的高分辨率图形展现和交互式图形分析，数据可视化进入发展黄金期。进入 21 世纪以来，数据可视化技术已取得了长足进步。瑞典统计学家罗斯林（Hans Rosling，1948－2017）曾在 20 分钟内以动画和图像展示了过去 100 年世界的发展，包括全球的财富分配、健康问题、婴儿存活率等，可以从里面读到战争、发展等等历史轨迹，他使用"令人惊叹的数据展示，让全球数百万人从全新的角度审视自己和这座星球"。在当今广泛的社会经济统计实践中，优质的统计图表是一种令人信服的沟通手段，它条理化地将零散的数字、现象和结论表达出来，传达出数据之中存在的基本讯息。

统计数据资料的整理和展示是统计分析的开始。统计整理是根据统计研究的目的，将统计调查所得的原始资料进行科学的加工或再加工，使之条理化、系统化，成为能够反映总体特征的指标的过程。本章首先介绍数据预处理内容，然后介绍分类数据、排序数据和数值型的分组、分布数列编制及其图形展示方法，最后提出统计图表制作的基本要求。

3.1　数据预处理

数据预处理包括数据审核、数据排序、重复个案识别、数据筛选以及通过透视表和定制表快速了解数据分组、整理和汇总需要的重要信息等工作内容。数据预处理是数据整理质量的基本保证。

3.1.1 数据审核

统计数据审核(data verification)的目的是保证和控制数据质量,为接下来的数据整理与分析打下可靠的基础。根据数据来源的不同,数据审核包括对直接数据审核和间接数据审核两类。

1. 直接数据审核

对于通过直接调查得到的原始数据,主要审核数据的完整性和准确性两个方面。完整性审核主要检查数据是否有遗漏、所有调查项目是否填写完整等。准确性审核主要检查数据资料是否符合实际,包括逻辑检查和计算检查。

2. 间接数据审核

对于通过其他渠道取得的间接数据,除过审核数据的完整性和准确性,还要审核数据的适用性和时效性。间接数据可能来自多种渠道,有些数据可能是为特定目的通过专门调查而取得的,或者是已经按照特定目的的需要做了加工整理。对于使用者来说,应该首先弄清数据的来源、数据的口径以及有关的背景资料,以便确定这些数据是否符合分析研究的需要,是否需要重新加工整理等,不能盲目地生搬硬套。此外,还要对数据的时效性进行审核,对于时效性较强的问题,如果所取得的数据过于滞后,就失去了研究的价值。一般来说,应尽可能使用最新的统计数据。数据经过审核后,确认适合实际需要,才有必要做进一步的加工整理。

3.1.2 数据排序

数据排序(data sort)就是按一定顺序将数据排列。数据排序有两方面的目的:其一是对数据进行审核,从中查找逻辑性错误或录入错误;其二是便于数据的浏览、查询,分析数据变动的特征或趋势,为数据归类或分组等工作提供依据。

对于分类数据,如果是字母型数据,排序有升降之分,同时还可以区分大小写。如果是汉字型数据,若按照汉字的首位拼音字母排序,则与字母型数据的排序完全一样。若是按照汉字笔画排队,也有升序和降序之分。对于数值型数据,则是按照递增或递减的方法排序。

【例 3.1】采用 SPSS 对表 3.1 中的员工年龄按照升序进行排列。

表 3.1 某公司员工的基本信息

	A	B	C	D	E	F	G
1	姓名	性别	年龄	岗位	工资	受雇年份	户口地别
2	高大力	男	35	管理人员	8500	1998	城镇
3	张晓梅	女	25	工人	2200	2001	城镇
4	刘丽丽	女	29	工人	3150	2001	城镇
5	赵东林	女	53	工人	3650	1988	城镇
6	吴海燕	男	29	工人	3200	1985	农村
7	刘子自	男	27	工人	2250	1987	农村
8	张子煜	女	30	工人	2270	1985	农村
9	李志忠	男	32	技术人员	6600	1986	农村
10	刘子琪	女	28	技术人员	6200	1990	农村
11	张晓梅	女	29	技术人员	6700	1988	农村
12	欧阳美	男	38	技术人员	6850	1986	农村
13	杨小聪	男	27	工人	2150	1991	城镇
14	龚自珍	男	60	工人	4410	1985	农村
15	任天琪	男	28	工人	2890	1987	城镇

表 3.1(续)

	A	B	C	D	E	F	G
16	刘娜娜	女	32	工人	3020	1986	城镇
17	贾志杰	男	28	工人	2780	1987	城镇
18	赵琳琳	女	26	工人	2470	1989	农村
19	孙晨晨	男	28	工人	2690	1990	农村
20	诸葛明	男	22	工人	2230	2003	城镇
21	张晓铭	男	22	工人	2240	2003	农村
22	马明明	男	26	工人	2460	2001	城镇
23	柴宁宁	男	25	工人	2380	2000	农村
24	安阳阳	女	53	管理人员	7680	1980	农村
25	马丽丽	女	50	管理人员	6890	1981	农村
26	孔玲玲	男	21	工人	2100	2003	农村
27	张宝顺	女	21	工人	2050	2003	农村
28	任天保	女	22	工人	1980	2001	农村
29	宫丽娜	女	28	工人	2070	2000	城镇
30	吴莉莉	女	63	技术人员	7890	1978	城镇
31	周天源	男	54	工人	4040	1980	城镇

解：利用 SPSS 对年龄按照升序排列，操作步骤如下：

第一步，在 SPSS 的数据编辑器中建立数据文件或导入 Excel 格式文件。

第二步，选择【数据】→【个案排序】，弹出"个案排序"对话框，见图 3.1。

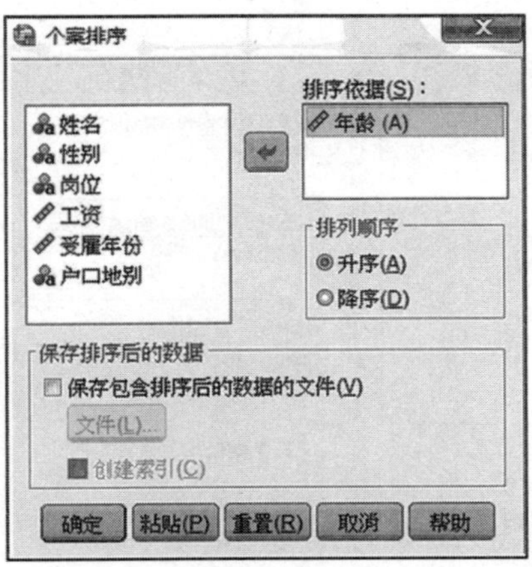

图 3.1　个案排序对话框

第三步，选择排序变量。在图 3.1 左侧变量列表框中选择主排序变量"年龄"，单击右向箭头按钮，将该变量移入"排序依据"框，并选择"排序顺序"下方的"升序"方式。如果必要，此处也可以依次指定第二、第三排序变量及相应的排序规则，方法是选择"排序依据"框中的变量，然后在"排列顺序"之下选择"升序"方式。

第四步，点击"确定"按钮，在数据编辑窗口中可见数据按升序排列的结果。表 3.2 显示，给定的 30 名员工中，年龄最小者为 21 岁，最大者为 63 岁。

表 3.2　员工基本情况按年龄排序的结果(部分)

	姓名	性别	年龄	岗位	工资	受雇年份	户口地别
1	孔玲玲	男	21	工人	2100	2003	农村
2	张宝顺	女	21	工人	2050	2003	农村
3	诸葛明	男	22	工人	2230	2003	城镇
4	张晓铭	男	22	工人	2240	2003	农村
5	任天保	女	22	工人	1980	2001	农村
6	张晓梅	女	25	工人	2200	2001	城镇
7	柴宁宁	男	25	工人	2380	2000	农村
8	赵琳琳	女	26	工人	2470	1989	农村
9	马明明	男	26	工人	2460	2001	城镇
10	刘子自	男	27	工人	2250	1987	农村
11	杨小聪	男	27	工人	2150	1991	城镇
12	刘子琪	女	28	技术人员	6200	1990	农村

3.1.3　重复个案识别

在数据输入和处理过程中,有可能会发生个案重复的情况。例如,数据输入时可能会对同一个被调查者输入两次以上,被调查者中还有可能会有两个同名者等。

【例 3.2】对表 3.1 中存在的重复个案进行识别。

解:利用 SPSS 进行重复个案识别,操作步骤是:

第一步,选择【数据】→【识别重复个案】,打开"识别重复个案"对话框,见图 3.2。

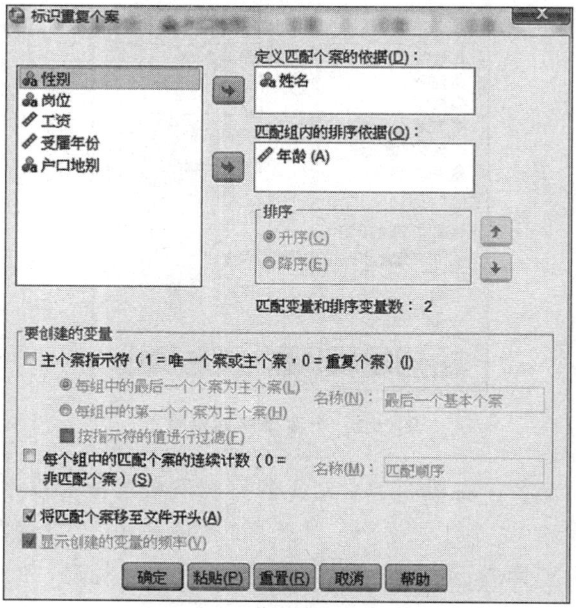

图 3.2　标识重复个案对话框

第二步,定义重复个案。在"定义匹配个案的依据"框中选入待识别的变量。例如,选入待识别变量为"姓名",即数据文件中只要姓名相同的个案便视为重复个案。若要搜寻100%匹配的个案,只需选择所有变量移入该对话框中即可。

第三步,点击"确定"按钮,执行个案重复识别过程。在搜索重复个案后,原文件中的个案顺序重新排列,重复个案排在最前面。输出结果见表 3.3。

表 3.3　重复个案的识别结果

	姓名	性别	年龄	岗位	工资	受雇年份	户口地别
1	张晓梅	女	25	工人	2200	2001	城镇
2	张晓梅	女	29	技术人员	6700	1988	农村
3	安阳阳	女	53	管理人员	7680	1980	农村
4	柴宁宁	男	25	工人	2380	2000	农村
5	高大力	男	35	管理人员	8500	1998	城镇
6	宫丽娜	女	28	工人	2070	2000	城镇
7	龚自珍	男	60	工人	4410	1985	农村
8	贾志杰	男	28	工人	2780	1987	城镇
9	孔玲玲	男	21	工人	2100	2003	农村
10	李志忠	男	32	技术人员	6600	1986	农村
11	刘丽丽	女	29	工人	3150	2001	城镇
12	刘娜娜	女	32	工人	3020	1986	城镇

3.1.4　数据筛选

数据筛选(data filter)就是根据需要找出符合某种特定条件的数据。在统计分析中，有时不需要对所有数据进行观察，而是对个案进行选择性分析，由此可以观察感兴趣的数据，而排除掉不符合需要的数据。

【例 3.3】利用表 3.1 的数据筛选出工资在 6000 元以上的员工名单。

解：利用 SPSS 进行工资筛选，操作步骤如下：

第一步，选择【数据】→【选择个案】，弹出“选择个案”对话框，见图 3.3。

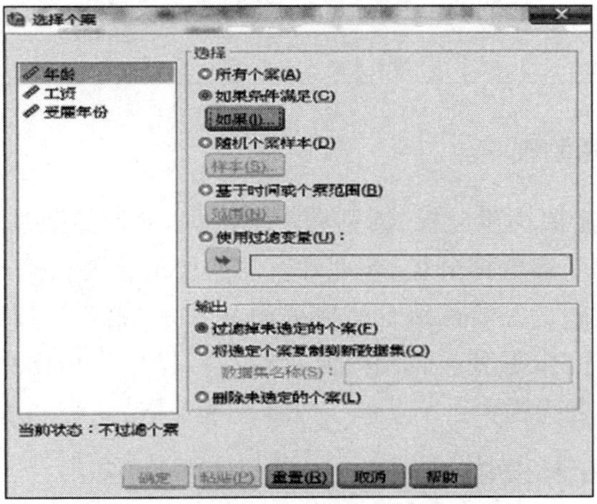

图 3.3　选择个案对话框

第二步，点选“如果条件满足”，再点击“如果”按钮，弹出图 3.4。将“工资”选入右上方空框中，并且设置筛选条件：工资 > 6000。

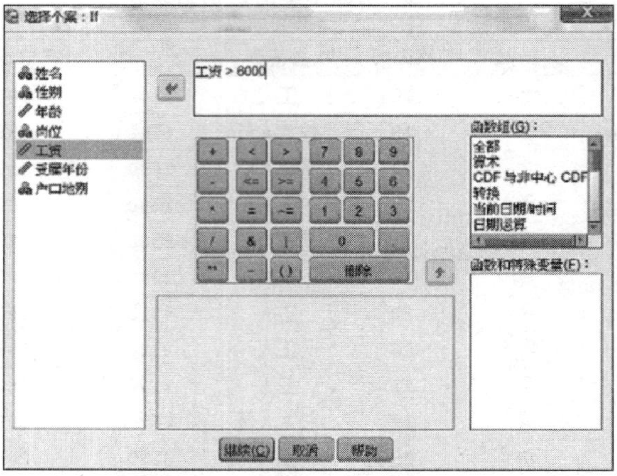

图 3.4　设置选择个案条件对话框

第三步，点击“继续”按钮返回图 3.3。选择“过滤掉未选定的个案”，点击“确定”按钮，输出工资 > 6000 的员工名单，见表 3.4。

表 3.4　工资筛选的结果

	姓名	性别	年龄	岗位	工资	受雇年份	户口地别	filter_$
1	刘子琪	女	28	技术人员	6200	1990	农村	Selected
2	张晓梅	女	29	技术人员	6700	1988	农村	Selected
3	李志忠	男	32	技术人员	6600	1986	农村	Selected
4	高大力	男	35	管理人员	8500	1998	城镇	Selected
5	欧阳美	男	38	技术人员	6850	1986	农村	Selected
6	马丽丽	女	50	管理人员	6890	1981	农村	Selected
7	安阳阳	女	53	管理人员	7680	1980	农村	Selected
8	吴莉莉	女	63	技术人员	7890	1978	城镇	Selected

3.1.5　透视表和定制表

Excel 数据透视表能够快速分析、浏览和汇总数据，对原始数据进行多维度展现，有助于从众多的数据中快速了解数据分组、整理和汇总需要的重要信息。类似于 Excel 中透视表功能，SPSS 具有功能较为完善的统计表制作模块——“表”，可以制作“定制表”，用以进行描述性表格绘制、排序、数据分类、汇总、统计检验等操作。相比之下，SPSS 中“定制表”的功能比 Excel 透视表更为强大。

【例 3.4】采用 Excel 和 SPSS 制作统计表。

解：(1)采用 Excel 透视表生成频数分布表，操作步骤：

第一步，在 Excel 菜单栏选择【插入】→【数据透视表】→【数据透视图和数据透视表】，弹出“创建数据透视表”对话框。在“表/区域”框内选定数据区域，接着选定放置数据透视表的区域为“新工作表”或“现有工作表”。

第二步，点击“确定”，弹出图 3.5。

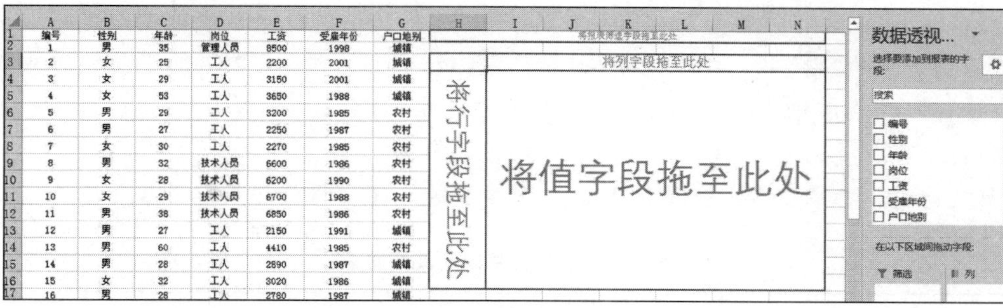

图 3.5 数据透视表制作

第三步，将右侧变量框中的一个变量拖至"行字段"框，将另一个变量拖至"列字段"框，再将要计数的变量拖至"值字段"框，即可生成所需要的频数分布表。例如，表 3.5 是将"岗位"拖入"行字段"，将"户口地别"拖入"列字段"，再将"性别"拖入"值字段"得到的。

表 3.5 数据透视表(示例)

求和项：工资	户口地别 性别						
	城镇		城镇汇总	农村		农村汇总	总计
岗位	男	女		男	女		
工人	38300	24510	62810	31220	15870	47090	109900
管理人员	8500	3040	11540		14570	14570	26110
技术人员		15500	15500	13450	12900	26350	41850
总计	46800	43050	89850	44670	43340	88010	177860

(2)采用 SPSS 生成定制表，操作步骤：

第一步，选择【分析】→【表】→【定制表】，弹出图 3.6，其右上角"常规"按钮为默认的正常视图。

图 3.6 定制表定义框

第二步，定义表格的行变量和列变量。本例中，将“岗位”拖至制表框的“行”中，将“性别”拖至制表框的“列”中。将鼠标放在“岗位”区域，单击右键，在弹出的下拉菜单中选择“摘要统计”，在随后弹出的“摘要统计”对话框中选中“计数”、“行 N%”，点击“应用于所选项”返回。

第三步，点击“确定”按钮，输出表 3.6，其中反映了不同岗位的男女人数和比例。

表 3.6　定制表制作交叉频数表

		性别			
		男		女	
		计数	行 N %	计数	行 N %
岗位	工人	13	59.1%	9	40.9%
	技术人员	1	33.3%	2	66.7%
	管理人员	2	40.0%	3	60.0%

同样的操作过程，如果将“岗位”拖至制表框的“行”中，而将“户口地别”、“工资”都拖入制表框的“列”中进行重叠，在“摘要统计”中选择行 N%、最大值、最小值，以反映不同“岗位”员工的“户口地别”比例及其工资的数量特征，得到输出结果如表 3.7。如果认为有必要，在“统计摘要”中还可以选择输出众数、中位数、极差、方差和标准差等常规的描述统计量。

表 3.7　定制表(示例)

		户口地别							
		城镇工资				农村工资			
		平均值	行 N %	最大值	最小值	平均值	行 N %	最大值	最小值
岗位	工人	2785	50.0%	4040	2070	2549	50.0%	4410	1980
	管理人员	8500	33.3%	8500	8500	7285	66.7%	7680	6890
	技术人员	7890	20.0%	7890	7890	6588	80.0%	6850	6200

3.2　数据整理与展示

数据经过预处理之后，接着便进行统计分组、编制分布数列并加以展示。统计分组(statistical grouping)指根据统计研究任务的要求和研究对象的内部特点，把研究对象按照某一标志划分为性质不同的若干种类。统计分组之后，把分配到各组中的数据个数列出，形成一个数据总数在各组分布情况的数列，这个数列就叫作分布数列(distribution series)，落在每一组中的数据个数叫作频数(frequency)。根据分布数列，可以计算各组频数在总频数中所占比例或频率。分布数列的作用在于划分研究对象的类型、认识研究对象的内部结构、把握数据的特点和规律以及揭示现象间的依存关系。

在第 1 章已经介绍过，根据数据计量尺度的不同，可将统计数据分为分类数据、排序数据和数值型数据。对于不同的数据类型进行整理，采用的分组和展示方法有所不同。

3.2.1 分类数据的整理与图示

1. 分类数据整理

分类数据按照品质标志进行统计分组。按品质标志分组就是按事物的属性特征进行分组，例如人口按性别、民族、职业、文化程度等分组；企业按所有制性质、隶属关系、经济类型分组；经济发展区域按东部、中部、西部、东北部分组等。分类数据的性质差异清晰，组限容易划定，故汇总计算和编制分布数列并不复杂。为了做到统计分类标准化，国家统计局制定了相关分类标准和目录，具体规定各类名称及代码、分类顺序、计量单位等，作为统计整理的统一依据。比如《三次产业划分规定》《农业及相关产业统计分类（2020）》等。

附：农业及相关产业统计分类（2020）

一、分类目的

为加快推进农业农村现代化，更好地服务于现代农业发展和乡村振兴，科学界定农业及相关产业的统计范围，全面准确反映农林牧渔业生产、加工、制造、流通、服务等全产业链价值，依据《中共中央国务院关于抓好"三农"领域重点工作确保如期实现全面小康的意见》《国务院关于促进乡村产业振兴的指导意见》《国务院办公厅关于推进农村一二三产业融合发展的指导意见》，以《国民经济行业分类》（GB/T 4754—2017）为基础，制定本分类。

二、分类范围

本分类规定的农业及相关产业是指农林牧渔业，以及产品为农林牧渔业所用、直接使用农林牧渔业产品和依托农林牧渔业资源所衍生出来的二三产业，包括农林牧渔业生产、加工、制造、流通、服务等环节形成的全部经济活动。具体范围确定为农林牧渔业、食用农林牧渔业产品加工与制造、非食用农林牧渔业产品加工与制造、农林牧渔业生产资料制造和农田水利设施建设、农林牧渔业及相关产品流通服务、农林牧渔业科研和技术服务、农林牧渔业教育培训与人力资源服务、农林牧渔业生态保护和环境治理、农林牧渔业休闲观光与农业农村管理服务、其他支持服务等 10 个大类。

资料来源：国家统计局

【例 3.5】采用表 3.1 的数据生成分布数列和交叉表。

解：这里采用 SPSS 进行操作，具体步骤：

第一步，选择【分析】→【描述统计】→【频率】，在弹出的"频率"对话框中，选入变量"户口地别"，勾选"显示频率表"，点击"确定"。输出结果见表 3.8。

表 3.8 户口地别的分布数列（示例）

		频率	百分比	有效百分比	累计百分比
有效	城镇	27	54.0	54.0	54.0
	农村	23	46.0	46.0	100.0
	总计	50	100.0	100.0	

第二步，选择【分析】→【描述统计】→【交叉表】，在弹出的“交叉表”对话框中，将“性别”放在“行”框中，将“工资”放在“列”框中，点击“确定”。输出交叉表见表3.9。

表3.9 性别 * 户口地别 * 岗位的交叉频数分布(示例)

<table>
<tr><th colspan="3" rowspan="2">岗位</th><th colspan="2">户口地别</th><th rowspan="2">总计</th></tr>
<tr><th>城镇</th><th>农村</th></tr>
<tr><td rowspan="3">工人</td><td rowspan="2">性别</td><td>男</td><td>6</td><td>7</td><td>13</td></tr>
<tr><td>女</td><td>5</td><td>4</td><td>9</td></tr>
<tr><td colspan="2">总计</td><td>11</td><td>11</td><td>22</td></tr>
<tr><td rowspan="3">管理人员</td><td rowspan="2">性别</td><td>男</td><td>1</td><td>0</td><td>1</td></tr>
<tr><td>女</td><td>0</td><td>2</td><td>2</td></tr>
<tr><td colspan="2">总计</td><td>1</td><td>2</td><td>3</td></tr>
<tr><td rowspan="3">技术人员</td><td rowspan="2">性别</td><td>男</td><td>0</td><td>2</td><td>2</td></tr>
<tr><td>女</td><td>1</td><td>2</td><td>3</td></tr>
<tr><td colspan="2">总计</td><td>1</td><td>4</td><td>5</td></tr>
<tr><td rowspan="3">总计</td><td rowspan="2">性别</td><td>男</td><td>7</td><td>9</td><td>16</td></tr>
<tr><td>女</td><td>6</td><td>8</td><td>14</td></tr>
<tr><td colspan="2">总计</td><td>13</td><td>17</td><td>30</td></tr>
</table>

2. 分类数据的图示

用图形来展示分布数列，对于数据特征的表现就会更为直观。适于展示分类数据的统计图有多种，下面举例说明帕累托图、条形图、饼图和环形图等常用图形的绘制。

(1)帕累托图

帕累托图(Pareto chart)是以意大利经济学家V. Pareto的名字命名的，又叫排列图或主次图，是按照各类别出现频数大小按照降序绘制的条形图，并在同一张图中画出累积频率(百分比)图。

【例3.6】利用表3.1的数据，绘制不同工作岗位的帕累托图。

解：利用SPSS进行绘制，操作步骤：

第一步，点击【分析】→【质量控制】→【帕累托图】，在弹出的对话框中选中“简单”图标，选中“个案组的计数或总和”，再点击“定义”按钮，进入定义简单帕累托图的对话框。

第二步，在“条形表示”下方选中“计数”，将“岗位”选入“类别轴”对话框。

第三步，点击“确定”按钮，输出帕累托图。见图3.7。

(2)条形图

条形图(bar chart)是用宽度相同的条形的高度或长短来表示数据多少的图形。条形图适用于表现分类数据的特征，条形可以横置或纵置，纵置时也称为柱形图(column chart)。常用的条形图有简单条形图、复式条形图和堆积条形图等。

【例3.7】绘制2010—2019年我国基本医疗保险规模变动情况的复式条形图。

解：利用SPSS绘制复式条形图，具体步骤：

第一步，建立数据文件。数据格式见表3.10。

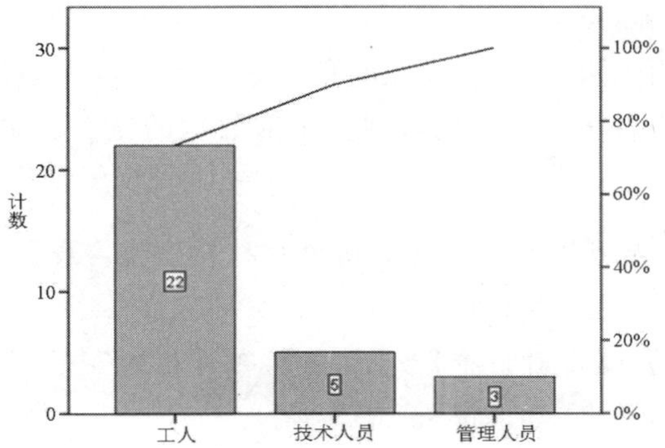

图 3.7　不同工作岗位的帕累托图

第二步，选择【图形】→【旧对话框】→【条形图】，在弹出的“条形图”选择窗口点选“簇状”（即复式条形图），点击“单独变量的摘要”，再点击“定义”。在弹出的“定义簇状条形图”窗口，将“基本医疗保险”、“城镇职工基本医疗保险”和“城乡居民基本医疗保险”三个变量选入“条形表示”框内，将“年份”选入“类别轴”框，见图 3.8。

表 3.10　数据格式

	年份	基本医疗保险	城镇职工基本医疗	城乡居民基本医疗
1	2010	4.30	2.40	2.00
2	2011	4.70	2.50	2.20
3	2012	5.40	2.60	2.60
4	2013	5.70	2.70	3.00
5	2014	6.00	2.80	3.10
6	2015	6.70	2.90	3.80
7	2016	7.40	3.00	4.50
8	2017	11.80	3.00	8.70
9	2018	13.40	3.20	10.30
10	2019	13.50	3.30	10.20

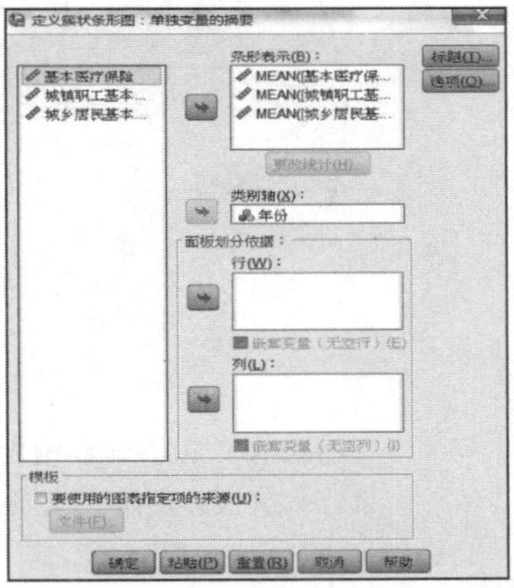

图 3.8　定义复式条形图

第三步，点击“确定”，输出图 3.9。图中显示了 2010—2019 年各年度三种基本医疗保险规模变动情况。

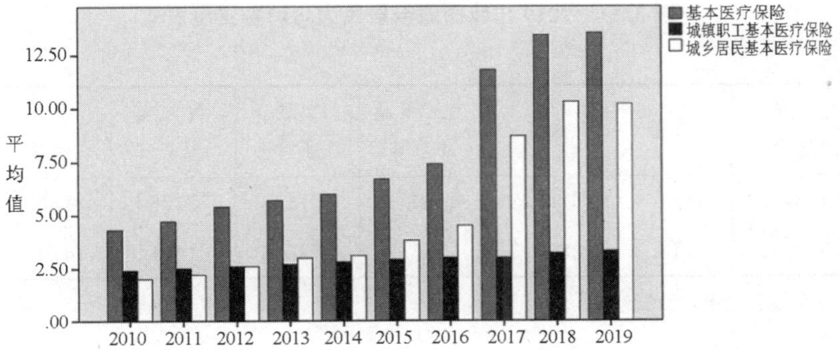

图 3.9　2010—2019 年我国基本医疗保险规模变动复式条形图

(3)饼图

饼图(pie chart)是用圆形及圆内扇形的角度来表示数值大小的图形。饼图主要用来展示数据结构,即数据中各组成部分的数据占全部数据的比例。饼图简单易懂,因此使用最为广泛。

【例 3.8】绘制 2017 年我国农村流动劳动力受教育程度构成情况的饼图。

解:利用 SPSS 绘制饼图,具体步骤:

第一步,选择【图形】→【旧对话框】→【饼图】,在弹出的“饼图”对话框中选中“个案组摘要”,点击“定义”按钮,弹出“定义饼图”对话框。

第二步,点选“变量总和”,将各个受教育程度的“比例”选入“变量”框,将受教育程度的种类选入“分区定义依据”。

第三步,点击“确定”,输出图 3.10。

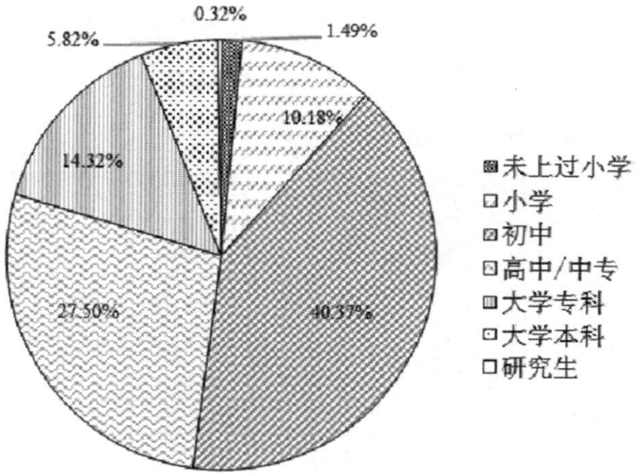

图 3.10　2017 年我国农村流动劳动力受教育水平分布

资料来源:国家卫生健康委员会,中国流动人口动态监测调查,2017

(4)环形图

环形图(doughnut chart)是把两个或多个饼图叠在一起,去除中心部分得到的图形。环形图可以显示多组数据各部分所占的相应比例,有利于进行结构比较。

【例 3.9】利用表 3.11 的数据绘制环形图,比较 2019 年我国城乡居民消费结构。

表 3.11　2019 年我国城乡居民人均消费支出表

单位:元

	食品烟酒	衣着	居住	生活用品及服务	交通通信	教育文化娱乐	医疗保健	其他用品及服务
城镇居民	7732.6	1831.9	6780.2	1689.3	3671.3	3328	2282.7	747.2
农村居民	3998.2	713.3	2871.3	763.9	1836.8	1481.8	1420.8	241.5

资料来源:中国统计年鉴,2020

解:采用 Excel 绘制环形图的步骤:

第一步，在 Excel 表格中选中表 3.11 中的绘图数据。

第二步，选择【插入】→【图表】→【环形图】，输出环形图并进行修饰，结果见图 3.11。环形图里圈为城镇居民人均消费支出构成，外圈为农村居民人均消费支出。

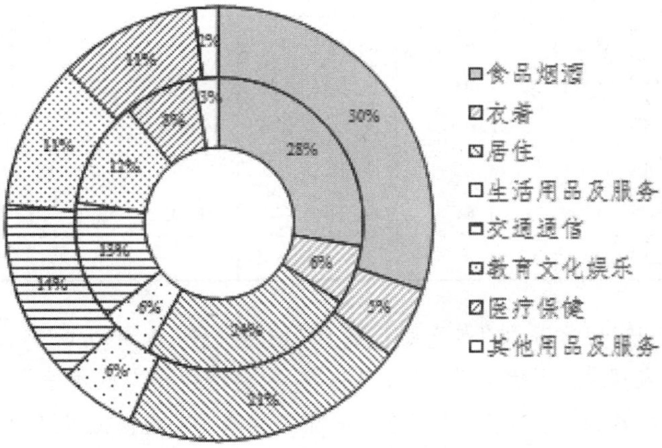

图 3.11　2019 年我国城乡居民人均消费支出结构

资料来源：中国统计年鉴，2020

3.2.2　排序数据的整理与图示

分类数据分组整理与展示的方法都适用于排序数据。需要注意的是，排序数据在分组的时候，某些标志看上去似乎是品质标志，如农户按种植规模分为普通农户和规模农户，农产品按质量划分为特等品、一等品和二等品，劳动力按年龄区分为全劳动力和半劳动力等，实质上都是以明确的数量界限为基础的。离开了明确的数量界限，这些概念将是模糊的，而离开了这些模糊概念，精确的数量分组又说明不了什么。在这里精确与模糊是相互依存、互为条件的。这种以明确的数量界限为背景的模糊概念，我们称之为模糊量。

排序数据分组整理后得到的分布数列，可以计算累计频数分布并绘制累计频数分布图，用于观察在某一组以下（或以上）频数的累计数，这是与分类数据的不同之处。

累计频数（cumulative frequencies）是将各有序类别或组的频数逐级累加起来得到的频数，它有向上累计和向下累计之分。向上累计指从类别顺序的开始一方向类别顺序的最后一方累加频数（数值型分组数据则是从变量值小的一方向变量值大的一方累加频数）。向下累计指从类别顺序的最后一方向类别顺序的开始一方累加频数（数值型分组数据则是从变量值大的一方向变量值小的一方累加频数）。

累计频率（cumulative percentages）是将各有序类别或组的百分比逐级累加起来，它也有向上累计和向下累计两种方法。

【例 3.10】抽样调查某乡农户对地膜覆盖技术应用的满意度，数据见表 3.12。

表 3.12　某乡农户对地膜覆盖技术应用的满意度频数分布

回答类型	村民（人）	百分比（%）	向上累计		向下累计	
			村民（人）	百分比（%）	村民（人）	百分比（%）
非常不满意	7	5.83	7	5.83	120	100.00
不满意	20	16.67	27	22.50	113	94.17
一般	45	37.50	72	60.00	93	77.50
满意	40	33.33	112	93.33	48	40.00
非常满意	8	6.67	120	100.00	8	6.67
合计	120	100	—	—	—	—

解：从表 3.12 中"向上累计"和"向下累计"的频数和频率可以看出，该乡随机抽取的 120 人中，对该项农业生产新技术给予"非常不满意"和"不满意"评价的有 27 人，占 22.5%。给予"非常满意""满意"和"一般"评价的共有 93 人，占 77.5%。

顺序数据可以采用累计频数分布图来展示，表 3.12 的累计分布图见图 3.12。该图的特点在于可以看出顺序数据的分布规律。向上累计频数分布图显示从最低一组累计到某一组为止的累计频数，向下累计频数分布图则显示从最高组累计至某一组为止的累计频数。

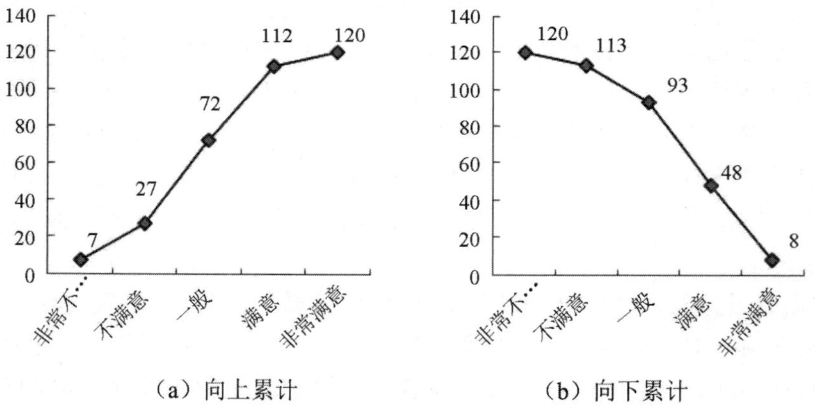

图 3.12　某乡农户对地膜覆盖技术应用满意度的累计频数分布

3.2.3　数值型数据的整理与展示

1. 数值型数据分组

对于数值型数据，根据研究目的的不同，有按照品质标志分组（grouping by qualitative character）和数量标志分组（grouping by numerical character）两种情况。

按照品质标志分组就是按照事物的属性差异分组。表 3.13 中各组展示了不同造林方式上的林地分布，还列出了各组造林面积的比重。可以看出，人工造林方式所占比重最大，飞播造林面积最小。

表 3.13　2019 年我国造林总面积

	人工造林	飞播造林	封山育林	退化林修复	人工更新	合计
面积(亿亩)	3458315	125565	1898314	1537877	370223	7390294
面积(%)	46.80	1.70	25.69	20.80	5.01	100.00

资料来源:中国统计年鉴,2020

按数量标志分组的界限划定有一定的难度,因为数量标志下的变异表现为许多不等的变量值,对它们据以分组的差异界限不像品质标志所表现的事物属性那样容易区分。为此,必须根据量变到一定程度转化为质变的原理,首先对数据形成的背景原因进行分析,然后按照统计分析的目的划定界限。

2. 变量数列的编制

变量数列是按照数量标志分组形成的分布数列。根据分组变量在各组取值形式的不同,变量数列可分为单项式数列和组距式数列。

(1)单项式数列的编制

单项式(single-valued class)数列是将一组数据按单项式分组而形成的变量数列,每个变量值是一个组,按变量值大小顺序排列。在变量值不多,且变量值变动幅度不大时采用。如表 3.14,就是以每户人口数分别作为一组的单项式分组形成的分布数列。

表 3.14　我国第六次人口普查家庭规模分布数列

单位:户

家庭户规模	家庭户户数	一代户	二代户
一人户	58396327	58396327	—
二人户	97947686	75218232	22729454
三人户	107978654	2463294	102050486
四人户	70598493	742461	51256083
五人户	40332512	352069	12249841
六人户	16887554	83923	2692507
七人户	5753970	37656	786951
八人户	2235271	23272	272183
九人户	942511	11050	102349
合计	401072978	137328284	192139854

资料来源:全国人口普查抽样数据。

(2)组距式数列的编制

组距式(interval class)数列是以一定区间长度分组形成的变量数列。区间内最大值称为上限,最小值称为下限,上限与下限之差为组距。上限与下限之和的一半为组中值,它是所在组的代表值。有上限无下限,或有下限无上限的组,称为开口组。在数据数目较多、变动幅度较大时采用组距式分组。

组距式数列编制的步骤:

第一步,找出一组数据中的最大值和最小值,并计算全距:

$$全距 = 最大值 - 最小值$$

第二步，确定组数，计算组距(group interval)。对一组数据，将其分为多少组，要以“同质合并，异质分开”为原则，同时也要考虑分组结果的简明性，一般以小于10组为宜。如果组数过多，可能把属于同类的单位归到不同组中，分组结果过于分散，不便于观察数据特征；如果组数过少，又可能把不同类的单位归到同一个组内，模糊了数据不同质的界限。这两种情况下都不能真实地反映研究对象的本质特点和分布规律性。

在一堆零乱的原始数据面前，适宜的组距和组数是多少，这需要对数据的分布情况和可能的形成原因加以分析才能确定的。美国学者斯特奇斯(H. A. Sturges)提出，在总体各单位标志值分布趋于正态的情况下，可根据数据个数(n)来确定分组数(m)：

$$m=1+3.322\lg(n) \tag{3.1}$$

式(3.1)是一个经验公式，可供分组时参考。当数据数目过少时，该公式计算的组数可能偏多，而当总体单位数很多时，该公式计算的组数又可能偏少。

第三步，计算组距。组距计算公式为：

$$组距=\frac{全距}{组数} \tag{3.2}$$

第四步，根据计算的组数和组距，编制分布数列。

【例3.11】某农民专业合作社30位社员的人均月纯收入(单位：元)调查资料如表3.15。对该数据进行组距式分组，展示人均月纯收入的分布状况。

表3.15　某农民专业合作社30位社员的月收入

592	420	460	663	482	490	553	510	520	670	610	630	635	640	562
550	508	645	568	648	730	590	440	595	600	578	545	466	689	580

解：在表3.15中，最大值为730元，最小值为420元，极差为730－420＝310

通过观察资料，认为数据分布均匀，可利用斯特奇斯经验公式计算分组数：

$$m=1+3.322\lg(30)\approx 5.9$$

对计算结果取整数，得分组数为6组。则组距为：

$$\frac{310}{6}=51.7，取整数为50$$

根据组数和组距，考虑组距确定的简明性需要，编制出组距式分布数列，见表3.16。

表3.16　某农民专业合作社30位社员的月收入分布数列

按人均月收入分组	人数(频数)	频率(%)	频率累计(%)
400～450	2	6.67	6.67
450～500	4	13.33	20.00
500～550	5	16.67	36.67
550～600	9	30.00	66.67
600～650	6	20.00	86.67
650～700	3	10.00	96.67
700～750	1	3.33	100.00
合计	30	100	—

经整理后，大致可以看出该农民专业合作社 30 名社员月工资收入分布情况。当然，该工资收入数据也可按照比如高收入、中等偏上、中等收入、低收入分组来编制分布数列。

(3)等距和异距

组距式数列中各组组距可以相等，也可以不等。组距相等的数列，叫作等距数列，如表 3.16。组距不相等的数列，叫作异距数列，如表 3.17。

表 3.17　农村居民纯收入分组的户数占调查户比重分布数列

1	项　目	1990	1995	2000	2005	2006	2007
2	按纯收入分组户数						
3	占调查户比重（%）						
4	100元以下	0.3	0.21	0.31	0.65	0.48	0.53
5	100-200　（元）	1.78	0.36	0.2	0.11	0.09	
6	200-300　（元）	6.56	0.78	0.43	0.2	0.14	0.13
7	300-400　（元）	12.04	1.47	0.69	0.31	0.26	0.19
8	400-500　（元）	14.37	2.3	1.01	0.41	0.35	0.25
9	500-600　（元）	13.94	3.37	1.37	0.57	0.52	0.34
10	600-800　（元）	20.8	9.54	4.44	1.88	1.64	1.18
11	800-1000　（元）	12.49	11.63	5.72	2.84	2.28	1.65
12	1000-1200（元）		11.83	6.75	3.53	2.8	1.97
13	1200-1300（元）	12.25	5.38	3.75	1.97	1.61	1.18
14	1300-1500（元）		9.74	7.42	4.4	3.75	2.64
15	1500-1700（元）	3.48	7.92	7.48	4.89	4.22	3.16
16	1700-2000（元）		9.39	10.45	7.67	6.68	5.21
17	2000-2500（元）		10.29	14.54	12.49	11.46	9.73
18	2500-3000（元）		5.89	10.29	11.42	10.98	9.89
19	3000-3500（元）		3.49	7.11	9.55	9.38	9.17
20	3500-4000（元）	1.99	1.95	4.76	7.57	7.88	8.34
21	4000-4500（元）		1.34	3.44	5.93	6.6	7.4
22	4500-5000（元）		0.86	2.4	4.64	5.25	5.98
23	5000元以上		2.26	7.45	18.96	23.62	30.94

资料来源：中国统计年鉴，2008

等距数列通常适用于数据变动比较均衡的情况。等距数列的优点在于，可以对总体的分布状态做直接观察，即对落入各组的频数进行组间比较，而这必须以同等的区间程度为前提才有意义。

异距数列适用于不同研究目的的需要，或与数据分布的均衡情况有关，通常适用于数据变动不均衡的情况。不同的研究目的，可以采用不同的异距分组。例如，人口分组中，为了研究人口年龄结构，可按照年龄中位数分组：20 岁以下（年轻组）、20～30 岁（成年组）、30 岁以下（老年组）。为了研究劳动力后备、劳动力资源、丧失劳动能力的人口时，人口分组可采用：1～6 岁（学龄前儿童）、7～12 岁（学龄儿童）、13～15 岁（劳动力后备）、男 16～60 岁及女 16～55 岁（劳动力资源）、男 60 岁以上及女 55 岁以上（劳动力丧失）。若遇到数据次数分布在某一区间比较密集，而在其他区间比较稀少的情况时，也可采用异距分组编制数列，以对密集区间进行细分，以便更好地观察数据分布情况。

(4)组限

组距式数列在确定组距和组数之后，接下来就是划定分组界限，即组限(group limit)。

划分组限需要解决两个问题:一是组限表示,二是组限起讫。

连续型变量的组限表示,其相邻组的上、下限一般采用同一数值,以保证统计过程中不会发生数据遗漏。遇到与组限相同的数据,按照“下(限)闭上(限)开”或“下(限)开上(限)闭”的原则进行归并。如表 3.16 中,第二组 450～500 和第三组 500～550 的共同组限为 500。如果有一数据为 500,按照“下闭上开”的原则,可将其归入以 500 作为上限的第二组中;如果按照“下开上闭”的原则,则将其归入以 500 作为下限的第三组中。在同一组数据整理归组的过程中,应始终遵守同一原则。离散型变量的组限表示,其相邻组的上、下限一般采用不同数值。

组限起讫是指首组下限的起点与末组上限的终点。对于等距数列,可采用对称方法分组来控制组限起讫点。方法是:计算最大与最小变量值的中点(为了简明,取整数),由此向双侧对称地进行分组,在顺序上首末两组被最后确定。对称分组的原则是:最小变量值与首组下限之差,应大致等于末组上限与最大变量值之差,且控制首末两组不要出现人为疏区间。所谓人为疏区间,就是在首组把下限划到离最小变量值偏远的地方,或在最末组把上限划到离最大值偏远的地方,从而使数据各组分布产生疏密不合理的状态。

如果原始数据中存在极少数极端变量值,则可先撇开它们确定组限后,再将首组与末组采用“开口”形式来容纳它们。

3. 数值型数据的图示

前述介绍的用于分类数据和排序数据的图形都适用于数值型数据。此外,数值型数据还有直方图、曲线图、茎叶图、箱线图、散点图、折线图、高—低图、雷达图、人口金字塔等图示方法,这些方法并不适用于分类数据和排序数据。

(1)直方图

直方图(histogram)是最常用的图形之一,用以描述数值型数据的频数分布。直方图在横轴表示数据分组,在纵轴以直方条形的高度表示各组的频数或频率。

直方图与柱形图是不同的两种图形:

其一,柱形图是用柱形的高度表示各类别频数的多少,其宽度是固定的。直方图是用面积表示各组频数的多少,矩形的高度表示每一种的频数或频率,宽度则是各组的组距,因此其高度和宽度均有意义。

其二,由于分组数据具有连续型,直方图的各矩形通常形成连续排列,而柱形图则是分开排列。

其三,柱形图主要用于展示分类数据,而直方图主要用于展示数值型数据。

【例 3.12】对例 3.11 中 30 位合作社社员的月收入数据采用 SPSS 编制组距式分布数列,并绘制直方图。

解:采用 SPSS 的具体步骤为:

第一步,建立数据文件,定义变量为“月收入”。

第二步,定义分组后新的变量名。点击【转换】→【重新编码为不同变量】,在弹出对话框中,将变量“月收入”选入“数字变量—输出变量”框,在“名称”框中填写“收入分组”,替代旧变量名,接着点击“变化量”按钮。见图 3.13。

第三步,点击“旧值和新值”按钮,在弹出的对话窗中选择“范围”,在其下方的两个空框中分别填写第一组的组限 400 和 450,在“值”旁边的空框中填写“1”,点击“添加”按钮,

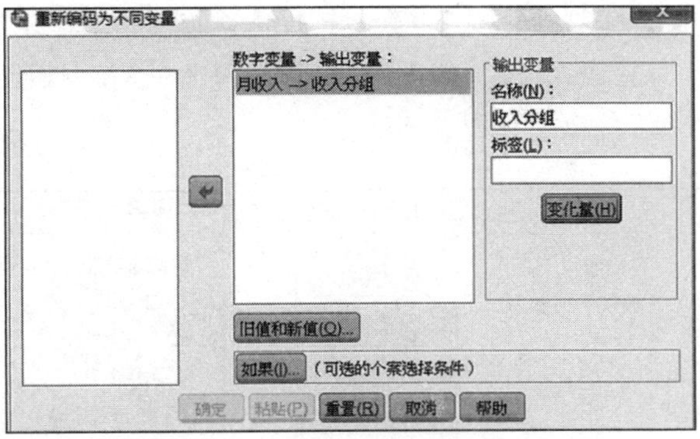

图 3.13　定义分组后新的变量名

在“旧→新”对话框中出现“400 thru 450→1”，表示“400～450”被归到新值 1。其他各组的做法相同。结果见图 3.14。

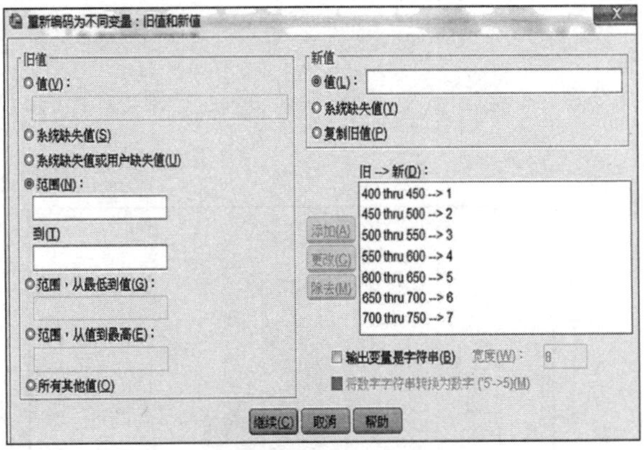

图 3.14　旧值转化为新值

第四步，点击“继续”按钮返回，再点击“继续”按钮，可见数据表中出现了新变量“收入分组”。见表 3.18。

第五步，转入“变量视图”，设定新变量“收入分组”的值标签，如 1＝“400～450”，2＝“450～500”，…，7＝“700～750”，结果见图 3.15。

表 3.18　分组结果

	月收入	收入分组
1	420	400-450
2	440	400-450
3	460	450-500
4	466	450-500
5	482	450-500
6	490	450-500
7	508	500-550
8	510	500-550
9	520	500-550
10	545	500-550
11	550	500-550
12	553	550-600
13	562	550-600
14	568	550-600

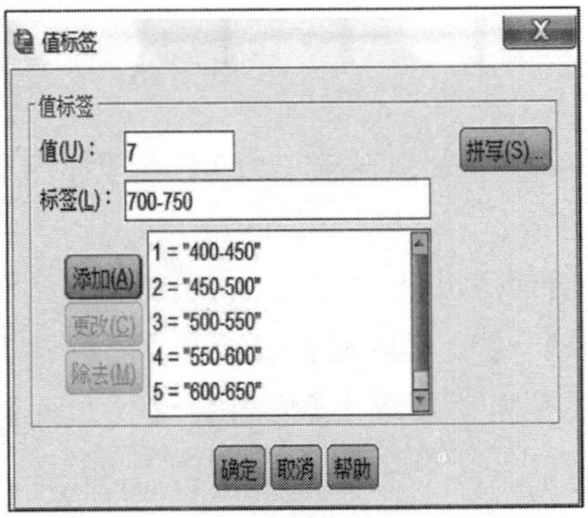

图 3.15　值标签定义

第六步，点击【分析】→【描述统计】→【频率】，把新变量“收入分组”选入“变量”框，勾选下方的“显示频率表”，见图 3.16。点击“图表”按钮，选中“直方图”，勾选“在直方图中显示正态曲线”，点击“继续”返回。见图 3.17。

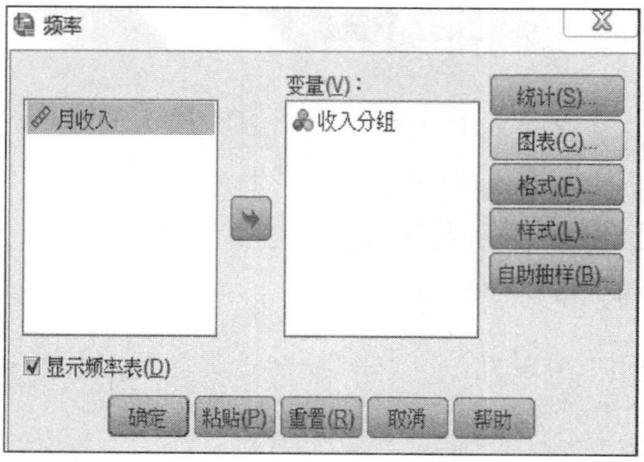

图 3.16　频率对话框

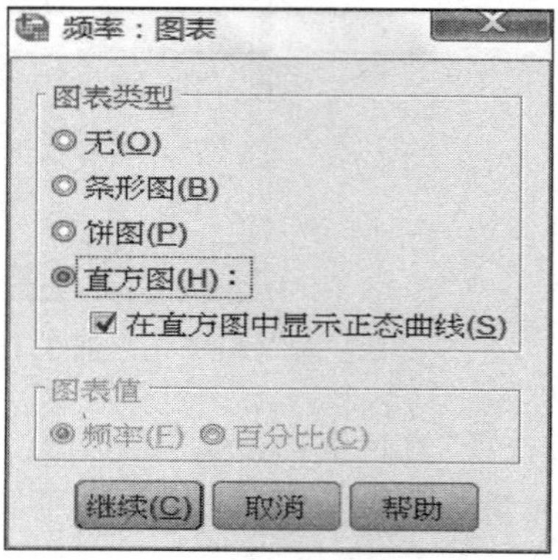

图 3.17　选择直方图

第七步，点击“确定”按钮，输出显示正态曲线的直方图，见图 3.18。可以看出，数据分布的对称性比较好。

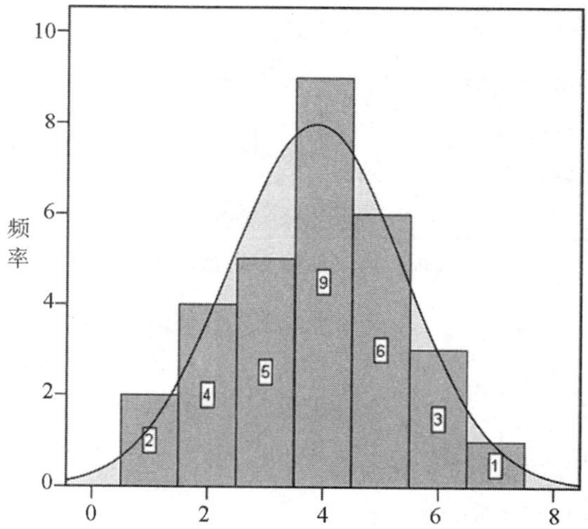

图 3.18　收入分布的直方图

输出的收入分布数列见表 3.19。与表 3.16 不同的是，该表还输出了有效百分比，表明数据 100% 有效。

绘制直方图的方法比较多。利用 SPSS，还可以通过【图形】→【图表构建器】→【直方图】，或者【图形】→【旧对话框】→【直方图】绘制出直方图。利用 Excel，可以通过【数据】→【数据分析】→【直方图】，或者【插入】→【柱形图】绘制出直方图。

表 3.19　收入分组得到的分布数列

		频率	百分比	有效百分比	累计百分比
有效	400～450	2	6.7	6.7	6.7
	450～500	4	13.3	13.3	20.0
	500～550	5	16.7	16.7	36.7
	550～600	9	30.0	30.0	66.7
	600～650	6	20.0	20.0	86.7
	650～700	3	10.0	10.0	96.7
	700～750	1	3.3	3.3	100.0
	总计	30	100.0	100.0	

(2)曲线图

如果变量数列的组数无限增多,组距无限缩小,折线便近似地表现为一条平滑曲线,形成曲线图。曲线图是反映数据分布规律的有效方法,在统计学中很重要。实际中,常见的频数分布曲线主要有钟形分布、J 形分布和 U 形分布等类型。

钟形分布。钟形分布的特征是中间变量值分布次数多,两边变量值分布的次数少,其分布曲线形为倒挂的大钟。正态分布曲线是我们最熟悉的一种钟形曲线,其左右两边对称。许多客观事物的数量特征表现如人的身高、体重、智商、试验误差、测量误差和观测误差等,都趋于正态分布。相对于正态分布曲线,如果钟形分布的频数分布不对称,长尾拖向一侧,则称为偏态分布。若长尾拖在数值小的一侧,称为左偏(或负偏)分布;若长尾偏在数值大的一侧,称为右偏(或正偏)分布。

J 形分布。J 形分布有两种类型:一种是频数随变量的增大而增多,为正 J 形分布。另一种为频数随变量的增大而减少,为倒 J 形曲线。应用较广泛的是西方经济学中的供给曲线和需求曲线。

U 形分布。U 形分布的特征是,中间变量值分布频数少,两边变量值分布的频数多,与钟形分布正好相反。U 形分布又称为生命曲线,人和动物的死亡率往往服从 U 形分布。婴儿和动物的幼仔,由于抵抗力弱,死亡率很高,随着对新环境的适应和年龄的增长死亡率逐渐降低。到了中年时期,死亡率最低同时也相对稳定,进入老年期后又逐渐增高,即形成一个 U 形分布曲线。产品故障和报损情况也有类似的分布规律。

(3)茎叶图

茎叶图(stem-and-leaf display)是反映原始数据分布的图形,又称"枝叶图"。20 世纪早期英国统计学家阿瑟·鲍利(Arthur Bowley)设计了茎叶图,1977 年统计学家约翰托奇(John Tukey)在其著作《探索性数据分析》(Exploratory Data Analysis)中介绍了这种绘图方法。

茎叶图由茎和叶两部分构成,其图形是由数字组成的。通过茎叶图,可以看出数据的分布形状及数据的离散状况,比如,分布是否对称,数据是否集中,是否有离群点,等等。绘制茎叶图的关键是设计树茎。制作树茎时,首先把一个数据分为两部分,通常是以该组数据的高位数值作为"茎",最后一个或两个数字组成"叶"。例如,98 分为 9 | 8;163 分为 16 | 3;1268 分为 12 | 68 等,前面的部分是树茎,后面的是树叶。

茎叶图类似于横置的直方图。与直方图相比,茎叶图既能给出数据的分布状况,又能给出每一个原始数据，即保留了原始数据的信息，直方图则做不到这一点。在应用方面，直方图适用于大批量数据，茎叶图适用于小批量数据。

【例 3.13】绘制例 3.1 中 30 名员工工资数据的茎叶图。

解：SPSS 绘制茎叶图的操作步骤：

第一步，选择【分析】→【描述】→【探索】，在弹出的对话框中，将变量“月收入”选入“因变量列表”对话框，见图 3.19。选中“图”，在弹出的对话框中选择“茎叶图”。点击“继续”回到主对话框，见图 3.20。

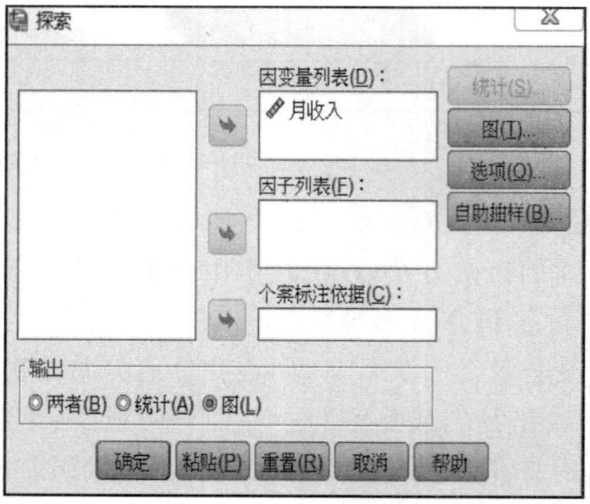

图 3.19　探索对话

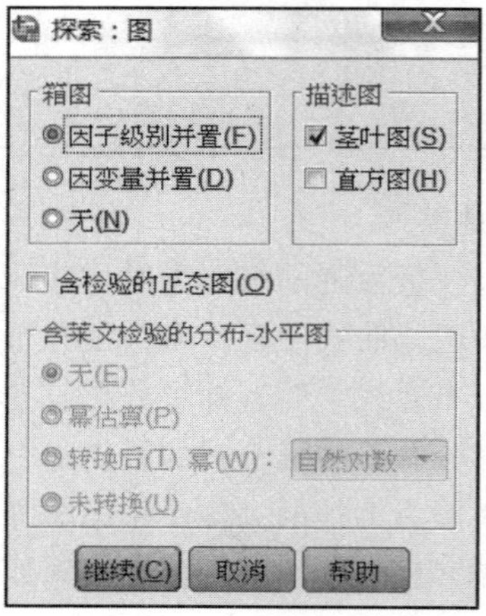

图 3.20　探索：图对话框

第二步，点击“确定”按钮，输出茎叶图，见图 3.21。可以看出，该茎叶图的“茎”为 400、500、600、700。“茎”500 上挂的“叶片”最多，为 13 片。“茎”700 上挂的叶片最少，仅 1 片。

```
月收入 茎叶图

频率      主干 & 叶

  2.00     4 . 24
  4.00     4 . 6689
  4.00     5 . 0124
  9.00     5 . 556678999
  7.00     6 . 0133444
  3.00     6 . 678
  1.00     7 . 3

主干宽度：    100
每个叶：      1 个案
```

图 3.21　茎叶图

我们常常通过观察直方图、茎叶图、P－P 图、Q－Q 图等去定性判断数据的分布形态，比如，判断数据是否服从某种分布。下面介绍 P－P 图和 Q－Q 图。

(4)P－P 图

P 是 probability 的缩写，即概率。P－P 图(P－P chart)是根据数据的实际累积频率与指定分布的理论累积概率所绘制的图形。绘制 P—P 图时，将数据从小到大排序后，将实际数据的累计频率表示在横轴上，将想要验证的理论分布的累计概率表示在纵轴上。当数据符合我们指定的分布时，P—P 图中各散点近似呈现一条从左下角到右上角的 45°直线，即实际累计频率与理论累计概率一致，否则，散点图就会偏离该直线。

在绘制 P—P 图之前，也可对数据进行对数变换或标准化变换等，使转换后的数据更接近指定分布。

【例 3.14】绘制例 3.1 中 30 名员工工资数据的 P—P 图，判断数据是否服从正态分布。

解：SPSS 绘制 P—P 图的操作步骤：

第一步，选择【分析】→【描述统计】→【P—P 图】，见图 3.22。

第二步，将变量"工资"放入变量框中，选择"正态"作为检验分布，接着勾选"根据数据估算"。

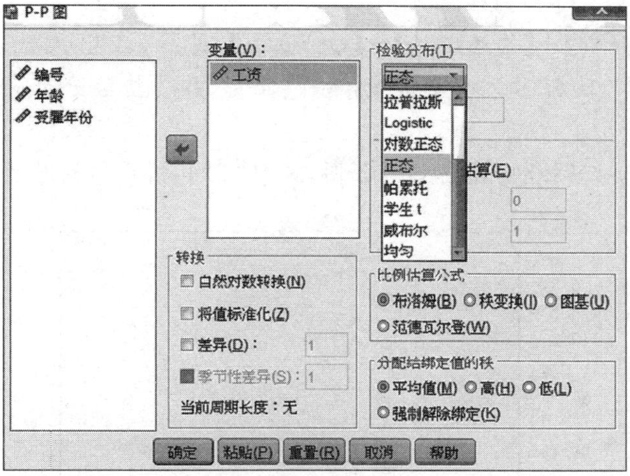

图 3.22　制作 P—P 图对话框

第三步，点击"确定"按钮，输出 P—P 图，见图 3.23。可以看出，散点图偏离直线的程度较大，即实际数据分布与正态分布有较大偏差。

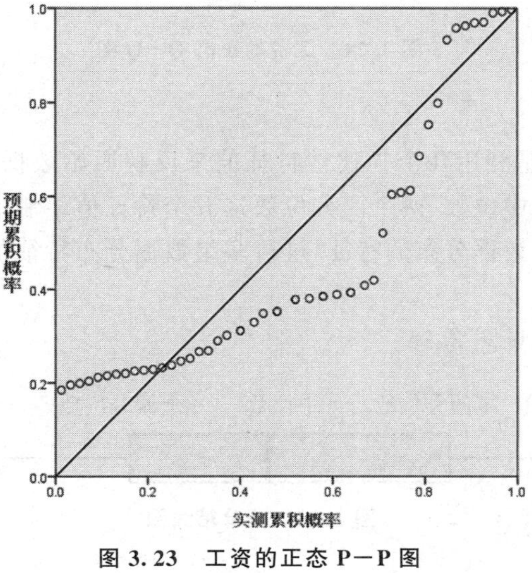

图 3.23　工资的正态 P—P 图

(5)Q—Q 图

Q 是 quantile 的缩写,即分位数。分位数就是将数据从小到大排序,然后分为 100 份,每一份位置上所对应的值。比如,中位数就是 50%位置上的值;下四分位数和上四份位数,就是 25%和 75%位置上的值;最大值是 100%位置上的值,等等。

Q—Q 图(Q—Q chart)以横轴表示实际数据的分位数,纵轴表示理论分位数,所形成的散点图若近似于一条从左下角到右上角的 45°直线,则可以判断数据符合我们指定的分布,否则,可以做是否服从其他分布的尝试。

Q—Q 图和 P—P 图的用途完全相同,只是检验方法存在差异。

【例 3.15】绘制例 3.1 中 30 名员工工资数据的 Q—Q 图,判断数据是否服从正态分布。

解:SPSS 绘制 Q—Q 图的操作步骤:

第一步,选择【分析】→【描述统计】→【Q—Q 图】,见图 3.24。

第二步,将变量"工资"放入变量框中,选择"正态"作为检验分布,接着勾选"根据数据估算"。

第三步,点击"确定"按钮,输出 Q—Q 图,见图 3.24,所得结论与图 3.23 一致。

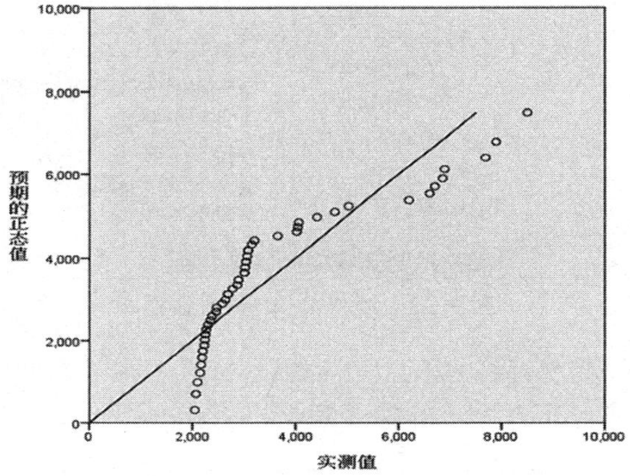

图 3.24　工资的正态 Q—Q 图

(6)箱线图

箱线图(box plot)是利用几个描述性特征值来反映原始数据分布的图形。它由一组数据的最大值、最小值、中位数、两个四分位数这五个特征值绘制而成,又称为五数图。箱线图主要用于反映原始数据分布的特征,进行多组数据分布特征的比较,也可以快速识别异常值。

箱线图的一般形式见图 3.25。

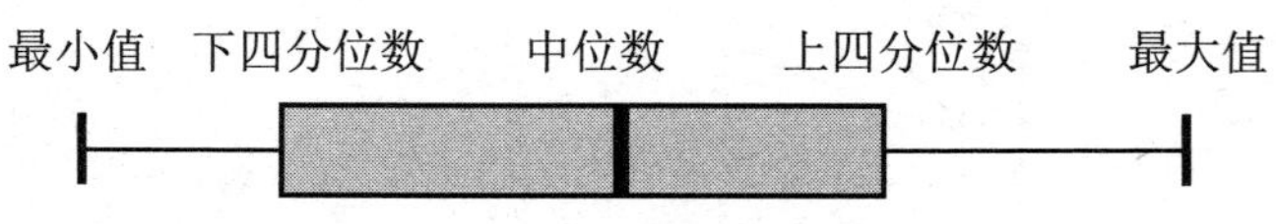

图 3.25　简单箱线图

【例 3.16】用 SPSS 绘制某果农三种不同销售方式下的水果日销量的箱线图。

解：第一步，录入表 3.20 中的数据，数据格式见表 3.21。

表 3.20　某果农三种不同销售方式下的水果日销量

单位：箱

传统	25	20	29	30	27	21	30	31	22	26	30	28
网络	28	30	29	38	32	29	34	36	35	34	28	30
微店	28	25	31	34	30	30	32	26	32	31	33	27

第二步，选择【图形】→【旧对话框】→【箱图】，在弹出的“箱图”对话框中选择“简单”，选中“单独变量的摘要”，点击“定义”按钮返回，见图 3.26。

表 3.21　数据格式

	传统	网络	微店
1	25	28	28
2	20	30	25
3	29	29	31
4	30	38	34
5	27	32	30
6	21	29	30
7	30	34	32
8	31	36	26
9	22	35	32
10	26	34	31
11	30	28	33
12	28	30	27

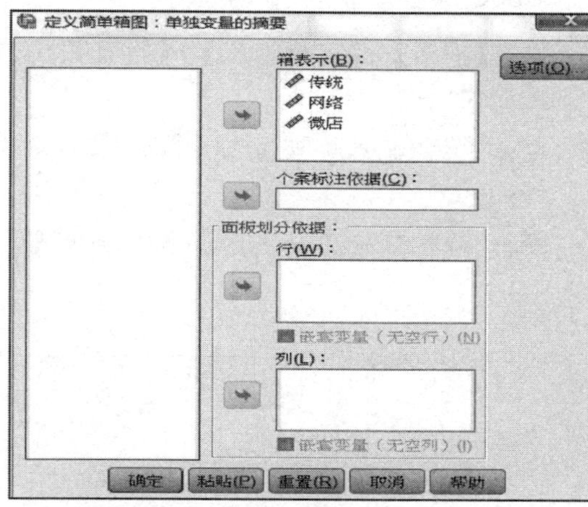

图 3.26　定义简单箱图

第三步，点击“确定”按钮，输出图 3.27。

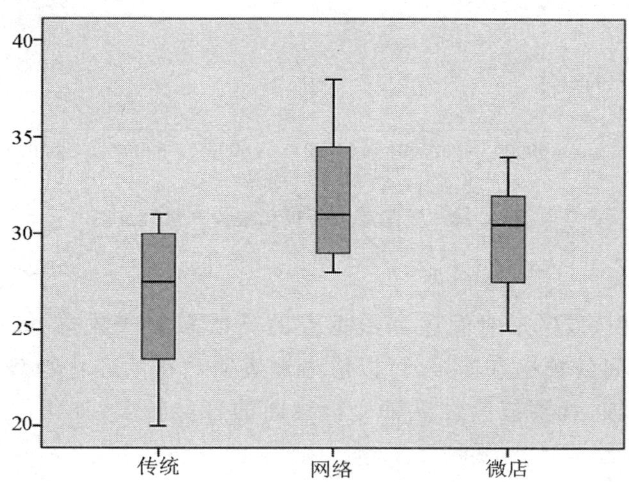

图 3.27　箱线图

(7)散点图

散点图(scatter plot)是用二维平面直角坐标展示两个变量之间依存关系的一种图形，用于观察变量之间的相关关系。

【例 3.17】绘制表 3.22 我国 2010—2019 年灌溉面积和粮食产量的散点图。

表 3.22　我国 2010—2019 年灌溉面积和粮食产量

年份	2010	2011	2012	2013	2014	2015	2016	2017	2018	2019
灌溉面积/千公顷	60348	61682	62491	63473	64540	65873	67141	67816	68272	68679
产量/万吨	55911	58849	61223	63048	63965	66060	66044	66161	65789	66348

资料来源：中国统计年鉴，2020

解：利用 SPSS 绘制散点图，具体步骤：

第一步，选择【图形】→【旧对话框】→【散点图/点图】，在弹出的“散点图/点图”对话框中选择“简单散点图”。

第二步，在弹出的“简单散点图”对话框中，将变量“灌溉面积”选入 x 轴框中，将变量“产量”选入 y 轴框中。

第三步，点击“确定”，输出散点图 3.28。可以看出，随着灌溉面积的增加，粮食产量随之增加。

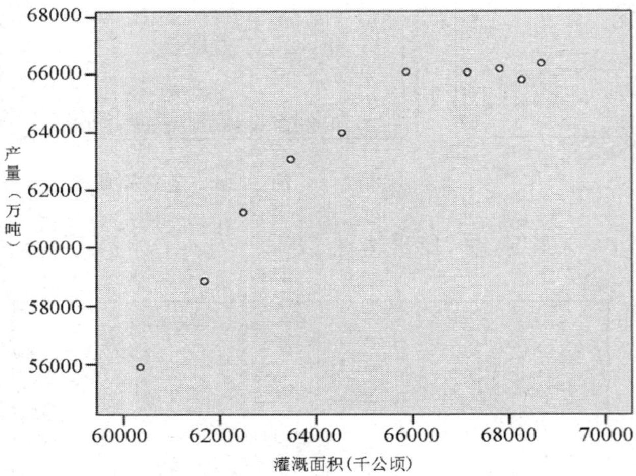

图 3.28　我国灌溉面积和粮食产量散点图

(8)折线图

折线图(line plot)指根据时间序列数据点的高低来反映数据升降情况的一种统计图。通过将不同时间的数据点连接，可以清晰地表明数据的变化趋势。绘制折线图时，一般将时间绘在横轴，观察值绘在纵轴。折线图的种类较多，如单线图、多线图和垂线图等。

【例 3.18】利用表 3.23 我国 2010—2019 年外出农民工流入区域数据绘制折线图。

表 3.23　我国 2019 年外出农民工流入区域人数表

单位：万人

年份	东部流入农民工	中部流入农民工	西部流入农民工
2010	5013	5806	5044
2011	5022	5817	5054
2012	5146	5995	5195
2013	4936	6424	5250
2014	5001	6467	5353
2015	4944	6592	5348
2016	4691	6290	5350
2017	4714	6392	5470
2018	4718	6418	5502
2019	4792	6427	5555

资料来源：国家卫生健康委员会《中国流动人口动态监测调查》，2017

解：利用 SPSS 绘制折线图，具体步骤：

第一步，选择【图形】→【旧对话框】→【折线图】，在弹出的“折线图”对话框中选择“多线”，点选“单独变量的摘要”，再点击“定义”按钮。

第二步，在“定义多线折线图”，将“东部”、“中部”和“西部”选入“折线表示”框中，将“年份”选入“类别轴”框中。

第三步，点击“确定”输出折线图，见图 3.29。

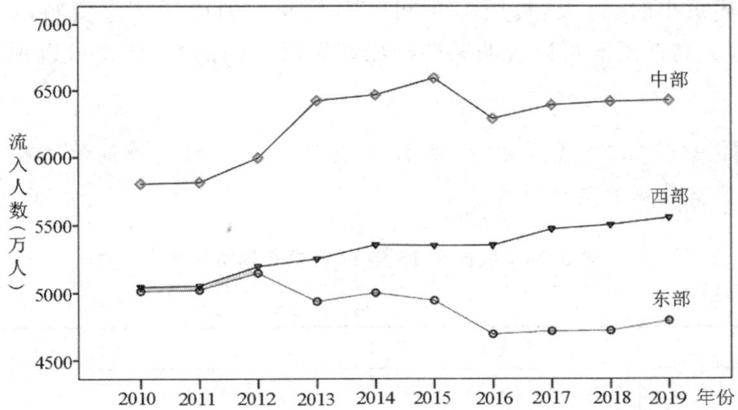

图 3.29　外出农民工流入区域折线图

资料来源：国家统计局《全国农民工监测调查报告》，2010－2019

(9)雷达图

雷达图(radar chart)指展示多个变量之间关系的一种图形，又称蜘蛛图。若有 n 个变量，其雷达图的做法是：先画一个圆，并将圆 n 等分，然后由圆心与这 n 个点构成 n 条射线，得到 n 个变量的坐标轴，标明刻度后，将各个变量值的坐标连在一起，这样得到的多边形就是雷达图。雷达图在显示或对比各变量的数值总和时十分有用，也可以用于比较多组数据之间的相似程度。

【例 3.19】利用 2019 年我国城乡居民家庭人均消费支出构成绘制雷达图。

解:采用 Excel 绘制雷达图。基本步骤是:选择【数据】→【图表】→【雷达图】,输出雷达图。见图 3.30。

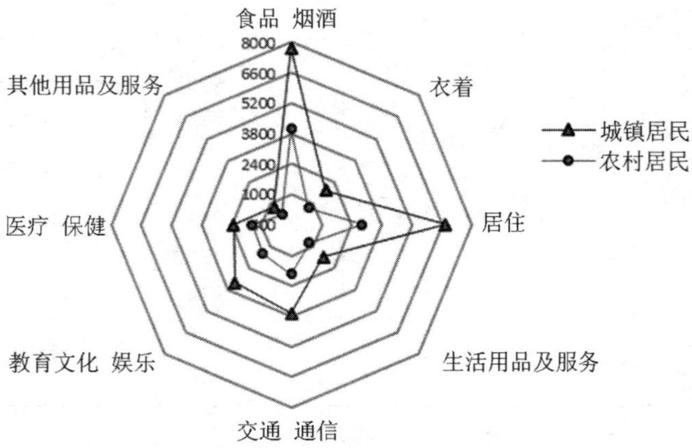

图 3.30 城乡居民生活消费支出比例雷达图

资料来源:中国统计年鉴,2020

由图 3.27 可以看出,城镇居民和农村居民的消费支出结构相似,在食品烟酒和居住方面的支出份额都比较大,但农村居民各方面的支出额还比较低。

(10)盘高一盘低图

盘高一盘低图(high-low charts)是一种说明某些现象在单位时间内变化情况的统计图。它适合描述每小时、每天、每周等时间内不断变动的市场信息资料,如股票、商品价格、货币牌价等。高低图既可以说明某些现象在短时间内的变化,也可以说明它们长期变化的趋势。

【例 3.20】根据表 3.24 我国 2015 年 12 月棉花期货价格的最高价、最低价和收盘价,绘制棉花期货价格数据的高一低图。

表 3.24 我国 2015 年 12 月棉花期货价格表

单位:元/t

日期	最高价	最低价	收盘价
1	11835	11435	11690
2	11740	11665	11710
3	11700	11550	11555
4	11605	11515	11560
7	11635	11550	11635
8	11630	11420	11440
9	11495	11400	11465
10	11485	11285	11295
11	11430	11280	11430
14	11465	11325	11440

表 3.24(续)

日期	最高价	最低价	收盘价
15	11445	11365	11400
16	11480	11380	11450
17	11450	11350	11365
18	11430	11340	11390
21	11540	11355	11530
22	11530	11465	11495
23	11520	11375	11385
24	11420	11350	11395
25	11495	11385	11480
28	11510	11430	11455
29	11520	11415	11470
30	11500	11385	11425
31	11430	11365	11400

资料来源:金投网期货,2016

解:SPSS 绘制盘高一盘低图的步骤:

第一步,录入棉花期货价格“最高价”“最低价”和“收盘价”三个变量,建立数据文件。

第二步,点击【图形】→【旧对话框】→【盘高一盘低图】,在弹出的“盘高一盘低图”对话框中选中“简单盘高一盘低一收盘图”图标,点击“定义”按钮。在弹出的对话框中,将“最高价”“最低价”和“收盘价”三个变量依次选入“高”“低”“闭合”三个框中。

第三步,点击“确定”按钮,输出盘高一盘低图,见图 3.31。

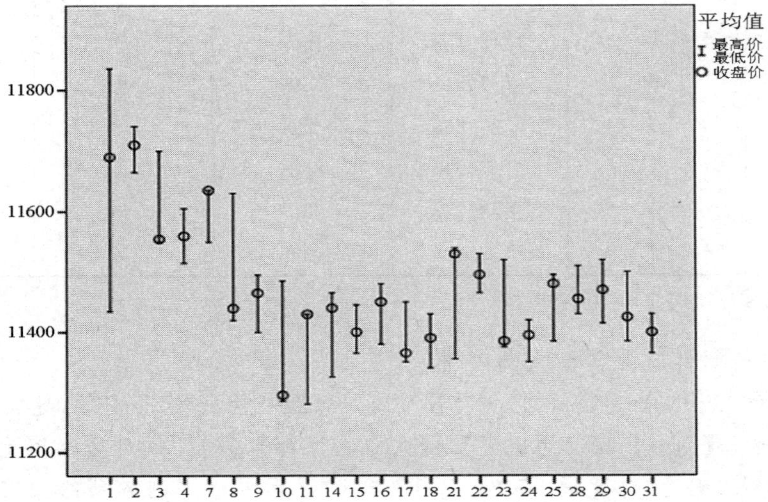

图 3.31　棉花期货价格高一低图

资料来源:金投网期货,2016

(11)人口金字塔

人口金字塔(population pyramid)是用类似古埃及金字塔的形象描绘人口年龄和性别分布状况的图形,能表明人口现状及其发展类型。人口金字塔可概括为三种类型:一是扩张型。年轻人口组比重较大,从最低年龄组到最高年龄组依次逐渐缩小,塔形下宽上尖。二是稳定型。除最老年龄组外,其余各年龄组大致相差不多,扩大或缩小均不明显,塔形较直。三是收缩型。年轻人口组有规则地逐渐缩小,中年以上各组比重较大,塔形下窄上宽。

【例 3.21】利用表 3.25 我国第六次全国人口普查不同年龄段的男女人口数绘制人口金字塔。

表 3.25 第六次全国人口普查数据

年龄段	性别	人口(人)	年龄段	性别	人口(人)
00~	男	37648694	00~	女	31329680
05~	男	48303208	05~	女	41849379
10~	男	65344739	10~	女	60051894
15~	男	52878170	15~	女	50152995
20~	男	47937766	20~	女	46635408
25~	男	60230758	25~	女	57371507
30~	男	65360456	30~	女	61953842
35~	男	56141391	35~	女	53005904
40~	男	42243187	40~	女	38999758
45~	男	43939603	45~	女	41581442
50~	男	32804125	50~	女	30500075
55~	男	24061506	55~	女	22308869
60~	男	21674478	60~	女	20029370
65~	男	17549348	65~	女	17231112
70~	男	12436154	70~	女	13137995
75~	男	7175811	75~	女	8752519
80~	男	3203868	80~	女	4785290
85~	男	1056941	85~	女	1973757
90~	男	229758	90~	女	553836
95~	男	56008	95~	女	131625

资料来源:国家统计局《中国 2010 年人口普查资料》。

解:SPSS 绘制人口金字塔,基本步骤:

第一步,录入人口普查数据的"年龄段""人口数"和"性别"三个变量,建立数据文件。

第二步,选择【图形】→【旧对话框】→【人口金字塔】,弹出"人口金字塔定义"对话框。将"人口数"选入"变量"对话框,将"年龄段"选入"显示基于下列各项的分布"对话框,将"性别"选入"拆分依据"对话框。

第三步,点击"确定"按钮,输出见图 3.32。可以看出,我国第六次人口普查的结果呈现出收缩型的趋势特征。

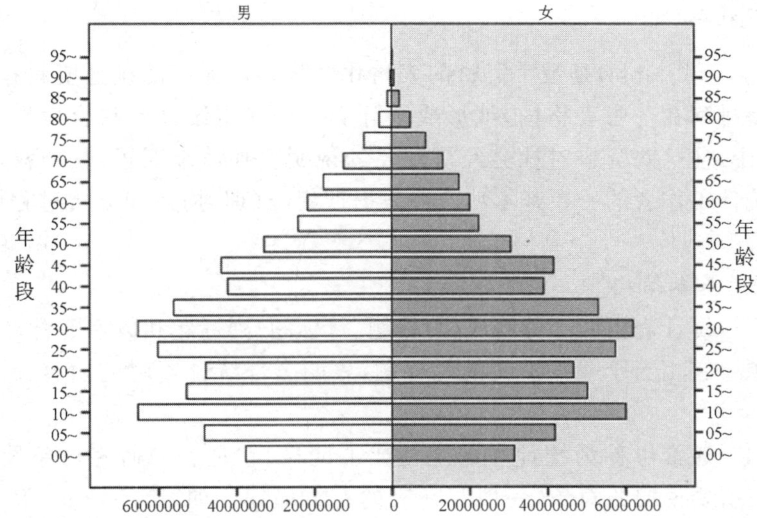

图 3.32 第六次全国人口普查人口金字塔

3.3 统计图表的编制原则

研究不同现象或不同现象之间的关系,往往主要是通过数字资料来展现的。统计图和统计表就是数字资料展现的两种主要形式。

3.3.1 统计图

统计图(statistic chart)是数字资料的图形化。统计图用点、线、面等几何图形表示统计资料,直观地显示社会现象的规模、水平、构成、发展趋势、依存关系以及地区分布状态等,给人以鲜明、生动、过目难忘的印象。统计图经常与其他分析方法结合运用,对社会经济现象起到分析、管理和解释的作用。

必须注意的是,不同的统计数据适合用不同的统计图来展示,前述 3.2 节已介绍了几种展示分类变量、排序变量和数值型变量的统计图。除此之外,在图示统计资料时,一般还应遵守以下原则:

(1)每幅统计图所展示的内容必须简明扼要,重点突出。如果统计资料繁多,可以绘制成几个统计图形,不要并在同一幅图中,否则会使图形的内容庞杂,影响图形的鲜明性。

(2)统计图的绘制既要保持科学性,也要注重在形态、线条、字体、色彩方面的艺术性。图形的表现除了取决于内容,还往往与图形的运用场合和阅读对象有关。对于研究分析用途的统计图,一般偏向于科学性。对于展览和宣传用途的统计图,则偏向于思想和形式上的艺术性,并力求简明扼要和通俗易懂。

(3)统计图必须有简明的标题、图例、计量单位和主要统计数字。有时还要附注必要的注解和说明,一般应注明数据来源。

3.3.2 统计表

统计表(statistic table)是数字资料的表格化。将杂乱无序的统计资料按照一定顺序和结构,系统地排列在一张表格内,就形成统计表。如何将统计资料合理地、科学地编写在一张统计表中,使这些资料对社会经济现象的说明更加清晰明了,既要科学实用,又要简练美观,是统计工作者的一项基本功。在数据搜集、整理、描述和分析过程中,都要用到统计表。

1. 统计表的基本结构

从结构上看,统计表由四部分组成:总标题、行标题、列标题和数字资料,见表 3.26。

(1)总标题。它相当于一篇论文的总标题,表明全部统计资料的内容,一般放置在表的上端正中。

(2)行标题。通常也称为统计表的主栏或主词栏,它是表明研究对象及其分组的名称,也是统计表所要说明的对象,一般写在表的左方横向。如"第一产业、第二产业、第三产业"。

(3)列标题。通常也称为统计表的宾词,它是表明研究对象特征的统计指标的名称。"宾词+数字资料"称为统计表的宾词栏,如"从业人员、国内生产总值"两个指标及其相应的数字资料。主词与宾词的位置并非固定不变,而是可以互换的。

(4)数字资料。即各纵列与横行交叉处的数值,即统计数据。

表 3.26 我国2019年三次产业从业人员和国内生产总值 ← 总标题

		从业人员 (万人)	国内生产总值 (亿元)	← 列标题
行标题	第一产业	19445	70466.7	数字资料
	第二产业	21305	386165.3	
	第三产业	36721	534233.1	
	合计	77471	990865.1	
	主词栏	宾词栏		

2. 统计表制作的基本要求

(1)表格设计。首先对列入表中的统计资料要进行全面的分析研究,考虑如何分组、如何设置指标、如何合理安排行标题和列标题等,务必使统计表的设计主次分明,简明醒目,科学合理。

(2)总标题要求。总标题一般置于表格的上方,应包含数据所属的时间、地点和内容,表述要简明扼要,一般以不超过 20 个字为宜。

(3)主词和宾词设计。主词可以进行未分组或分组设计,宾词的各个指标也可以进行平行设计或层叠设计,但注意都不要超过两个层次,以免影响统计表的清晰性。

(4)形状要求。统计表的形状应长宽比例适中,一般为长方形,既不要太细长,也不要太粗短,也不要为正方形。

(5)线条设置。统计表上、下两端的基线应当用粗线绘制,其他线条用细线。为了简明起见，一般采用三线表的形式（即上、下两端的两条粗线，外加纵标题下的一条细线），其他纵线和横线尽可能不用。一般地，表的左右两端不用划线，采用开口式。

(6)栏目编号。表中的纵栏过多时，为了便于阅读与核对指标之间的关系，可以按栏目顺序编号。习惯上，对非填写统计数据的各栏分别用（甲）（乙）（丙）……的顺序编号，而对指标数字的各栏分别采用(1)(2)(3)……的顺序编号。各栏之间如果有计算关系，可以用数字符号表示，如(3)＝(2)÷(1)，表示第 3 栏指标数值等于第 2 栏的数值除以第 1 栏的数值。

(7)数字资料表示。表中数字资料一律用阿拉伯数字。同一列的小数位数应一致，且位次对齐。表格中不应有空格，暂无记录或未记录用“… ”（点号）表示，无数据用“—”表示，这两种情况都不能填“0”。

(8)计量单位表示。表中的指标数字应有计量单位。如果全表的计量单位都是相同的，例如，都用“万元”表示，应在表的右上角注明“单位：万元”的字样；如果全表的计量单位不一致，应在相应各栏的标题中注明计量单位。

(9)附注和说明。对于统计表中需要说明的问题，不应写在表中，可在数字上角用“ * ”号标出，文字叙述写在表的下方。还应注明资料来源，以备读者查阅使用。

关键术语

数据审核 data verification
数据排序 data sort
数据筛选 data filter
统计分组 statistical grouping
组距 class interval
组限 class limit
组中值 class midpoint
饼图 pie chart
分布数列 distribution series
柱形图 column chart
条形图 bar chart
直方图 histogram
环形图 doughnut chart
帕累托图 Pareto chart
盘高一盘低图 high—low charts
散点图 scatter plot
折线图 line plot
雷达图 radar chart
箱线图 box plot
茎叶图 stem-and-leaf display
P—P 图 P—P chart
Q—Q 图 Q—Q chart
人口金字塔 population pyramid
统计表 statistical table
统计图 statistical chart

本章小结

1. 统计整理是统计调查的继续，也是统计分析的前提，在整个统计工作中具有重要的作用。统计整理的内容包括统计资料预处理、统计资料分组、汇总、编制分布数列等。

2. 统计资料预处理。统计资料预处理的内容包括数据资料的审核、排序、筛选、查重和利用透视表或定制表用于数据分组、整理和汇总所需信息的分析。

3. 统计整理的关键是统计分组，分组标志的选择依据统计分析的目的而定。统计分组的基本原则是“同质合并、异质分开”。分类数据和排序数据各组之间的属性界限相对比较清晰，易于划分。数值型数据分组具有难度，需要在调查和分析数据形成背景的基础上，科学地确定组限。

4. 分布数列是统计整理的初步成果，用以展示数据的分布状况。根据分组标志的不同，分布数列有品质数列和变量数列之分，其中变量数列又区分为单项式数列和组距式数列。根据组距式数列中各组组距是否相等，又分为等距数列和异距数列。

5. 统计图和统计表是统计资料展示的两种主要形式。不同种类的统计资料，适合用不同的图形来展示。适于分类数据和排序数据的图形，都可以用来展示数值型数据。表格在数据处理和统计分析中具有举足轻重的作用，统计结果大多可用统计表格的形式表现出来。一个结构清晰、层次合理的表格无论对专业统计分析人士，还是对仅需要统计结果的非专业人士都同等重要。为于科学地、恰当地展示统计资料，需要了解统计图和统计表制作的基本要求。

思考与练习

一、思考题

3.1 统计整理的目的是什么?

3.2 统计资料预处理从哪些方面入手?

3.3 统计资料审核的内容有哪些方面?

3.4 为什么要进行统计分组? 统计分组的关键是什么?

3.5 什么是分布数列? 分布数列有什么作用?

3.6 如何编制单项式分布数列和组距式分布数列?

3.7 分类数据、排序数据和数值型数据分别有哪些恰当的图示方法?

3.8 绘制统计图有什么基本要求?

3.9 制作规范的统计表有什么基本要求?

二、练习题

3.1 某文化传播公司 2019 年 30 名员工学历和月平均工资资料如下表。

员工编号	学历	所在部门	月平均工资（元）	员工编号	学历	所在部门	月平均工资（元）
1	本科	外联部	4500	16	硕士	营销部	5000
2	大专	客服部	4000	17	硕士	财务部	7500
3	硕士	营销部	5600	18	硕士	外联部	6300
4	硕士	营销部	5200	19	硕士	外联部	5200
5	本科	外联部	3900	20	博士	营销部	8000
6	博士	营销部	7000	21	博士	外联部	8500
7	大专	营销部	3500	22	大专	营销部	4500
8	博士	财务部	9800	23	硕士	营销部	6000
9	硕士	外联部	5800	24	博士	财务部	8000

续表

员工编号	学历	所在部门	月平均工资（元）	员工编号	学历	所在部门	月平均工资（元）
10	博士	外联部	6200	25	本科	外联部	4800
11	硕士	外联部	5200	26	博士	营销部	7000
12	大专	营销部	4800	27	硕士	财务部	6500
13	硕士	财务部	6000	28	本科	外联部	3600
14	硕士	外联部	7000	29	本科	客服部	4000
15	本科	客服部	4900	30	博士	营销部	9000

要求：

(1)编制该文化传播公司员工学历情况的分布数列；

(2)制作员工学历与工资交叉表、所在部门和工资交叉表。

3.2 某学院工商管理班有学生 39 人，他们的年龄数据(单位：岁)如下：

18	18	18	20	17	17	18	17	19	18	19	20	22
21	19	20	18	17	18	18	20	18	19	18	10	21
17	19	21	19	22	22	16	18	18	21	20	16	19

利用该数据，要求：

(1)编制单项式分布数列，分析学生年龄的分布特征。

(2)绘制学生年龄分布的柱形图、直方图、茎叶图和饼图。

3.3 某农产品加工企业有 55 名员工在 2020 年 6 月份的工资(单位：元)数据如下：

1800	2680	2920	3750	1820	1960	2880	2700	1830	2900	3000
2690	2830	1940	2670	2640	2610	2590	3810	1730	2850	2860
2970	2090	2700	2580	1950	1880	2980	1780	2880	3000	3200
2980	2760	2000	2580	2890	2640	1890	2630	2780	4200	2080
2830	2810	2850	2750	2850	3880	2580	3680	2880	3000	3150

要求：

(1)编制工资组距式分布数列；

(2)计算各组员工向上累计频数和频率、向下累计频数和频率；

(3)绘制直方图，对工资分布情况进行分析。

3.4 下表是我国三次人口普查得出的就业人员职业结构(单位：%)。

职业类别	1982 年	1990 年	2000 年
单位负责人	1.56	1.75	1.67
职业技术人员	5.07	5.31	5.70
办事人员	1.30	1.74	3.10
商业服务人员	4.01	5.41	9.18
农业人员	71.98	70.58	64.45
生产操作人员	15.99	15.16	15.83
其他	0.09	0.09	0.07
合计	100.00	100.00	100.00

资料来源：1982、1990、2000 年全国人口普查数据。

要求：

(1)绘制三次人口普查职业类别比例的复式条形图和环形图；

(2)分析农业就业人员比例变化的特点。

3.5 根据国家统计局公布的《2020 年农民工监测调查报告》，我国 2016－2020 年农民工年龄构成如下：

年龄(岁)	2016 年	2017 年	2018 年	2019 年	2020 年
16－20	3.30	2.6	2.4	2.0	1.6
21－30	28.6	27.3	25.2	23.1	21.1
31－40	22.0	22.5	24.5	25.5	26.7
41－50	27.0	26.3	25.5	24.8	24.2
50 以上	19.1	21.3	22.4	24.6	26.4

要求：

(1)绘制同一年龄组不同年度农民工频率的复式条形图；

(2)绘制不同年度农民工各年龄组频率的堆栈条形图；

(3)绘制各年度农民工年龄分布频率的直方图；

(4)分析 2016 年以来我国农民工年龄分布和变化趋势。

3.6 国家统计局 2010 年在 10 省份组织了新生代农民工专项调查。关于新生代农民工人力资本特征的调查数据如下：

人力资本特征	农村从业劳动力	外出农民工		
		合计	上一代农民工	新生代农民工
受教育年限(年)	8.2	9.4	8.8	9.8
文化程度(%)：				
不识字或识字很少	6.6	1.1	2.2	0.4
小学	24.5	10.6	16.7	6.3
初中	52.4	64.8	65.2	64.4
高中	11.2	13.1	12.4	13.5
中专	3.1	6.1	2.1	9.0
大专及以上	2.2	4.3	1.4	6.4
参加职业培训	14.3	28.8	26.5	30.4

注：新生代农民工指的是在 1980 年及之后出生的，进城从事非农业生产 6 个月及以上的，常住地在城市，户籍地在乡村的劳动力，是新时代的产业工人。

要求：

(1)分析比较农村从业劳动力、上一代农民工和新生代农民工受教育程度的差异；

(2)绘制农村从业劳动力文化程度构成的饼图和条形图；

(3)绘制上一代农民工和新生代农民工文化程度构成的复式柱形图和环形图，观察并给出结论；

(4)绘制上一代农民工和新生代农民工文化程度构成的雷达图，并与环形图比较。

3.7 下表是 2016 年我国与其他国家农业劳动力受教育程度情况(单位:%)。请绘制堆积柱形图加以比较分析。

	中国	日本	荷兰	德国	法国	英国	美国
初中及以下	91.8	19.4	33.7	13.0	24.1	29.9	12.7
高中或中职	7.1	74.8	51.4	63.5	58.8	44.4	53.1
大专及以上	1.2	5.9	13.9	23.5	17.1	25.5	34.2

3.8 下表是 2019 年我国农业与其他行业劳动力教育水平(单位:%)。请绘制堆积条形图加以比较分析。

	初中及以下	高中或高职	大专及以上
全部	58.5	18.7	22.8
农、林、牧、渔业	92.1	6.8	1.1
教育	11.6	14.0	74.5
科学研究和技术服务业	11.1	15.7	73.2
信息传输、软件和信息技术服务业	11.2	18.2	70.5
金融业	10.5	19.2	70.3
卫生和社会工作	11.7	19.7	68.5
公共管理、社会保障和社会组织	14.5	19.5	65.9
租赁和商务服务业	28.5	23.8	47.6
文化、体育和娱乐业	28.9	24.9	46.2
电力、热力、燃气及水生产和供应业	30.5	24.7	44.8
房地产业	32.5	28.6	38.9
采矿业	48.2	25.1	26.6
水利、环境和公共设施管理业	56.7	18.7	24.6
批发和零售业	50.4	28.9	20.7
交通运输、仓储和邮政业	55.0	26.1	18.8
制造业	60.6	22.1	17.3
居民服务、修理和其他服务业	62.4	24.8	12.7
建筑业	74.1	14.9	11.0
住宿和餐饮业	65.5	24.3	10.1

3.9 2020 年 6 月 5 日是世界环境日,某市发布了一份空气质量抽样调查报告,其中该市 1—6 月随机调查得 40 天空气质量级别的天数如下表。

空气污染指数	0—50	51—100	101—150	151—200	201—250
空气质量级别	优	良	轻微污染	轻度污染	中度污染
天数	10	16	6	5	3

要求:绘制 40 天空气质量级别分布情况的饼图,并进行分析。

3.10 利用下表数据绘制 2010—2019 年我国谷物单位面积产量(单位:kg/ha)变动的线图。

年份	2010	2011	2012	2013	2014	2015	2016	2017	2018	2019
单产	5528	5714	5833	5907	5896	5989	6004	6105	6120	6272

3.11 某农村地区人口累计百分比与对应的收入累计百分比数据如下:

	1	2	3	4	5	6	7	8	9	10	11
累计人口(%)	0.0	10.0	20.0	30.0	40.0	50.0	60.0	70.0	80.0	90.0	100.0
累计收入(%)	0.0	1.1	4.2	9.2	16.2	24.3	37.2	49.3	64.1	81.2	100.0

要求:

(1)绘制累计人口(%)与累计收入(%)的相关图(即洛伦兹曲线);

(2)对所绘制的洛伦兹曲线进行解释。

第 4 章　描述统计

统计与实践

统计学的诞生意味着让数据说话,使人们对数据规律性的认识上了一个大台阶。作为统计学的起端,发生了两个划时代的重大事件。一是格朗特(John Graunt,1620－1674)在 1662 年发表《关于死亡公报的自然和政治观察》;二是配第(W. Petty,1623－1687)于 1672 年发表《政治算术》。这两部著作都被认为是统计学的鼻祖,他们各自研究的重点不同,后来的学者们往往站在不同的角度进行评价。格朗特利用英国伦敦每周公布的死亡人数及相关人口资料,分析了 60 多年中居民死亡原因及与人口变动的关系,提出了如男婴出生多于女婴、男性死亡多于女性、一切疾病和事故在全部死亡原因中占有稳定的百分比,等等,在生命统计、保险统计和经济统计方面做出了重大贡献。他在该书中指出,为了提出一个要在多年内形成的规律需要进行多次观察。虽然没有提到统计学这一名词,但是他在实践中却已应用了现代统计中的大量观察方法去发现规律性的问题。这在今天看来,是统计工作的基础环节——统计汇总与描述性分析,但在当时,确是开创性地利用公布的有限数据,分析推断了伦敦人口的总体分布与特征。配第则将格朗特的理论成果进一步发展为《政治算术》。他主张一切论述都用数字、重量和尺度来进行,在数据分析中更多地使用分组法、平均数、相对数、统计推断等,提出了用图表形式概括数字资料的理论和方法。这种使用数量的研究方法在当时是首创,为描述统计在理论和方法上奠定了基础,尽管当时还未利用统计学之名,却已有统计学之实了。

描述统计(descriptive statistics)是对所搜集的数据资料进行加工整理后,采用一系列指标反映和说明研究对象的综合数量特征和规律性的分析工作。第 3 章中的数据整理和展示为我们提供了数据分布的初步印象,本章则进一步以五个方面的综合指标介绍关于数据描述统计的主要内容:总量指标、相对指标、集中趋势、离散程度和分布形态。

4.1　总量指标

4.1.1　总量指标的概念和作用

总量指标(total amount indicator),又称绝对指标或绝对数,反映研究对象在一定时间、空间条件下的总水平、总规模或工作总量,其表现形式为绝对数。比如,一个地区的乡村人口数、农业劳动力、耕地面积、农业机械数、粮食总产量和农业增加值等,都属于总量指标。

总量指标的计量单位一般来说有实物单位、价值单位和劳动单位。

(1)实物单位。实物单位是根据客观事物的自然属性、物理属性或化学属性采用的计量单位,可归纳为以下五种:

①自然单位。自然单位是按照现象的自然属性来度量的一种计量单位。比如,牛按“头”计,拖拉机按“台”计,果树按“棵”计等。

②度量衡单位。度量衡单位是按照统一的度量衡制度来度量事物的一种计量单位。比如,公路按“公里”或“千米”计,粮食按“吨”或“千克”计,建筑面积按“平方米”计等。

③专用单位。专用单位是实物单位的一种表现形式。比如,热量单位为“卡”,电压单位为“伏特”等。

④复合单位。复合单位是将两种计量单位结合在一起度量事物的一种计量单位。比如,货物周转量按“吨公里”计,发电量按“千瓦小时”计等。

⑤标准实物单位。标准实物单位是按照统一折算的标准来度量事物的一种计量单位。比如,将不同马力的拖拉机换算为以15马力为1个“标准台”的拖拉机,将含量不同的化肥折合为“标准肥”,将不同种类的牲畜换算为“羊单位”,即1只羊等于1个羊单位,1头牛等于5个羊单位,10只鹅等于1个羊单位等。

(2)价值单位。价值单位指以货币作为计量单位来度量事物的数量。计量各种产品的总量时,由于它们的自然属性和使用价值不同,就不能够将各自的实物量直接加总,这时就要利用货币单位。例如,若干公斤棉花、若干头牛、若干台收割机是不能直接相加计算总量的,但各自的价值可以相加。一般采用人民币元、万元、亿元等计算价值量。正是由于价值指标具有广泛的综合能力和概括能力,才被用来揭示社会现象发展的总规模、总水平和总速度。

(3)劳动单位。劳动单位是以劳动时间表示的计量单位,一般用工时、工日来表示。例如,一个工人做了一小时的工为一个工时,按现行制度规定,八个工时为一个工日。

在统计汇总与分析时,应充分注意总量指标的计量单位。在计量单位不同的情况下,必须换算为统一计量单位后,才能进行汇总与分析。

总量指标在社会经济统计中具有重要的作用,具体表现在:

其一,总量指标是认识社会经济现象的起点。人们要想了解一个国家或一个地区的国民经济和社会发展状况,首先就要准确地掌握客观现象在一定时间、地点条件下的发展规模或水平,然后才能更深入地认识社会。例如,为了科学地指导国民经济和社会的协调发展,就必须通过总量指标正确地反映社会主义再生产的基本条件和国民经济各部门的工作成果,即反映中国土地面积、人口和劳动资源、自然资源、国民财富、钢产量、工业总产值、粮食产量、农业总产值、国民收入额以及教育文化等方面的发展状况。

其二,总量指标是实行社会经济管理的依据之一。总量指标能够反映一个国家的国情和国力,反映各地区、各部门和各单位的人力、物力和财力基本数据。所以,总量指标是制定和检验政策、编制和检查计划的依据。例如,2020年我国第七次全国人口普查的总人口为1443497378人,在制定教育、劳动和粮食政策及其计划等方面,都必须从这个数据的实际出发。

其三,总量指标是计算相对指标和平均指标的基础。总量指标是统计整理汇总后首先得到的、能说明具体社会经济总量的综合性数字,是最基本的统计指标。相对指标和平均指标一般都是由两个有联系的总量指标相对比计算出来的,它们是总量指标的派生指标。总量指标计算是否科学、合理和准确,将会直接影响相对指标和平均指标的质量。

附:农业统计中常见的总量指标

国民生产总值(GNP)　是一个国民概念。是指某国国民所拥有的全部生产要素在一定时期内所生产的最终产品的市场价值。

国内生产总值(GDP)　是一个国土概念。是按市场价格计算的一个国家(或地区)所有常住单位在一定时期内生产活动的最终成果。

农林牧渔业总产值　指以货币表现的农、林、牧、渔业全部产品和对农林牧渔业生产活动进行的各种支持性服务活动的价值总量,反映一定时期内农林牧渔业生产总规模和总成果。

农业增加值　指农林牧渔业现价总产值扣除农林牧渔业现价中间投入后的余额。中间投入指生产过程中所消耗的各种物质产品的价值。农业增加值通常采用生产法计算,即农业增加值=农业总产出-中间投入。

农业用地　指直接或间接为农业生产所利用的土地。又称农用地。包括耕地、园地、林地、牧草地、养殖水面、农田水利设施用地,以及田间道路和其他一切农业生产性建筑物占用的土地等。

耕地面积　耕地面积是可以用来种植农作物、经常进行耕锄的田地。包括:熟地、当年新开荒地、连续撂荒未满三年的耕地和当年的休闲地(轮歇地),以种植农作物为主并附带种植桑树、茶树、果树和其他林木的土地,沿海、沿湖地区已围垦利用的“海涂”“湖田”等。不包括属于专业性的桑园、茶园、果园、果木苗圃、林地、芦苇地、天然或人工草地。

农作物播种面积　指日历年度内收获农作物在全部土地(耕地或非耕地)上的播种或移植面积。凡是本年内收获的农作物,无论是本年还是上年播种,都算为播种面积,但不包括本年播种,下年收获的农作物面积。

农用化肥施用量　指本年内实际用于农业生产的化肥数量,包括氮肥、磷肥、钾肥和复合肥。化肥施用量要求按折纯量计算数量。折纯量是指把氮肥、磷肥、钾肥分别按含氮、含五氧化二磷、含氧化钾的百分之百成份进行折算后的数量。

农业机械总动力　指全部农业机械动力的额定功率之和。农业机械是指用于种植业、畜牧业、渔业、农产品初加工、农用运输和农田基本建设等活动的机械及设备。

粮食产量　指日历年度内生产的全部粮食数量。按收获季节包括夏收粮食、早稻和秋收粮食,按作物品种包括谷物、薯类和豆类。1989 年以前全国粮食产量数据主要靠全面报表取得,1989 年开始使用抽样调查数据。

棉花产量　指全社会的产量。包括春播棉和夏播棉。产量按皮棉计算。不包括木棉。

油料产量　指全部油料作物的生产量。包括花生、油菜籽、芝麻、向日葵籽、胡麻籽(亚麻籽)和其他油料。不包括大豆、木本油料和野生油料。花生以带壳干花生计算。

水产品产量　指渔业(捕捞和养殖)生产活动的最终有效成果,包括全部海水和淡水鱼类、甲壳类(虾、蟹)、贝类、头足类、藻类和其他类渔业产品的最终产量。水产品产量是通过各级水产部门逐级上报取得数据。1995 年及以前,贝类中牡蛎按鲜肉计算;蚶、蛤、蛏按 5 斤鲜品折 1 斤计算。1996 年以后则统一按鲜品计算。

猪、牛、羊肉产量　指当年出栏并已屠宰、除去头蹄下水后带骨肉(即胴体重)的重量。

期初(末)畜禽存栏头(只)数　指报告期初(末)饲养的大牲畜、猪、羊、家禽等畜禽的数量。

城镇人口和乡村人口 城镇人口是指居住在城镇范围内的全部常住人口;乡村人口是除上述人口以外的全部人口。

4.1.2 总量指标的种类

按照所反映的内容不同,可将总量指标划分为标志总量和标志总数,这在第1章中介绍标志和指标这一对概念及其关系时已经涉及。明确总体单位总量和总体标志总量之间的差别,对于计算和区分相对指标和平均指标具有重要的意义。按照所反映的时间状态不同,还可将总量指标划分为时期指标和时点指标,本节主要介绍这两类总量指标。

1. 时期指标

时期指标(time period total amount indicator)反映研究对象在一定时间内发展过程的累计总量。例如,基本建设总投资额、造林面积、人口出生与死亡数量、社会零售商品销售额和一定时期的国民生产总值等等,都属于这类指标。

时期指标具有以下特点:

(1)不同时期的指标数值具有可加性,加总结果具有实际意义。因为这种现象是连续不断地发生的,所以每个时期累计数就表明现象在该时期内活动过程的总结果。例如,将一年内各季度的粮食产量相加得到全年粮食总产量。

(2)时期指标的数值与现象活动过程时间长短有直接关系。现象经历的时期越长,指标数值越大,反之就越小。例如,2018年和2019年农业增加值相加大于2018年或2019年分年度的农业增加值。

(3)时期指标数值是连续登记、累计的结果。例如,月产量是对每天的生产量进行登记然后累计得到的,年产量是将12个月的产量累计得到的。

2. 时点指标

时点指标(time point total amount indicator)是反映现象在某一时点上所处状况的总量。例如,年末牲畜存栏头数、耕地面积、固定资产存量、农村劳动力数、农民专业合作社数和家庭农场数等,都属于这类指标。

时点指标具有以下特点:

(1)不同时点的指标数值一般不具有可加性,相加结果不具有实际意义。

(2)时点指标的数值与其时间间隔长短之间没有直接关系,即时点之间的间隔时间越长,并不一定指标数值越大,间隔时间越短,指标数值也不一定越小。例如,年末城乡居民储蓄存款余额不等于各月末存款余额的加总,人口总数不等于各月末人口数的加总等。

(3)时点指标数值是间断计数的,通常是隔一段时间登记一次。如人口总数、耕地面积和商品库存额等,并不进行连续登记。

4.1.3 计算和运用总量指标应注意的问题

总量指标不是一般的绝对数,而是一定现象总体在具体时间、地点、条件下的总量。因此,正确计算总量指标绝不是简单加总的技术问题,应注意以下主要方面:

1. 注意现象的同质性

在计算实物指标的总量时,只有同质现象才能计算。同质性是由事物的性质或用途决定的。例如，可以把各种煤炭如无烟煤、烟煤、褐煤等看作一类产品来计算它们的总量，但不能把煤炭与钢铁混合起来计算。又如，可以把各种谷物产量加总，但不能将谷物产量与畜牧业产量加总。

2. 明确规定每项指标的含义和范围

正确统计总量指标的首要问题就是要明确规定每项总量指标的含义和范围。例如要计算我国国内生产总值、农业增加值、粮食产量等总量指标，首先应清楚这些指标的含义、性质、界定，同时要掌握我国统计制度的有关规定，才能据以确定统计范围和统计方法、统一计算口径，正确地计算出该总量指标。

3. 正确确定每项指标的计量单位

具体核算总量指标时，究竟采用哪一种计量单位，要根据被研究现象的性质、特点以及统计研究的目的而定，同时要注意与国家统一规定的计量单位一致，以便于汇总并保证统计资料的准确性。

4.2 相对指标

4.2.1 相对指标的概念和作用

不同现象总体之间的比较有两种形式：一是差额比较，二是相对比较。差额比较指两个指标之差，其适用性存在局限性。不同现象之间进行比较时，相对指标的运用更为普遍。

相对指标(relative indicator)也叫相对数。它是将两个有联系的指标进行比较，以相对数的形式揭示现象在不同时间、不同空间、事物内部以及事物之间的数量关系及其特征。在比较中，作为分子的指标称为比数，作为分母的指标称为基数，计算公式为：

$$\text{相对指标}=\frac{\text{比数}}{\text{基数}} \tag{4.1}$$

相对指标的计量形式有两种：一种是无名数。大多数情况下，相对指标是以无名数表示的，如倍数、系数、成数、百分数和千分数。两个数值比较，当分子数值大于分母数值很多时，常用倍数，如 2020 年我国粮食总产量为 13390 亿斤，为 2000 年产量的 1.45 倍。当分子数值小于分母数值很多时，常用千分数表示，如 2019 年我国人口出生率为 10.48‰，死亡率为 7.14‰。另一种为有名数。它是将相对指标的分子和分母同时使用，以表示事物的密度、普遍程度和强度，如人口密度用“人/平方公里”表示。

相对指标的作用主要表现在以下两个方面：

(1)可以深刻地说明总量指标揭示不出来的问题，清楚地反映现象发展变化的程度。例如，2020 年农村居民人均可支配收入 17131 元与 2015 年的 11422 元相比，结果为 149.98%，明确了 5 年来该指标的总发展程度。

(2)可以把两个不能直接比较的总量指标进行对比。在研究问题时，用总量指标对基础不同的现象做比较是没有意义的。相对指标可以使规模不同、条件不同而无法直接对比的现象找到比较的基础。比如，两个不同规模农业企业的销售额比较无法衡量企业经营效果的差异，但如果用劳动生产率来衡量，就能得出明确的结论。

4.2.2 相对指标的种类

相对指标按其作用和计算方法不同可以分为：结构相对指标、比较相对指标、比例相对指标、动态相对指标、计划完成程度相对指标和强度相对指标等六种。

1. 结构相对指标

结构相对指标(structural relative indicator)也叫结构相对数。它是利用统计分组方法，将总体按照某一标志分组，然后用各组指标数值与总体指标数值对比求得比重或比率，来反映总体内部组成情况的相对指标。计算公式为：

$$结构相对数=\frac{总体部分数值}{总体全部数值}\times 100\% \tag{4.2}$$

结构相对指标既然是部分对总体所占比重数，所以总体各部分数值所占比重之和必然等于1或100%。

结构相对指标的作用表现在：

第一，它可以说明在一定时间、空间条件下总体结构的特征。例如，瑞典人口学家桑德巴根据现有人口年龄构成与未来人口出生率、自然增长率的关系，将人口划分为三种类型：增加型低年龄人口比重大，出生率高，人口发展惯性大；稳定型人口处于平衡状态，人口既不增加也不减少；减少型人口则与增加型正好相反。见表4.1。

表4.1 我国人口再生产类型

年龄	桑德巴年龄结构类型(%)			人口结构(%)		
	增加型	稳定型	减少型	2000年	2011年	2019年
0～14	40.0	26.5	20.0	22.90	16.47	16.78
15～49	50.0	50.5	50.0	57.81	58.11	49.78
50以上	10.0	23.0	30.0	19.29	25.42	33.44
合计	100.0	100.0	100.0	100.00	100.00	100.00

比较我国2000年、2011年和2019年的人口年龄结构变化情况，0～14岁人口比例在近年里略有上升，15～49岁人口比重下降幅度较大，50岁以上人口比重显著上升，人口年龄结构类型表现为减少型。

第二，可以反映事物发展的普遍程度。每个结构相对指标的大小(即比重大小)都说明总体中某个部分所占的地位或扩展程度。表4.2反映了我国各年贫困发生的普遍程度及贫困人数快速减少的趋势。

表4.2 2010—2019年我国农村贫困状况

年份	2010	2011	2012	2013	2014	2015	2016	2017	2018	2019
贫困人数(万人)	16567	12238	9899	8249	7017	5575	4335	3046	1660	551
贫困发生率(%)	17.2	12.7	10.2	8.5	7.2	5.7	4.5	3.1	1.7	0.6

注：2010年以来农村贫困标准为每人每年生活水平2300元(2010年不变价)。

资料来源：中国统计年鉴，2020

2. 比较相对指标

比较相对指标(comparison relative indicator)也叫比较相对数。它是指地区与地区之间、单位与单位之间,同类指标在同一时期的对比关系的相对指标。计算公式为:

$$\text{比较相对数}=\frac{\text{甲地区或单位某现象的数值}}{\text{乙地区或单位同类现象的数值}}\times 100\% \tag{4.3}$$

例如,2019 年山东省肉类产量为 704 万吨,同年河北省肉类产量为 433.4 万吨,两省相比的结果为 162.44%,表明山东省肉类产量比河北省高出 62.44%。

3. 比例相对指标

比例相对指标(ratio relative indicator)也叫比例相对数。它是同一总体内不同组成部分的指标数值对比的结果,用以表明总体内部的比例关系。计算公式为:

$$\text{比例相对数}=\frac{\text{总体中某部分指标数值}}{\text{总体中另一部分指标数值}}\times 100\% \tag{4.4}$$

比例相对指标可以用百分比表示,也可以用一比几或几比几形式表示。见表 4.3,2019 年我国男女性别比为 104.46:100。

表 4.3　我国人口构成和性别比

年份	男性比例(%)	女性比例(%)	性别比(女=100)
1949	51.96	48.04	108.16
1990	51.52	48.48	106.27
2000	51.63	48.37	106.74
2010	51.27	48.73	105.21
2019	51.09	48.91	104.46

资料来源:中国统计年鉴。

分析总体中若干部分的比例关系时也可采用连比形式。例如,2019 年末我国就业人员数为 77471 万人,其中第一产业、第二产业和第三产业劳动者人数比例为 25.1:27.5:47.4。

4. 动态相对指标

动态相对指标(dynamic relative indicator)也叫动态相对数。它用于表明同类事物在不同时间状态下的对比关系,说明研究对象在时间上的运动、发展和变化情况。该指标计算时分子分母不可互换。计算公式为:

$$\text{动态相对数}=\frac{\text{报告期数值}}{\text{基期数值}}\times 100\% \tag{4.5}$$

例如,2019 年我国贫困人口数为 551 万人,2015 年为 5575 人,则(551/5575)×100%=9.88%,表明相对于 2015 年,2019 年我国贫困人口下降了 90.12%。

动态相对指标广泛应用于时间序列分析,这部分内容将在第 9 章介绍。

5. 计划完成程度相对指标

计划完成程度相对指标(relative indicator of fulfilling plan)也叫计划完成程度相对数。它是现象在某一段时间内的实际完成数与计划完成数对比,用以表明计划完成程度。

计算公式为：

$$计划完成程度相对数=\frac{实际完成数}{计划完成数}\times 100\% \tag{4.6}$$

计划完成程度相对指标的分母是下达的计划指标，分子是对实际完成状况进行统计而得的数据。计划完成程度相对指标要求分子、分母在指标含义、计算口径、计算方法、计量单位以及时间长度和空间范围等方面完全一致。由于计划是衡量计划完成情况的标准，故分子、分母不得互换。

若计划数为总量指标时，计划完成程度相对指标用于考察现象的规模或水平的计划完成程度。例如，2019 年某农业企业总产值计划完成 2271 万元，实际完成 2312 万元，则计划完成情况为：(2312÷2271)×100%=101.8%，即超额完成了 1.8%。

在实际工作中，若计划数为相对指标时，用于考核现象的增长率或降低率的计划完成情况。例如，计划规定当年的劳动生产率比上年提高 10%，实际提高了 15%，则计划完成程度为：(115%÷110%)×100%=104.5%，即当年劳动生产率超额完成 4.5%。再如，计划规定当年单位产品成本比上年降低 5%，实际比上年降低了 8%，则成本计划完成程度为：(92%÷95%)×100%=96.8%，即实际成本比计划成本降低了 3.2%。

6. 强度相对指标

强度相对指标(intensity relative indicator)也叫强度相对数。它是两个性质不同但有一定联系的总量指标对比的结果，用来表明现象的强度、密度、普遍程度和利用程度。计算公式为：

$$强度相对数=\frac{某一总量指标数值}{另一有联系但性质不同的总量指标数值} \tag{4.7}$$

这类指标的应用非常普遍。例如，保险深度、保险密度、人口密度、人均粮食产量、每千人拥有的病床数、农业劳动生产率、商品流通费用率和商业网点密度，等等，均为强度相对数。

在各类相对指标中，强度相对指标是唯一的有名数，其名数由分子分母的计量单位组成。例如，某国人口密度为其人口总数与国土面积之比，其计量单位为“人/平方公里”。还有些强度相对指标是采用百分数或千分数等指标，如资金利润率用%表示，表示每 100 元的资金占用产出的利润额。人口出生率用‰表示，表示平均每 1000 人中的人口出生数，等等，实际上是有名数。

强度相对指标计算公式的分子和分母可以交换，故有正指标和逆指标之分。如人口密度计算中，若以人口数为分子，国土面积为分母，则计算得出的数值越大，表明人口密度越大。若以国土面积为分子，以人口数为分母，则计算得出的数值越大，表明人口密度越小。

4.2.3 计算和运用相对指标应注意的问题

在运用相对指标分析问题时，应注意三个方面问题：

(1)比数和基数要具有可比性。比数和基数必须具有合理的对比基础。比如，在检查计划完成情况时，应检查实际完成数和计划完成数所包含的内容、时间长短、计算方法是否一致，否则不能对比。又如，不同国家居民消费支出的内容不同，如果简单对比，就会得出错误的结论。

(2)注意总量指标和相对指标的结合运用。相对指标可以解释现象的对比关系，但另一方面却把现象间的绝对水平抽象化了，掩盖了现象间绝对量上的差别。比如，两个不同规模的养殖场，本年产值比上年都增长了1%，并不能简单得出两个养殖场经营效果相同的结论。

(3)注意将不同相对指标结合起来应用。如果要了解研究对象的动态变化、横向比较和内部结构等多方面的数量表现，在统计分析中常常会涉及多个相对指标结合应用的情况。

附：农业农村统计中常用的相对指标

出生率 指在一定时期内(通常为一年)一定地区的出生人数与同期内平均人数(或期中人数)之比，用千分率表示。计算公式：出生率＝(年出生人数/年平均人数)×100‰。

死亡率 指在一定时期内(通常为一年)一定地区的死亡人数与同期内平均人数(或期中人数)之比，用千分率表示。本资料中的死亡率指年死亡率。计算公式：出生率＝(年死亡人数/年平均人数)×100‰

老年人口抚养系数指某一人口中老年人口数与劳动年龄人口数之比。通常用百分比表示。用以表明每100名劳动年龄人口要负担多少名老年人。计算公式：

老年人口抚养比＝65岁及65岁以上的老年人口数/15～64岁的劳动年龄人口数

少年儿童抚养系数 指某一人口中少年儿童人口数与劳动年龄人口数之比。通常用百分比表示。以反映每100名劳动年龄人口要负担多少名少年儿童。计算公式：

少年儿童抚养比＝0～14岁少年儿童人口数/15～64岁劳动年龄人口数

森林覆盖率 指一个国家或地区森林面积占土地面积的百分比，是反映森林资源的丰富程度和生态平衡状况的重要指标。计算公式：森林覆盖率＝(森林面积/土地总面积)×100%。其中，森林面积包括郁闭度0.2以上的乔木林地面积和竹林地面积，国家特别规定的灌木林地面积、农田林网以及四旁(村旁、路旁、水旁、宅旁)林木的覆盖面积。

恩格尔系数 指食品支出总额占个人消费支出总额的比重，是国际上通用的衡量居民生活水平高低的一项重要指标。计算公式：恩格尔系数＝(食品总支出/家庭或个人消费支出)×100%

人均可支配收入 指城乡居民可用于最终消费支出和储蓄的总和，即居民可用于自由支配的收入。既包括现金收入，也包括实物收入。按照收入的来源，可支配收入包含四项，分别为：工资性收入、经营净收入、财产净收入和转移净收入。

人均消费支出 指城乡居民用于满足家庭日常生活消费需要的全部支出，既包括现金消费支出，也包括实物消费支出。消费支出可划分为食品烟酒、衣着、居住、生活用品及服务、交通通信、教育文化娱乐、医疗保健以及其他用品及服务八大类。

4.3 平均指标

4.3.1 平均指标的概念和作用

平均指标亦称“平均数”，反映同质总体内各单位某一数量标志的一般水平，这是衡量一个总体分布集中趋势的综合指标。计算平均指标，应以大量观察为基础，因为只有在大量观察的情况下，个体之间的偶然性差异才有互相抵销的可能，隐藏在总体单位中的共同性才能被揭示出来，所得结果才能真实反映现象的一般水平。

平均指标应用很广，在认识社会经济现象总体数量特征方面具有重要作用：

其一，平均指标可以反映现象总体的综合特征。总量指标有时是没有独立经济意义的。比如，某企业人员的年龄总和，这个“总年龄”就没有意义，如果除以人员总数，得到职工“平均年龄”，就可以用于反映该企业职工的年轻化程度。

其二，平均指标可用于横向对比和动态分析。例如，将 1980 年我国各省区市农业生产中每亩化肥施用量加以比较，可以反映当时化肥的投入水平及省际差距。再考察 1980 年以来我国亩化肥投入水平在时间上的变化，以分析其发展过程和趋势。同时，还可结合亩产量的变化，分析化肥施用量和亩产量之间的依存关系。

其三，估计推算其他有关指标。比如，在农产量抽样调查中，用样本平均亩产量乘以收获面积，可以推算农作物总产量。

其四，平均指标可以作为评价事物的一种数量标准。比如，鉴定农作物新品种，将其产出水平与原品种进行对比。又如，制定生产定额、劳动定额、物资消耗定额等各种管理定额，也常以实际平均数或先进平均数作为参考。

4.3.2 平均指标的种类

平均指标(average indicator)是衡量一个总体分布集中趋势的综合指标，主要有算术平均数、位置平均数和几何平均数三类，见图 4.1。

- 集中趋势测度
  - 算术平均数
    - 简单算术平均数
    - 加权算术平均数
    - 调和算术平均数
  - 位置平均数
    - 众数
    - 中位数（四分位数、百分位数等）
  - 几何平均数
    - 简单几何平均数
    - 加权几何平均数

图 4.1 集中趋势测度指标

1. 算术平均数

算术平均数(arithmetic average)为反映总体分布集中趋势的最常用的平均指标，包括简单算术平均数、加权算术平均数和调和算术平均数。

(1)简单算术平均数

简单算术平均数(simple arithmetic average)，也称均值，是一组数据加总后除以数据的个数得到的结果。基本公式为：

$$\bar{x}=\frac{\sum_{i=1}^{n}x_i}{n},\quad i=1,\ 2,\ \cdots,\ n \tag{4.8}$$

式(4.8)中，$\bar{x}$ 为平均数，x_i 为各个数据，n 为数据的个数。根据未经分组整理的数据计算算术平均数，可直接用该基本公式计算。

【例 4.1】某 8 位村级事务协办人员每人的月收入数据(单位：元)为：1000，1000，1200，1200，1200，1300，1600，1900。要求计算人均月收入的平均数。

解：根据平均数计算的基本公式，得到 8 人的月平均收入为：

$$\bar{x}=\frac{1000+1000+1200+1200+1200+1300+1600+1900}{8}=\frac{10400}{8}=1300(\text{元})$$

(2)加权算术平均数

加权算术平均数(weighted arithmetic average)用于这样的情况，即当运用分布数列计算算术平均数时，由于每组出现的频数不同，就要用该频数进行加权。加权算术平均数的计算公式为：

$$\bar{x}=\frac{\sum_{i=1}^{k}x_i f_i}{\sum_{i=1}^{k}f_i},\quad i=1,\ 2,\ \cdots,\ n \tag{4.9}$$

式(4.9)中，k 为数据分组数，f 为每组数据出现的频数，称为权数。在组距式分组的情况下，x 为各组的组中值。$\sum\limits_{i=1}^{k}f_i=n$，即数据的个数。

加权算术平均数与简单算术平均数在本质上是一致的。例如，对例 4.1 进行单项式分组整理后，以加权算术平均数的形式计算人均收入，即：

$$\bar{x}=\frac{1000\times2+1200\times3+1300\times1+1600\times1+1900\times1}{2+3+1+1+1}=\frac{10400}{8}=1300(\text{元})$$

在组距式分组的情况下，各组的组中值作为各组的代表值参与加权平均数计算，计算结果与采用原始数据相比还是有偏差的。

【例 4.2】370 户农户的转移收入调研数据见表 4.4，计算户均转移收入平均数。

表 4.4　370 户农户转移收入数据平均数计算表

户转移收入(元)	组中值 x_i	频数 f_i	$x_i f_i$
200～300	250	45	11250
300～400	350	86	30100
400～500	450	124	55800
500～600	550	78	42900
600～700	650	37	24050
合计	—	370	164100

解：将表 4.4 中的数据代入式(4.9)中，得农户平均转移收入：

$$\bar{x}=\frac{\sum_{i=1}^{k}x_i f_i}{\sum_{i=1}^{k}f_i}=\frac{164100}{370}=443.5(\text{元})$$

(3)调和算术平均数

调和平均数(harmonic average)也称为倒数平均数,是 $x_1, x_2, \cdots, x_n$ 的倒数的算术平均数的倒数。

在数据未分组的情况下,采用简单调和平均数计算公式:

$$\bar{x}_H = \frac{n}{\frac{1}{x_1}+\frac{1}{x_2}+\cdots+\frac{1}{x_n}} = \frac{n}{\sum_{i=1}^{n}\frac{1}{x_i}} \tag{4.10}$$

式(4.10)中,$\bar{x}_H$ 为调和平均数,x_i 为各个数据,n 为数据的个数。

在数据分组的情况下,采用加权调和平均数计算公式:

$$\bar{x}_H = \frac{\sum_{i=1}^{k} m_i}{\sum_{i=1}^{k}\frac{m_i}{x_i}} \tag{4.11}$$

式(4.11)中,由于 $f_i = \frac{m_i}{x_i}, m_i = x_i f_i$,则

$$\bar{x}_H = \frac{\sum_{i=1}^{k} m_i}{\sum_{i=1}^{k}\frac{m_i}{x_i}} = \frac{\sum_{i=1}^{k} x_i f_i}{\sum_{i=1}^{k} f_i}$$

可见,调和平均数可以看作是算术平均数的一种变形,发生在直接计算算术平均数的数据条件不具备的情况之下。

【例 4.3】某农户全年销售粮食的情况见表 4.5,计算粮食的平均销售价格。

表 4.5 某农户全年销售粮食平均价格计算表

	每百斤售价(元) x_i	销售金额(元) m_i	销售数量(百斤) m_i/x_i
第一次销售	14.2	994	70
第二次销售	19.5	780	40
第三次销售	25.1	502	20
合计	—	2276	130

解:根据表 4.5,计算得粮食平均销售价格:

$$\bar{x}_H = \frac{2276}{130} = 17.20(\text{元 / 百斤})$$

(4)算术平均数的特殊应用

在统计实践中,算术平均数还有一些特殊的用途。例如:

①等级平均数。在研究对象中有很多品质标志。例如,交替标志如产品合格、不合格,等级标志如一等品、二等品、三等品等。在统计工作中常常先把这些品质标志进行量化,如合格品和不合格品分别赋值为 1 和 0,一等品、二等品和三等品分别赋值为 1,2,3 等,然后计算平均指标。

【例 4.4】某批农产品共400件，其质量等级情况见表4.6。分别用1,2,3代表一等品、二等品和三等品，试计算该批产品质量等级的平均数。

表 4.6 产品质量等级平均数计算表

	代表值 x_i	件数 f_i	$x_i f_i$
一等品	1	300	300
二等品	2	80	160
三等品	3	20	60
合计	—	400	520

解：根据题意，对农产品质量等级进行赋值：

$$x_1=1\ ,\ x_2=2\ ,\ x_3=3, f_1=300\ ,\ f_2=80, f_3=20$$

代入式(4.9)得：

$$\bar{x}=\frac{\sum_{i=1}^{k} x_i f_i}{\sum_{i=1}^{k} f_i}=\frac{1\times 300+2\times 80+3\times 20}{300+80+20}=\frac{520}{400}=1.3$$

则这批产品质量的平均等级为1.3。

②截尾平均数(trimmed mean)。算术平均数容易受到极端数值的干扰，为了消除少数特别小或特别大的离群值的影响，在某些文艺、体育赛事项目和食品品鉴等活动的评分中，常去掉若干最低分和最高分，对中间的分值计算平均数，该平均数能更好地反映评分的集中趋势。

【例 4.5】某美食品鉴活动中，8位评委给出的分数(10分制)为：3.4，6.3，7.5，8.5，8.6，8.6，8.8，9.6。计算该美食的平均得分。

解：去掉最低分3.4和最高分9.6，则平均得分为：

$$\bar{x}=\frac{6.3+7.5+8.5+8.6+8.6+8.8}{6}=8.05(\text{分})$$

③先进平均数。算术平均数是总体各单位某一标志值的代表值，也是重心。它把总体各单位分为两部分，即大于平均数部分和小于平均数部分。在社会经济现象中，有两种情况：一种是数值越大越好，如产量、差值、劳动生产率等；另一种是数值越小越好，如物资消耗、生产费用、产品成本等。先进平均数是指优于平均数(大于或小于，视研究对象性质而定)的那部分标志值进行平均计算所得的数值，它与客观现象在一定时间、地点、条件下可以通过努力达到的水平相接近，因而可以作为制定定额、编制计划的参考依据。

【例 4.6】某乡村组织47位妇女制作乡村旅游手工艺品，资料见表4.7。请计算日人均制作件数的先进平均数。

表 4.7 每日人均手工艺品制作件数的先进平均数计算表

日件数(x)	20	21	22	23	24	25	26	合计
人数(f)	1	3	5	8	10	12	8	47
xf	20	63	110	184	240	300	208	1125

解:先计算算术平均数:

$$\bar{x}=\frac{20+63+110+184+240+300+208}{1+3+5+8+10+12+8}=\frac{1125}{47}=23.94(\text{件})$$

再以日产量 24,25,26 三组计算先进平均数:

$$\bar{x}=\frac{240+300+208}{10+12+8}=\frac{748}{30}\approx 25(\text{件})$$

即可以用 25 件作为每人每日的工作定额。

2. 位置平均数

位置平均数有众数和中位数两种。如果数据中存在极端数据或数据变异程度较大,从而影响算术平均数的代表性时,位置平均数可作为算术平均数的辅助指标。

(1)众数

众数(mode)是指一组数据中最常见的变量值。一般情况下,只有在数据量较大的情况下,众数才有意义。在实际工作中,如果掌握了丰富的调查数据,若不要求计算算术平均数,只要求知道最常见的数值作为研究问题和安排工作的参考,就可以采用众数。比如,为了掌握市场上某种蔬菜的价格水平,不必全面登记该蔬菜的成交量和成交额,仅采用该日市场上该蔬菜最普遍的成交价格,这就是众数。在服装加工中,如衣服尺码、鞋子号码等,亦常用众数。

在数据未分组的情况下,出现次数最多的数据就是众数。如果在一组数据中,有两个相邻数值的频数相同,并且它们的频数大于其他所有数值的频数,那么众数一般由这两个相邻值的算术平均计算得到;如果一组数据中有两个不相邻的数值,它们的频数相同,那么这两个数值都是众数;如果一组数据的所有值频数相同,那么这组数据的众数则不存在。

【例 4.7】确定下列各组数据的众数。

(1) 1,3,3,3,4,5,6

(2) 2,3,3,4,4,5,5,6

(3) 2,3,3,3,4,4,4,5

(4) 2,3,3,3,4,5,6,6,6,8

(5) 2,2,3,3,4,4,5,5,6,6

各组数据的众数为:(1)众数=3;(2)众数=(3+4+5)/3=4;(3)众数=(3+4)/2=3.5;(4)众数=3 和 6;(5)众数不存在。

在组距式分组的情况下,采用插值法得出的公式计算众数:

$$M_0=L+\frac{\Delta_1}{\Delta_1+\Delta_2}\cdot i \tag{4.12}$$

$$M_0 = U - \frac{\Delta_2}{\Delta_1 + \Delta_2} \cdot i \tag{4.13}$$

式(4.12)、式(4.13)为计算众数的下限和上限公式。M_0 表示众数，f_1 为众数组频数，f_2 为比众数所在组小的相邻组的频数，f_3 为比众数所在组大的相邻组的频数。L 为众数所在组的下限，U 为众数所在组的上限，$\Delta_1 = f_1 - f_2$，$\Delta_2 = f_1 - f_3$，i 为众数组的组距。

【例 4.8】采用表 4.4 的数据，计算组距式分组情况下的众数。

解：由表 4.4 可见，400～500 组为众数所在组。由此，$L=400$，$U=500$，$f_1=124$，$f_2=86$，$f_3=78$，$i=100$

据式(4.12)提供的下限公式，计算得出农户转移收入的众数：

$$M_0 = L + \frac{\Delta_1}{\Delta_1 + \Delta_2} \cdot i = 400 + \frac{124-86}{(124-86)+(124-78)} \times 100 = 445.24(\text{元})$$

如果采用上限公式，会得到相同的计算结果。

(2)中位数

中位数(median)是将一组数据 $x_1, x_2, \cdots, x_n$ 按大小顺序排列后处于中间位置上的数据，用 M_e 表示。一组数据中小于中位数和大于中位数的数据个数相等，故中位数是一组数据的中心值。同时，由于中位数不受极端值的影响，在总体标志值差异很大的情况下，中位数对算术平均数具有很强的代表性。

对于未分组数据，确定中位数位置的公式：

$$\text{中位数位置} = \frac{n+1}{2} \tag{4.14}$$

设一组数据为 $x_1, x_2, \cdots, x_n$，按大小顺序排列为 $x_{(1)}, x_{(2)}, \cdots, x_{(n)}$，则中位数为：

$$M_e = \begin{cases} x_{(\frac{n+1}{2})}, & n \text{ 为奇数} \\ \frac{1}{2}\left(x_{(\frac{n}{2})} + x_{(\frac{n}{2}+1)}\right), & n \text{ 为偶数} \end{cases} \tag{4.15}$$

【例 4.9】确定下列各组数据的中位数。

(1)15,12,14,16,18

(2)19,18,25, 30,26,15

解：(1)将数据顺序排列：12,14,15,16,18

$$\text{中位数位置} = \frac{5+1}{2} = 3$$

处于第 3 位的数据为 15，故 $M_e = 15$。

(2)将数据顺序排列：15,18,19,25,26,30

$$\text{中位数位置} = \frac{6+1}{2} = 3.5$$

该位置处于 19 和 25 之间，故中位数为：

$$M_e = \frac{19+25}{2} = 22$$

中位数是一个位置代表值，其特点是不受极端值的影响，所以在研究一组偏斜分布数据的一般水平时很有用。

在组距式分组的情况下，采用插值法得出的公式计算中位数：

$$M_e = L + \frac{\frac{\sum f}{2} - S_{m-1}}{f_m} \cdot i \tag{4.16}$$

$$M_e = U - \frac{\frac{\sum f}{2} - S_{m+1}}{f_m} \cdot i \tag{4.17}$$

式(4.16)、式(4.17)分别为计算中位数的下限公式和上限公式。M_e 表示中位数；L 为中位数所在组的下限，U 为中位数所在组的上限；S_{m-1} 为比中位数组小的各组次数累加；S_{m+1} 为比中位数组大的各组次数累加；f_m 为中位数所在组的频数；i 为中位数组的组距。

【例 4.10】采用表 4.4 的数据，计算组距式分组情况下的众数。

表 4.8 370 户农户转移收入中位数计算表

月工资(元)	频数 f	向上累加频数	向下累加频数
200～300	45	45	370
300～400	86	131	325
400～500	124	255	239
500～600	78	333	115
600～700	37	370	37
合计	370	—	—

解：中位数所在的位置大致为：

$$\frac{\sum f}{2} = \frac{370}{2} = 185$$

以下限公式计算中位数。见表 4.7，向上累加频数，即从最小组向最大组的方向累加频数，至 400～500 组的累加数为 255，其中包含了 185，即为中位数所在组。由此，$L=400$，$U=500$，$S_{m-1}=131$，$f_m=124$，$i=100$。

据式(4.16)，计算得出农户转移收入的中位数：

$$M_e = L + \frac{\frac{\sum f}{2} - S_{m-1}}{f_m} \cdot i = 400 + \frac{\frac{370}{2} - 131}{124} \times 100 = 443.37(\text{元})$$

如果采用上限公式计算，得出结果相同。需要注意的是，采用上限公式时将频数向下累加，即由最大组向最小组的方向累加频数。

中位数(quartile)是二分位数。与中位数类似的还有四分位数、十分位数(decile)、百分位数(percentile)等等，分别是用 3 个点、9 个点和 99 个点将数据 4 等分、10 等分和 100 等分后各分位点上的值。这里主要介绍四分位数。

四分位数有 3 个，它是一组数据排序后处在 25%、50%和 75%位置上的值。四分位数通过 3 个点将全部数据分成 4 等部分，50%位置上的数即中位数，25%和 75%位置上的数分别为下四分位数和上四分位数。与中位数的计算方法类似，根据未分组数据计算四分位数时，首先对数据进行排序，然后确定四分位数所在的位置，该位置上所对应的数值就是四分位数。

四分位数确定的方法有多种①，每种方法得到的结果有一定差异，但差异不会很大。设下四分位数为 Q_L，上四分位数为 Q_U，根据中位数的定义：

$$Q_L \text{ 的位置} = \frac{n}{4}, \quad Q_U \text{ 的位置} = \frac{3n}{4} \tag{4.18}$$

【例 4.11】随机抽取 9 个农户，调查得到每个农户的粮食种植面积数据（单位：亩）为：5，7，12，20，30，35，40，50，65。由此计算粮食种植面积的四分位数。

解：该数据已经排序。据式(4.18)，得：

$$Q_L \text{ 的位置} = \frac{n}{4} = \frac{9}{4} = 2.25, \quad Q_U \text{ 的位置} = \frac{3n}{4} = \frac{27}{4} = 6.75$$

则 Q_L 在第二个数值与第三个数值之间 0.25 的位置上

$$Q_L = 7 + (12 - 7) \times 0.25 = 8.25 \text{（亩）}$$

Q_U 在第六个数值与第七个数值之间 0.75 的位置上

$$Q_U = 35 + (40 - 35) \times 0.75 = 38.75 \text{（亩）}$$

(3)众数、中位数和算术平均数的数量关系和适用数据类型

算术平均数、中位数和众数都是反映数据分布集中趋势的平均指标，三者之间在数值上存在统计规律，在使用上也受到数据类型的限制：

其一，众数、中位数和算术平均数三者在数量上存在统计规律。在钟形分布中，众数是分布最高峰对应的变量值，一般中位数比较适中，算术平均数受极端变量值的影响可能偏大也可能偏小。若数据表现为左偏分布，则说明数据存在较小的极端值，这时三者的关系为：$M_0 > M_e > \bar{x}$；若数据表现为右偏分布，则说明数据存在较大的极端值，这时三者的关系为：$M_0 < M_e < \bar{x}$。见图 4.2。

当一组数据呈对称分布时，众数、中位数和算术平均数三者相等，即 $M_0 = M_e = \bar{x}$。如果有足够多的数据，且分布的偏斜程度并不严重时，中位数位于众数到算术平均数距离范围内靠近算术平均数的 1/3 处，位于靠近众数的 2/3 处，即

$$M_e - M_0 \approx 2(\bar{x} - M_e) \quad \text{（右偏分布）}$$

$$M_0 - M_e \approx 2(M_e - \bar{x}) \quad \text{（左偏分布）}$$

则三者在数值上存在下列统计关系：

$$M_0 \approx 3M_e - 2\bar{x} \tag{4.19}$$

---

① 方法一，一种较为准确的确定四分位数位置的方法：Q_L 位置 $= \frac{n+1}{4}$，Q_U 位置 $= \frac{3(n+1)}{4}$

方法二，先确定中位数，将数据分为两份，确定各自的中位数位置即为四分位数位置，即：

$$Q \text{ 位置} = \frac{\frac{n+1}{2} + 1}{2} = \frac{n+3}{4}$$

方法三，Excel 给出的四分位数位置公式：Q_L 位置 $= \frac{n+3}{4}$，Q_U 位置 $= \frac{3n+1}{4}$

其二，适用的数据类型。算术平均数是根据所有数据计算的，中位数和众数是根据数据分布形状和位置确定的。在实际应用中，算术平均数只适用于定量的数据，中位数适用于定量和定序数据，众数适用于定量、定序和定类数据。

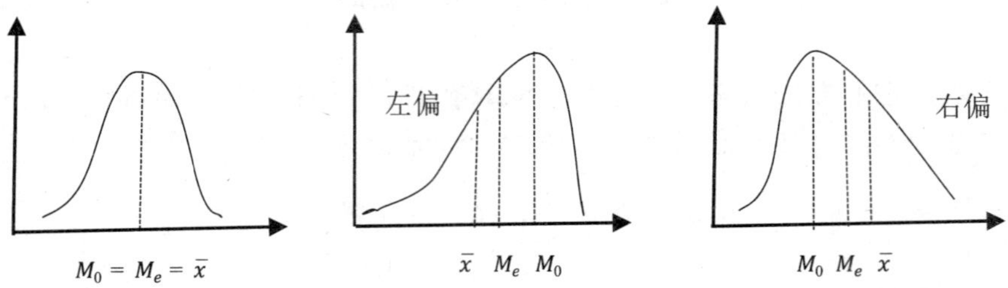

图 4.2 众数、中位数和平均数的关系

3. 几何平均数

几何平均数(geometric average)是 n 个标志值连乘之后开 n 次方根的结果，用 G 表示。在统计中，几何平均数常用于计算平均发展速度和平均比率。几何平均数有两个特点：

(1)几何平均数是由各标志值的连乘积来求得的，如果数据中有一个为零或负数，就无法计算几何平均数。

(2)几何平均数受极端数值的影响比算术平均数小。

数据未分组情况下，简单几何平均数计算公式：

$$G=\sqrt[n]{x_1 x_2 \cdots x_n}=\sqrt[n]{\Pi x_i} \tag{4.20}$$

其中，x_i 是一列数据中第 i 个变量值，n 为数据的个数。

数据分组的情况下，加权几何平均数计算公式：

$$G=\sqrt[\Sigma f]{x_1^{f_1} \cdot x_2^{f_2} \cdots x_k^{f_k}}=\sqrt[\Sigma f]{\Pi x} \tag{4.21}$$

【例 4.12】我国 GDP 的环比发展速度：2015 年为 107%、2016 年为 108%、2017 年为 112%、2018 年为 110%、2019 年为 108%。求 2015—2019 年我国 GDP 的平均发展速度和平均增长速度。

解：据式(4.20)，计算 5 年的平均发展速度：

$$G=\sqrt[5]{107\%\times108\%\times112\%\times110\%\times108\%}=\sqrt[5]{1.5376}\approx109\%$$

$$\text{平均增长速度}=G-1=109\%-1=9\%$$

4.3.3 计算和运用平均指标应注意的问题

平均指标或平均数的应用十分广泛，但同时也存在一定的局限性，在应用中要注意：

第一，重视现象总体的同质性。只有在同质总体的基础上计算和应用平均数，才具有实际意义。如果根据不同性质总体的数据资料计算平均数，就不能真实反映研究对象的一般水平。例如，要计算我国粮食亩产水平，就要明确关于粮食的统计口径，非粮食作物不能参与计算。

第二，总平均数与组平均数结合应用。将组平均数引入平均数分析，可以更深入地揭示全部数据的特点和规律性，得出比单一的总体平均数更符合实际情况的分析结论。比如，我国农村居民人均可支配收入是总平均数，如果结合东部、中部、西部和东北部进行分组观察，能够进一步反映区域间农民收入的差距及其变化。

第三，排除极端数值对平均数的影响。平均数是根据掌握的全部观察值计算的，这无疑使平均数具有很强的客观代表性。但同时，当观察值中存在极端数值的干扰时，平均数的代表性会下降。

第四，正确选择平均数的权数。权数对平均数大小起着重要的影响作用，凡是以分布数列计算平均指标时都有加权的问题。但是，实际工作中常会遇到真假权数相混的现象。比如，已知某县 30 个乡的粮食单产分组资料，求全县粮食平均单产时，不能以乡的个数作为各组的权数，而应以播种面积作为各组的权数，乡的个数不能对粮食单产起权衡轻重的作用。

4.4　变异指标

4.4.1　变异指标的概念和作用

变异指标反映的是各变量值偏离其平均值的程度，即离中趋势。由前述内容已知，平均指标衡量的是各变量值的集中趋势，所以变异指标与平均指标是相辅相成的两类指标。

变异指标的作用表现在以下方面：

其一，评价平均数代表性的大小。变异指标反映各变量值的离中趋势，也就是离散程度。一般而言，数据离散程度越大，其平均数的代表性就越差；离散程度越小，其平均数的代表性就越强。

其二，反映社会经济活动过程的稳定性和均衡性。比如，在分析计划完成程度时，变异指标可以反映计划执行过程中的节奏性和是否存在时松时紧的生产突击现象。在社会经济活动分析中，不仅经常需要从静态上分析不同个体之间的数量差异是否过大，而且还要从动态上研究现象变化过程是否稳定、波动是否剧烈。比如，关于劳动者收入的研究，通常要关心他们之间的收入差距是否合理，还要关心不同时期收入水平的变动，从动态上分析现象的变化是否均衡，这对于发现异常波动、分析现象的影响因素等具有重要的作用。

其三，在统计实践中具有重要作用。例如，培育作物新品种，既要求提高单位面积产量水平，又要求保证比较稳定的收成。因此，在比较各品种时，不仅要比较哪一个品种的产量高，还要比较哪一个品种的产量更为稳定。

4.4.2　变异指标的种类

描述数据变异程度的指标很多，主要有异众比率、极差、四分位差、平均差、方差、标准差和变异系数等。

1. 异众比率

异众比率（variation ratio）是指非众数组的频数占总频数的比例，用 V_r 表示。计算公式为：

$$V_r = \frac{\sum f_i - f_m}{\sum f_i} \tag{4.22}$$

式(4.22)中，$\sum f_i$ 为变量值的总频数，f_m 为众数组的频数。

异众比率主要用于衡量众数对于一组数据的代表程度。异众比率越大，说明非众数组的频数占总频数的比重越大，众数的代表性越差。反之，异众比率越小，说明非众数组的频数占总频数的比重越小，众数的代表性越好。异众比率可以用于所有计量尺度的统计数据的分散程度的衡量。

【例 4.13】根据表 4.4 中的数据，计算异众比率。

解：根据式(4.22)得：

$$V_r = \frac{370 - 124}{370} \times 100\% = 66.5\%$$

这说明在 370 户农户中，收入水平在众数组 400～500 元以外的农户数占 66.5%，异众比率比较大，众数组对全部农户收入水平的代表性不高。

2. *极差和四分位差*

极差(range)又称全距，是一组数据中最大观察值与最小观察值之差，一般用 R 表示。数据未分组情况下，极差计算公式为：

$$R = \max(x_i) - \min(x_i) \tag{4.23}$$

式(4.23)中，$\max(x_i)$ 和 $\min(x_i)$ 分别表示一组数据的最大值和最小值。

【例 4.14】根据例 4.11 中的数据，计算 9 个农户家庭粮食种植面积的极差：

$$R = 65 - 5 = 60(\text{亩})$$

组距式分组情况下，一般只就闭口组分组资料计算极差。计算公式为：

$$R = \text{末组上限} - \text{首组下限} \tag{4.24}$$

极差是测度数据离散程度的一种简便方法。缺点是仅考虑了一组数据两端的信息，没有考虑到中间数据的变动情况。在实践中，极差常用于检查产品质量的稳定性。

四分位差(quartile deviation)也称四分位间距(inter－quartile range)，是上四分位数与下四分位数之差，用 Q_d 表示。计算公式为：

$$Q_d = Q_U - Q_L \tag{4.25}$$

四分位差反映了中间 50%的数据的离散程度。四分位差越小，说明中间的数据越集中；四分位差越大，说明中间的数据越分散。四分位差不受极端数值的干扰。四分位差在一定程度上说明了中位数对一组数据的代表程度。四分位差适于对顺序尺度、等距尺度和等比尺度数据离散程度的测度。

【例 4.15】根据例 4.11 的资料，计算粮食种植面积的四分位差。

解：根据例 4.11 的计算结果，$Q_U = 38.75$，$Q_L = 8.25$。则四分位差为：

$$Q_d = 38.75 - 8.25 = 30.5(\text{亩})$$

3. *平均差*

平均差(mean deviation)也称平均绝对离差，它是各变量值与其平均数离差绝对值的平均数，用 M_d 表示。

数据未分组情况下，采用简单平均差计算公式：

$$M_d=\frac{\sum|x_i-\bar{x}|}{n} \tag{4.26}$$

数据分组的情况下，采用加权平均差计算公式：

$$M_d=\frac{\sum|x_i-\bar{x}|f_i}{\sum f_i} \tag{4.27}$$

平均差在计算中考虑了所有数据对其平均数的偏离，刻画了数据对于均值的平均偏离程度，在计算中对离差取绝对值，不考虑偏离的方向，实际含义比较清楚。

【4.16】根据表 4.4 的数据，计算农户转移收入的平均差。

表 4.9　370 户农户转移收入数据平均差计算表

户转移收入(元)	组中值 x_i	频数 f_i	$\|x_i-443.5\|$	$\|x_i-443.5\|f_i$
200～300	250	45	193.5	8707.5
300～400	350	86	93.5	8041
400～500	450	124	6.5	806
500～600	550	78	106.5	8307
600～700	650	37	206.5	7640.5
合计	—	370	606.5	33502

解：由例 4.2 已知 $\bar{x}=443.5$。平均差计算过程见表 4.8。

根据式(4.27)得：

$$M_d=\frac{\sum|x_i-\bar{x}|f_i}{\sum f_i}=\frac{33502}{370}=90.55(元)$$

4. *方差和标准差*

方差(variance)是一组数据的各变量值与其平均数离差平方的平均数，用 σ^2 表示。

(1)数据未分组的情况下

方差的基本计算公式为：

$$\sigma^2=\frac{\sum_{i=1}^{n}(x_i-\bar{x})^2}{n} \tag{4.28}$$

式(4.28)中，x_i 为变量值，$\bar{x}$ 为平均数，n 为数据的个数。将 $\sum\limits_{i=1}^{n}(x_i-\bar{x})^2$ 简记为 $\sum(x-\bar{x})^2$。由于

$$\begin{aligned}\sum(x-\bar{x})^2&=\sum(x^2-2x\bar{x}+\bar{x}^2)=\sum x^2-2\bar{x}\sum x+n\bar{x}^2\\&=\sum x^2-n\bar{x}^2\end{aligned} \tag{4.29}$$

将式(4.29)带入式(4.28)中，得：

$$\sigma^2=\frac{\sum x^2-n\bar{x}^2}{n}=\frac{\sum x^2}{n}-\bar{x}^2=\frac{\sum x^2}{n}-\left(\frac{\sum x}{n}\right)^2 \tag{4.30}$$

式(4.30)为数据未分组情况下方差的简化计算公式。

(2)数据分组的情况下

方差的基本计算公式为：

$$\sigma^2=\frac{\sum_{i=1}^{k}(x_i-\bar{x})^2 f_i}{\sum_{i=1}^{k} f_i} \tag{4.31}$$

在式(4.31)中，将 $\sum\limits_{i=1}^{k}(x_i-\bar{x})^2 f_i$ 简记为 $\sum(x-\bar{x})^2 f$ ，$\sum\limits_{i=1}^{k} f_i$ 简记为 $\sum f$（或 n ）。由于

$$\begin{aligned}\sum(x-\bar{x})^2 f&=\sum(x^2-2x\bar{x}+\bar{x}^2)f=\sum x^2 f-2\bar{x}\sum xf+\bar{x}^2\sum f\\&=\sum x^2 f-\bar{x}^2\sum f\end{aligned} \tag{4.32}$$

将式(4.32)带入式(4.31)中，得：

$$\sigma^2=\frac{\sum x^2 f-\bar{x}^2\sum f}{\sum f}=\frac{\sum x^2 f}{\sum f}-\bar{x}^2=\frac{\sum x^2 f}{\sum f}-\left(\frac{\sum xf}{\sum f}\right)^2 \tag{4.33}$$

式(4.33)为数据分组情况下方差的简化计算公式。

值得提醒的是，在抽样推断中计算一组样本数据的方差时，式(4.28)、式(4.31)中的分母要采用 $n-1$，此为样本方差的自由度，以此计算的样本方差是总体方差 σ^2 的一个无偏估计。

将方差开平方，即得标准差(standard deviation)，用 σ 表示。标准差的作用与平均差类似，只是两者在数学处理上不同，标准差计算采用平方的方法来消除离差的正负号，平均差计算则是采用取绝对值的方法来消除离差的正负号。

【例 4.17】根据表 4.4 的数据，计算农户转移收入的标准差。

表 4.10　370 户农户转移收入数据标准差计算表

户转移收入(元)	组中值(x_i)	频数(f_i)	($x_i-443.5$)	$(x_i-443.5)^2 f_i$
200～300	250	45	−193.5	1684901.25
300～400	350	86	−93.5	751833.50
400～500	450	124	6.5	5239.00
500～600	550	78	106.5	884695.50
600～700	650	37	206.5	1577763.25
合计	—	370	—	4904432.50

解：由例 4.2 已知 $\bar{x}=443.5$。标准差计算过程见表 4.10。

根据式(4.31)，得标准差：

$$\sigma=\sqrt{\frac{\sum_{i=1}^{k}(x_i-\bar{x})^2 f_i}{\sum_{i=1}^{k} f_i}}=\sqrt{\frac{4904432.5}{370}}=\sqrt{13255.22}=115.13(\text{元})$$

在这里，115.13 元即为以标准差测度的农户转移收入的平均离散程度。

(3)标准差的特殊应用

以产品合格、不合格为例，计算交替标志的标准差。以 $x_1=1$、$x_2=0$ 分别代表合格品和不合格品，f_1、f_2 分别为合格品和不合格品的件数。以 p 代表合格率，$q=1-p$ 代表不合格率，则

$$p=\frac{f_1}{f_1+f_2},\quad q=\frac{f_2}{f_1+f_2}$$

交替标志的平均数为：

$$\bar{x}=\frac{\sum_{i=1}^{k} x_i f_i}{\sum_{i=1}^{k} f_i}=\frac{1\times f_1+0\times f_2}{f_1+f_2}=p \tag{4.34}$$

利用式(4.31)计算方差：

$$\sigma^2=\frac{\sum_{i=1}^{k}(x_i-\bar{x})^2 f_i}{\sum_{i=1}^{k} f_i}=\frac{(1-p)^2 f_1+(0-p)^2 f_2}{f_1+f_2}$$
$$=q^2 p+p^2 q=pq(p+q)=pq$$

则

$$\sigma=\sqrt{pq} \tag{4.35}$$

此即交替标志标准差的计算公式。

【例 4.18】 现有 400 件农产品，其中合格品 392 件，不合格品 8 件。以 1 代表合格品，0 代表不合格品，标准差计算过程见表 4.11。

表 4.11　交替标志标准差计算表

	代表值(x_i)	个数(f_i)	$x_i^2 f_i$
合格品	1	392	392
不合格品	0	8	0
合计	—	400	392

解：由式(4.34)知，平均数 $\bar{x}=p=392/400=98\%$。

将表 4.11 中的数据代入方差简化计算式(4.35)，得：

$$\sigma=\sqrt{\frac{\sum x^2 f}{\sum f}-\bar{x}^2}=\sqrt{\frac{392}{400}-(98\%)^2}=14\%$$

或利用式(4.34)得：

$$\sigma=\sqrt{pq}=\sqrt{98\%\times 2\%}=14\%$$

5. 变异系数

为了比较不同数组数据离散程度的大小，就需要引入变异系数(Variable coefficient)。

例如,要比较投资报酬率不同的各项投资的风险程度,就不能仅仅用变异指标如极差、平均差、标准差来衡量。因此,当两组数据的内容不一样、平均水平不一样,甚至计量单位不一样时,不能简单地用绝对值形式的变异指标进行离散程度比较。

变异系数的基本计算公式为:

$$\text{变异系数}=\frac{\text{变异指标}}{\text{平均数}}\times 100\% \tag{4.36}$$

变异系数可以分别用极差系数、平均差系数、标准差系数表示。由于变异指标中应用最广泛的是标准差,所以与之相对应的标准差系数应用也十分广泛,通常说起变异系数往往都是指标准差系数。

标准差系数是一组数据的标准差与其相应的平均数之比,通常用V_σ表示。计算公式为:

$$V_\sigma=\frac{\sigma}{\bar{x}}\times 100\% \tag{4.37}$$

变异系数通常用%表示。从计算公式的含义看,变异系数为每份平均数对应的变异程度,故该指标主要用于不同研究对象变异程度大小的比较。

【例 4.19】两地区旱稻生产平均指标和变异指标资料见表 4.12,比较两组数据平均数的代表性。

表 4.12　两地区旱稻生产平均指标和变异指标比较表

组别	平均亩产(斤) $\bar{x}$	标准差(斤) σ	标准差系数(%) V_σ
甲地	980	48	4.9
乙地	700	36	5.1

解:比较两地旱地水稻单产的变异程度,需要计算标准差系数。

将表 4.12 中资料带入式(4.37)得:

$$V_{\sigma_{甲}}=\frac{\sigma_{甲}}{\bar{x}_{甲}}=\frac{48}{980}\times 100\%=4.9\%$$

$$V_{\sigma_{乙}}=\frac{\sigma_{乙}}{\bar{x}_{乙}}=\frac{36}{700}\times 100\%=5.1\%$$

因为 $V_{\sigma_{甲}}<V_{\sigma_{乙}}$,所以相对来说,乙地旱地水稻亩产的变异程度较大。

4.4.3　运用变异指标应注意的问题

变异指标在实践中具有重要的理论和实践意义。要恰当地使用变异指标,有以下主要方面需要注意:

(1)变异指标与平均指标结合运用。变异指标表示变量值的离中趋势,而平均指标表示变量值的集中趋势,一般地,两类指标结合运用才能描述总体的基本数量特征。

对于正态分布数据资料,宜用平均数与标准差描述数据的集中与离散情况。有了平均数与标准差,就可根据正态分布理论将其频数分布描绘出来,进一步可作总体平均数所在区间估计与假设检验等(见第 6 章和第 7 章)。正态分布资料亦可用中位数、百分位数和四分位差进行概括性描述,其结果与用平均数和标准差对数据分布特征的描述结果相近。

对于偏态分布数据资料，宜用中位数、四分位差、标准差等指标描述数据特征。尤其在数据分布呈明显偏态时，随着数据量的增多，中位数、四分位差及标准差的代表性和稳定性明显优于平均数和标准差。众数和极差只用来对单峰资料作概括的描述。

(2)总方差与组方差结合运用。同平均指标要用组平均数来补充的道理一样，总体方差也要与分组方差相结合，才能全面认识事物。总体方差是反映总体标志值的变异程度的。由于各组的标志值和结构不同，各组方差也各异，但总体方差掩盖了各组方差的差异。因此，要注意用组方差来补充说明总体方差，把两者结合起来使用。

(3)比较几组数据的变异程度时，若各组资料的计量单位、均值或标准差不相同，要采用变异系数。判断两组数据的方差在数值上有无显著差别，需作假设检验(详见第 7 章有关内容)。

4.5　数据分布形态测度

集中趋势和离散程度是数据分布的两个重要特征，但要全面了解数据分布的特点，还需要把握数据分布的形状是否对称、偏斜程度以及扁平程度等。下面介绍两个测度数据形状的指标：偏态系数和峰态系数。

4.5.1 偏态及其测度

“偏态”(skewness)又称偏度，是由统计学家皮尔逊(K. Pearson)于 1895 年首次提出的，它是对数据分布对称性的测度。偏态是相对于正态分布而言的，测度偏态的统计量是偏态系数，记作 SK。

偏态系数的计算方法有很多。根据未分组数据计算偏态系数时，通常采用公式：

$$SK=\frac{n\sum(x_i-\bar{x})^3}{(n-1)(n-2)\sigma^3} \tag{4.38}$$

数据分组情况下，计算偏态系数的公式：

$$SK=\frac{\sum_{i=1}^{k}(x_i-\bar{x})^3 f_i/n}{\sigma^3} \tag{4.39}$$

式(4.38)、式(4.39)中，σ 为数据标准差。由式(4.39)可以很显然地看到，用离差三次方的平均数再除以 σ^3，是对偏态系数进行的无量纲化处理。

用偏态系数说明数据分布的偏态程度，是通过与标准正态分布的偏态系数进行比较来实现的。根据式(4.39)，若一组数据是对称的，则 $SK=0$；若 $SK\neq0$，则表明数据是非对称的；当 $SK>0$ 时，表明正离差值较大，可以判断为正偏或右偏。反之，当 $SK<0$ 时，表明负离差值较大，可以判断为负偏或左偏；若偏态绝对值 $|SK|>1$，被称为高度偏态分布；若偏态系数绝对值 $|SK|$ 满足 $0.5<|SK|<1$，则被认为是中等偏态分布；偏态系数的绝对值越接近于 0，数据的偏斜程度越低。

【**例 4.20**】根据表 4.13 的数据，计算农户转移收入的偏态系数。

表 4.13　370 户农户转移收入数据偏态和峰态计算表

户转移收入(元)	组中值(x_i)	频数(f_i)	$(x_i-443.5)^3f_i$	$(x_i-443.5)^4f_i$
200～300	250	45	−326028391.90	63086493828
300～400	350	86	−70296432.25	6572716415
400～500	450	124	34053.50	221348
500～600	550	78	94220070.75	10034437535
600～700	650	37	325808111.10	67279374947
合计	—	370	23737411.25	146973244073

解：由例 4.17 知 $\sigma=115.13$，将表 4.13 的计算结果带入式(4.39)得：

$$SK=\frac{23737411.25}{370\times(115.13)^3}=0.042$$

偏态 $SK=0.042>0$，但数值很小，说明农户转移收入的正偏程度微小。

4.5.2　峰态及其测度

“峰态”(kurtosis)一词最早是由统计学家皮尔逊(K. Pearson)于 1905 年提出的，它是对数据分布平峰或尖峰程度的测度。测量峰态的统计量是峰态系数，记作 K。

数据未分组情况下，峰态系数计算通常采用公式：

$$K=\frac{n(n+1)\sum(x_i-\bar{x})^4-3\left[\sum(x_i-\bar{x})^2\right]^2(n-1)}{(n-1)(n-2)(n-3)\sigma^4} \tag{4.40}$$

数据分组的情况下，峰态系数计算公式为：

$$K=\frac{\sum_{i=1}^{k}(x_i-\bar{x})^4f_i/\sum f_i}{\sigma^4}-3 \tag{4.41}$$

式(4.40)、式(4.41)中，σ 为数据标准差。用离差四次方的平均数再除以 σ^4，是对峰态进行的无量纲化处理。

用峰态系数说明分布的陡峭程度，是通过与标准正态分布的峰态系数进行比较来实现的。根据式(4.41)，标准正态分布的峰态系数 $K=0$，故当 $K>0$ 时为尖峰分布，表明数据分布更集中，比正态分布陡峭；当 $K<0$ 时为扁平分布，表明数据分布越分散，比正态分布平缓。式(4.41)中也可以不减 3，由于标准正态分布的峰态系数 $K=3$，则当 $K>3$ 时为尖峰分布，当 $K<3$ 时为扁平分布。峰态示意图见图 4.3。

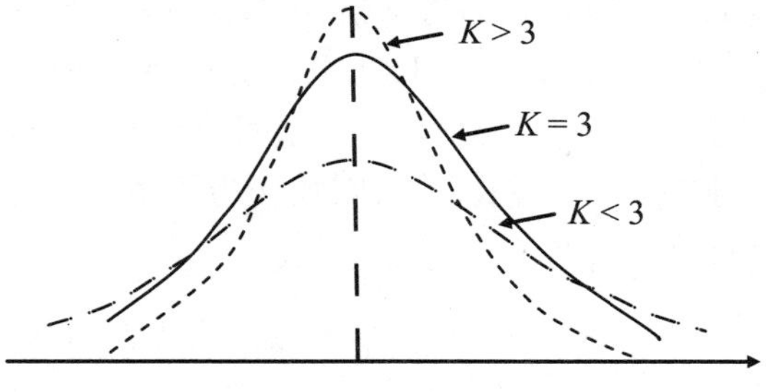

图 4.3　峰态示意图

【例 4.21】若一组数据(x)服从正态分布，证明其峰态系数为 3。

解：该组数据服从正态分布，即 $x \sim N(\mu, \sigma^2)$

由式(4.41)，该组数据的峰态系数为：

$$K = \frac{\sum_{i=1}^{k} (x_i - \mu)^4 f_i / \sum f_i}{\sigma^4}$$

$$= \frac{E\left[(x-\mu)^4\right]}{\sigma^4} = E\left[\left(\frac{x-\mu}{\sigma}\right)^4\right] = E\left[z^4\right]$$

其中，$z \sim N(0,1)$，其密度函数为 $f(z) = \frac{1}{\sqrt{2\pi}} e^{-\frac{z^2}{2}}$，则

$$K = E\left[z^4\right] = \int_{-\infty}^{+\infty} \frac{1}{\sqrt{2\pi}} e^{-\frac{z^2}{2}} \cdot z^4 dz = 3$$

以上证明结果表明，正态分布的峰态系数为 3。

【例 4.22】根据表 4.13 的数据，计算农户转移收入的峰态系数。

解：由例 4.17 已知 $\sigma = 115.13$，将表 4.13 的计算结果带入式(4.41)得：

$$K = \frac{146973244073}{370 \times (115.13)^4} - 3 = 2.2609 - 3 = -0.7391$$

峰态 $K = -0.7516 < 0$，说明农户转移收入的分布比正态分布稍为扁平。

【例 4.23】采用 SPSS 软件对某地区 44 年的降雨量数据进行描述统计，见表 4.14。

表 4.14 某地区 44 年降雨量数据

单位：mm

669	713	719	727	777	851	862	873	821	879	776
635	711	714	704	786	786	745	889	794	926	952
561	616	686	707	826	834	837	900	904	1056	963
520	556	692	735	791	822	744	922	740	750	1074

解：操作步骤如下：

第一步，按照时间顺序(逐行)录入数据。

第二步，点击【分析】→【描述统计】→【描述】，弹出“描述”对话框，见图 4.4。

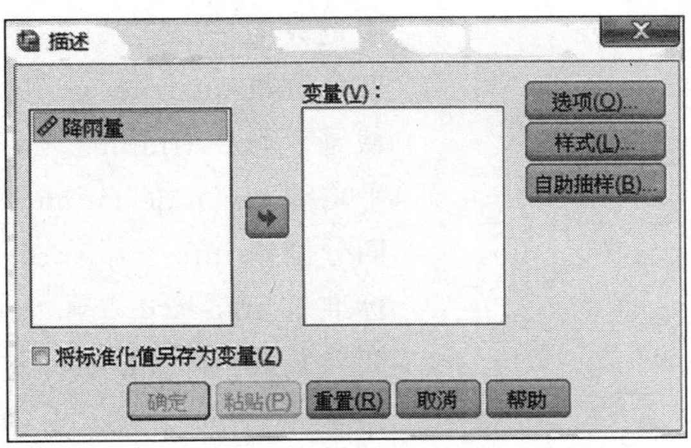

图 4.4　描述对话框

第三步，将变量“降雨量”选入“变量”对话框，接着点“选项”，在弹出的对话框中进行统计量的勾选，见图4.4。

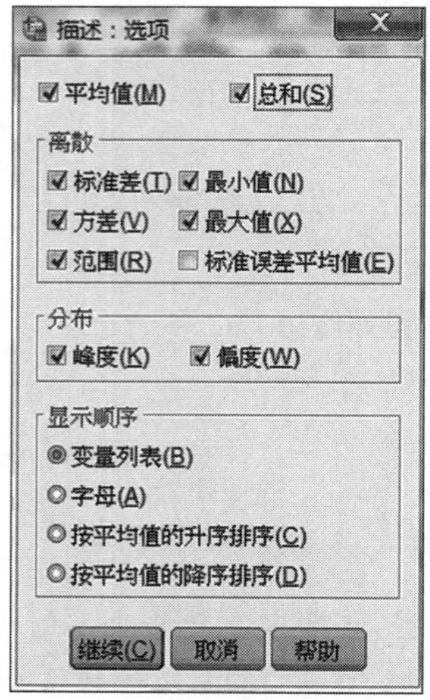

图4.5 选项对话框

第四步，点“继续”返回后，点“确定”输出“描述统计”结果，见表4.15。

表4.15 描述统计输出结果

	个案数	范围	最小值	最大值	总和	平均值	标准差	方差	偏度		峰度	
	统计	统计	统计	统计	统计	统计	统计	统计	统计	标准误差	统计	标准误差
降雨量	44	554.0	520.0	1074	34545.0	785.1	121.26	14671.45	.138	.357	.217	.702
有效个案数	44											

关键术语

描述统计 descriptive statistics
相对指标 relative indicator
算术平均数 arithmetic average
调和平均数 harmonic average
众数 mode
几何平均数 geometric average
极差 range
异众比率 variation ratio
方差 variance
标准误差 standard error
峰态 kurtosis
总量指标 total amount indicator
平均指标 average indicator
加权平均数 weighted average
中位数 median
四分位数 quartile
截尾平均数 trimmed mean
平均差 mean deviation
四分位差 inter－quantile range
标准差 standard deviation
变异系数 variable coefficient
偏态 skewness

本章小结

1. 描述统计是在第 3 章对所搜集的大量数据资料进行加工整理的基础上，采用一系列指标反映和说明研究对象的综合数量特征和规律性的分析工作。

2. 总量指标。总量指标反映研究对象在一定时间、空间条件下的总水平、总规模或工作总量，其表现形式为绝对数。按照所反映的时间状态不同，可将总量指标分为时期指标和时点指标。总体指标的计量单位一般来说有实物单位、价值单位和劳动单位。总量指标是由统计整理得到的基本指标，正确计算和运用总量指标要注意现象的同质性、统计范围、统计方法、计算口径和计量单位等方面。总量指标是其它指标计算的基础。

3. 相对指标。不同现象总体之间的比较有两种形式：其一是差额比较，其二是相对比较，相对比较的方法更为常用。相对比较是将两个有联系的指标进行比较，以相对数的形式揭示现象在不同时间、不同空间、事物内部以及事物之间的数量关系及其特征。相对比较的结果为相对指标，又称为相对数。相对数有结构相对数、比较相对数、比例相对数、动态相对数、计划完成程度相对数、强度相对数等六种。相对指标的计量单位分为有名数和无名数两种。相对指标的作用在于，可以深刻地说明总量指标揭示不出来的问题，清楚地反映现象发展变化的程度，还可以把两个不能直接比较的总量指标进行对比。在实际应用中，要注意比数和基数的正确选择、多个相对指标要结合运用、相对指标和总量指标要结合运用。

4. 数据分布特征测度。平均指标和变异指标用于测度数据分布的集中趋势和离散程度，是指示数据分布特征的基本指标。

常用的平均指标主要有算术平均数、位置平均数和几何平均数三类。算术平均数是平均指标中最常用的指标，包括简单算术平均数、加权算术平均数和调和算术平均数。位置平均数主要有众数和中位数，四分位数也比较常用。对于一组数据，把握其中的最小值、下四分位数、中位数、下四分位数和最大值，就可以基本概括数据的集中范围和特征。正确计算和运用平均指标要重视现象总体的同质性、总平均数与组平均数结合应用、排除极端数值对平均数的影响、正确选择平均数的权数。

常用的变异指标主要有异众比率、极差、四分位差、平均差、方差、标准差和变异系数等。对于一组数据，变异指标的数值越大，则离散程度越大，其平均数的代表性就越差；变异指标的数值越小，则离散程度越小，其平均数的代表性就越强。通过综合考察极差、上下四分位差、下四分位与中位数之差、上四分位与中位数之差，也可以概括把握数据的离散程度和偏斜状况。正确运用变异指标要注意变异指标与平均指标结合运用、总方差与组方差结合运用、不同总体之间比较采用变异系数等。

5. 数据分布形状测度。平均指标和变异指标是描述数据分布特征的两类重要指标，但要全面了解数据分布的特点，有必要测度数据分布形状的偏态以及峰态。通过计算偏态系数和峰态系数，与正态分布相比，可以把握数据分布的对称程度和陡峭程度。

思考与练习

一、思考题

4.1 什么是总量指标？它在统计研究中有什么作用？

4.2 时期指标与时点指标有什么区别？

4.3 相对指标都有哪些？各自有什么作用？

4.4 平均指标如何计算？都有哪些种类？

4.5 什么是调和平均数，它与算术平均数有什么不同？

4.6 中位数和众数各有什么特点？

4.7 几何平均数有什么特点？

4.8 平均指标在应用中应该注意什么问题？

4.9 平均指标和变异指标在描述数据特征时各有什么作用？

4.10 标准差和标准差系数的作用有何不同？

4.11 什么是数据分布的偏态和峰态？如何测定？

二、练习题

4.1 下表是 2018 年和 2019 年我国农村居民人均收支情况(单位:元)。

	项目	2018 年	2019 年	同比增长%
可支配收入	工资性收入	5996.1	6583.5	9.80
	经营净收入	5358.4	5762.2	7.54
	财产净收入	342.1	377.3	10.29
	转移净收入	2920.5	3297.8	12.92
	小计	14617.0	16020.7	9.60
消费支出	食品烟酒	3645.6	3998.2	9.67
	衣着	647.7	713.3	10.13
	居住	2660.6	2871.3	7.92
	生活用品及服务	720.5	763.9	6.02
	交通通讯	1690.0	1836.8	8.69
	教育文化娱乐服务	1301.6	1481.8	13.85
	医疗保健	1240.1	1420.8	14.57
	其他用品及服务	218.3	241.5	10.63
	小计	14124.4	13327.6	−5.64

要求：

(1)指出农村居民收入的主要来源是什么？

(2)农村居民可支配收入中同比增长最快的是哪项收入？

(3)观察农村居民可支配收入和消费支出的数据信息，你能够得出什么结论？

4.2 国家统计局《2020 年农民工监测调查报告》公布的 2019－2020 年我国农民工的规模、分布及流向数据如下：

	2019 年	2020 年	增量(万人)	增速(%)
按输出地分:				
东部地区	10416	10124	−292	−2.8
中部地区	9619	9447	−172	−1.8
西部地区	8051	8034	−17	−0.2
东北地区	991	955	−36	−3.6
按输入地分:				
东部地区	15700	15132	−568	−3.6
中部地区	6223	6227	4	0.1
西部地区	6173	6279	106	1.7
东北地区	895	853	−42	−1.7
其他地区	86	69	−17	−19.8

注:其他地区指港、澳、台及国外。

要求:

(1)各区域输出农民工的数量和结构变化比较分析;

(2)各地区吸纳农民工的数量和结构变化比较分析。

4.3 某行政村 2020 年农业生产主要作业量资料如下:

作业类别	作业量(亩)		折合系数	折合标准亩	
	合计	其中:机械作业		合计	其中:农业机械
1. 翻熟地	5000	5000	1.00		
2. 翻水田	1000	1000	1.50		
3. 耙地	6000	5800	0.50		
4. 打垄	4000	3000	0.50		
5. 播种	5000	4500	0.35		
6. 镇压	4000	2500	0.20		
7. 中耕	15000	8000	0.35		
8. 收获	6000	4000	0.25		
9. 脱粒	3000(吨)	2000(吨)	0.45		
10. 运输	15000(吨公里)	5000(吨公里)	0.60		
合计	—	—	—		

要求:

(1)填写上表空缺资料;

(2)计算该行政村 2020 年用农业机械完成的标准工作量;

(3)分析各项农活作业农业机械化程度并进行评价;

(4)计算农活作业的综合农业机械化程度。

4.4 某行政村 2020 年农业总产值各组成部分的数据资料如下:

指标	按2010年不变价格(万元)
农业总产值	
一、农业产值	595.5
其中:粮食作物产值	392.7
经济作物产值	110.5
饲料绿肥产值	4.0
二、林业产值	71.4
其中:林产品产值	45.1
三、牧业产值	99.6
其中:猪、牛、羊	46.2
四、渔业产值	15.7
五、其他产值	72.4

要求:

(1)计算该行政村农业总产值总额及其结构;

(2)分析该行政村农业产业结构的特点。

4.5 调查了680个村种植某豆类的单产情况,所得数据整理如下:

单产(公斤/亩)	村数(个)
60以下	40
60～70	100
70～80	180
80～90	220
90～100	90
100以上	50
合计	680

要求:

(1)计算该豆类单产的平均数、众数和中位数;

(2)计算该豆类单产的异众比率、标准差和标准差系数;

(3)分析豆类单产的分布特征。

4.6 某蔬菜生产基地中有四组工人从事蔬菜包装,包装过程中的损失率分别为4%、6%、3%、5%,求平均损失率。

4.7 两种水稻分别在四块条件相近的地块上种植,其种植面积和产量资料如下:

地块	甲品种		乙品种	
	地块面积(亩)	产量(斤)	地块面积(亩)	产量(斤)
1	1.3	1200	1.5	1690
2	1.0	1350	1.3	1280
3	1.0	1000	1.2	1150
4	0.8	850	0.8	850

要求:计算两个水稻品种的平均单产,判断哪一个品种有较大的稳定性和推广价值。

4.8 某县随机抽取25个农村网络用户调查用户年龄情况，所得数据如下表所示。

27	15	29	26	24
23	21	38	20	18
36	23	19	19	16
23	27	25	34	24
41	20	31	18	23

要求：

(1)计算农村网络用户平均年龄和标准差；

(2)对年龄数据进行组距式分组，并计算平均年龄和标准差；

(3)计算年龄分布的偏态系数和峰态系数。

4.9 某证券交易所在两周中三种普通股票的收盘价格(单位：元/股)如下表。

	股票1	股票2	股票3
星期一	43	43	43
星期二	47	51	50
星期三	45	53	56
星期四	46	49	58
星期五	47	47	52
星期一	48	42	49
星期二	49	41	45
星期三	49	47	43
星期四	51	46	40
星期五	50	52	39

要求：分别计算三种股票价格的标准差和变异系数，并比较三种股票的风险程度。

4.10 对两个村办农产品加工企业工人的工资水平进行调查，分别随机地抽取了50人和45人，其工资资料如表所示。

月工资分组(元)	甲企业	乙企业
1000以下	3	4
1000～1100	6	8
1100～1500	22	24
1500～1700	10	6
1700以上	9	3
合计	50	45

要求：

(1)分别计算两个企业工人工资的平均数、中位数和众数；

(2)分别计算两个企业工人工资的全距、异众比率、四分位差、标准差和标准差系数；

(3)分别计算两个企业个人工资的偏态系数和峰态系数；

(4)试根据以上计算结果对两个企业工人的工资水平进行评价。

第5章　随机变量及其分布

统计与实践

关于数的游戏自古就有。不管是抽签，还是投掷钱币、掷骰子、斗纸牌，各种不同形式的以“不确定性”为基础的赌博，实际上都是“数”的游戏。从16世纪中叶开始，学者们开始研究赌博中的概率问题。意大利数学家卡达尔诺(Girolamo cardano，1501－1576)提出了“概率确实可以测度”的伟大思想。之后的思想家又陆续就“频率与概率之间有什么关系”“如何用数学方法解决概率问题”等问题进行了历时长久的争论、探索和研究，更多的学者开始研究概率及计算问题。在不确定性的科学研究上，赌博的输赢、航海及保险的赔赚都具有偶然的性质，这些偶然现象从个别来看似乎没有规律，但通过对大量现象的观察又可以发现他们具有一定的规律性，这就促使许多数学家从大量的偶然现象中寻找其规律性，逐步形成了概率论。正态分布曲线的发现对于统计学发展具有重要意义。正态分布概念是由法国数学家和天文学家棣莫佛(Abraham de moivre，1667－1754)于1733年首次提出的，但由于德国数学家和天文学家高斯(Carl friedrich gauss，1777－1855)率先将其应用于天文学家研究，故正态分布又叫高斯分布。正态分布现象实际上并不是规律的结果，反而是规律的源头。比利时统计学家凯特勒(Lambert adolphe jacques quetelet，1796－1874)发现，以往被人们认为杂乱无章的、毫无规律可循的社会现象，也如同自然界一样具有规律性。他搜集了大量关于人体测量的数据，开创性地提出用正态曲线拟合方法判断人体测量数据的同质性问题，随后应用于各种数据分析，为正态曲线的应用拓展了广阔的统计平台，也导致后来涌现了社会统计学、生物统计学、农业实验学、经济统计学等统计学流派。英国数学家K·皮尔逊(Karl pearson，1857－1936)在统计界建立了皮尔逊函数族，包括了正态分布、指数分布等，他用数理统计的方法得出生物统计学和社会统计学的基本法则，近一步发展了回归分析和相关的理论，并于1900年提出检验拟合程度的 χ^2 统计量及其分布，建立了 χ^2 检验法。自19世纪初法国数学家拉普拉斯(Pierre simon laplace，1749—1827)证明中心极限定理以来，大样本方法得到了广泛应用，尤其是在统计方法引入到社会科学领域之后。到20世纪初，以K·皮尔逊为首的统计学家已将大样本视为解决问题的不可或缺的条件，虽有个别统计学家注意到了小样本问题，但其工作并未引起人们的关注。英国统计学家戈塞特(William sealy gosset，1876－1937)决心把小样本和大样本之间的差别搞清楚。1908年，他以“Student”为笔名，在K·皮尔逊的期刊《生物统计》上发表了“均值的或然误差”一文，提出了t分布，开创了小样本统计理论的先河，为研究样本分布理论奠定了重要基础，被统计学家誉为统计推断理论发展史上的里程碑，形成了20世纪三、四十年代小样本理论的大发展。概率论的发展得益于众多统计学家的贡献，概率论原理在支撑着统计学的应用和发展,不论是参数统计、非参数统计、回归分析,还是方差分析等,都是一样的。

随机变量概念的产生是概率论发展史上的重大事件。将随机变量引入概率论后,对随机现象统计规律的研究,就由对事件及事件概率的研究转变为对随机变量的性质、特点和它们的分布规律的研究,随机变量成为描述随机事件的重要工具。本章将介绍随机变量的概念,进而引入随机变量的概率分布以及由正态分布导出的 χ^2 分布、t 分布和 F 分布三大抽样分布,最后介绍大数定律和中心极限定理,为学习后续各章做准备。

5.1 随机变量的概率分布

5.1.1 随机变量的概念

在实际问题中,随机试验的结果可以用数量来表示,由此就产生了随机变量的概念。

【例5.1】掷一枚硬币,观察出正面还是反面,我们引进一个变量 x,用它表示正面出现的次数。当出现正面时,令 $x=1$;当出现反面时,令 $x=0$。即:

$$x=\begin{cases}1,\text{正面}\\0,\text{反面}\end{cases}$$

则 x 是一个随机变量。试验中它到底取哪一个值,要等到硬币掷出后才能知道。假定硬币是均匀的,则 $P(x=0)=P(x=1)=0.5$,即硬币正面和反面出现的概率一样大。

掷硬币的结果看似和数值无关,但我们可以引进一个变量来表示它的各种结果。可见,随机变量是随机试验结果的数值化,正如裁判员在运动场上不叫运动员名字而叫号码一样,两者之间建立了一一对应的关系。这种对应关系在数学上理解为定义了一种实值函数。这种实值函数是定义在样本空间上的函数,它随试验结果的不同而取不同的值,因而在试验之前只知道它可能取值的范围,而不能预先肯定它将取哪一个值。

【例5.2】在10个产品中有3个不合格品,从中任取3件,其中的次品数就是一个随机变量,它可能取0,1,2,3中的任一个值。虽然不能确定哪一个结果会出现,但是每个值出现的概率是一定的。设 x 为取出的3个产品中的次品数,则

$$P(x=i)=\frac{C_3^i C_7^{3-i}}{C_{10}^3},\quad i=0,1,2,3$$

计算得出:

$P(x=0)=0.2917$,$P(x=1)=0.525$,$P(x=2)=0.175$,$P(x=3)=0.0083$

在例5.2中,我们事先知道该随机试验的各种可能结果,并且将各种可能结果发生的可能性量化为概率了。

【例5.3】某地记载的常年降雨量为200~400mm。当年降雨量是一个随机变量,它可能是常年降雨量范围内的某一个值,虽然事先无法预知,但当年实际降雨量的概率是可以计算的。该地每年发生不同程度旱灾的情况也有历史记载,当年发生旱灾的可能性也可

以估算。关于旱灾造成农作物减产的幅度,虽然不能确定具体的数值,但是也可以计算减产在某一范围内的概率。

由于试验结果的出现只是一个概率,于是这种实值函数取每个值和每个确定范围内的值也有一定的概率。称这种定义在样本空间上的实值函数为随机变量(random variable)。

我们可以列举很多将随机试验的各种可能结果(基本事件)转换为随机变量的例子。例如,掷一颗骰子,可能出现的点数为{1,2,3,4,5,6},令随机变量 x 的取值为各种可能出现的点数。抽检产品质量时,如果把产品分为"一等品、二等品、三等品",则令随机变量 x 的取值为{1,2,3}。观察产品的使用寿命,令随机变量 x 的取值在大于等于 0 的范围内,即{ $x \geqslant 0$},等等。在一次随机试验中,可能出现的随机结果可以是有限个,也可以是无穷多个,视具体情况而定,这就决定了随机变量 x 的数据类型。引入随机变量 x 后,随机试验中的各种可能事件,就可以通过随机变量表达出来。

5.1.2 概率分布的类型

对于随机变量 x ,我们不仅关心它的可能取值,也想知道它取值的概率统计规律。常用的随机变量有离散型随机变量和连续性随机变量两类,因而常用的概率分布也有离散型随机变量概率分布和连续性随机变量概率分布。

1. 离散型随机变量的概率分布

若随机变量 x 只取有限个可能值或者可列的无限多个,这种随机变量称为离散型随机变量(discrete random variable)。

若离散型随机变量 x 的可能取值为 $x_i(i=1,2,3,\cdots)$,取这些值的概率分别为 $p_i(i=1,2,3,\cdots)$,即:

$$P(X=x_i)=p_i \geqslant 0, \quad i=1,\ 2,\ \cdots \tag{5.1}$$

则称 $\{p_i\}$ 为随机变量 x 的概率分布列(简称分布列)。分布列也可以用列表法来展现,如表 5.1。其中第一行表示 x 的一切可列值,第二行表示 x 取相应值的概率。

表 5.1 离散型随机变量的分布列

x	x_1	x_2	…	x_i	…
P	p_1	p_2	…	p_i	…

由概率的性质可知,任一分布列都具有下述性质:

(1) $p_i \geqslant 0, \quad i=1,\ 2,\ \cdots$

(2) $\sum\limits_{n=1}^{\infty} p_i = 1$

分布列反映了全部概率 1 在各个可能值之间分配的规律,全面描述离散型随机变量的统计规律。随机变量的分布函数也全面地描述了离散型随机变量的统计规律,记为 $F(x)$,可以表示为:

$$F(x)=\sum P(x=x_i), \quad i=1,2,3,\cdots,k \tag{5.2}$$

离散型随机变量的数学期望 $E(x)$ 和方差 $D(x)$ 为:

$$E(x)=\mu=\sum_{i=1}^{\infty}x_iP(x=x_i) \tag{5.3}$$

$$D(x)=\sum_{i=1}^{\infty}(x_i-\mu)^2P(x=x_i) \tag{5.4}$$

数学期望实际上就是 x 的各个可能取值以其概率为权数的加权算数平均数，它反映了 x 可能取值的平均水平，是刻画随机变量特征的一个重要的数字特征。许多其他的数字特征（如方差）是通过它间接定义的。

2. 连续型随机变量的概率分布

若随机变量 x 在一定区间内变量取值有无限个，无法一一列举出来，这种随机变量称为连续型随机变量（continuous random variable）。连续型随机变量的数据规律难以采用分布列，只能利用函数形式来描述。

对于连续型随机变量 $x(-\infty<x<\infty)$，如果存在非负函数 $f(x)$，对于任意的 x_1，x_2（$x_1<x_2$），都有：

$$\begin{aligned}P(x_1<x\leqslant x_2)=P(x_1<x<x_2)&=P(x_1\leqslant x<x_2)\\&=P(x_1\leqslant x\leqslant x_2)\\&=\int_{x_1}^{x_2}f(x)dx\end{aligned} \tag{5.5}$$

则称 $f(x)$ 为连续型随机变量的概率密度函数，其概率密度函数具有以下性质：

(1) $f(x)\geqslant 0$（非负）；

(2) $\int_{-\infty}^{\infty}f(x)dx=1$（$f(x)$ 与横轴所夹面积为 1）。

概率密度函数 $f(x)$ 全面描述了连续型随机变量 x 的统计规律。还可将连续型随机变量的统计规律用分布函数来表示：

$$F(x)=\int_{-\infty}^{x_i}f(x)dx \tag{5.6}$$

离散型随机变量的主要特征值数学期望 $E(x)$ 和方差 $D(x)$ 为：

$$E(x)=\mu=\int_{-\infty}^{+\infty}xf(x)dx \tag{5.7}$$

$$D(x)=\int_{-\infty}^{+\infty}(x-\mu)^2f(x)dx \tag{5.8}$$

5.2　随机变量的常用概率分布

无论是离散型随机变量还是连续型随机变量，都有多种不同用途的概率分布。本节主要介绍其中最常用的几种。

5.2.1　离散型随机变量的常用分布

离散型随机变量的概率分布包括两点分布、二项分布、泊松分布、超几何分布、负二项分布和离散均匀分布等，下面介绍前三种。

1. 两点分布

两点分布（two-point distribution）是一次贝努里试验的结果。所谓贝努里试验（Bernoulli trials),是指只有两种可能结果的随机试验。通常,我们把其中一个特别关注的结果称为“成功”,另一个则称为“失败”。将两种结果以随机变量 x 表示,记“成功”的取值为1,概率为 p ;失败的取值为 0,概率为 $q=1-p$ 。两点分布的分布列如表 5.2。

表 5.2　两点分布的分布列

x	0	1
P	$1-p$	p

两点分布还可以概率分布函数表示:

$$P\{x=k\}=p^k(1-p)^{1-k},\quad k=0,1 \tag{5.9}$$

其中,$0<p<1$,称 x 服从以 p 为参数的两点分布,记为 $x\sim B(1,p)$ 。

两点分布的重要特征值为:

(1)数学期望:

$$E(x)=p \tag{5.10}$$

(2)方差:

$$D(x)=pq \tag{5.11}$$

在实际问题中,若一个随机试验只有两个可能结果,如抽取的彩券是否中奖、购买的产品是正品或次品、出生婴儿是男婴或女婴、种子发芽或不发芽,等等,则该随机试验的结果可用两点分布的随机变量来描述。

【例 5.4】若有某产品 100 件,其中有 2 件次品。现随机抽取 1 件产品,问抽到次品的概率?

解:按题意,次品率 $p=2/100=2\%$。以 x 表示抽取结果,抽到次品取值为 1,抽到合格品取值为 0,即 k 的取值为 1 和 0。根据式(5.9),随机抽取 1 件产品为次品的概率:

$$P\{x=1\}=p^1(1-p)^0=0.02(1-0.02)^0=0.02$$

由式(5.10)求 x 的数学期望:

$$E(x)=\sum xP\{x=k\}=p=1\times 0.02+0\times(1-0.02)=0.02$$

由式(5.11)计算标准差:

$$D(x)=\sum(x-0.02)^2P\{x=k\}=0.02\times(1-0.02)=0.0196$$

2. 二项分布

二项分布(binomial distribution)定义为 n 次独立的成功/失败试验中成功次数的概率分布。我们熟知的抛硬币试验就是最经典的二项分布。二项分布是一种重要的离散型随机变量的分布,有着广泛的应用。比如,种子发芽与不发芽、农产品质量合格与不合格、病人治疗结果有效与无效、保险损失赔与不赔,这些问题的分布都服从二项分布。

二项分布是重复进行 n 次独立贝努里试验的和。实际上,当 $n=1$ 时,二项分布等同于两点分布,也就是一次贝努里试验,这是二项分布的特殊情况。所以,要理解二项分布,首先要理解 n 重贝努里试验。

n 重贝努里试验具有以下性质:

(1)一次贝努里试验中,有且仅有两种结果,称为“成功”和“失败”,两个结果是随机决定且互斥的。

(2)多重贝努里试验是同一贝努里试验重复 n 次的序列。

(3)每次试验中，“成功”的概率是 p，“失败”的概率是 $q=1-p$。

(4)各次贝努里试验之间相互独立，且每次试验不受其他各次试验结果的影响，且对每次贝努里试验，“成功”的概率 p 均相同。

【例 5.5】一个盒子中放有 10 个除颜色外别无差异的乒乓球，5 个为白色，5 个为黄色，以下哪个是贝努里试验？

(1)闭上眼睛相继取出 10 个乒乓球，每次记录乒乓球是否为白色，然后将乒乓球放回；

(2)重复(1)的试验，但是每次取出的乒乓球不放回。

解：(1)是贝努里试验。对每次试验，“成功”＝取到白色乒乓球，“失败”＝取到黄色乒乓球，$p=5/10=\frac{1}{2}$，$q=1-P=1-\frac{1}{2}=\frac{1}{2}$，且每次试验相互独立。(2)不是贝努里试验。因为取出的乒乓球没有重新放回，p 在各次试验中不同，且各次试验相互不独立。

n 重贝努里试验的假设在以下两种情形可完全满足：(1)从有限或无限总体中有放回抽样；(2)从无限总体中无放回抽样。第一种情况下，总体可以较小也可以较大，由于每次抽样个体放回，p 为常数且各次试验相互独立；第二种情况下，总体必须足够大，才能保证不放回抽样的情形下，p 仍能保持为常数且各次试验相互独立。

令 x 为 n 重贝努里试验中成功的次数，可以得出，在 n 重贝努里试验中，x 发生 k 次的概率，即：

$$P\{x=k\}=C_n^k p^k(1-p)^{n-k},\quad k=0,1,2\cdots,n \tag{5.12}$$

将式(5.12)称为二项分布，记为 $x\sim B(n,p)$。其中，n 和 p 为二项分布的两个重要参数，$0\leqslant p\leqslant 1,q=1-p$。则

x 发生 k 次以下的概率为：

$$P\{x\leqslant k\}=C_n^0(1-\text{p})^k+C_n^1 p(1-\text{p})^{n-1}+\cdots+C_n^k p^k(1-\text{p})^{n-k} \tag{5.13}$$

x 发生 k 次以上的概率为：

$$P\{x\geqslant k\}=1-P\{x\leqslant k-1\} \tag{5.14}$$

二项分布的重要数字特征为：

(1)期望值

$$E(x)=np \tag{5.15}$$

(2)标准差

$$D(x)=np(1-p) \tag{5.16}$$

(3)偏态系数

$$SK=\frac{q-p}{\sqrt{npq}} \tag{5.17}$$

(4)峰态系数

$$K=3+\frac{1-6pq}{npq} \tag{5.18}$$

如果 n 足够大，那么二项分布的偏度就比较小。在这种情况下，如果使用适当的连续

性校正，那么二项分布能够很好地近似于正态分布，当 n 越大(至少 20)且 p 不接近 0 或 1 时近似效果更好。不同的经验法则可以用来决定 n 是否足够大，以及 p 是否距离 0 或 1 足够远，其中一个常用的规则是要求 np 和 $n(1-p)$ 都大于 5。

【例 5.6】某品种大豆种子的发芽率为 95%，仅有 5 粒种子。试问，至少 3 粒种子发芽的概率是多少？

解：这是一个二项分布的问题。本题中，$p=95\%$，$n=5$，则至少 3 粒种子发芽的概率为：

$$
\begin{aligned}
P\{x \geqslant 3\} &= P(x=3)+P(x=4)+P(x=5) \\
&= C_5^3(0.95)^3(1-0.95)^2+C_5^4(0.95)^4(1-0.95)^1+C_5^5(0.95)^5 \\
&= \frac{5!}{3!\ 2!}\times(0.95)^3\times(1-0.95)^2+\frac{5!}{4!\ 1!}\times(0.95)^4\times(1-0.95)+(0.95)^5 \\
&= 0.021434+0.203626+0.773781 \\
&= 0.998841
\end{aligned}
$$

计算结果表明，至少 3 粒种子发芽的概率为 99.8841%。

【例 5.7】某保险公司有 2500 个在某一年龄段的人参加了人寿保险，该年龄段内每个人在一年内死亡的概率为 0.2%。每个人参保人在 1 月初交付年度保险费 12 元。若该保险人在年内死亡，保险公司给付赔偿额为 2000 元。试求：(1)保险公司一年中获利不少于 10000 元的概率；(2)保险公司亏本的概率是多少？

解：保险公司保费收入为 2500×12=30000 元。设一年内死亡 x 人，则一年内保险公司应付出死亡赔偿额 $2000x$，这里 $x \sim B(n,p)$，$n=2500$，$p=0.002$。若有 $2000x>30000$，即 $x>15$ 人时保险公司就亏本，故保险公司亏本的概率为：

$$
P(x>15)=\sum_{k=16}^{2500} C_k^{2500} p^k(1-p)^{n-k} \approx 0.000069
$$

此外，保险公司获利不少于 10000 元可表示为 $30000-2000x \geqslant 10000$，即保险公司获利不少于 10000 元等价于 $x \leqslant 10$，其概率为：

$$
P(x \leqslant 10)=\sum_{k=0}^{10} C_k^{2500} p^k(1-p)^{n-k} \approx 0.986305
$$

3. 泊松分布

泊松分布(poisson distribution)也是一种重要的离散型随机变量的概率分布，用于描述单位时间内随机事件发生次数的概率分布。泊松分布与二项分布类似，也是处理两个可能结果之一(仍为“成功”结果)发生的次数。但是对于二项分布，成功的次数是有限次；对于泊松分布，成功可以是连续时间或空间单位上的无限多次。实践中，自然灾害发生次数、医院门诊挂号次数、汽车站台的候客人数、耕地上单位面积内杂草的数目，等等，都服从泊松分布。

泊松分布定义为：若离散型随机变量 x 的分布具有下列概率函数，即：

$$
P\{x=k\}=\frac{\lambda^k e^{-\lambda}}{k!},\quad k=0,1,2,\cdots \tag{5.19}
$$

其中，$\lambda>0$ 是常数，则称 x 服从参数为 λ 的泊松分布，记为 $x \sim P(\lambda)$。

在离散型随机变量的概率分布中，泊松分布的重要性仅次于二项分布。下面介绍用泊松分布来逼近二项分布的定理——泊松定理：

设 $\lambda > 0$ 是一个常数，n 是任意正整数，设 $np_n = \lambda$，则对于任一固定的非负整数 k，有：

$$\lim_{n \to \infty} C_n^k p_n^{\ k} (1 - p_n)^{n-k} = \frac{\lambda^k e^{-\lambda}}{k!} \tag{5.20}$$

证明：由 $p_n = \lambda / n$，有：

$$C_n^k p_n^{\ k} = \frac{n(n-1)\cdots(n-k+1)}{k!} \left(\frac{\lambda}{n}\right)^k \left(1 - \frac{\lambda}{n}\right)^{n-k}$$

$$= \frac{\lambda^k}{k!} \left[1 \cdot \left(1 - \frac{\lambda}{n}\right) \cdots \left(1 - \frac{k-1}{n}\right)\right] \left(1 - \frac{\lambda}{n}\right)^n \left(1 - \frac{\lambda}{n}\right)^{-k}$$

对于任意固定的 k，当 $n \to \infty$ 时

$$1 \cdot \left(1 - \frac{\lambda}{n}\right) \cdots \left(1 - \frac{k-1}{n}\right) \to 1,\ \left(1 - \frac{\lambda}{n}\right)^n \to e^{-\lambda},\ \left(1 - \frac{\lambda}{n}\right)^{-k} \to 1$$

所以

$$\lim_{n \to \infty} C_n^k p_n^{\ k} (1 - p_n)^{n-k} = \frac{\lambda^k e^{-\lambda}}{k!}$$

该定理的条件 $np_n = \lambda$ 意味着，当 n 很大时 p_n 必定很小。因此，当 n 很大时，p_n 很小时有以下近似式：

$$C_n^k p_n^{\ k} (1 - p_n)^{n-k} \approx \frac{\lambda^k e^{-\lambda}}{k!} \tag{5.21}$$

式(5.21)表明，以 n、p 为参数的二项分布的概率值可以由参数为 $\lambda = np$ 的泊松分布的概率值近似，式(5.21)也可以作为二项分布概率计算的近似计算。

泊松分布的重要数字特征为：

(1)数学期望

$$E(x) = \lambda \tag{5.22}$$

(2)方差

$$D(x) = \lambda \tag{5.23}$$

(3)偏态系数

$$SK = \frac{1}{\sqrt{\lambda}} \tag{5.24}$$

(4)峰态系数

$$K = 3 + \frac{1}{\lambda} \tag{5.25}$$

【例 5.8】某产品的次品率为 0.1%，每件产品是否为正品相互独立。用 x 表示产品中的次品数，求在 1000 个产品中至少有 2 个次品的概率。

解：由题知，样本容量 $n = 1000$，次品率 $p = 0.1\%$，以 x 表示次品个数。

利用式(5.14)，以二项分布求解：

$$\begin{aligned} P\{x \geqslant 2\} &= 1 - P\{x = 0\} - P\{x = 1\} = 1 - (0.999)^{1000} - C_{1000}^1 (0.999)^{999} (0.001) \\ &= 1 - 0.3676954 - 0.3680635 \\ &= 0.2642411 \end{aligned}$$

利用式(5.19)，以泊松分布求解：

$$\lambda = np = 1000 \times 0.001 = 1$$

$$P\{x \geqslant 2\} = 1 - P\{x = 0\} - P\{x = 1\} = 1 - \frac{e^{-1}}{0!} - \frac{e^{-1}}{1!} \approx 0.2642411$$

显然,利用式(5.19)的计算更方便。一般来讲,当 $n \geqslant 20, p \leqslant 0.05$ 时用 $\frac{\lambda^k e^{-\lambda}}{k!}(\lambda = np)$ 的近似值效果较好。

5.2.2 连续型随机变量的常用分布

连续型随机变量的概率分布有均匀分布、指数分布、正态分布、伽马分布和威布尔分布等,这些都是经常用到的分布,下面介绍前三种。

1. 均匀分布

均匀分布(uniform distribution)是连续型随机变量 x 在有限区间 (a,b) 内取值较为均匀的概率。

均匀分布的定义为:若随机变量 x 在有限区间 (a,b) 内取值满足下列概率函数,即:

$$f(x) = \begin{cases} \frac{1}{b-a}, & a < x < b \\ 0, & \text{其他} \end{cases} \tag{5.26}$$

则称随机变量 x 在有限区间 (a,b) 上服从均匀分布,其中 a 、b 为均匀分布的参数,记为 $x \sim U(a,b)$ 。均匀分布的概率密度曲线见图 5.1。

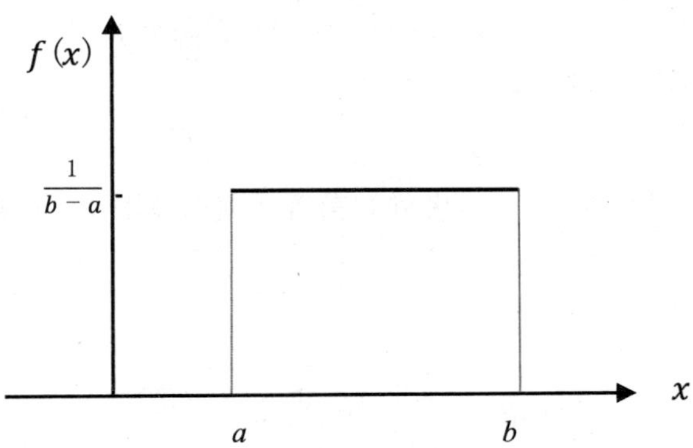

图 5.1 均匀分布的概率密度曲线

均匀分布的重要数字特征为:

(1)期望值

$$E(x) = \frac{a+b}{2} \tag{5.27}$$

(2)方差

$$D(x) = \frac{(b-a)^2}{12} \tag{5.28}$$

【例 5.9】某线路的公共汽车每隔 10 分钟到某车站一次。试问某乘客到达该车站候车的时间不超过 1 分钟的概率是多少?

解:根据题意,某乘客在该车站候车的时间服从[0,10]上的均匀分布,则该乘客等候时间不超过 1 分钟的概率为：

$$P(a \leqslant x \leqslant b) = P(0 \leqslant x \leqslant 1) = \int_0^1 \frac{1}{b-a} dx = \frac{1-0}{10-0} = 0.1$$

该乘客的平均等候时间为：

$$E(x) = \frac{a+b}{2} = \frac{10+0}{2} = 5(\text{分钟})$$

计算标准差，得出实际等候时间与平均等候时间的偏差：

$$D(x) = \frac{(b-a)^2}{12} = \frac{100}{12} = 8.33,\text{开方得标准差为 } 2.89(\text{分钟})。$$

2. 指数分布

指数分布(exponential distribution)是事件的时间间隔的概率，是一种连续型变量的概率分布。在实际问题中，从某一时刻开始，到一次地震发生、到爆发一次新的疫情的等待时间，或产品使用寿命、维修时间、服务时间等，都可以近似地看做服从指数分布的随机变量。

指数分布定义为：若连续型变量 x 的分布具有下列概率函数：

$$f(x) = \begin{cases} \lambda e^{-\lambda x}, & x \geqslant 0 \\ 0, & x < 0 \end{cases} \tag{5.29}$$

则式(5.29)称为指数分布，式中 $\lambda > 0$，为此指数分布的参数，记为 $x \sim E(\lambda)$ 。

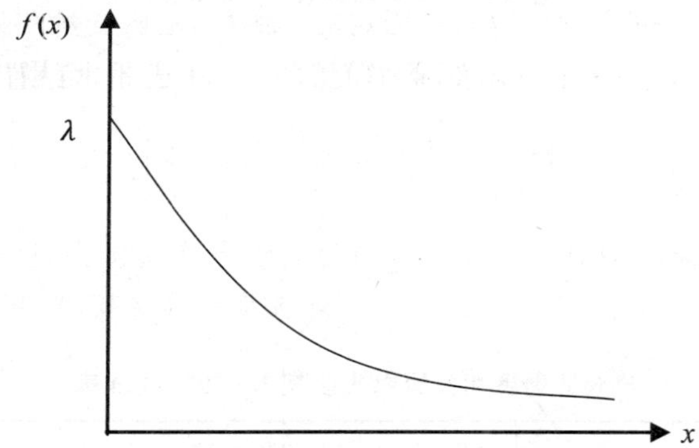

图 5.2　指数分布的密度曲线

指数分布的重要数字特征为：

(1)数学期望

$$E(x) = \frac{1}{\lambda} \tag{5.30}$$

(2)方差

$$D(x) = \frac{1}{\lambda^2} \tag{5.31}$$

【例 5.10】某产品的使用寿命分布服从指数分布，其平均寿命为 50 个月，试求其中一产品在 15 个月内结束使用寿命的概率。

解：产品寿命服从指数分布。题中 $E(x)=50$，则由式(5.30)得 $\lambda=0.02$，则

$$P(x \leqslant 15)=\int_0^{15} \lambda e^{-\lambda x} dx=\int_0^{15} 0.02 e^{-0.02 x} dx=0.259$$

则该产品的寿命在 15 个月内结束的概率为 0.259。

3. 正态分布

正态分布(normal distribution)又名高斯分布(gaussian distribution),是一种非常重要的连续型随机变量的概率分布。事实表明,生物和动物的许多生理指标等都服从或近似服从正态分布,大量独立且具有相同分布的随机变量之和也近似服从正态分布。

正态分布定义为:若连续型随机变量 x 具有以下概率密度函数,即:

$$f(x)=\frac{1}{\sqrt{2\pi}\sigma} e^{-\frac{(x-\mu)^2}{2\sigma^2}} \tag{5.32}$$

则称 x 服从正态分布,记为 $x \sim N(\mu,\sigma^2)$ 。其中,数学期望 μ 和方差 σ^2 为此分布的参数。

μ 为位置参数,决定了正态分布的位置;σ 为形状参数,决定了正态分布的分散程度。

正态分布曲线酷似钟形,故称之为钟形分布。其具有以下特点:

(1) $f(x)$ 关于 $x=\mu$ 对称。

(2)正态分布曲线左右两尾与横轴渐近,但不相交,即 $-\infty< x <\infty$。

(3)当 $x=\mu$ 时,正态分布的概率密度函数 $f(\mu)=\frac{1}{\sqrt{2\pi}\sigma}$,达到最大值。

(4)正态分布有两个拐点,分别在 $\mu-\sigma$ 和 $\mu+\sigma$ 所对应的曲线上。

(5)正态曲线下的区间面积(概率)是固定的。例如,随机变量在数学期望 μ 的 $\pm 1\sigma$ 范围内的概率为 68.27%,$\pm 2\sigma$ 范围内的概率为 95.45%,$\pm 3\sigma$ 范围内的概率为 99.73%。如图 5.3 所示。

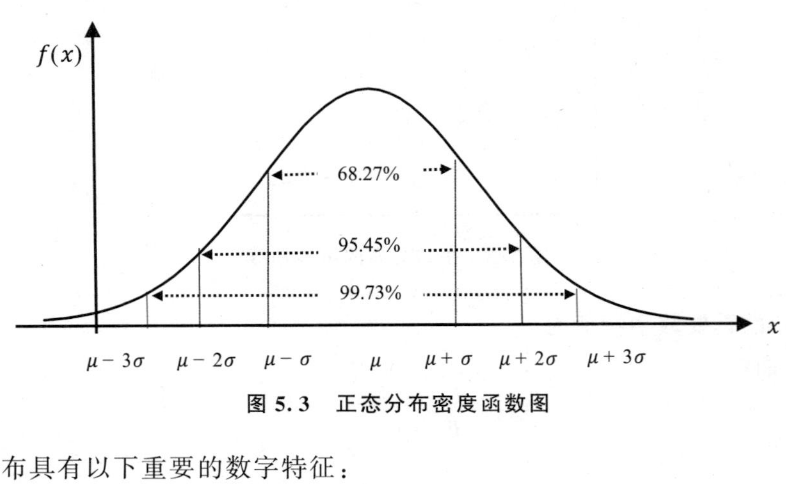

图 5.3 正态分布密度函数图

正态分布具有以下重要的数字特征:

(1)数学期望:$E(x)=\mu$,且 $E(x)=M_e=M_0$

(2)方差:$D(x)=\sigma^2$

(3)偏态系数:$SK=0$

(4)峰态系数:$K=3$

在实践中,由于不同现象的随机变量有不同的参数 μ 和 σ ,且不同随机变量的计量单位不同,因而有不同的正态分布形状,这就给正态分布的应用带来了不便。为此,可将一

般的正态随机变量 x 进行标准化变换，即令

$$z=\frac{x-\mu}{\sigma}$$

则正态分布的密度函数简化为：

$$f(z)=\frac{1}{\sqrt{2\pi}}e^{-\frac{z^2}{2}} \tag{5.33}$$

新的变量 z 服从 $\mu=0,\sigma^2=1$ 的正态分布，称为标准正态分布，记为 $z\sim N(0,1)$ 。

不失一般性，将标准正态分布的分布函数以 $\Phi(x)$ 表示，即

$$\Phi(x)=\frac{1}{\sqrt{2\pi}}\int_{-\infty}^{x}e^{-\frac{t^2}{2}}dt,\quad x\geqslant 0 \tag{5.34}$$

则服从标准正态分布的随机变量 x 在任一区间 $[a,b](a<b)$ 的概率，即为曲线在 a、b 之间包围的面积：

$$P(a<x<b)=\frac{1}{\sqrt{2\pi}}\int_{a}^{b}e^{-\frac{t^2}{2}}dt=\Phi(b)-\Phi(a) \tag{5.35}$$

利用标准正态分布表(见附表 1)，可方便地查出 $\Phi(b)$、$\Phi(a)$ 的数值，得出任何正态随机变量 x 在某一取值区间的概率。对照图 5.3，最常用的正态分布区间概率表达如下：

$$P(|x-\mu|\leqslant\sigma)=\mathrm{P}(\frac{|x-\mu|}{\sigma}\leqslant 1)=68.27\%$$

$$P(|x-\mu|\leqslant 2\sigma)=\mathrm{P}(\frac{|x-\mu|}{\sigma}\leqslant 2)=95.45\%$$

$$P(|x-\mu|\leqslant 3\sigma)=\mathrm{P}(\frac{|x-\mu|}{\sigma}\leqslant 3)=99.73\%$$

$$P(|x-\mu|\leqslant 6\sigma)=\mathrm{P}(\frac{|x-\mu|}{\sigma}\leqslant 6)=99.99\%$$

在产品质量和服务质量管理中，常见的 3σ 或 6σ 管理理念，就是要求产品质量的合格率、产品性能的可靠性或服务系统的满意度等达到 $P(|x-\mu|\leqslant 3\sigma)$ 或 $P(|x-\mu|\leqslant 6\sigma)$ 。

5.3　三种重要的抽样分布

我们已经知道，根据样本数据计算的指标称为统计量。抽样分布是指从总体中抽取的所有可能的样本的统计量构成的概率分布，又称统计量分布。抽样分布是一种理论分布，目的在于揭示统计量的分布规律，测量抽样推断误差的大小和不确定程度的大小。

在总体 x 的分布类型已知时，若对任一自然数 n，都能导出统计量 $T=T(x_1,x_2,\cdots,x_n)$ 的分布的数学表达式，这种分布称为精确抽样分布，这对样本量 n 较小的统计推断问题非常有用。精确抽样分布大多是在正态总体情况下得到的，主要有 χ^2 分布、t 分布和 F 分布 三大精确分布，其在参数估计、假设检验和方差分析等领域起着至关重要的作用。

5.3.1　χ^2 分布

χ^2 分布(chi-square distribution)最早由阿贝(Ernst Karl Abbe，1840－1905)在 1863 年首

先提出，后经海尔墨特(Hermert)和 K. 皮尔逊 (Karl Pearson,1857－1936)分别于 1875 年和 1900 年推导出来。χ^2 分布派生于正态分布，许多实际分布可以用 χ^2 分布来近似。

χ^2 分布定义为：设随机变量 $x_1, x_2, \cdots, x_n$ 相互独立，且 $x_i (i=1,2,\cdots,n)$ 服从标准正态分布 $N(0, 1)$，则它们的平方和 $\sum_{i=1}^{n} x_i^2$ 服从自由度为 n 的 χ^2 分布，记做 $x \sim \chi^2(n)$。其中参数 n 称为自由度，表示 $\sum_{i=1}^{n} x_i^2$ 中独立随机变量的个数，也即平方和 $\sum_{i=1}^{n} x_i^2$ 中有 n 个随机变量可以自由取值。

χ^2 分布的密度函数是：

$$f(x) = \begin{cases} \dfrac{1}{2^{\frac{n}{2}} \Gamma\left(\dfrac{n}{2}\right)} x^{\frac{n}{2}-1} e^{\frac{n}{2}}, & x > 0 \\ 0, & x \leqslant 0 \end{cases} \tag{5.36}$$

其中，$\Gamma(\frac{n}{2})$ 为 Γ 函数在 $n/2$ 处的值。χ^2 分布为不对称分布，一般为右偏分布。观察 $n=5$，$n=10$ 和 $n=15$ 时的 χ^2 分布的概率密度曲线(见图 5.4)，可以看出，随着自由度 n 的增大，χ^2 分布的密度函数曲线逐渐趋于对称。当 $n \to +\infty$ 时，χ^2 分布的极限是正态分布。

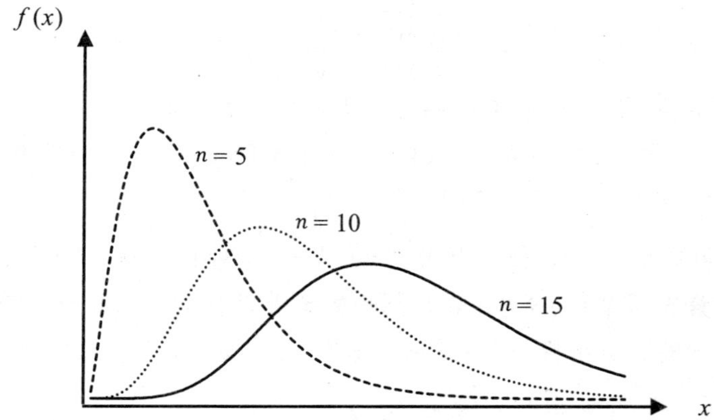

图 5.4　χ^2 分布密度函数

χ^2 分布的数字特征：

(1)数学期望：$E(\chi^2) = n$

(2)方差：$D(\chi^2) = 2n$

χ^2 分布具有可加性，若 x_1，x_2 相互独立，$x_1 \sim \chi^2(n_1)$，$x_2 \sim \chi^2(n_2)$，则 $x_1 + x_2 \sim \chi^2(n_1 + n_2)$。

当自由度 $n>45$ 时，有：

$$\chi_p^2(n) \approx \frac{1}{2}(\mu_p + \sqrt{2n-1})^2 \tag{5.37}$$

其中，μ_p 为正态分布的 p 分位数，可由标准正态分布表查得。

χ^2 分布可用于方差估计检验、非参数统计中拟合优度检验和独立性检验等。

5.3.2　t 分布

t 分布（t distribution）是由戈塞特（William Sealy Gosset，1876－1937）于 1908 年在一篇以“Student”为笔名的论文中首次提出的，因此又称为学生氏分布。

设随机变量 $x \sim N(0,1)$，$y \sim \chi^2(n)$，且 x 与 y 相互独立，则随机变量

$$t = \frac{x}{\sqrt{y/n}} \tag{5.38}$$

的分布称为自由度为 n 的 t 分布，记为 $t \sim t(n)$。

t 分布的密度函数为：

$$f(x) = \frac{\Gamma(\frac{n+1}{2})}{\sqrt{n\pi}\,\Gamma(\frac{n}{2})}(1+\frac{x^2}{n})^{-\frac{n+1}{2}}, \quad -\infty < x < \infty \tag{5.39}$$

当 $n=2$，$n=5$，$n=60$ 时，t 分布的概率密度函数曲线见图 5.5。

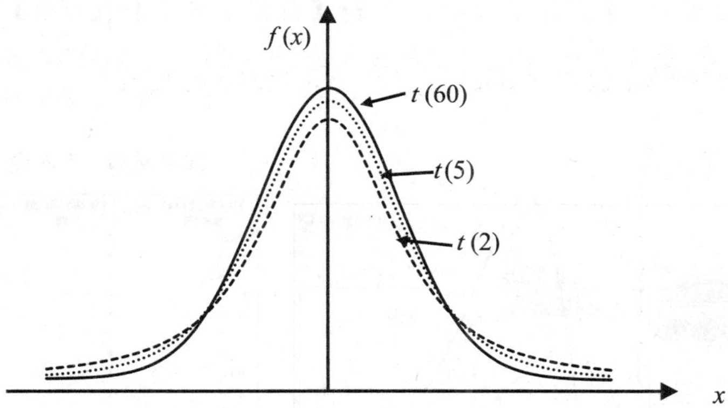

图 5.5　t 分布密度函数曲线

t 分布的数字特征：

（1）数学期望：$E(t)=0$

（2）方差：$D(t)=\frac{n}{n-2}$，　$n>2$

t 分布的曲线类似于标准正态分布曲线。两者都是均值为零的对称的钟形曲线，取值范围也都在 $-\infty$ 与 $+\infty$ 之间。与标准正态分布相比，t 分布的方差大于 1，峰度小于 3，两个尾部较高。随着自由度 n 的不断增大，t 分布越来越趋近于标准正态分布，并以正态分布为极限。实际应用中，一般当 $n \geqslant 30$ 时，t 分布与正态分布就非常地接近了。

对于给定的 $\alpha(0<\alpha<1)$，可通过查 t 分布表（见附表 3），得到 $t_\alpha(n)$，使

$$\int_{t_\alpha(n)}^{+\infty} f(x)dx = \alpha \quad 或 \quad P(t > t_\alpha(n)) = \alpha$$

t 分布可用于总体方差未知时正态总体均值的估计与检验，以及线性回归模型中回归系数的显著性检验等。

5.3.3 F 分布

F 分布(F distribution)是1924年英国统计学家费雪(Ronald Aylmer Fisher,1890—1962)提出。它是两个服从 χ^2 分布的独立随机变量各除以其自由度后的比值的抽样分布。

F 分布的定义:设随机变量 $x \sim \chi^2(n)$,$y \sim \chi^2(m)$,且 x 与 y 相互独立,则称随机变量

$$F = \frac{x/n}{y/m} \tag{5.40}$$

为服从第一自由度为 n ,第二自由度为 m 的 F 分布,简记为 $X \sim F(n,m)$ 。F 分布是一种非对称分布,其密度函数为:

$$f(x) = \begin{cases} \dfrac{\Gamma(\frac{n+m}{2})}{\Gamma(\frac{n}{2})\Gamma(\frac{m}{2})}(\frac{n}{m})^{\frac{n}{2}} x^{\frac{n}{2}-1}(1+\frac{n}{m}x)^{-\frac{n+m}{2}}, & x > 0 \\ 0, & x \leqslant 0 \end{cases} \tag{5.41}$$

F 分布的概率密度函数曲线见图5.6。F 分布一般为正偏分布。

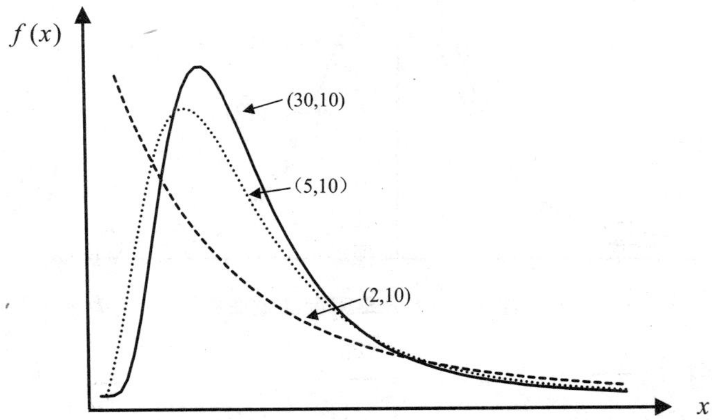

图5.6 F 分布示意图

F 分布的数字特征:

(1)数学期望

$$E(F) = \frac{m}{m-2}, \quad m > 2 \tag{5.42}$$

(2)方差

$$D(F) = \frac{2m^2(m+n-2)}{n(m-2)(m-4)}, \quad m > 4 \tag{5.43}$$

通常 F 分布表只给出由右尾向左累加的概率。例如,α 是一个较小的正数,给定 α ,可查得临界值 $F_\alpha(n,m)$,使 $P(x > F_\alpha(n,m)) = \alpha$,而 $F_{1-\alpha}(n,m)$ 不能直接查出,需要用到 F 分布的一个重要性质,即

$$F_{1-\alpha}(n,m) = \frac{1}{F_\alpha(m,n)} \tag{5.44}$$

查 F 分布表(见附表 4),得出 $F_{\alpha}(m,n)$,再根据式(5.44)求出 $F_{1-\alpha}(n,m)$ 。

F 分布有着广泛的应用,如在方差分析、回归方程显著性检验中有着重要的地位。

5.4　大数定律和中心极限定理

从概率论中我们知道,虽然某个事件在某次试验中可能出现也可能不出现,但是在大量重复试验中却能呈现出明显的规律性,即一个随机事件出现的频率在某个固定的数的附近摆动,这就是所谓的"频率稳定性",并且许多随机变量服从或者近似服从正态分布。本节介绍的大数定律(laws of large numbers)和中心极限定理(central limit theorem)对此给予理论说明。

5.4.1　大数定律

大数定律是指在随机试验中,每次出现的结果不同,但是大量重复试验出现的结果的平均值却几乎总是接近于某个确定的值。其原因是,在大量的观察试验中,个别的、偶然的因素影响而产生的差异将会相互抵消,从而使现象的必然规律性显示出来。例如,观察个别或少数家庭的婴儿出生情况,发现有的生男,有的生女,没有一定的规律性,但是通过大量的观察就会发现,男婴和女婴占婴儿总数的比例均会趋于稳定。

大数定律是阐述大量随机变量的随机结果具有一定稳定性的一系列定律的总称。这里介绍辛钦大数定律和贝努里大数定律。

1. 辛钦大数定律

辛钦(Wiener-khinchin)大数定律的表述为,若 $x_1,x_2,\cdots,x_n$ 是独立随机变量、具有相同分布,且存在有限的数学期望 $E(x_i)=\mu$ 和方差 $D(x_i)=\sigma^2$,则对任意小的正数 ε ,有:

$$\lim_{n\to\infty}P\left\{\left|\frac{1}{n}\sum_{i=1}^{n}x_i-\mu\right|<\varepsilon\right\}=1 \tag{5.45}$$

该定律表明,当 n 足够大时,独立同分布的一系列随机变量的算术平均数接近(以概率收敛于)数学期望,其平均数具有稳定性。该定律提供了以样本平均数估计总体平均数的理论依据。

2. 贝努里大数定律

贝努里(Bernoulli)大数定律表述为,设 m 是 n 次独立随机事件 A 发生的次数,p 是事件 A 在每次试验中发生的概率,则对任意小的正数 ε ,有:

$$\lim_{n\to\infty}P\left\{\left|\frac{m}{n}-p\right|<\varepsilon\right\}=1 \tag{5.46}$$

该定律表明,当 n 足够大时,事件 A 发生的频率是接近(以概率收敛于)事件 A 发生的概率,即频率具有稳定性,该定律提供了以频率代替概率的理论依据。

5.4.2　中心极限定理

当总体服从正态分布 $N(\mu,\sigma^2)$ 时,由正态分布的性质知道,从中抽取样本的样本均值($\bar{x}$)也服从正态分布,即 $\bar{x}\sim N(\mu,\frac{\sigma^2}{n})$ 。那么,当总体不服从正态分布时,$\bar{x}$ 的抽样分布又是怎样一种情况呢?

首先由图 5.7 来理解一下中心极限定理。该图运用 Python 软件而得,模拟了三个不同分布总体的抽样分布。具体地,从总体中随机抽取 10000 个样本,得到 10000 个样本平均数后绘制了概率分布图。可以看出,尽管各总体分布形式不同,随着抽取的样本容量 $n \to 30$,$\bar{x}$ 的分布形态趋向于正态分布。

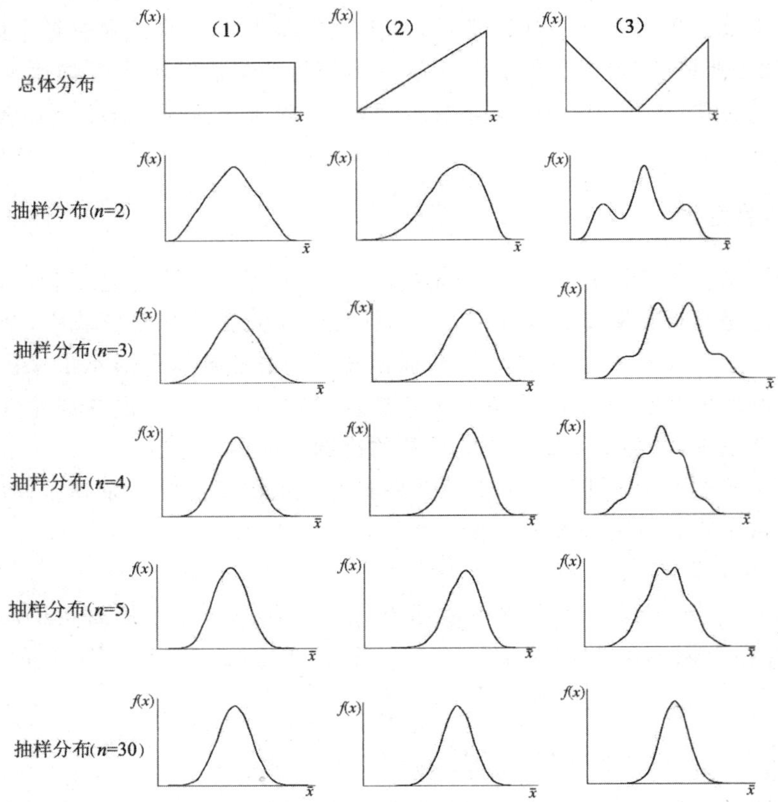

图 5.7 中心极限定理模拟示意图

中心极限定理告诉我们,不管总体的分布形状如何,只要抽取的样本容量足够大,样本平均数的分布总是收敛于正态分布。下面介绍两个常用的中心极限定理。

1. 林德伯格—列维中心极限定理

林德伯格—列维(Lindburg-Levy)中心极限定理表述为,设随机变量 $x_1, x_2, \cdots, x_n$ 独立且具有相同分布,若存在有限的数学期望 $E(x_i)=\mu$ 和方差 $D(x_i)=\sigma^2$,有:

$$\lim_{n\to\infty}\left\{\frac{\sum_{i=1}^{n}x_i - n\mu}{\sqrt{n}\sigma}\leqslant z\right\}=\lim_{n\to\infty}\left\{\frac{\bar{x}-\mu}{\sigma/\sqrt{n}}\leqslant z\right\}=\int_{-\infty}^{z}\frac{1}{\sqrt{2\pi}}e^{-\frac{t^2}{2}}dt \tag{5.47}$$

该定理表明,不论总体服从何种分布,只要它的数学期望和方差存在,则当 n 足够大时,随机变量的均值 $\bar{x}$ 近似服从均值为 μ ,方差为 σ^2/n 的正态分布,记为 $\bar{x} \sim N(\mu, \sigma^2/n)$ 。

2. 德莫佛—拉普拉斯中心极限定理

德莫佛—拉普拉斯(De Moivre-Laplace)中心极限定理表述为,设随机变量 x 服从参

数为 n ，$p(0<p<1)$ 的二项分布，则对任意 z ，有：

$$\lim_{n\to\infty}P\left\{\frac{x-np}{\sqrt{np(1-p)}}\leqslant z\right\}=\int_{-\infty}^{z}\frac{1}{\sqrt{2\pi}}e^{-\frac{t^2}{2}}dt \tag{5.48}$$

该定理表明，当 n 很大，而 $p(0<p<1)$ 是一个定值时，$\frac{x-np}{\sqrt{np(1-p)}}$ 近似服从 $N(0,1)$ 。或者说，随机变量 x 趋于均值为 np ，方差为 npq 的正态分布，即 $x\sim N(np,npq)$ 。

该定理提供了近似计算二项分布概率的另一种简便方法(正态分布和泊松分布均是二项分布的极限分布，当 n 充分大时，可用正态分布近似计算，当 n 充分大且 p 充分小时用泊松分布近似计算)。应用中心极限定理时，要求样本容量 n 足够大。一般来说，总体分布越是接近于正态分布，所需的 n 就越小，反之所需的 n 就越大。

如果从有限总体中不放回地抽样，同样地，只要样本容量 n 足够大($n\geqslant 30$)，样本均值 $\bar{X}$ 的抽样分布就近似地服从均值为 μ ，方差为 $\frac{\sigma^2}{n}(1-\frac{n}{N})$ 的正态分布。

关键术语

随机变量 random variable
离散型随机变量 discrete random variable
连续性随机变量 continuous random variable
两点分布 two-point distribution
贝努里试验 Bernoulli trials
二项分布 binomial distribution
泊松分布 Poisson distribution
均匀分布 uniform distribution
指数分布 exponential distribution
正态分布 normal distribution
抽样分布 sampling Distributions
χ^2 分布 chi-square distribution
t 分布 t distribution
F 分布 F distribution
大数定律 laws of large numbers
中心极限定理 central limit theorem

本章小结

1. 随机变量。随机变量是随机试验结果的数值化，它随试验结果的不同而取不同的值，因而在试验之前只知道它可能取值的范围，而不能预先肯定它将取哪一个值。将随机变量引入概率论后，对随机现象统计规律的研究，就由对事件及事件概率的研究扩大为对随机变量及其取值规律的研究。随机变量有离散型随机变量和连续性随机变量两种。

2. 常用离散型随机变量的概率分布。两点分布、二项分布和泊松分布是常用的离散型随机变量概率分布。两点分布是二项分布的特例。二项分布有两个参数 n 和 p ，当试验次数 n 趋于无穷大，而 n 和 p 的乘积固定时，二项分布将收敛于泊松分布。如果 n 和 p 的乘积趋于无限大，二项分布将趋于正态分布；泊松分布是非对称性的，在其参数 λ 不大时呈偏态分布，随着 λ 的增大，迅速逼近正态分布。

3. 常用连续性随机变量的概率分布。均匀分布、指数分布和正态分布是常用的连续性随机变量概率分布，其中正态分布具有非常重要的特点，在连续型随机变量的概率分布中占有重要地位。

4. 三大抽样分布。抽样分布是指从总体中抽取的所有可能的样本的统计量构成的概率分布。χ^2 分布、t 分布和 F 分布是由正态分布推导出来的三种重要的抽样分布，其在参数估计、假设检验和方差分析等领域起着至关重要的作用。

5. 大数定律和中心极限定理。大数定律与中心极限定理是概率论中两类重要的极限定理。大数定律是阐述大量随机变量的随机结果具有一定稳定性的一系列定律的总称，其意义在于经过大量观察，把个别的、偶然的差异性相互抵消，其内在规律便显示出来，这是统计研究方法中大量观察法的数理依据。中心极限定理是阐述大量随机变量之和的极限分布是正态分布这一系列定理的总称，指出了大量随机变量近似服从正态分布的条件。

思考与练习

一、思考题

5.1 什么是概率分布？概率分布有哪些表示方法？

5.2 离散型随机变量和连续性随机变量的概率分布有哪些类型？

5.3 二项分布的应用条件？二项分布与正态分布之间的关系？

5.4 二项分布与泊松分布之间有什么关系？

5.5 泊松分布与正态分布之间有什么关系？

5.6 正态分布有哪些重要性质？

5.7 正态分布 $N(\mu,\sigma^2)$ 中，小于 $\mu-3\sigma$ 者占多大比例？

5.8 χ^2 分布、t 分布和 F 分布与正态分布之间的关系？

5.9 χ^2 分布、t 分布和 F 分布的密度函数曲线各有什么特点？各有什么用途？

5.10 什么是抽样分布？

5.11 大数定律的意义？

5.12 中心极限定理的意义？

二、练习题

5.1 某股民在股票交易中，每次判断正确的概率为 60%。该股民最近做了 100 次交易，试求至少有 50 次判断正确的概率。

5.2 设某种疾病的患病率为 3%，分别求 10 人中患病 1 人及 6 人以上的概率。

5.3 有一批花生种子，每粒发芽的概率为 80%，那么播下 4 粒种子，恰有 3 粒发芽的概率是多少？

5.4 有 100 栋住房在年初购买了火灾保险，假定每栋房子在以后发生火灾的概率都相等，为 0.05。如果各栋房子是否发生火灾是相互独立的，则在年内只有不超过两栋房子发生火灾的概率为多少？

5.5 某医院统计，凡心脏手术病人能完全康复的概率为 0.9。那么在对 100 名病人实施手术后，有 84 ～ 95 名病人完全康复的概率是多少？（分别用二项分布直接计算和正态分布近似计算。）

5.6 某医院重症监护病房平均每 2 小时就诊 3 例。假设病人的到达人数服从泊松分布。试求：

(1)6 名患者在 5 小时内到达的概率；

(2)至少 4 名但不超过 8 名患者在 3 小时内到达的概率。

5.7 设某种昆虫产卵数服从参数为 λ 的泊松分布，又设一个虫卵能孵化为幼虫的概率为 p，若卵的孵化是相互独立的，求此昆虫一次产卵后下一代幼虫数的概率分布。

5.8 两人相约在某地碰面，假定两人到达的时间是相互独立的，且在中午 12 点到 1 点之间呈均匀分布，求先到者等待 10 分钟以上的概率。

5.9 设随机变量 x 在 $[2,5]$ 上服从均匀分布，现对 x 进行 3 次独立观测，求至少 2 次观测值大于 3 的概率。

5.10 某农业机械的寿命 x 服从参数为 $\lambda = 0.001$ 的指数分布，求 3 台这样的农业机械使用 1000 小时过后，都没有损坏的概率。

5.11 某电子计算机在损坏前的总运行时间(单位：小时)是一个连续随机变量，其密度函数为：

$$f(x)=\begin{cases}\lambda e^{-\frac{x}{10000}}, & x \geqslant 0 \\ 0, & x < 0\end{cases}$$

试求：

(1)这台计算机在损坏前能运行 5000～15000 小时的概率；

(2)这台计算机的运行时间小于 10000 小时的概率。

5.12 设随机变量的密度函数是：

$$f(x)=\begin{cases}kx, & 0 \leqslant x < 1 \\ k(2-x), & 1 \leqslant x \leqslant 2 \\ 0, & \text{其他}\end{cases}$$

试求参数 k 的大小。

5.13 在总体 $x \sim N(80,400)$ 中随机抽取一容量为 100 的样本，求样本平均数与总体平均数之差的绝对值大于 3 的概率。

5.14 设某种食品包装的每包重量是一个随机变量，其数学期望是 1kg，标准差为 0.05kg，试求 500 包这样的食品中重量在 499～501kg 之间的概率。

5.15 假设一本书在校对时发现错误处数 x 服从 $N(200,400)$。试求：(1)错误处数不超过 230 的概率；(2)错误处数在 190～210 之间的概率。

5.16 某食品厂采用自动包装机生产袋装食品，每袋服从均值为 500g，标准差为 5g 的正态分布。某日开工后随机抽查 10 袋，求每袋均值在 498～502g 之间的概率。

5.17 某保险公司有 10000 位同一年龄段的人参加了人寿保险，年内被保险人死亡的概率为 0.6%。投保人在 1 月初交付保险费 12 元，若被保险人在年内死亡，保险公司赔付 1000 元。试求：

(1)保险公司一年中获利不少于 40000 元的概率；

(2)保险公司亏本的概率是多少？

第 6 章 参数估计

统计与实践

1934 年,波兰统计学学家奈曼(Jerzy Neyman,1894～1981)在皇家统计学会做了一个演讲,题目是“论代表性方法的两个不同方面”。他的论文是关于抽样调查分析的,其中导出了形式简单且直观易懂的数学表达式。但全文最重要的部分却在附录里,奈曼在这个附录中提出了一种很直接的方法,用来创建区间估计,并确定所得的区间估计值有多准确,他称这个新的方法为“置信区间”。尽管在奈曼的方法中人们对概率的含义仍存有疑问,但是奈曼的置信界限已经成为计算区间估计值的标准方法,他的区间估计理论应用于遗传学、医学诊断、天文学、气象学、农业统计学等方面,取得了丰硕的成果。在我们的实际生产和科学实验中,大量的问题是在获得一批数据后,要对总体的某一参数进行估计和检验,即根据带随机性的观测样本数据以及问题的条件和假定(模型),对未知总体参数做出以概率形式表述的推断。例如,某种动物疫病潜伏期估计、某地居民人均家庭可支配收入的估计、某地人均保险费用支出估计,等等,都可为政府制定有效的公共政策服务。从某种意义上来说,参数估计是假设检验的第一步,没有参数估计,也就无法完成假设检验。例如,我们对某品种小麦的抗旱性作了测定,取得了一批样本数据,然后要求该小麦抗旱性的平均值,或求其抗旱性的单侧下限值,或要求其抗旱性的变异值(标准差),这就是参数估计的问题。而经过长期的积累,知道了该小麦品种的抗旱性平均值和变异值,后经过改良后,又测得一批数据,改良后与改良前的抗旱性是否有显著差异,这就是假设检验的问题。

统计推断(statistics inference)是由样本信息推断总体特征的一种方法,它又分为两类问题:参数估计(parameter estimation)和假设检验(hypothesis test)。它们都是利用样本对总体进行某种推断,只是推断角度不同。参数估计是通过样本统计量来推断总体未知参数的取值范围,总体参数在估计前是未知的。而在假设检验中,则是预先对总体参数的取值提出一个假设,然后利用样本数据检验这个假设是否成立,如果成立,我们就接受这个假设,如果不成立,就拒绝原假设。当然,由于样本的随机性,这种推断只能具有一定的可靠性。本章先介绍参数估计,包括点估计、简单抽样方式下的区间估计和必要样本容量确定、其他抽样调查方式下的参数估计和抽样调查方案检查等内容。

6.1　点估计

6.1.1　点估计的概念

对于总体的未知参数 θ，由样本构造统计量 $\hat{\theta}$ 对 θ 作出估计，则称 $\hat{\theta}$ 为 θ 的估计量。由于统计量是随机变量，所以估计量也是随机变量。但当样本确定后，估计量的值也随之确定，估计量的值称为估计值。比如，用样本均值 $\bar{x}$ 作为总体均值 μ 的估计值，用样本比例 p 作为总体比例 P 的估计值，用样本方差（s^2）作为总体方差（σ^2）的估计值，等等。这种只给出一个估计量的估计方法，称为点估计(point estimate)。

6.1.2　评价点估计量的标准

对于一个总体参数，往往可以构造许多个样本估计量，如对总体均值既可以用样本均值作出估计，也可用样本众数、样本中位数等作为估计量。那么，在多个样本估计量中，如何从中选择一个优良估计量呢？这就需要明确优良估计量的评价标准。

通常评价点估计量优良性的标准有三个：即无偏性、有效性和一致性。

1. 无偏性

无偏性(unbiasedness)指每个可能的样本估计量和总体参数都有误差，但在多次反复估计中，样本估计量的数学期望等于总体参数。若设样本估计量 $\hat{\theta}$ 用于估计总体参数 θ，如果 $E(\hat{\theta})=\theta$，则称 $\hat{\theta}$ 为 θ 的无偏估计量。

例如，根据样本均值 $\bar{x}$ 的抽样分布可知，$\bar{x}$ 作为总体均值 μ 的估计量，是符合无偏性要求的。因为

$$E(\bar{x})=E\left(\frac{x_1+x_2+\cdots+x_n}{n}\right)=\frac{1}{n}((E(x_1)+E(x_2)+\cdots+E(x_n)) \tag{6.1}$$

由于 $x_1,x_2,\cdots,x_n$ 都是取自总体中，它与总体同分布，所以有：

$$E(x_1)=E(x_2)=\cdots=E(x_n)=\mu \tag{6.2}$$

则

$$E(\bar{x})=\frac{1}{n}(\mu+\mu+\cdots+\mu)=\mu \tag{6.3}$$

即样本估计量 $\bar{x}$ 对于总体均值 μ 是无偏估计量。

2. 有效性

在一般情况下，一个总体参数的无偏估计量，可以有许多个，这就需要用这些无偏估计量方差的大小来衡量估计量的优良性。有效性(effectiveness)指对同一总体参数的两个无偏估计量，标准差小者更为有效。

设 $\hat{\theta}_1$ 与 $\hat{\theta}_2$ 均为总体未知参数 θ 的无偏估计量，即

$$E(\hat{\theta}_1)=E(\hat{\theta}_2)=\theta \tag{6.4}$$

若 $\sigma^2(\hat{\theta}_1)<\sigma^2(\hat{\theta}_2)$，则称估计量 $\hat{\theta}_1$ 比 $\hat{\theta}_2$ 更有效。

3. 一致性

无偏性与有效性，都是当样本容量 n 有限时评选估计量优良性的标准。当样本容量

无限增加时，一致性要求样本估计量充分靠近总体参数。一致性(consistency)指随着样本容量的增大，估计量的值越来越接近被估的总体参数。

设 $\hat{\theta}$ 为 θ 的估计量，对于任意给定的 $\varepsilon > 0$，如果当 $n \to \infty$时，恒有：

$$\lim_{n\to\infty} P(|\hat{\theta} - \theta| < \varepsilon) = 1 \tag{6.5}$$

此称 $\hat{\theta}$ 为 θ 的一致估计量。

6.2 区间估计

6.2.1 关于误差的几个概念

要了解区间估计的基本原理，就需要先掌握三个误差的基本概念。

1. 实际抽样误差

实际抽样误差(actual error)是指在一次具体的抽样调查中，由于随机因素而引起的样本估计量与总体参数之间的离差。如样本平均数与总体均值之间的绝对离差。在抽样中，由于总体参数数值未知，故实际抽样误差是无法计算的。

2. 抽样平均误差

抽样平均误差(sampling average error)是反映抽样误差一般水平的指标，是样本平均数(或成数)的标准差，反映了抽样指标与总体参数的平均离差程度。抽样推断是根据随机原则，从总体中抽取部分实际数据的基础上，运用数理统计方法，对总体某一现象的数量性作出具有一定可靠程度的估计判断。抽样推断具有这些特点：它是由部分推算整体的一种认识方法；它是建立在随机取样的基础上；它是运用概率估计的方法；抽样推断的误差可以事先计算并加以控制。

3. 极限误差

极限误差(limit error)是指抽样推断中，在一定概率保证下的误差的最大范围，所以也称为允许误差。估计量加上允许误差形成置信区间的上限，估计量减去允许误差形成置信区间的下限。极限误差表现为某置信水平的临界值(或称概率度)乘以抽样平均误差。即：极限误差＝概率度×抽样平均误差。对于某一项调查来说，根据客观要求一般应有一个允许的误差限，若抽样误差在这个限度之内就认为是可允许的，这一允许的误差限度就称为极限误差。根据理论上的要求，抽样极限误差通常需要以抽样平均误差为根据来确定。

6.2.2 区间估计

抽样平均误差只是在无偏估计情况下的抽样误差大小的平均值，它还不能说明在一次抽样估计中实际误差的可能性大小。由于抽样误差是个未知的随机变量，因此，在一次具体的抽样结果中，如何来测定实际抽样误差的大小和产生这样误差的可能性，便是区间估计(interval estimation)必须阐述的问题。比如，我们估计某商场的年零售额为 1000 万元整，这种估计存在一定的误差。如果对误差大小和产生这样误差的可能性大小均一无所知，那么，我们究竟能在多大程度上相信这种估计是正确的呢？假如我们估计某商场的年零售额在 995 万元～1005 万元之间，并且有 99%的可靠程度说明这种估计是正确的，那么，这样的估计才能使人信服。也就是，对于未知的总体均值 μ，根据样本构造的随机区间(x_1,x_2)，其中包含 μ 的概率等于给定值 $1-\alpha(0<\alpha<1)$，即

$$P(x_1<\mu<x_2)=1-\alpha \tag{6.6}$$

将 $1-\alpha$ 称为置信水平(confidence level)或把握程度，α 为显著水平(significance level)，(x_1,x_2)称为总体均值 μ 的 $1-\alpha$ 置信水平下的置信区间(confidence interval)，x_1，x_2 分别称为置信下限和置信上限。在作出估计的结论时，我们把给出总体均值 μ 的置信水平和置信区间的这一方式称为区间估计。置信区间的大小，说明了估计的精确性；置信概率的大小，说明了估计的可靠性。

6.3　总体均值的置信区间

6.3.1　单一总体均值的置信区间

总体均值的区间估计因研究问题和已知条件的不同而采用不同的方法。下面分两种情况加以介绍。

1. 正态总体且方差已知，或非正态总体但为大样本

设总体服从正态分布且 σ^2 为已知，或者总体不是正态分布但抽取了大样本($n\geqslant 30$)时，根据样本均值的抽样分布，$\bar{x}\sim N(\mu,\frac{\sigma^2}{n})$，对 $\bar{x}$ 作标准化处理，得

$$z=\frac{\bar{x}-\mu}{\sigma/\sqrt{n}}\sim(0,1) \tag{6.7}$$

对于给定的置信水平 $1-\alpha$，查正态分布表得到临界值 $z_{\alpha/2}$，使得

$$P\left(\left|\frac{\bar{x}-\mu}{\sigma/\sqrt{n}}\right|<z_{\alpha/2}\right)=1-\alpha \tag{6.8}$$

根据正态分布构造的总体均值 μ 的置信区间见图 6.1。

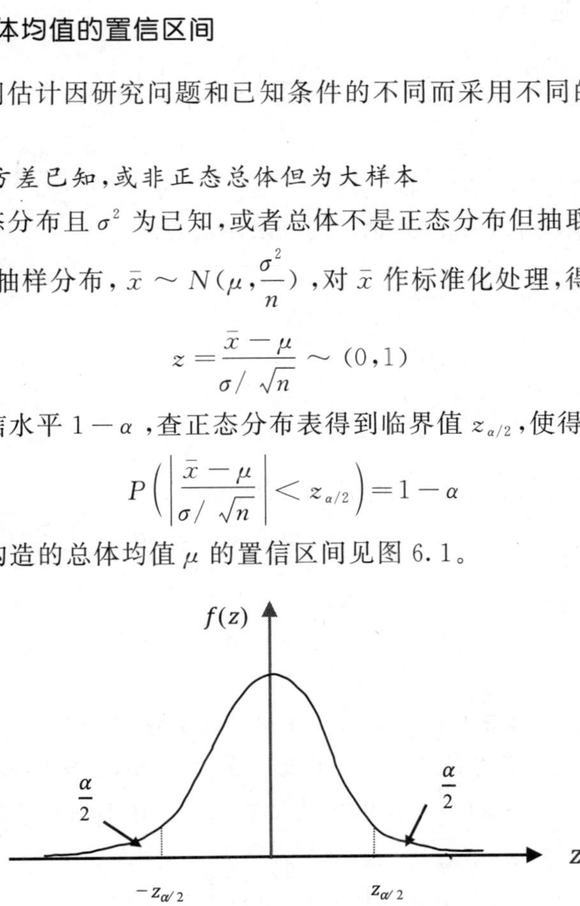

图 6.1　标准正态分布的双侧分位点图

总体均值 μ 的置信区间可以表示为：

$$\left(\bar{x}-z_{\alpha/2}\frac{\sigma}{\sqrt{n}}<\mu<\bar{x}+z_{\alpha/2}\frac{\sigma}{\sqrt{n}}\right) \tag{6.9}$$

式(6.9)中 $\sigma/\sqrt{n}$ 为抽样平均误差，$z_{\alpha/2}\frac{\sigma}{\sqrt{n}}$ 为极限误差，或误差范围，用 $\Delta_{\bar{x}}$ 表示，即

$$\Delta_{\bar{x}} = z_{\alpha/2} \frac{\sigma}{\sqrt{n}} \tag{6.10}$$

当给定置信概率 $1-\alpha$ 或其对应的概率度 t 时，样本容量愈大，则极限误差越小，估计的精度越高；反之，则估计的精度就越低。但当样本容量 n 一定时，所要求的可靠性越大，即 $z_{\alpha/2}$ 越大，则极限误差越大，估计的精度越低；反之，估计的精度越高。所以，在样本容量一定的条件下，置信区间估计的精度与可靠性是相互矛盾的。实践中，一般在预先给定可靠性的条件下，去求得尽可能精确的估计。

在不重复抽样条件下，统计量

$$z = \frac{\bar{x}-\mu}{\sqrt{\frac{\sigma^2}{n}\left(\frac{N-n}{N-1}\right)}} \tag{6.11}$$

统计量 z 服从或近似服从 $N(0,1)$，有：

$$P\left(|\bar{x}-\mu| < z_{\alpha/2}\sqrt{\frac{\sigma^2}{n}\left(\frac{N-n}{N-1}\right)}\right) = 1-\alpha \tag{6.12}$$

$$P\left(\bar{x} - z_{\alpha/2}\sqrt{\frac{\sigma^2}{n}\left(\frac{N-n}{N-1}\right)} < \mu < \bar{x} + z_{\alpha/2}\sqrt{\frac{\sigma^2}{n}\left(\frac{N-n}{N-1}\right)}\right) = 1-\alpha \tag{6.13}$$

所以，当给定置信概率 $1-\alpha$ 时，估计的极限误差为：

$$\Delta_{\bar{x}} = z_{\alpha/2}\sqrt{\frac{\sigma^2}{n}\left(\frac{N-n}{N-1}\right)} = z_{\alpha/2}\sigma_{\bar{x}} \tag{6.14}$$

当 N 很大时，$N-1 \approx N$，则

$$\Delta_{\bar{x}} = z_{\alpha/2}\sqrt{\frac{\sigma^2}{n}\left(1-\frac{n}{N}\right)} \tag{6.15}$$

在置信水平 $1-\alpha$ 下，总体平均数的置信区间为：

$$\bar{x} - z_{\alpha/2}\sigma_{\bar{x}} < \mu < \bar{x} + z_{\alpha/2}\sigma_{\bar{x}} \tag{6.16}$$

或写为：

$$\left(\bar{x} - z_{\alpha/2}\frac{\sigma}{\sqrt{n}}, \bar{x} + z_{\alpha/2}\frac{\sigma}{\sqrt{n}}\right) \tag{6.17}$$

【例 6.1】农业部门为调查居民对某农产品的月需求量，从 10000 户居民中以重复抽样方式，随机抽取 100 户，计算得每户每月平均需求量为 10kg，且据以往资料，已知标准差为 3kg。假定需求量服从正态分布，试以 90% 的可靠性估计这 10000 户居民对这种农产品的月平均需求量。

解：根据题意知：$N=10000$，$n=100$，$\bar{x}=10$，$\sigma=3$，$1-\alpha=90\%$

查正态分布表，得 $z_{\alpha/2}=1.645$。在重复抽样情况下，极限误差为：

$$\Delta_{\bar{x}} = z_{\alpha/2}\frac{\sigma}{\sqrt{n}} = 1.645 \times \frac{3}{\sqrt{100}} = 0.4935$$

也就是说，每户每月对这种农产品平均需求量在 90% 可靠性保证下的置信区间是 (9.5065，10.4935)kg。

若采用不重复抽样，则极限误差：

$$\Delta_{\bar{x}} = z_{\alpha/2}\sqrt{\frac{\sigma^2}{n}\left(1-\frac{n}{N}\right)} = 1.645 \times \sqrt{\frac{3^2}{100} \times (1-\frac{100}{10000})} = 0.491\ \text{kg}$$

所以，每户每月对该农产品的平均需求量在 90% 可靠程度保证下的置信区间是(9.509,10.491)kg。

2. 正态总体但方差未知，且为小样本

如果总体服从正态分布，总体方差 σ^2 未知，且是在小样本情况下，则需要用样本方差 s_{n-1}^2 代替 σ^2。这时，样本均值经过标准化以后的随机变量服从自由度为 $n-1$ 的 t 分布，即

$$t = \frac{\bar{x}-\mu}{s_{n-1}/\sqrt{n}} \sim t(n-1)$$

给定置信水平 $1-\alpha$，查 t 分布表得到双侧临界值 $t_{\alpha/2}(n-1)$，见图 6.2。

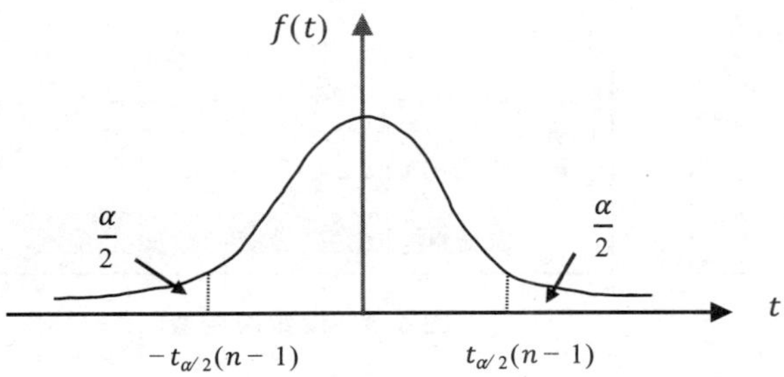

图 6.2　t 分布的双侧分位点图

构建总体均值的置信水平为 $1-\alpha$ 的置信区间为：

$$\left(\bar{x}-t_{\alpha/2}\frac{s_{n-1}}{\sqrt{n}}, \bar{x}+t_{\alpha/2}\frac{s_{n-1}}{\sqrt{n}}\right)$$

【例 6.2】已知某地区人均蛋类消费量服从正态分布。现随机调查 16 人在 2020 年蛋类消耗(单位:kg/人)情况，获得数据见表 6.1。

表 6.1　2020 年某地人均蛋类消费情况分布

10.0	12.9	10.6	9.9	11.8	10.5	11.2	12.1
9.5	8.1	15.0	10.9	9.0	10.2	9.5	10.7

试估计该地区人均蛋类消耗量 95% 的置信区间。

解：根据表 6.1 计算得，16 人平均蛋类消耗平均数 $\bar{x}=10.744$，标准误差 $s_{n-1}^2=2.715$

由题意，$1-\alpha=0.95$，查 t 分布表得：$t_{\alpha/2}(n-1)=t_{0.025}(15)=2.131$

构建该地区 2020 年人均蛋类消耗量的置信区间：

$$\bar{x} \pm t_{\alpha/2}\frac{s_{n-1}}{\sqrt{n}} = 10.744 \pm 2.131 \times \frac{\sqrt{2.715}}{\sqrt{16}} = 10.744 \pm 0.8778$$

则该地区人均蛋类消耗量 95% 的置信区间为(9.866,11.622)kg。

【SPSS 应用】

对例 6.2 采用 SPSS 进行估计。步骤为：

第一步：建立数据文件。数据格式见表 6.2。

第二步：点击【分析】→【描述统计】→【探索】，见图 6.3。在弹出的对话框里将人均蛋类“消耗量”选入“因变量列表”中。点击“统计”，在弹出的“统计”对话框中勾选“描述”，默认 95%置信区间。点击“继续”按钮返回。

表 6.2 数据格式

消耗量
10.00
12.90
10.60
9.90
11.80
10.50
11.20
12.10
9.50
8.10
15.00
10.90
9.00
10.20
9.50
10.70

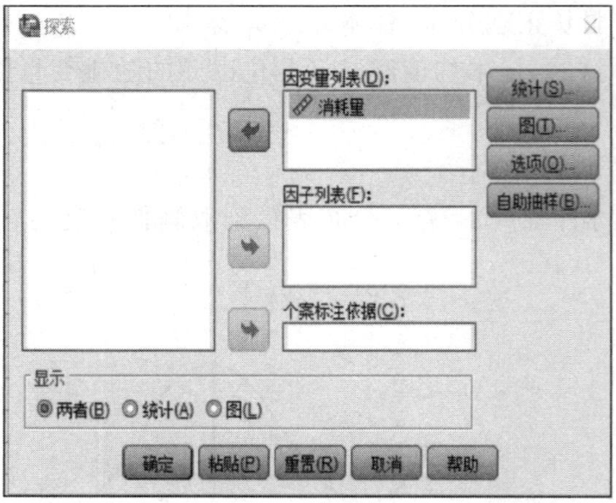

图 6.3 设置因变量

第三步：点击“确定”按钮，输出结果见表 6.3。

表 6.3 描述统计输出结果

			统计	标准误差
蛋类食品消耗量	平均值		10.7438	.41190
	平均值的 95% 置信区间	下限	9.8658	
		上限	11.6217	
	5% 剪除后平均值		10.6542	
	中位数		10.5500	
	方差		2.715	
	标准偏差		1.6476	
	最小值		8.10	
	最大值		15.00	
	范围		6.90	
	四分位距		2.05	
	偏度		1.058	.564
	峰度		1.946	1.091

6.3.2 两个总体均值之差的置信区间

设两个总体的均值分别为 μ_1 和 μ_2，从两个总体中分别抽取出样本量为 n_1 和 n_2 的两个随机样本，其样本均值分别为 $\bar{x}_1$ 和 $\bar{x}_2$。两个总体均值之差 $(\mu_1-\mu_2)$ 的估计量显然是两个样本的均值之差 $(\bar{x}_1-\bar{x}_2)$。

1. 两个总体均值之差的置信区间：独立样本

如果两个样本是从两个总体中独立抽取的，即一个样本中的元素与另一个样本中的元素相互独立，则称为独立样本(independent sample)。估计两个总体均值之差的置信区间，有以下四种情况：

(1)总体分布未知、方差已知，为大样本

当两个总体分布未知，但两个总体的方差 $\sigma_1{}^2$ 和 $\sigma_2{}^2$ 都已知时，在大样本情况下（$n_1 \geqslant 30, n_2 \geqslant 30$），两个样本均值之差（$\bar{x}_1 - \bar{x}_2$）经标准化后服从标准正态分布，即

$$z = \frac{(\bar{x}_1 - \bar{x}_2) - (\mu_1 - \mu_2)}{\sqrt{\frac{\sigma_1^2}{n_1} + \frac{\sigma_2^2}{n_2}}} \sim N(0,1) \tag{6.18}$$

则两个总体均值之差 $\mu_1 - \mu_2$ 在 $1-\alpha$ 置信水平下的置信区间为：

$$(\bar{x}_1 - \bar{x}_2) \pm z_{\frac{\alpha}{2}} \sqrt{\frac{\sigma_1^2}{n_1} + \frac{\sigma_2^2}{n_2}} \tag{6.19}$$

(2)总体分布未知、方差未知，为大样本

当两个总体的分布未知，且方差 $\sigma_1{}^2$ 和 $\sigma_2{}^2$ 未知时，可用两个样本方差 $s_1{}^2$ 和 $s_2{}^2$ 来替代。在大样本情况下，两个样本均值之差经标准化后服从标准正态分布。两个总体均值之差 $\mu_1 - \mu_2$ 在 $1-\alpha$ 置信水平下的置信区间为：

$$(\bar{x}_1 - \bar{x}_2) \pm z_{\frac{\alpha}{2}} \sqrt{\frac{s_1^2}{n_1} + \frac{s_2^2}{n_2}} \tag{6.20}$$

【例 6.3】用甲乙两种不同热处理方法加工的用于农业机械设备的金属材料做抗拉强度试验，各做了 100 次试验。由试验数据算得，甲种方法 $\bar{x}_1 = 31.75$，$S_1^2 = 12.25$，乙种方法 $\bar{x}_2 = 28.67$，$S_2^2 = 6.06$。求甲乙两种方法平均抗压强度差 $\mu_1 - \mu_2$ 的置信度为 95%的置信区间。

解：由于 $n_1 = n_2 = 100$，可以看做大样本。

已知 $\bar{x}_1 = 31.75$，$s_1^2 = 12.25$；$\bar{x}_2 = 28.67$，$s_2^2 = 6.06$

由 $1-\alpha = 95\%$，查表得 $z_{\alpha/2} = 1.96$，则 $\mu_1 - \mu_2$ 的置信度为 95%的置信区间：

$$\left(\bar{x}_1 - \bar{x}_2 - z_{\frac{\alpha}{2}} \sqrt{\frac{s_1^2}{n_1} + \frac{s_2^2}{n_2}}, \bar{x}_1 - \bar{x}_2 + z_{\frac{\alpha}{2}} \sqrt{\frac{s_1^2}{n_1} + \frac{s_2^2}{n_2}}\right)$$

$$= \left(3.08 - 1.96 \times \sqrt{\frac{18.31}{100}}, 3.08 + 1.96 \times \sqrt{\frac{18.31}{100}}\right)$$

$$= (2.24, 3.92)$$

(3)总体为正态分布、方差已知，无论样本大小

设两个独立总体都服从正态分布。从两总体中分别抽取一个随机样本，当两个总体方差 $\sigma_1{}^2$ 和 $\sigma_2{}^2$ 已知时，无论样本量的大小，两个样本均值之差都服从正态分布。建立两个总体均值之差的置信区间：

$$(\bar{x}_1 - \bar{x}_2) - z_{\frac{\alpha}{2}} \sqrt{\frac{\sigma_1^2}{n_1} + \frac{\sigma_2^2}{n_2}} < \mu_1 - \mu_2 < (\bar{x}_1 - \bar{x}_2) + z_{\frac{\alpha}{2}} \sqrt{\frac{\sigma_1^2}{n_1} + \frac{\sigma_2^2}{n_2}} \tag{6.21}$$

(4)总体为正态分布、方差未知，大样本或小样本

两个独立正态总体，总体方差 σ_1^2 和 σ_2^2 未知时，有以下三种情形：

情形一：若两个样本为大样本，其均值之差的分布仍然服从正态分布。

情形二：当两个总体的方差 σ_1^2 和 σ_2^2 未知但相等，即 $\sigma_1^2=\sigma_2^2$，需要用两个样本的方差 s_1^2 和 s_2^2 来估计。这时，需要将两个样本的数据组合在一起，给出总体方差的合并估计量 s_p^2，计算公式为：

$$s_p^2=\frac{(n_1-1)s_1^2+(n_2-1)s_2^2}{n_1+n_2-2} \tag{6.22}$$

这时，若两个样本为小样本，两个样本均值之差经标准化后服从自由度为 (n_1+n_2-2) 的 t 分布，即

$$t=\frac{(\bar{x}_1-\bar{x}_2)-(\mu_1-\mu_2)}{s_p\sqrt{\dfrac{1}{n_1}+\dfrac{1}{n_2}}}\sim t(n_1+n_2-2) \tag{6.23}$$

这样，两个总体均值之差$(\mu_1-\mu_2)$在 $1-\alpha$ 置信水平下的置信区间为：

$$(\bar{x}_1-\bar{x}_2)\pm t_{\frac{\alpha}{2}}(n_1+n_2-2)s_p\sqrt{\frac{1}{n_1}+\frac{1}{n_2}} \tag{6.24}$$

情形三：当两个总体的方差 σ_1^2 和 σ_2^2 未知且不相等，即 $\sigma_1^2\neq\sigma_2^2$，若两个样本为小样本，两个样本均值之差经标准化后近似服从自由度为 v 的 t 分布，自由度 v 的计算公式为：

$$v=\frac{\left(\dfrac{s_1^2}{n_1}+\dfrac{s_2^2}{n_2}\right)^2}{\dfrac{(s_1^2/n_1)^2}{n_1-1}+\dfrac{(s_2^2/n_2)^2}{n_2-1}} \tag{6.25}$$

两个总体均值之差在 $1-\alpha$ 置信水平下的置信区间为：

$$(\bar{x}_1-\bar{x}_2)\pm t_{\frac{\alpha}{2}}(v)\sqrt{\frac{s_1^2}{n_1}+\frac{s_2^2}{n_2}} \tag{6.26}$$

【例 6.4】为了估计磷肥对某种农作物增产的作用，选 20 块条件大致相同的地块进行对比试验。其中 10 块地施磷肥，另外 10 块地不施磷肥，得到单位面积产量(单位：kg/亩)见表 6.4。

表 6.4　磷肥对农作物的增长效果比较

施用磷肥	620	570	650	600	630	580	570	600	600	580
不施磷肥	560	590	560	570	580	570	600	550	570	550

设施磷肥的地块单位面积产量服从 $X\sim N(\mu_1,\sigma^2)$，不施磷肥的地块单位面积产量服从 $Y\sim N(\mu_2,\sigma^2)$。求 $\mu_1-\mu_2$ 的把握程度为 95%的置信区间。

解：由题设，两个正态总体的方差相等但未知。已知 $n_1=10$，$n_2=10$，根据所给数据可得：

施用磷肥的情况下：

$$\bar{x}_1=600,\quad s_1^2=\frac{\sum(x-600)^2}{10-1}=\frac{6400}{9}=711.11$$

不施用磷肥的情况下：

$$\bar{x}_2=570,\quad s_2^2=\frac{\sum(x-570)^2}{10-1}=\frac{2400}{9}=266.67$$

进一步可得：

$$\bar{x}_1-\bar{x}_2=30$$

$$s_p=\sqrt{\frac{(n_1-1)s_1^2+(n_2-1)s_2^2}{n_2+n_2-2}}=\sqrt{\frac{9\times711.11+9\times266.67}{18}}=22.11$$

对于给定的 $1-\alpha=95\%$，查表得 $t_{\frac{\alpha}{2}}(n_2+n_2-2)=t_{0.025}(18)=2.10$。

将已知条件带入式(6.24)，得 $\mu_1-\mu_2$ 的把握程度为 95%的置信区间：

$$\left(30-22.11\times2.10\times\sqrt{\frac{1}{10}+\frac{1}{10}},30+22.11\times2.10\times\sqrt{\frac{1}{10}+\frac{1}{10}}\right)=(9.23,50.77)\text{kg}$$

【SPSS 应用】

对例 6.4 采用 SPSS 进行操作。具体步骤为：

第一步：建立数据文件。数据格式见表 6.5。

第二步：点击【分析】→【比较平均值】→【独立样本 T 检验】。在弹出的对话框中，将“单位面积产量”选入“检验变量”框，将“是否施磷肥”选入“分组变量”框，点击“定义组”，并对两个组别进行定义，见图 6.4。

表 6.5　数据格式

是否施磷肥	单位面积产量
1	620
1	570
1	650
1	600
1	630
1	580
1	570
1	600
1	600
1	580
2	560
2	590
2	560
2	570
2	580
2	570
2	600
2	550
2	570
2	550

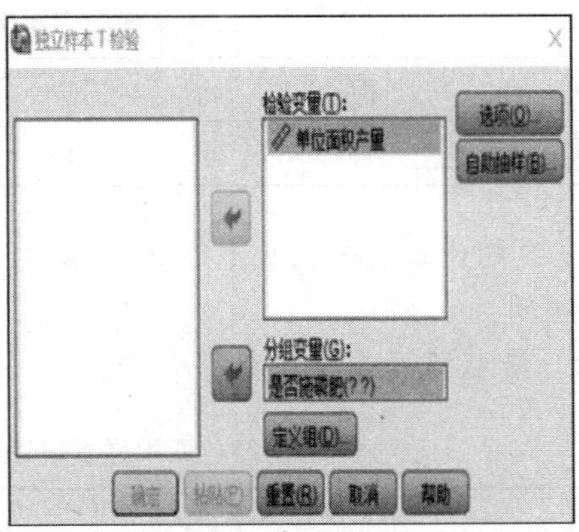

图 6.4　设置分组变量和检验变量

第三步：点击“确定”按钮，输出结果见表 6.6。

表 6.6　输出结果

独立样本检验										
		莱文方差等同性检验		平均值等同性 t 检验						
		F	显著性	t	自由度	Sig.（双尾）	平均值差值	标准误差差值	差值 95%置信区间 下限	差值 95%置信区间 上限
单位面积产量	假定等方差	1.714	.207	3.034	18	.007	30.000	9.888	9.226	50.774
	不假定等方差			3.034	14.918	.008	30.000	9.888	8.914	51.086

2. 两个总体均值之差的估计:配对样本

配对样本(matched sample)即一个样本中的数据与另一个样本中的数据相对应。在大样本条件下,给定置信水平 $1-\alpha$,则 两个总体均值之差 $\mu_d=\mu_1-\mu_2$ 的置信区间为:

$$\left(\bar{d}-z_{\frac{\alpha}{2}}\frac{\sigma_d}{\sqrt{n}},\bar{d}+z_{\frac{\alpha}{2}}\frac{\sigma_d}{\sqrt{n}}\right) \tag{6.27}$$

式(6.27)中,d 表示两个配对样本对应数据的差值,$\bar{d}$ 表示各差值的均值,σ_d 表示差值标准差。当总体的 σ_d 未知时,可用样本差值的标准差 S_d 来代替:

$$s_d=\sqrt{\frac{\sum_{i=1}^{n}(d_i-\bar{d})^2}{n_d-1}} \tag{6.28}$$

在小样本情况下,假定两个总体各观察值的配对差服从正态分布。两个总体均值之差 $\mu_d=\mu_1-\mu_2$ 在 $1-\alpha$ 的置信水平下的置信区间为:

$$\bar{d}\pm t_{\frac{\alpha}{2}}\frac{s_d}{\sqrt{n}} \tag{6.29}$$

【例 6.5】为了检验某种杂交作物的两种不同施肥方案效果差异,在同一地区随机选择 8 块地段,在各试验地段,按两种方案处理作物,这 8 块地段的单位面积产量(单位:kg)见表 6.7。

表 6.7　两种新施肥方案下的作物产量

一号方案	86	87	56	93	84	93	75	79
二号方案	80	79	58	91	77	82	74	66

假设两种方案的产量之差服从正态分布,试建立两种方案平均产量之差 $\mu_d=\mu_1-\mu_2$ 的 95%的置信区间。

解:根据本例数据得表 6.8。

表 6.8　匹配样本统计量计算表

一号方案产量(x_1)	二号方案产量(x_2)	$d=x_1-x_2$	$(d-\bar{d})^2$
86	80	6	0.0625
87	79	8	5.0625
56	58	−2	60.0625
93	91	2	14.0625
84	77	7	1.5625
93	82	11	27.5625
75	74	1	22.5625
79	66	13	52.5625

由表 6.8 计算得:

$$\bar{d}=\frac{\sum_{i=1}^{n}d_i}{n_d}=\frac{46}{8}=5.75$$

$$s_d=\sqrt{\frac{\sum_{i=1}^{n}(d_i-\bar{d})^2}{n_d-1}}=\sqrt{\frac{183.5}{8-1}}=5.12$$

由题意，根据自由度 7($=n-1$)，查 t 分布表得 $t_{\frac{\alpha}{2}}(8-1)=2.3646$。

根据式(6.29)，两种方案平均产量之差 $\mu_d=\mu_1-\mu_2$ 的 95%的置信区间为：

$$\bar{d}\pm t_{\frac{\alpha}{2}}(n-1)\frac{s_d}{\sqrt{n}}=5.75\pm 2.3646\times\frac{5.12}{\sqrt{8}}=5.75\pm 4.28$$

即两种方案平均产量之差的 95%的置信区间为(1.47 ～ 10.03)kg。

【SPSS 应用】

对例 6.5 采用 SPSS 进行操作。具体步骤：

第一步：建立数据文件。数据格式见表 6.9。

第二步：点击【分析】→【比较平均值】→【成对样本 T 检验】。在弹出的对话框中，将"一号方案产量"和"二号方案产量"选入"配对变量"框，分别放至变量 1 和变量 2 处，见图 6.5。点击"选项"按钮，设置置信区间(默认 95%)。点击"继续"按钮返回。

表 6.9　数据格式

一号方案产量	二号方案产量
86	80
87	79
56	58
93	91
84	77
93	82
75	74
79	66

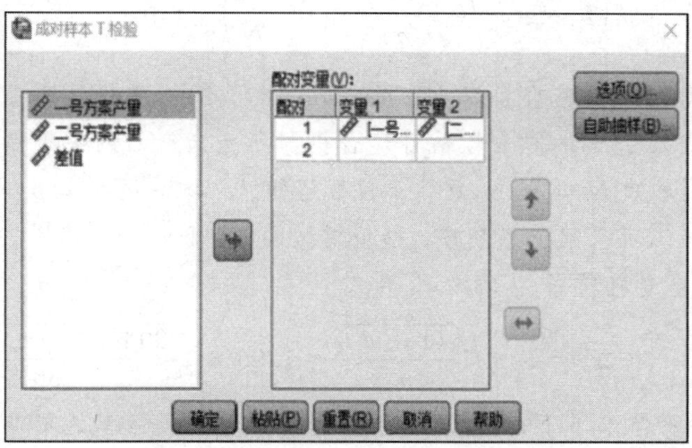

图 6.5　设置配对变量

第三步：点击"确定"按钮，输出结果见表 6.10。可以看出，SPSS 操作得出的配对样本产量差值的置信区间估计结果同例 6.5。

表 6.10　配对样本检验

		配对差值					t	自由度	Sig.(双尾)
		平均值	标准偏差	标准误差平均值	差值 95%置信区间 下限	差值 95%置信区间 上限			
配对 1	一号方案产量 — 二号方案产量	5.750	5.120	1.810	1.470	10.030	3.176	7	.016

6.4 总体比例的置信区间

6.4.1 单一总体比例的置信区间

与总体均值的置信区间估计类似，根据样本比例和极限误差，可以估计总体比例的置信区间。这里仅介绍大样本下的估计方法。一般认为，如果 $np \geqslant 5$，则认为样本容量足够大。

在重复抽样条件下，样本比例 p 的极限误差为：

$$\Delta_p = z_{\frac{\alpha}{2}}\sigma_p = z_{\frac{\alpha}{2}}\sqrt{\frac{p(1-p)}{n}} \tag{6.30}$$

则总体成数 P 的置信区间为：

$$\left(p - z_{\alpha/2}\sqrt{\frac{p(1-p)}{n}}, p + z_{\alpha/2}\sqrt{\frac{p(1-p)}{n}}\right) \tag{6.31}$$

在不重复抽样条件下，样本比例 p 的极限误差为：

$$\Delta_p = z_{\alpha/2}\sqrt{\frac{p(1-p)}{n}\left(1-\frac{n}{N}\right)} \tag{6.32}$$

则总体成数 P 的置信区间为：

$$\left(p - z_{\frac{\alpha}{2}}\sqrt{\frac{p(1-p)}{n}\left(1-\frac{n}{N}\right)}, p + z_{\frac{\alpha}{2}}\sqrt{\frac{p(1-p)}{n}\left(1-\frac{n}{N}\right)}\right) \tag{6.33}$$

【例 6.6】从某台机器生产的 5000 件产品中，随机抽取 50 件进行检验，发现有 10 件一级品，试以 95%的可靠性估计这台机器所生产产品的一级品率。

解：已知 $N = 5000$，总体单位数已知。样本一级品率 $p = 10/50 = 0.2$。$np = 50 \times 0.2 = 10 > 5$，可采用正态分布构造置信区间。由 $1-\alpha = 95\%$，查正态分布表，得 $Z_{\alpha/2}=1.96$。

在重复抽样条件下

$$\Delta_p = z_{\frac{\alpha}{2}}\sqrt{\frac{p(1-p)}{n}} = 1.96 \times \sqrt{\frac{20\% \times (1-20\%)}{50}} = 0.1109$$

则 95%置信水平下，这台机器所生产产品的一级品率的置信区间为：

(0.2－0.1109，0.2＋0.1109)，即(8.91%，31.09%)。

在不重复抽样的条件下

$$\Delta_p = z_{\frac{\alpha}{2}}\sqrt{\frac{p(1-p)}{n}(1-\frac{n}{N})} = 1.96 \times \sqrt{\frac{20\% \times (1-20\%)}{50}(1-\frac{50}{5000})} = 0.1103$$

这台机器所生产产品的一级品率的置信区间为(8.97%，31.03%)。

【SPSS 应用】

对例 6.6 采用 SPSS 操作。具体步骤为：

第一步：建立数据文件。将一级品记为 1，非一级品记为 0。

第二步：对样本数量进行加权。点击【数据】→【个案加权】→【个案加权依据】，将数量选入“频率变量”对话框，见图 6.6。

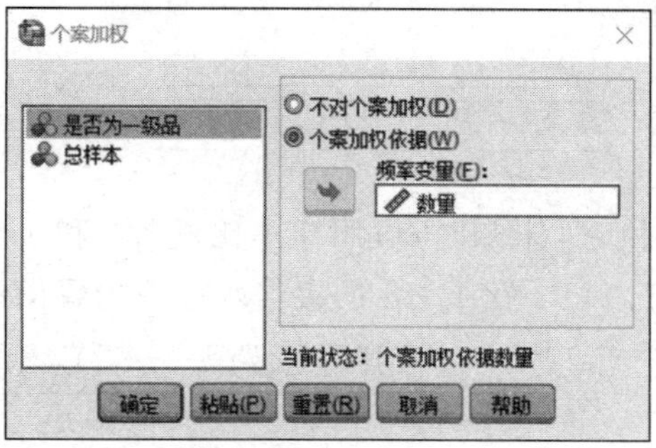

图 6.6　个案加权对话框

第三步：点击【分析】→【描述统计】→【比率】，将是否为一级品选入"分子"对话框，将总样本放入"分母"对话框，见图 6.7。

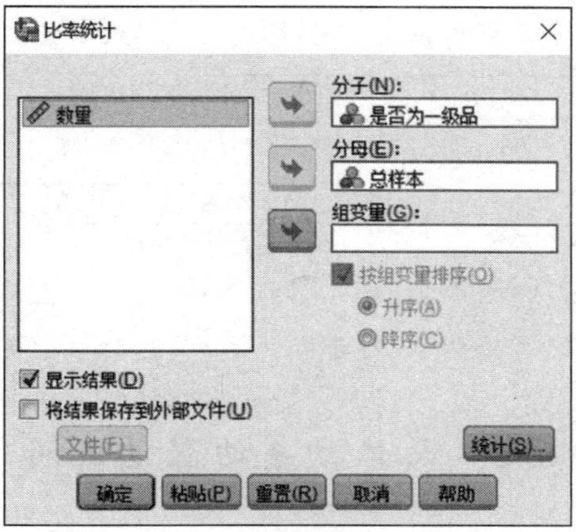

图 6.7　比率统计对话框

第四步：点击"统计"按钮，在弹出的"统计"对话框中勾选"平均值"，点"继续"按钮返回，点击"确定"按钮，输出结果见表 6.11。可以看出，SPSS 输出结果与例 6.6 稍有差别。

表 6.11　输出结果

是否为一级品/总样本的比率统计		
均值	平均值的 95% 置信区间	
	下限	上限
.200	.085	.315

置信区间是通过假定比率服从正态分布而确定。

6.4.2　两个独立总体比例之差的置信区间

由样本比例的抽样分布可知，从两个二项总体中抽出两个独立的样本，两个样本容量分别为 n_1 和 n_2，比例分别为 p_1 和 p_2。若

$$n_1 p_1 \geqslant 5 \text{ , } n_1(1-p_1) \geqslant 5 \text{ , } n_2 p_2 \geqslant 5 \text{ , } n_2(1-p_2) \geqslant 5$$

则可认为，两个样本比例之差的抽样分布服从正态分布。即

$$z=\frac{(p_1-p_2)-(P_1-P_2)}{\sqrt{\frac{P_1(1-P_1)}{n_1}+\frac{P_2(1-P_2)}{n_2}}}\sim N(0,1) \tag{6.34}$$

当两个总体比例 P_1 和 P_2 未知时，可用样本比例 p_1 和 p_2 来代替。根据正态分布，建立两个总体比例之差 P_1-P_2 在 $1-\alpha$ 的置信水平下的置信区间为：

$$(p_1-p_2)\pm z_{\frac{\alpha}{2}}\sqrt{\frac{p_1(1-p_1)}{n_1}+\frac{p_2(1-p_2)}{n_2}} \tag{6.35}$$

【例 6.7】在某个电视节目的收视率调查中，从甲地农村随机调查了 400 人，有 32%的人收看了该节目；从乙地农村随机调查了 500 人，有 45%的人收看了该节目。试以 95%的把握程度估计两地农村收视率之差的置信区间。

解：设乙农村收视率 $p_1=45\%$，甲农村收视率 $p_2=32\%$。当 $\alpha=0.05$ 时，按照正态分布，$z_{\alpha/2}=1.96$。因此，构造置信区间为：

$$\begin{aligned}&(p_1-p_2)\pm z_{\frac{\alpha}{2}}\sqrt{\frac{p_1(1-p_1)}{n_1}+\frac{p_2(1-p_2)}{n_2}}\\&=(45\%-32\%)\pm 1.96\times\sqrt{\frac{45\%\times(1-45\%)}{500}+\frac{32\%\times(1-32\%)}{400}}\\&=13\%\pm 6.32\%\end{aligned}$$

即两地农村农户收视率之差的 95%置信区间为(6.68%,19.32%)。

6.5 总体方差的置信区间

6.5.1 单一总体方差的置信区间

这里只讨论正态总体方差的估计问题。根据样本方差的抽样分布可知，样本方差服从自由度为 $n-1$ 的 χ^2 分布。因此，可用 χ^2 分布构造总体方差的置信区间。

给定置信水平 $1-\alpha$，查 χ^2 分布表，得自由度为 $n-1$ 的总体方差 σ^2 置信区间的双侧临界值，见图 6.8。

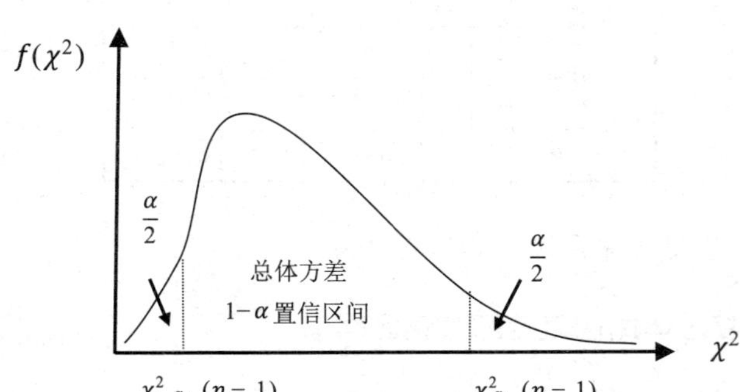

图 6.8　χ^2 分布的双侧分位点图

用 χ^2 分布构造的总体方差 σ^2 的置信区间：

$$\chi^2_{1-\frac{\alpha}{2}} \leqslant \chi^2 \leqslant \chi^2_{\frac{\alpha}{2}} \tag{6.36}$$

由于 $\dfrac{(n-1)s^2}{\sigma^2} \sim \chi^2(n-1)$，可用它来代替 χ^2，于是有：

$$\chi^2_{1-\frac{\alpha}{2}} \leqslant \frac{(n-1)s^2}{\sigma^2} \leqslant \chi^2_{\frac{\alpha}{2}} \tag{6.37}$$

根据式(6.37)，推导出总体方差 σ^2 在 $1-\alpha$ 置信水平下的置信区间为：

$$\frac{(n-1)s^2}{\chi^2_{\frac{\alpha}{2}}} \leqslant \sigma^2 \leqslant \frac{(n-1)s^2}{\chi^2_{1-\frac{\alpha}{2}}} \tag{6.38}$$

6.5.2　两个总体方差比的置信区间

在实际工作中经常会遇到比较两个总体方差的问题。由于两个样本方差比的抽样分布服从 $F(n_1-1, n_2-1)$，因此可用 F 分布来构造两个总体方差比 ${\sigma_1}^2/{\sigma_2}^2$ 的置信区间。

给定置信水平为 $1-\alpha$，查 F 分布表，得两个总体方差比的置信区间临界值，见图 6.9。

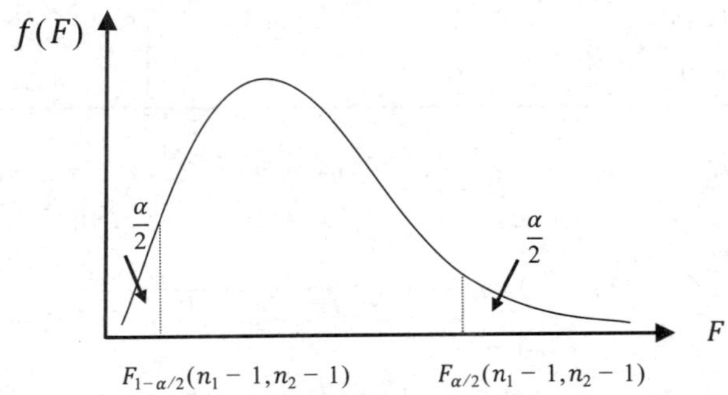

图 6.9　F 分布的双侧分位点图

构造两个总体方差比的置信区间，也就是要找到一个 F 值，使其满足

$$F_{1-\frac{\alpha}{2}} \leqslant F \leqslant F_{\frac{\alpha}{2}} \tag{6.39}$$

由于 $\dfrac{s_1^2}{s_2^2} / \dfrac{\sigma_1^2}{\sigma_2^2} \sim F(n_1-1, n_2-1)$，故可用它来代替 F，于是有：

$$F_{1-\frac{\alpha}{2}} \leqslant \frac{s_1^2}{s_2^2} \Big/ \frac{\sigma_1^2}{\sigma_2^2} \leqslant F_{\frac{\alpha}{2}} \tag{6.40}$$

根据式(6.40)，可以推导出两个总体方差比 ${\sigma_1}^2/{\sigma_2}^2$ 在 $1-\alpha$ 的置信水平下的置信区间为：

$$\frac{\dfrac{s_1^2}{s_2^2}}{F_{\frac{\alpha}{2}}} \leqslant \frac{{\sigma_1}^2}{{\sigma_2}^2} \leqslant \frac{\dfrac{s_1^2}{s_2^2}}{F_{1-\frac{\alpha}{2}}} \tag{6.41}$$

式(6.41)中，$F_{\alpha/2}$ 和 $F_{1-\alpha/2}$ 是第一自由度为 n_1-1 和第二自由度为 n_2-1 的 F 分布的右侧面积为 $\alpha/2$ 和 $1-\alpha/2$ 的分位数。由于 F 分布表中只给出面积较小的右分位数，此时可利用下面的关系求得 $F_{1-\alpha/2}$ 的分位数值：

$$F_{1-\frac{\alpha}{2}}(n_1-1,n_2-1)=\frac{1}{F_\alpha(n_2-1,n_1-1)} \tag{6.42}$$

【例 6.8】生产工序的方差是工序质量的一个重要度量。当方差较大时，需要对工序进行改进以减小方差。某地为支持当地茶叶的发展，购入两台机器进行茶叶包装，表 6.12 是两台机器包装的袋茶重量（单位：g）数据。试构造两台机器茶叶重量总体方差比 ${\sigma_1}^2/{\sigma_2}^2$ 在 95% 置信水平下的置信区间。

表 6.12　两台机器进行茶叶包装重量

机器 1			机器 2		
3.45	3.22	3.9	3.22	3.28	3.35
3.2	2.98	3.7	3.38	3.19	3.3
3.22	3.75	3.28	3.3	3.2	3.05
3.5	3.38	3.35	3.3	3.29	3.33
2.95	3.45	3.2	3.34	3.35	3.27
3.16	3.48	3.12	3.28	3.16	3.28
3.2	3.18	3.25	3.3	3.34	3.25

解：根据题意可知 $s_1^2=0.058, s_2^2=0.006, n_1=n_2=21, 1-\alpha=95\%$

查 F 分布表，得 $F_{\alpha/2}(n_1-1,n_2-1)=F_{0.025}(20,20)=2.4645$

$$F_{1-\frac{\alpha}{2}}(n_1-1,n_2-1)=\frac{1}{F_{\frac{\alpha}{2}}(n_2-1,n_1-1)}$$

$$F_{1-\frac{\alpha}{2}}(n_1-1,n_2-1)=F_{0.975}(20,20)=\frac{1}{F_{0.025}(20,20)}=0.4068$$

得两台机器茶叶重量总体方差比 ${\sigma_1}^2/{\sigma_2}^2$ 在 95% 置信水平下的置信区间为：

$$\frac{0.058/0.006}{2.4645}\leqslant\frac{{\sigma_1}^2}{{\sigma_2}^2}\leqslant\frac{0.058/0.006}{0.4068}\text{，即}(3.92\sim 23.76)\text{。}$$

6.6　必要样本容量

6.6.1　必要样本容量的确定

在抽样推断中，要想同时提高估计的精确性和可靠性，只有增大样本容量。但是，样本容量过大，就会造成浪费。因此，在抽样调查前，需要根据预先对估计精确性和可靠性的要求，确定所需抽取的最小样本单位数。如果低于这个数目，则达不到预期对估计精确性和可靠性的要求。

在抽样调查之前，设要求抽样的最大允许误差为 $\Delta_{\bar{x}}=|\bar{X}-\mu|$，要求估计的可靠性为 $1-\alpha$，则在重复抽样条件下，由

$$\Delta_{\bar{x}}=z_{\alpha/2}\sigma_{\bar{x}}=z_{\alpha/2}\sqrt{\frac{\sigma^2}{n_0}} \tag{6.43}$$

解得最小样本单位数 n_0：

$$n_0=\frac{(z_{\alpha/2})^2\sigma^2}{\Delta_{\bar{x}}^{\ 2}} \tag{6.44}$$

在不重复抽样情况下，由

$$\Delta_{\bar{x}}=z_{\alpha/2}\sqrt{\frac{\sigma^2}{n_0}(1-\frac{n}{N})}$$

得出最小样本单位数 n_0：

$$n_0=\frac{N(z_{\alpha/2})^2\sigma^2}{N\Delta_{\bar{x}}^{\ 2}+(z_{\alpha/2})^2\sigma^2} \tag{6.45}$$

同样地，可以得出比例抽样必要的最小样本容量：

$$n_0=\frac{(z_{\alpha/2})^2P(1-P)}{\Delta_p^{\ 2}}\quad（重复抽样） \tag{6.46}$$

$$n_0=\frac{N(z_{\alpha/2})^2P(1-P)}{N\Delta_p^2+(z_{\alpha/2})^2P(1-P)}\quad（不重复抽样） \tag{6.47}$$

在比例抽样估计中，如果总体比例 P 未知，则用 $P=0.5$ 替代，因为 $P(1-P)=0.5\times 0.5=0.25$ 达到最大，可以保证抽取的样本容量满足抽样估计精度的要求。

以上计算出来的最小样本量不一定为整数，通常将小数点后面的数值进位为整数。

【例 6.9】一批青贮取料机共 10000 台，根据以往经验，该种机器的平均使用寿命，寿命标准差 $\sigma=4000h$ 。若欲使可靠性在 95%以上，极限误差不超过 600h，问至少应抽多少台机器作为样本？

解：已知 $\bar{x}=6000$，$\sigma=4000$，$\Delta_x=600$，$1-\alpha=95\%$，得 $z_{\alpha/2}=1.96$

在重复抽样条件下，至少应抽取的样本数为：

$$n_0=\left(\frac{z_{\alpha/2}\sigma}{\Delta_x}\right)^2=\left(\frac{1.96\times 4000}{600}\right)^2=171（台）$$

在不重复抽样条件下，至少应抽取的样本数为：

$$n_0=\frac{N(z_{\alpha/2})^2\sigma^2}{N\Delta_{\bar{x}}^{\ 2}+(z_{\alpha/2})^2\sigma^2}=\frac{10000\times 1.96^2\times 4000^2}{10000\times 600^2+1.96^2\times 4000^2}=168（台）$$

可以得出，在同样的抽样允许误差和精度要求下，不重复抽样的必要样本容量要小一些。

6.6.2　样本容量的影响因素

必要样本容量的确定受到下面几个因素的影响：

(1)抽样推断的可靠度 $1-\alpha$ 。推断的可靠度越高，要求样本含有的总体信息就越多，只有增加样本容量才能满足可靠性要求。因此，推断的可靠度越高，所需要的样本容量越多，反之则越少。必要样本容量与抽样推断的可靠度呈同向变化。

(2)允许误差的大小。允许误差越大，必要的样本容量越少；允许误差越小，必要的样本容量越大。样本容量与允许误差呈反向变动。

(3)总体各单位标志值的变异程度。总体单位标志值的差异程度越大，需要的样本容量越多；反之，总体单位标志值的差异程度越小，需要的样本容量越少。样本容量的确定与总体单位标志值的差异程度呈同向变动。

(4)抽样方法。在同样的精度和可靠度的要求下,重复抽样比不重复抽样所需要的样本容量多。因为重复抽样有可能抽到相同的个体,这样,样本容量相同时,重复抽样的样本含有的样本信息会减少。因此,为了满足抽样精度的要求,重复抽样必须抽取样本容量大于非重复抽样的样本容量。

(5)抽样组织方式。一般情况下,简单随机抽样比类型抽样和机械抽样抽取的样本单位数多;按有关标志排序的等距抽样方式比无关标志排序的等距抽样方式所抽取的样本单位少;整群抽样比单个抽样需要抽取的样本单位要多。

6.7 其他抽样组织方式的参数估计

抽样调查的组织形式不仅关系到花费的人力、物力、财力的多少,而且直接影响到抽样估计的准确性,故选择合适的抽样组织形式,对于提高抽样效果具有重要意义。下面介绍几种常用的抽样组织形式。

1. 分层抽样

在分层抽样中,由于各层都进行抽样,对于层来说是全面调查,故层与层之间不存在抽样误差。在每一层都进行随机抽样,但各层内部单位之间差异较小,从而减小了层内抽样误差。

分层抽样总体平均数估计的一些指标计算公式如下:

设总体单位数为 N,样本容量为 n ,总体被划分为 k 层,第 i 层有 N_i 个总体单位 $(i=1,2,\cdots,k)$,第 i 层样本单位数为 n_i ,又设 x_{ij} 为第 i 层第 $j(j=1,2,\cdots,n_k)$ 个样本单位标志值,则

样本层平均数为:

$$\bar{x}_i=\frac{1}{n_i}\sum_{j=1}^{n_i}x_{ij} \tag{6.48}$$

样本总平均数为:

$$\bar{X}=\frac{\sum_{i=1}^{k}N_i\bar{x}_i}{N} \tag{6.49}$$

分层抽样总的抽样误差取决于各层内的抽样误差,而各层的抽样误差又取决于各层内部的方差和抽样数目。在重复抽样条件下,分层抽样的抽样平均误差为:

$$\sigma_{\bar{x}}=\sqrt{\sum_{i=1}^{k}\frac{N_i^2}{N^2}\frac{\sigma_i^2}{n_i}}\quad(\text{重复抽样}) \tag{6.50}$$

$$\sigma_{\bar{x}}=\sqrt{\sum_{i=1}^{k}\frac{N_i^2}{N^2}\frac{\sigma_i^2}{n_i}\left(1-\frac{n}{N}\right)}\quad(\text{不重复抽样}) \tag{6.51}$$

对于等比例分层抽样,抽样平均误差计算简化为:

$$\sigma_{\bar{x}}=\sqrt{\frac{\bar{\sigma}^2}{n}}\quad(\text{重复抽样}) \tag{6.52}$$

$$\sigma_{\bar{x}}=\sqrt{\frac{\bar{\sigma}^2}{n}\left(1-\frac{n}{N}\right)}\quad(\text{不重复抽样}) \tag{6.53}$$

式(6.53)中，$\bar{\sigma}^2$ 为层内方差加权平均数，即

$$\bar{\sigma}^2 = \frac{\sum_{i=1}^{k} \sigma_i^2 N_i}{N} \tag{6.54}$$

一般地，总体各层的方差 σ_i^2 未知，用各层的样本方差 s_i^2 代替，并以各层样本单位数 n_i 为权数。

【例 6.10】某乡有 4 个村，现按村进行等比例抽样调查该乡农户网购支出(元/户)，获得调查资料见表 6.13。以 95%的置信水平估计该乡农户网购的支出水平。

表 6.13　某乡农户网购支出数据

村	村调查户数(n_i)	平均网购费用($\bar{x}_i$)	各村方差(S_i^2)
1	30	80	10
2	50	60	15
3	80	70	20
4	40	90	22

解：依题意，该题为分层抽样，且为等比例抽样，分组层次 $k=4$，总体 N 未知。

样本均值 $\bar{x} = \frac{\sum_{i=1}^{4} n_i \bar{x}_i}{n} = \frac{30 \times 80 + 50 \times 60 + 80 \times 70 + 40 \times 90}{200} = 73$

各层方差平均数 $\bar{\sigma}^2 = \frac{\sum_{i=1}^{k} n_i S_i^2}{n} = \frac{30 \times 10 + 50 \times 15 + 80 \times 20 + 40 \times 22}{200} = 17.65$

抽样平均误差 $\sigma_{\bar{x}} = \sqrt{\frac{\bar{\sigma}^2}{n}} = \sqrt{\frac{17.65}{200}} = 0.297$

由 $\bar{x} - z_{\alpha/2}\sigma_{\bar{x}} < \mu < \bar{x} + z_{\alpha/2}\sigma_{\bar{x}}$，得：

$$73 - 1.96 \times 0.297 < \mu < 73 + 1.96 \times 0.297$$

则该乡农户网购平均支出 95%的置信区间为(72.42，73.58)元。

2. 系统抽样

关于等距抽样的抽样平均误差的计算，一般认为，按无关标志排队等距抽样的抽样误差的计算与简单随机抽样误差公式相同；按有关标志排队等距抽样的抽样误差的计算与类型抽样的抽样误差的计算相同。

3. 多阶段抽样

以两阶段抽样为例，说明抽样平均误差的计算。

设总体单位数为 N，分为 R 个组，每个组包含的单位数为 $M_i (i=1,2,\cdots,R)$，$N=\sum_{i=1}^{R} M_i$。其中，各组的单位数 M_i 可以相等，也可以不相等。为了简化起见，假定 R 组中各组的单位数相等，都为 M，则 $N=RM$，而从各组抽取的单位数也相等，都为 m，则 $n=Rm$，由此可得：

第一阶段抽样平均误差：

$$\sigma_{\bar{x}.1}=\sqrt{\frac{\delta^2}{r}\left(\frac{R-r}{R-1}\right)} \tag{6.55}$$

第二阶段抽样平均误差：

$$\sigma_{\bar{x}.2}=\sqrt{\frac{\bar{\sigma}_i^2}{n}\left(\frac{M-m}{M-1}\right)} \tag{6.56}$$

从而得到两阶段抽样平均误差，表示为：

$$\sigma_{\bar{x}}=\sqrt{\frac{\delta^2}{r}\left(\frac{R-r}{R-1}\right)+\frac{\bar{\sigma}_i^2}{n}\left(\frac{M-m}{M-1}\right)} \tag{6.57}$$

其中，δ^2 表示第一阶段各抽样的组间方差，$\bar{\sigma}_i^2$ 表示各组内方差的平均数。

4. 整群抽样

在整群抽样中，分群的原则是尽量扩大群内差异、缩小群间差异。也就是说，如果各群之间总体单位的分布完全相同，即群间不存在差异，那么只要抽取一个群就可以了。所以，整群抽样特别适用于群内差异大而群间差异小的情况。

整群抽样总体平均数估计的一些指标的计算公式如下：

设总体单位被划分为 R 群，每群中总体单位数为 N_i，则总体单位总数为 $N=\sum_{i=1}^{R}N_i$。从 R 群中随机抽取 r 群构成样本，每个样本群内有 $j\,(j=1,2,\cdots,m)$ 个样本单位。则

样本群平均数为：

$$\bar{x}=\frac{\sum_{i=1}^{r}N_i\bar{x}_i}{N} \tag{6.58}$$

其中，$\bar{x}_i$ 为样本第 $i\,(i=1,2,\cdots,r)$ 个群的平均数，即 $\bar{x}_i=\frac{\sum_{j=1}^{m}x_{ij}}{m}$。$x_{ij}$ 为样本第 i 群中第 j 个单位的标志值。若每群中的单位数相同，则样本群平均数计算可简化为：

$$\bar{x}=\frac{\sum_{i=1}^{r}\bar{x}_i}{r} \tag{6.59}$$

抽样平均误差为：

$$\sigma_{\bar{x}}=\sqrt{\frac{\sigma_B^2}{r}\left(\frac{R-r}{R-1}\right)} \tag{6.60}$$

其中，σ_B^2 为总体群间方差，$\sigma_B^2=\frac{\sum_{i=1}^{r}(\bar{x}_i-\bar{x})^2}{r-1}$。

当样本群数 r 较大时，总体均值 μ 的 $(1-\alpha)$ 的置信区间近似为：

$$\bar{x}-z_{\alpha/2}\sigma_{\bar{x}}<\mu<\bar{x}+z_{\alpha/2}\sigma_{\bar{x}} \tag{6.61}$$

当样本群数 r 较小时，用 s_B^2 代替 σ_B^2，同时用 $t_{\alpha/2}$ 代替 $z_{\alpha/2}$，t 分布的自由度为 $r-1$。

【例 6.11】某农民专业合作社生产柑橘，共装箱 200 箱，每箱 20 个。随机抽取 10 箱检

查每箱重量，测得 10 箱的平均重量（单位：g）为：261，273，275，282，276，265，268，255，288，266。试求这批柑橘平均重量的置信水平为 95%的置信区间。

解：根据题意，总体群数 $R=200$，样本群数 $r=10$，$1-\alpha=95\%$

计算样本平均数：

$$\bar{x}=\frac{\sum_{i=1}^{r}\bar{x}_i}{r}=\frac{261+273+275+282+276+265+268+255+288+266}{10}=270.9$$

计算样本群间方差：

$$\sigma_B^2=\frac{\sum_{i=1}^{r}(\bar{x}_i-\bar{x})^2}{r-1}=\frac{(261-270.9)^2+(273-270.9)^2+\cdots+(266-270.9)^2}{10-1}=97.88$$

计算抽样平均误差：

$$\sigma_{\bar{x}}=\sqrt{\frac{\sigma_B^2}{r}\left(\frac{R-r}{R-1}\right)}=\sqrt{\frac{97.88}{10}\left(\frac{200-10}{200-1}\right)}=3.06(\mathrm{g})$$

查 t 分布表，得 $t_{\alpha/2}(9)=2.262$，则置信区间为：

$$\bar{x}-t_{\alpha/2}\sigma_{\bar{x}}=270.9-2.262\times3.06=263.98$$

$$\bar{x}+t_{\alpha/2}\sigma_{\bar{x}}=270.9+2.262\times3.06=277.82$$

得到该批柑橘每个平均重量的 95%置信区间为(263.98，277.82)g。

6.8　抽样方案检查

为了保证抽样结果具有代表性，对抽样方案进行检查是必要的。抽样方案的检查主要有准确性检查和代表性检查两方面：

(1)准确性检查。所谓准确性检查，就是以抽样方案所要求的允许误差为标准，用已掌握的样本资料，计算出抽样极限误差，看它是否超过了抽样方案所允许的误差范围。若极限误差小于或等于允许的误差，即 $\Delta_x\leqslant$ 允许误差，则说明抽样方案的设计符合准确性的要求，可以实施；如果 $\Delta_x>$ 允许误差，则说明抽样方案不符合准确性的要求，就要对方案进行检查和修正，直至符合准确性的要求为止。

(2)代表性检查。所谓代表性检查，是将抽样方案中的样本估计量与过去已掌握的总体同一指标进行对比，看其比率是否超过所规定的要求。通常所要求的对比结果不超过 97%～103%或 95%～105%。若在这一范围内，说明代表性较好，方案可以实施。否则，就说明代表性不足，这就需要对方案进行检查和修改，直到求得满意的代表性。

符合准确性和代表性要求的抽样方案，就可付诸实施，以取得推断总体参数要求的样本资料。

关键术语

统计推断 statistics inference　　参数估计 parameter estimation

假设检验 hypothesis test　　抽样分布 sampling distribution

点估计 point estimate
无偏性 unbiasedness
有效性 effectiveness
一致性 consistency
区间估计 interval estimate
置信水平 confidence level
置信区间 confidence interval
实际误差 actual error
抽样平均误差 sampling average error
极限误差 limit error
独立样本 independent sample
配对样本 matched sample
最小样本容量 minimum sample size

本章小结

1. 参数估计是以抽取的样本估计量来估计相应的总体参数。在对总体参数进行抽样估计时，一般需要解决下述三个问题：第一，针对待估的总体参数，根据样本构造一个合适的统计量，作为该总体参数的点估计量；第二，对点估计量的优良性作出判断。评价参数点估计的优良标准是无偏性、有效性和一致性；第三，在给定的可靠程度下，结合抽样平均误差，由点估计量构造总体参数的置信区间。

2. 三个重要的误差概念。实际误差是指在一次具体的抽样调查中得到的样本估计量对总体参数的偏离；抽样平均误差是反映抽样误差一般水平的指标，指所有可能样本的平均数(或成数)的标准差；极限误差是指在抽样推断中，在一定概率保证下的最大允许误差。

3. 总体参数置信区间的决定因素。构造总体参数的置信区间，依赖于所抽取的样本统计量、抽样平均误差、置信概率，还有所依据的总体分布形式。

4. 总体参数置信区间估计：(1)总体均值置信区间估计。关于单一总体均值置信区间的确定，分两种情况：一是如果样本来自正态分布总体、总体方差已知，或非正态总体但为大样本，则采用正态分布来建立总体均值的置信区间；二是如果样本来自正态分布总体，但总体方差未知且为小样本，则采用来建立总体均值的置信区间。关于两个总体均值之差的置信区间估计，分为两个独立样本和两个匹配样本均值之差的置信区间估计两种情况；(2)总体比例置信区间估计。在大样本条件下，类似于总体均值置信区间估计，可采用正态分布对于单一总体比例、两总体比例之差的置信区间进行估计；(3)总体方差置信区间估计。构建一个总体方差的置信区间，采用 χ^2 分布；构建两个总体方差之比的置信区间，采用 F 分布。以上内容的公式归纳在表 6.5 中。

5. 必要样本容量的确定。在抽样调查前，需要根据抽样推断对样本精确性和可靠性的要求，确定所需抽取的最小样本单位数。如果低于这个数目，则达不到精确性和可靠性的要求，如果高于这个数目，则调查费用上不经济。计算必要的样本容量，事先要给定置信概率、极限误差和总体标准差(多数情况下需要进行预估计)。

6. 其他抽样组织方式。其他抽样组织形式如分层抽样、等距抽样、多阶段抽样和整群抽样，其抽样误差计算及区间估计也做了简单介绍。

7. 抽样方案检查。为了保证抽样结果具有代表性，需要对抽样调查方案进行检查。检查内容有准确性和代表性两个方面。前者要求抽样实际误差控制在极限误差之内，后者要求抽取的样本统计量与以往总体的同一指标的偏差控制在一定的范围内。

表 6.5　总体参数的区间估计

参数		假定条件	点估计量	抽样平均误差	$1-\alpha$ 的置信区间
总体均值	一个总体均值 μ	正态总体、σ^2 已知;或正态总体,大样本($n>30$);重复抽样	$\bar{x}$	$\sigma_{\bar{x}}=\dfrac{\sigma}{\sqrt{n}}$	$\bar{x}\pm z_{\alpha/2}\sigma_{\bar{x}}$
		正态总体、σ^2 已知;或正态总体,大样本($n>30$);不重复抽样		$\sigma_{\bar{x}}\approx\sqrt{\dfrac{\sigma^2}{n}\left(1-\dfrac{n}{N}\right)}$	$\bar{x}\pm z_{\alpha/2}\sigma_{\bar{x}}$
		正态总体、σ^2 未知,小样本($n<30$)	$\bar{x}$	$\sigma_{\bar{x}}=\dfrac{s}{\sqrt{n}}$	$\bar{x}\pm t_{\alpha/2}(n-1)\sigma_{\bar{x}}$
	$\mu_1-\mu_2$ 两个总体均值之差	独立样本:分布未知、σ_1^2、σ_2^2 已知大样本($n_1\geqslant 30,n_2\geqslant 30$)	$\bar{x}_1-\bar{x}_2$	$\sigma_{\bar{x}_1-\bar{x}_2}=\sqrt{\dfrac{\sigma_1^2}{n_1}+\dfrac{\sigma_2^2}{n_2}}$	$(\bar{x}_1-\bar{x}_2)\pm z_{\alpha/2}\sigma_{\bar{x}_1-\bar{x}_2}$
		独立样本:分布未知、σ_1^2、σ_2^2 未知大样本($n_1\geqslant 30,n_2\geqslant 30$)	$\bar{x}_1-\bar{x}_2$	$\sigma_{\bar{x}_1-\bar{x}_2}=\sqrt{\dfrac{s_1^2}{n_1}+\dfrac{s_2^2}{n_2}}$	$(\bar{x}_1-\bar{x}_2)\pm z_{\alpha/2}\sigma_{\bar{x}_1-\bar{x}_2}$
		独立样本:正态分布、σ_1^2、σ_2^2 已知 无论样本大小	$\bar{x}_1-\bar{x}_2$	$\sigma_{\bar{x}_1-\bar{x}_2}=\sqrt{\dfrac{\sigma_1^2}{n_1}+\dfrac{\sigma_2^2}{n_2}}$	$(\bar{x}_1-\bar{x}_2)\pm z_{\frac{\alpha}{2}}\sigma_{\bar{x}_1-\bar{x}_2}$
		独立样本:正态分布、σ_1^2、σ_2^2 未知;大样本($n_1\geqslant 30,n_2\geqslant 30$)	$\bar{x}_1-\bar{x}_2$	$\sigma_{\bar{x}_1-\bar{x}_2}=\sqrt{\dfrac{s_1^2}{n_1}+\dfrac{s_2^2}{n_2}}$	$(\bar{x}_1-\bar{x}_2)\pm z_{\alpha/2}\sigma_{\bar{x}_1-\bar{x}_2}$
		独立样本:正态分布、σ_1^2、σ_2^2 未知;$\sigma_1^2=\sigma_2^2$,小样本($n_1<30,n_2<30$)	$\bar{x}_1-\bar{x}_2$	$\sigma_{\bar{x}_1-\bar{x}_2}=\sqrt{s_p^{\,2}\left(\dfrac{1}{n_1}+\dfrac{1}{n_2}\right)}$ $s_p^{\,2}=\dfrac{(n_1-1)s_1^2+(n_2-1)s_2^2}{n_1+n_2-2}$	$(\bar{x}_1-\bar{x}_2)\pm t_{\frac{\alpha}{2}}(n_1+n_2-2)\sigma_{\bar{x}_1-\bar{x}_2}$
		独立样本:正态分布、σ_1^2、σ_2^2 未知;$\sigma_1^2\neq\sigma_2^2$,小样本($n_1<30,n_2<30$)	$\bar{x}_1-\bar{x}_2$	$\sigma_{\bar{x}_1-\bar{x}_2}=\sqrt{\dfrac{s_1^2}{n_1}+\dfrac{s_2^2}{n_2}}$	$(\bar{x}_1-\bar{x}_2)\pm t_{\frac{\alpha}{2}}(v)\sigma_{\bar{x}_1-\bar{x}_2}$, $v=\dfrac{\left(\dfrac{s_1^2}{n_1}+\dfrac{s_2^2}{n_2}\right)^2}{\dfrac{(s_1^2/n_1)^2}{n_1-1}+\dfrac{(s_2^2/n_2)^2}{n_2-1}}$

表 6.5(续)

参数		假定条件		点估计量	抽样平均误差	$1-\alpha$ 的置信区间
总体均值	$\mu_d=\mu_1-\mu_2$ 两个总体均值之差	配对样本	两个大样本（$n_1=n_2\geqslant 30$）	$\bar{d}$	$\sigma_{\bar{d}}=\dfrac{\sigma_d}{\sqrt{n}}$	$\bar{d}\pm z_{\frac{\alpha}{2}}\sigma_{\bar{d}}$
			两个正态总体，小样本（$n_1=n_2<30$）	$\bar{d}$	$\sigma_{\bar{d}}=\dfrac{s_d}{\sqrt{n}}$	$\bar{d}\pm t_{\frac{\alpha}{2}}(n-1)\sigma_{\bar{d}}$
总体比例	P 一个总体比例	一个二项总体，若 $np\geqslant 5$，$n(1-p)\geqslant 5$ 大样本	重复抽样	p	$\sigma_p=\sqrt{\dfrac{p(1-p)}{n}}$	$p\pm z_{\alpha/2}\sigma_p$
			不重复抽样	p	$\sigma_p\approx\sqrt{\dfrac{p(1-p)}{n}(1-\dfrac{n}{N})}$	$p\pm z_{\frac{\alpha}{2}}\sigma_p$
	P_1-P_2 两个总体比例之差	两个二项总体，P_1、P_2 未知且不等 $n_1p_1\geqslant 5$，$n_1(1-p_1)\geqslant 5$；$n_2p_2\geqslant 5$，$n_2(1-p_2)\geqslant 5$ 大样本		p_1-p_2	$\sigma_{p_1-p_2}=\sqrt{\dfrac{p_1(1-p_1)}{n_1}+\dfrac{p_2(1-p_2)}{n_2}}$	$(p_1-p_2)\pm z_{\alpha/2}\sigma_{p_1-p_2}$
		两个二项总体，P_1、P_2 未知但相等 $n_1p_1\geqslant 5$，$n_1(1-p_1)\geqslant 5$；$n_2p_2\geqslant 5$，$n_2(1-p_2)\geqslant 5$ 大样本		p_1-p_2	$\sigma_{p_1-p_2}=\sqrt{p(1-p)(\dfrac{1}{n_1}+\dfrac{1}{n_2})}$ $p=\dfrac{n_1p_1+n_2p_2}{n_1+n_2}$	$(p_1-p_2)\pm z_{\alpha/2}\sigma_{p_1-p_2}$
总体方差	σ^2 一个总体方差	一个正态总体		s^2	—	$\dfrac{(n-1)s^2}{\chi^2_{\alpha/2}}\leqslant\sigma^2\leqslant\dfrac{(n-1)s^2}{\chi^2_{1-\alpha/2}}$
	σ_1^2/σ_2^2 两个总体方差比	两个正态总体		s_1^2/s_2^2	—	$\dfrac{s_1^2/s_2^2}{F_{\alpha/2}}\leqslant\dfrac{\sigma_1{}^2}{\sigma_2{}^2}\leqslant\dfrac{s_1^2/s_2^2}{F_{1-\alpha/2}}$

思考与练习

一、思考题

6.1 抽样调查的概念和特点是什么？

6.2 什么是抽样平均误差？

6.3 影响抽样平均误差的因素是什么？

6.4 划分有限总体和无限总体对抽样有何意义？

6.5 重复抽样和不重复抽样有何不同？

6.6 极限误差的实际意义是什么？

6.7 什么是置信水平？其对置信区间的估计有什么影响？

二、练习题

6.1 某乡镇从 8000 亩水稻中随机抽取 100 亩进行亩产量调查。根据以往调查资料，亩产量标准差为 80kg，试计算重复抽样和不重复抽样下水稻亩产的抽样平均误差。

6.2 某茶叶公司销售一种茶叶，规定每包规格不低于 150g，现抽取 100 包进行检验，结果见下表。

按每包重量分组(g)	包数(包)
148～149	10
149～150	20
150～151	50
151～152	20
合　计	100

要求：

(1)以 99.73％的置信水平估计该公司销售的茶叶是否符合规格重量要求；

(2)以 95％的置信水平估计茶叶合格率的置信区间。

6.3 对杨树进行插条育苗试验，经过一定阶段的生长后，用重复抽样方式抽取 20 株，得到苗高(单位：cm)的资料见下表。

185	320	310	256	202	250	207	152	280	323
306	160	262	240	248	133	262	276	298	240

要求：以 95％的把握程度估计杨树苗木高度的置信区间(设树苗高服从正态分布)。

6.4 现从某地 5000 户农户中抽取 400 户进行调查，其中 87 户通过网络销售农产品。试以 95％的把握程度估计该地全部农户中通过网络销售农产品的农户比例。如果要求比例的抽样允许误差不超过 0.02，问至少应抽取多少户作为样本？

6.5 从某乡 2 万亩水稻田中随机抽取 400 亩，测得平均亩产量为 609 斤，标准差为 80 斤。要求以 95％的把握程度估计该乡水稻亩产量和总产量的置信区间。

6.6 某袋装食品，规定每袋重量在 100g 以上的为合格。按简单随机重复抽样方式抽查 50 袋，结果见下表。

重量(g)	90～95	95～100	100～105	105～110
相应袋数	2	3	35	10

要求：以95.45%的把握程度估计该批食品合格率所在范围。

6.7 现测试某自动化车床加工的一批耕地机零件。从中随机抽取10个，测得其尺寸与规定尺寸的偏误(单位：mm)为：2，1，−2，3，2，4，−2，5，3，4。假设偏误总体服从正态分布，试给出偏误的置信水平为90%的置信区间。

6.8 玉米叶饲料中某物质对牛和羊的可消化系数(%)的样本观测资料为：

牛	64.2	58.7	63.1	62.5	59.3	53.2
羊	57.8	56.2	61.9	54.4	33.6	56.4

已知可消化系数服从正态分布，试以95%的把握程度估计牛和羊可消化系数差异的置信区间。

6.9 已知两个正态总体的方差 σ_1^2 和 σ_2^2 未知但相等，即 $\sigma_1^2=\sigma_2^2$。从两个总体中分别抽取两个独立的随机样本，它们的均值和标准差如下表。

来自总体1的样本	来自总体2的样本
$n_1=14$	$n_2=7$
$\bar{x}_1=53.2$	$\bar{x}_2=43.4$
$S_1^2=96.8$	$S_2^2=102.0$

要求：

(1)构建 $\mu_1-\mu_2$ 的90%的置信区间；

(2)构建 $\mu_1-\mu_2$ 的95%的置信区间；

(3)构建 $\mu_1-\mu_2$ 的99%的置信区间。

6.10 从两个正态总体中分别随机抽取两个独立样本，其均值和标准差如下表。

来自总体1的样本	来自总体2的样本
$\bar{x}_1=25$	$\bar{x}_2=23$
$S_1^2=16$	$S_2^2=20$

要求：

(1)设 $n_1=n_2=100$，求 $\mu_1-\mu_2$ 的95%的置信区间；

(2)设 $n_1=n_2=10$，$\sigma_1^2=\sigma_2^2$，求 $\mu_1-\mu_2$ 的95%的置信区间；

(3)设 $n_1=n_2=10$，$\sigma_1^2\neq\sigma_2^2$，求 $\mu_1-\mu_2$ 的95%的置信区间；

(4)设 $n_1=10$，$n_2=20$，$\sigma_1^2=\sigma_2^2$，求 $\mu_1-\mu_2$ 的95%的置信区间；

(5)设 $n_1=10$，$n_2=20$，$\sigma_1^2\neq\sigma_2^2$，求 $\mu_1-\mu_2$ 的95%的置信区间。

6.11 一家人才测评机构对随机抽取的10名农业企业经理人用两种方法进行自信心测试，得到如下测试分数：

人员编号	方法 1	方法 2
1	78	71
2	63	44
3	72	61
4	89	84
5	91	74
6	49	51
7	68	55
8	76	60
9	85	77
10	55	39

要求：试以 95%的置信水平，构建两种方法下平均自信心得分之差 $\mu_d=\mu_1-\mu_2$ 的置信区间。

6.12 从两个区域各随机抽取一个样本容量为 240 户的农户样本，来自区域 1 的农户中有 $p_1=40\%$ 的农户有网购经历，来自区域 2 的农户中有 $p_2=30\%$ 的农户有网购经历。

要求：

(1)构建 p_1-p_2 的 90%的置信区间；

(2)构建 p_1-p_2 的 95%的置信区间。

6.13 下面是两台机器生产的袋装茶叶重量(单位：g)的数据：

机器 1			机器 2		
3.45	3.22	3.90	3.22	3.28	3.35
3.20	2.98	3.70	3.38	3.19	3.3
3.22	3.75	3.28	3.3	3.2	3.05
3.5	3.38	3.35	3.3	3.29	3.33
2.95	3.45	3.2	3.34	3.35	3.27
3.16	3.48	3.12	3.28	3.16	3.28
3.2	3.18	3.25	3.3	3.34	3.25

要求：构建两台机器包装茶叶重量的方差比 σ_1^2/σ_2^2 的 95%的置信区间，并评价哪台机器的产品质量相对稳定。

6.14 根据以往的经验，某种产品的废品率为 2%。要求以 95%的置信水平，估计误差不超过 4%抽取一个样本，问样本容量至少为多大？

第 7 章　参数检验

统计与实践

假设检验的思想起源于一个女士品茶的故事，此故事在美国数理统计学家戴维·萨尔斯伯格(David Salsburg)博士著《女士品茶——20 世纪统计怎样变革了科学和生活》一书中有详细的叙述。20 世纪 20 年代后期，在英国剑桥一个夏日的午后，一群大学的绅士和他们的夫人们，还有来访者，正围坐在户外的桌旁，享用着下午茶。在品茶过程中，一位女士坚称：把茶加进奶里，或把奶加进茶里，不同的做法，会使茶的味道品起来不同。在场的一帮科学精英们，对这位女士的“胡言乱语”嗤之以鼻。这怎么可能呢？他们不能想象，仅仅因为加茶加奶的先后顺序不同，茶就会发生不同的化学反应。然而，在座的一个身材矮小、戴着厚眼镜、下巴上蓄着的短尖髯开始变灰的先生对这个问题很感兴趣。他兴奋地说道：“让我们来检验这个命题吧！”并开始策划一个实验并记录了实验结果。他就是著名统计学家费雪(Ronald Aylmer Fisher，1890－1962)。设计实验时的问题是，如果只给那位女士一杯茶，如果她没有区分能力，她也有 50%的机会猜对。如果给她两杯茶，她仍有可能猜对。如果她事先知道两杯茶分别以不同的方式调制，她可能一下子全部猜对，或全部猜错。事实上，即便这位女士有区分能力，她仍然有猜错的可能(因为或者其中的一杯与奶没有充分地混合，或者泡制时茶水不够热)。所以，如果这位女士能够做出区分，也很有可能是奉上了 10 杯茶，她却只是猜对了其中的 9 杯。那么，应该为那位女士奉上多少杯茶？这些茶应该按什么样的顺序奉上？对所奉各杯茶的顺序应该告诉那位女士多少信息？如果最后的结果是女士成功分辨出了两种奶茶，那么这究竟是女士的高明还是小概率事件呢？1935 年，费雪写了一本书，名为《实验设计》。他把女士的断言视为假设问题，他考虑了各种可能的实验方法，以确定那位女士是否能做出区分。20 世纪初，英国统计学家 K. 皮尔逊(Karl. Pearson，1857－1936)提出“假设检验”，之后费雪进行了细化，并最终由美国统计学家奈曼(Jerzy Neyman，1894－1981)和英国统计学家 E. 皮尔逊(Egon Sharpe Pearson，1895－1980)提出了较完整的假设检验理论。后人把他们的意见整合成了如下标准化的模式：建立原假设和备择假设，选择检验统计量并计算其值，根据 P 值(检验统计值出现的概率)是否小于给定的显著性水平来判断是否拒绝原假设。此后，假设检验理论和方法在各行各业中得到了广泛的应用。

假设检验是统计推断中除区间估计之外的另一个重要方法，也称为显著性检验(Significance test)。假设检验的基本原理是事先对未知的总体参数做出一个假设，然后利用样本信息来判断该假设的合理性。本章将介绍假设检验的基本思想、假设检验步骤和假设检验中可能出现的误判等基本内容。

7.1　假设检验的原理

7.1.1　假设检验的基本原理

假设检验的基本原理是小概率反证法原理。小概率原理(little probability event principle)是指发生概率很小的随机事件在一次试验中基本上不会发生。反证法原理(principle of contradiction)是先提出假设,再用适当的统计方法确定假设成立的可能性大小,若可能性小,则认为假设不成立;若可能性大,则还不能认为假设不成立。

下面通过一个例子来说明假设检验的基本原理。

【例7.1】某食品包装机正常工作时,每袋净重 $\mu=500g$,标准差 $\sigma=2g$ 。现随机抽取了9袋,称得平均每袋重量 $\bar{X}=509g$,那么该食品包装机工作是否正常呢?这类问题可以通过假设检验给出答案。

解:究竟怎样去实施假设检验,检验方法的依据又是什么呢?本例中,如果假设包装机支持工作,即"$\mu=500$"正确,平均包装量服从正态分布

$$\bar{x}\sim N(500,\frac{2^2}{9})$$

对于给定的显著性水平 α ,应有:

$$P\left(\frac{|\bar{x}-500|}{2/3}>z_{1-\alpha/2}\right)=\alpha\text{,即 }P\left(|\bar{x}-500|>\frac{2}{3}z_{1-\alpha/2}\right)=\alpha$$

若 α 很小,则事件"$|\bar{x}-500|>\frac{2}{3}z_{1-\alpha/2}$"发生的概率就很小。如当 $\alpha=0.05$ 时,$t=1.96$,即事件"$|\bar{x}-500|>\frac{2}{3}\times1.96=1.3067$"发生的概率只有0.05。一般说来,小概率事件在一次试验中不会发生。但由于 $\bar{x}=509g$,得 $|\bar{x}-500|=9>1.3067$。这样,本来概率很小的事件,在一次试验中却发生了,这只能使我们对假设"$\mu=500$"产生怀疑,从而拒绝这一假设。反过来,要是根据样本观察值,算得 $|\bar{x}-500|<1.3067$,我们就没有理由拒绝"$\mu=500$"这一假设,而要接受这一假设。

从本例还可以看到,拒绝或接受假设"$\mu=500$"是根据事件"$|\bar{x}-500|>\frac{2}{3}z_{1-\alpha/2}$"是否发生而定的。因此,对取定的一个样本,是作出拒绝假设还是接受假设的结论,在一定程度上要依赖于 α 的大小。通常把 α 称为显著性水平(significant level)。显著性水平是一个统计的专有名词,在假设检验中,是指当原假设正确时却被拒绝的概率或风险。

7.1.2　假设检验的一般步骤

根据假设检验的基本原理,可以将假设检验归纳为四个步骤:提出原假设和备择假设、选择检验统计量、给出显著性水平并确定临界统计值、做出判断。

1. 提出原假设和备择假设

根据实际问题,通常提出两个假设。一个称为原假设(null hypothesis),也叫零假设,

常用 H_0 表示；另一个是与原假设对立的假设，称为备择假设(alternative hypothesis)，常用 H_1 表示。如例 7.1 中，原假设和备择假设分别为：

$$H_0: \mu = 500, \quad H_1: \mu \neq 500$$

如果原假设被拒绝了，就等于接受了备择假设。

根据假设的形式，可以把检验分为双侧检验和单侧检验，单侧检验又进一步分为右侧检验和左侧检验。

(1)双侧检验

例如，检验的形式为：$H_0: \mu = \mu_0, H_1: \mu \neq \mu_0$

由于我们在这里提出的原假设是 μ 等于某一数值 μ_0，所以只要 $\mu > \mu_0$ 或 $\mu < \mu_0$ 二者之中有一个成立，就可以否定原假设，这种假设检验称为双侧检验(two-sided test)或双尾检验(two-tailed test)。它的拒绝域分为两个部分，有两个临界值，在给定显著性水平 α 下，每个拒绝域的面积为 $\alpha/2$。双侧检验如图 7.1 所示。

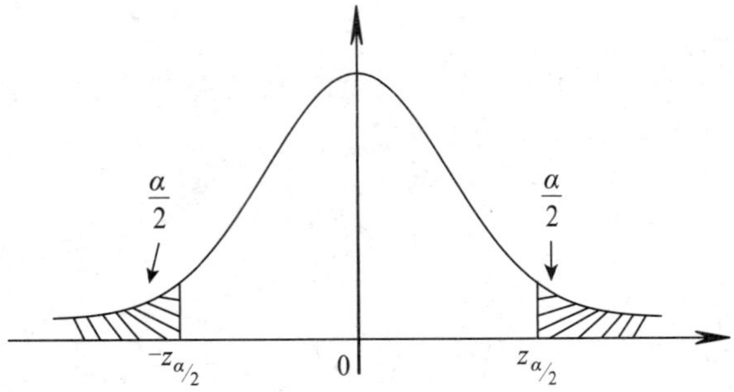

图 7.1　z 双侧检验

(2)单侧检验

在有些情况下，我们关心的假设问题带有方向性。例如产品次品率要求愈低愈好，它不能高于某一指标，当高于某一指标，就要拒绝原假设，这就是单侧检验(one-sided test)或单尾检验(one-tailed test)。这时拒绝域的图形在右侧，就称为右侧检验，见图 7.2。假设检验形式写为：

$$H_0: \mu \leqslant \mu_0, \quad H_1: \mu > \mu_0$$

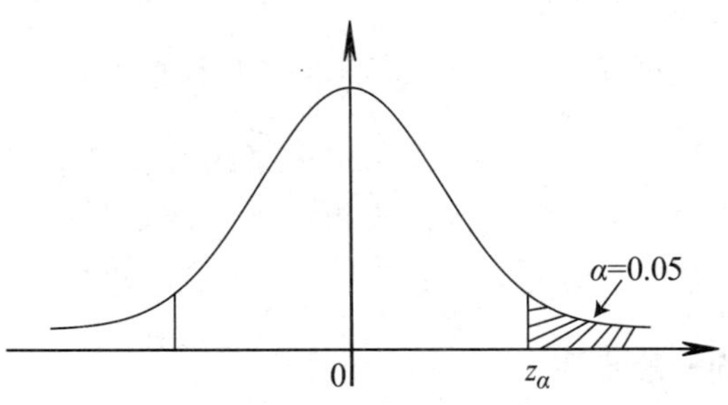

图 7.2　z 右侧检验

又例如，灯管使用寿命、药物有效成分这类产品质量指标是愈高愈好，它不能低于某一标准，当低于某一标准时就要拒绝原假设，这时拒绝域在左侧，就称为左侧检验，见图 7.3。假设检验形式为：

$$H_0:\mu \geqslant \mu_0,\quad H_1:\mu < \mu_0$$

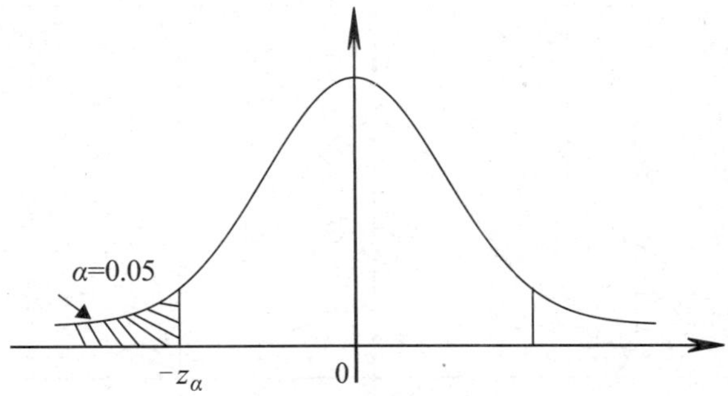

图 7.3　z 左侧检验

在设置假设时需要注意一些基本原则。原假设通常是研究者想搜集证据进行推翻的假设，所表达的含义总是指参数没有变化或变量之间没有关系，因此“＝”总是放在原假设上；备择假设通常是指研究者想搜集证据进行支持的假设，所表达的含义是总体参数发生了变化或是变量之间存在某种关系。

原假设和备择假设是一个完备事件组，而且相互对立。这意味着，在一项假设检验中，原假设和备择假设必有一个成立，而且只有一个成立。此外，假设带有一定的主观色彩，即使是面对同一个问题，由于研究目的不同，也可能提出不同的假设。但无论如何，只要假设的建立符合研究者的目的就是合理的。

2. 选择适当的检验统计量，并确定其抽样分布

确定适当的检验统计量是假设检验的重要步骤。假设检验问题的一般提法是：在给定备择假设 H_1 下对原假设 H_0 做出判断。若拒绝 H_0，就意味着接受 H_1，否则就接受 H_0。在拒绝 H_0 或接受 H_0 之间做出判断，必须要从样本出发，制定一个假设检验法则。那么，假设检验法则是什么呢？它应该是以定义在样本空间上的一个函数为依据所构造的一个准则，这个函数一般称为检验统计量（test statistic）。

检验统计量一般计算公式为：

$$\text{检验统计量}=\frac{\text{样本统计量}-\text{参数假定值}}{\text{样本统计量的标准差}} \tag{7.1}$$

在具体问题里，选择 z 统计量还是 t 统计量作为检验统计量，需要考虑的因素与参数估计相同。例如，用于进行检验的样本是大样本还是小样本，总体方差是已知还是未知等等，在不同条件下应选择不同的检验统计量。

3. 选择显著性水平 α，划分接受域和拒绝域

接受域和拒绝域是在给定的显著性水平 α 下，由检验法则所划分的样本空间的两个互不相交的区域，图 7.4 所示为 z 检验时的拒绝域和接受域。原假设 H_0 为真时可以接受的可能范围称为接受域（acceptance region）；另一区域是当原假设 H_0 为真时只有很小的概率发生，如果小概率事件确实发生，就要拒绝原假设，这一区域称为拒绝域（rejection region）或否定域。落入拒绝域是个小概率事件，一旦落入拒绝域，就要拒绝原假设而接受备择假设。

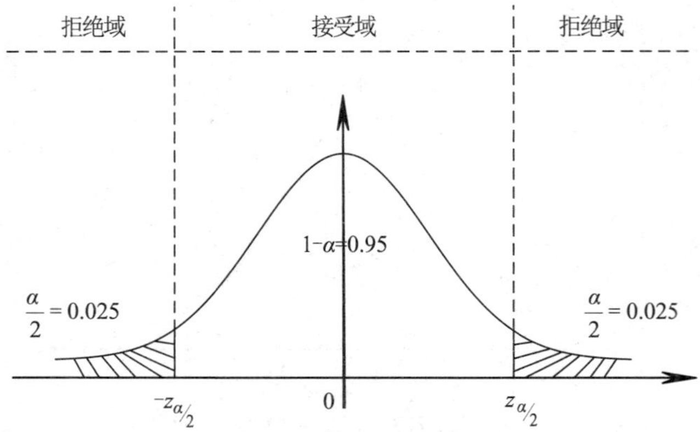

图 7.4　z 检验接受域与拒绝域

那么应该确定多大的概率算作小概率呢？这要根据不同的目的和要求而定，一般选择 $\alpha=0.01$、0.05 或者 0.1，它说明用多大的小概率来检验原假设。显然，α 愈小愈不容易推翻原假设，而一旦拒绝原假设，原假设为真的可能性就越小。所以，在作假设检验时通常要事先给定显著性水平 α 。

4. 比较检验统计量和临界值，作出判断

将检验统计量与临界值进行比较，如果检验统计量落在拒绝域中，则拒绝原假设。否则，就接受原假设。

用统计的术语来说，如果原假设是正确的，所得到的样本结果会像实际观测结果那么极端或更极端的概率成为 P 值（P-value），也称为观察到的显著性水平（observed significance level）或实际显著性水平。用 P 值进行决策的规则如下：如果 $P<\alpha$ ，则拒绝 H_0；如果 $P>\alpha$ ，则不拒绝 H_0。利用 P 值进行决策需要注意以下几点：

（1）P 值是关于数据的概率，它与原假设对或错的概率无关。具体来说，P 值反映的是在某个总体的多样本中某一类数据出现的经常程度，它是当原假设正确时，得到目前这个样本数据的概率。

（2）究竟多大的 P 值才能令人拒绝原假设？这要视情况而定。其一是，原假设的可信度有多高。如果原假设的看法多年来令人们深信不疑，就需要很强的证据才能说服他们，就应该选择小的 P 值。其二是，拒绝原假设的成本有多高。如果拒绝原假设可能会付出很高的成本，那么就需要选择一个更小的 P 值。一般来说，$P<0.1$ 代表有“一些证据”不利于原假设，$P<0.05$ 代表有“适度证据”不利于原假设，$P<0.01$ 代表有“很强证据”不利于原假设。

（3）P 值决策优于统计量决策。在进行决策时，P 值给出的是根据实际统计量计算出的显著性水平，它可以告诉我们实际的显著性水平是多少。与传统的统计量决策相比，P 值决策显然可以提供更多信息。

7.2　总体均值的检验

在假设检验中，需要检验正态总体的均值、比例，而且需要检验正态总体分布的方差。

例如，在产品质量检验中，质量标准是通过不同类型的指标反映的，有些属于均值类型，如尺寸、重量、抗拉强度等；有些属于比例类型，如产品合格率、废品率等；有些属于方差类型，如尺寸的方差、重量的方差、抗拉强度的方差等。

7.2.1　单一总体均值的检验

在对单个总体均值进行假设检验时，假设检验一般有以下三种情况：

$$H_0:\mu=\mu_0,\quad H_1:\mu\neq\mu_0\text{（双侧检验）}$$
$$H_0:\mu\leqslant\mu_0,\quad H_1:\mu>\mu_0\text{（右侧检验）}$$
$$H_0:\mu\geqslant\mu_0,\quad H_1:\mu<\mu_0\text{（左侧检验）}$$

单个总体均值检验一般有三种情形：(1)正态总体、方差 σ^2 已知；(2)大样本、总体分布未知、总体方差 σ^2 未知；(3)小样本、正态总体、方差 σ^2 未知。

(1)正态总体、方差σ^2 已知

假设总体均值为 μ_0，总体方差 σ^2 已知，样本来自正态总体，则不论样本量大小，总体均值的检验统计量为：

$$z=\frac{\bar{x}-\mu_0}{\sigma/\sqrt{n}}\tag{7.2}$$

【例 7.2】某线上食品超市管理资料显示，在以往一段时间里，所有产品的月平均销量为 12500 件，产品销量的标准差是 1500 件。在最近一个月随机抽取了 100 种产品，测得其月平均销售量为 12000 件。问能否认为该店铺最近一个月的销量达到以往水平?($\alpha=0.05$)。

解：从题意可知，该店铺的目的是希望这个月的产品销量达到或高于 12500 件，而低于 12500 件的应予拒绝，因此这是一个左侧检验问题。

提出原假设和备择假设：

$$H_0:\mu\geqslant 12500,\quad H_1:\mu<12500$$

计算检验统计量：

$$z=\frac{\bar{x}-\mu_0}{\sigma/\sqrt{n}}=\frac{12000-12500}{1500/\sqrt{100}}=-3.33$$

根据给定的显著性水平 $\alpha=0.05$，查表得临界值 $z_{0.05}=-1.645$，因此拒绝域为 $(-\infty,-1.645)$。因为 $-3.33\in(-\infty,-1.645)$，落入拒绝域，故拒绝原假设，认为最近一个月的产品销量低于 12500 件，未达到预期的销量。

(2)大样本、总体分布未知、总体方差σ^2 未知

在大样本条件下，不论总体是否服从正态分布，由中心极限定理可知，样本均值近似服从正态分布

$$\bar{x}\sim N\left(\mu,\frac{\sigma^2}{n}\right)\tag{7.3}$$

总体均值的检验统计量为：

$$z=\frac{\bar{x}-\mu_0}{s_{n-1}/\sqrt{n}}\tag{7.4}$$

式(7.4)中，s_{n-1}^2 由样本数据计算，用于替代总体方差 σ^2：

$$s_{n-1}^2=\frac{\sum(x-\bar{x})^2}{n-1} \tag{7.5}$$

【例 7.3】某事务所要求会计人员填写的报告错误率为 2%，错误率过大或者过小均不好。为了检测错误率是否符合要求，随机抽取了 100 份报告，测得 $\bar{x}=1.6\%$，$s=1\%$。给定显著性水平 $\alpha=0.05$，检验本批报告的错误率是否正常。

解：从题意可知，$n=100$，可以看作大样本。

这是一个总体均值的双侧检验问题，提出假设：

$$H_0:\mu=2\%,\quad H_1:\mu\neq 2\%$$

计算检验统计量：

$$z=\frac{\bar{x}-\mu_0}{s_{n-1}/\sqrt{n}}=\frac{1.6\%-2\%}{1\%/\sqrt{100}}=-4$$

给定显著性水平 $\alpha=0.05$，查标准正态分布表，得临界值 $z=\pm1.96$，因此拒绝域为 $(-\infty,-1.96)$ 及 $(1.96,+\infty)$。由于 $z=-4<-1.96$，落入拒绝域 $(-\infty,-1.96)$，故拒绝原假设，认为报告的错误率偏离了 2% 的合格要求，应对报告进行检查调整。

(3)小样本、正态总体、方差 σ^2 未知

在小样本($n<30$)的情况下，若总体服从正态分布，检验统计量的选择与总体方差是否已知有关。

当总体方差 σ^2 已知时，可参照第一种情况进行计算。

当总体方差 σ^2 未知时，需要用样本方差代替总体方差，此时检验统计量不再服从标准正态分布，而是服从自由度为 $n-1$ 的 t 分布：

$$t=\frac{\bar{x}-\mu_0}{s_{n-1}/\sqrt{n}} \tag{7.6}$$

【例 7.4】某农场购入农用建材的长度要求为 50cm，高于或低于该标准均会被认定为不合格。农场在采购建材时，通常是经过招标，然后对中标的供应商提供的样本进行检验，以决定是否采购。现对一个供应商提供的 10 个样本进行检验，结果如下：

50.3　51.0　50.6　49.5　49.4　50.6　49.0　50.1　50.8　49.9

假定该供应商提供的建材长度服从正态分布，检验该供应商提供的建材是否符合要求？($\alpha=0.05$)

解：依据题意进行双侧检验，建立以下假设：

$$H_0:\mu=50,\quad H_1:\mu\neq 50$$

根据样本数据计算得：

$$\bar{x}=\frac{\sum x}{10}=50.12,\quad s_{n-1}=\sqrt{\frac{\sum(x-50.12)^2}{10-1}}=0.6613$$

计算检验统计量：

$$t=\frac{\bar{x}-\mu_0}{s_{n-1}/\sqrt{n}}=\frac{50.12-50}{0.6613/\sqrt{10}}=0.574$$

由于 $t=0.574$，小于临界值 $t_{\alpha/2}(10-1)=2.2622$，因此不能拒绝原假设，认为该供应商提供的建材符合要求。

【SPSS 应用】

对例 7.4 采用 SPSS 操作。具体步骤如下：

第一步，建立数据文件。数据格式见表 7.1。

第二步，点击【分析】→【比较平均值】→【单样本 T 检验】，将"建材长度"选入"检验变量"对话框，填写"检验值(V)"框为 50，见图 7.5。

表 7.1 数据格式

	建材长度
1	50.3
2	51.0
3	50.6
4	49.5
5	49.4
6	50.6
7	49.0
8	50.1
9	50.8
10	49.9

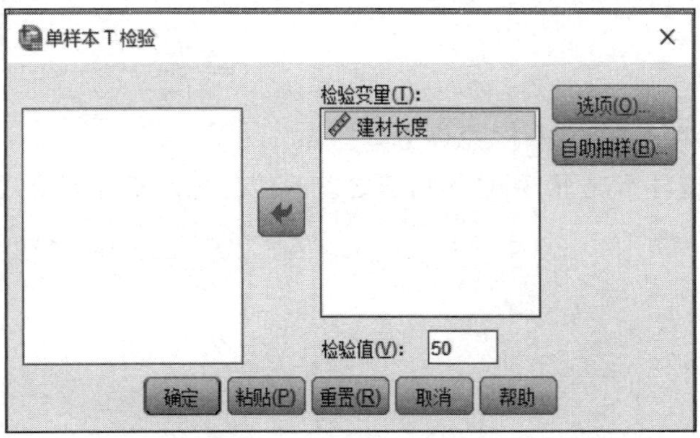

图 7.5 单样本 T 检验对话框

第三步，点击"确定"按钮，输出结果见表 7.2。

表 7.2 单样本检验表

检验值 = 50						
	t	自由度	显著性(双尾)	平均值差值	差值 95% 置信区间	
					下限	上限
建材长度	.574	9	.580	.1200	−.353	.593

可以看出，样本平均值与假设总体均值之差为 0.12，检验统计量 t 为 0.574，对应的 P 值为 0.580，远大于显著性水平 $\alpha=0.05$，故在统计上接受原假设，即认为这批建材在长度上合格。

7.2.2 两个独立总体均值之差的检验

在许多实际问题和科学研究中，人们需要比较两个总体的参数，看它们是否有显著的差别。例如，比较两个试验品种的农作物产量、两种农药杀虫的效果等等。

在对两个总体均值之差进行假设检验时，有三种假设情况：

$$H_0:\mu_1=\mu_2,\quad H_1:\mu_1\neq\mu_2$$
$$H_0:\mu_1\leqslant\mu_2,\quad H_1:\mu_1>\mu_2$$
$$H_0:\mu_1\geqslant\mu_2,\quad H_1:\mu_1<\mu_2$$

检验统计量的选择要考虑四种情形：

(1)两个总体分布和总体方差未知,两个大样本

在这种情况下,检验统计量的计算公式为：

$$z=\frac{(\bar{x}_1-\bar{x}_2)-(\mu_1-\mu_2)}{\sqrt{\frac{s_1^2}{n_1}+\frac{s_2^2}{n_2}}} \tag{7.7}$$

式(7.7)中,两个总体方差未知且没有理由判定两者相等,则用 s_1^2 替代 σ_1^2,用 s_2^2 替代 σ_2^2。

两个独立样本平均数之差（$\bar{x}_1-\bar{x}_2$）的抽样平均误差为：

$$\sigma_{\bar{x}_1-\bar{x}_2}=\sqrt{\frac{s_1^2}{n_1}+\frac{s_2^2}{n_2}} \tag{7.8}$$

(2)两个正态总体,总体方差已知

在这种情况下,两总体均值之差的检验统计量计算公式为：

$$z=\frac{(\bar{x}_1-\bar{x}_2)-(\mu_1-\mu_2)}{\sqrt{\frac{\sigma_1^2}{n_1}+\frac{\sigma_2^2}{n_2}}} \tag{7.9}$$

式(7.9)中

$$\sigma_{\bar{x}_1-\bar{x}_2}=\sqrt{\frac{\sigma_1^2}{n_1}+\frac{\sigma_2^2}{n_2}} \tag{7.10}$$

式(7.10)为两个独立样本平均数之差（$\bar{x}_1-\bar{x}_2$）的抽样平均误差。

【例 7.5】 根据经验数据,甲、乙两个地区农户家庭总支出的标准差分别为 1850 元和 2300 元。现分别随机抽选 100 户居民,调查结果为:甲地区农户家庭年平均支出为 13317 元,乙地区农户家庭年平均支出为 9704 元。试问,两地农户家庭总支出水平是否有显著差异。($\alpha=0.05$)

解:根据题意,这是两个总体均值之差的显著性检验,这里采用双侧检验。提出假设：

$$H_0:\mu_1=\mu_2,\quad H_1:\mu_1\neq\mu_2$$

两个样本均为大样本,且总体方差已知,故可用 z 检验统计量：

$$z=\frac{(\bar{x}_1-\bar{x}_2)-(\mu_1-\mu_2)}{\sqrt{\frac{\sigma_1^2}{n_1}+\frac{\sigma_2^2}{n_2}}}=\frac{13317-9704}{\sqrt{\frac{1850^2}{100}+\frac{2300^2}{100}}}=12.24$$

查正态分布表,得临界值 $z_{0.05/2}=\pm1.96$。因为 $|z|=12.24>|z_{0.05/2}|=1.96$,故拒绝原假设,认为甲乙两地农村居民年平均家庭总支出在5%显著性水平上存在显著差异。

(3)两个正态总体,方差未知但相等,两个样本均为小样本

这种情况下,两总体均值之差的检验统计量服从 t 分布：

$$t=\frac{(\bar{x}_1-\bar{x}_2)-(\mu_1-\mu_2)}{s_w\sqrt{\frac{1}{n_1}+\frac{1}{n_2}}}\sim t(n_1+n_2-2) \tag{7.11}$$

式(7.11)中,s_w 为两个独立样本方差的合并方差：

$$s_w^2 = \frac{(n_1 - 1)s_1^2 + (n_2 - 1)s_2^2}{n_1 + n_2 - 2} \tag{7.12}$$

(4)两个正态总体，方差未知且不相等、两个样本均为小样本

在这种情况下，两总体均值之差的检验统计量不再服从自由度为(n_1+n_2-2)的 t 分布，而是近似服从自由度为 v 的 t 分布：

$$t = \frac{(\bar{x}_1 - \bar{x}_2) - (\mu_1 - \mu_2)}{\sigma_{\bar{x}_1 - \bar{x}_2}} \sim t(v) \tag{7.13}$$

式(7.13)中 $\sigma_{\bar{x}_1-\bar{x}_2}$ 的计算公式见式(7.8)。

由于两个总体的方差未知且不相等、两个样本均为小样本，此时抽样分布不服从自由度为(n_1+n_2-2)的 t 分布。自由度 v 的计算公式为：

$$v = \frac{\left(\frac{s_1^2}{n_1} + \frac{s_2^2}{n_2}\right)^2}{\frac{\left(\frac{s_1^2}{n_1}\right)^2}{n_1 - 1} + \frac{\left(\frac{s_2^2}{n_2}\right)^2}{n_2 - 1}} \tag{7.14}$$

【例 7.6】用两种不同机床加工一种小型农用机械的零配件。已知不同机床加工的零件直径服从正态分布，且方差相同。分别从甲、乙两台机床生产的零件中各独立抽取 10 个，通过测量得到了如下数据(单位：cm)：

机床 1	20.0	19.5	20.2	19.6	19.8	20.3	19.6	20.2	20.3	20.0
机床 2	20.0	20.7	19.6	20.5	20.1	19.2	19.5	21.0	19.6	20.0

利用该样本数据，比较两台机床的加工精度有无显著差异。($\alpha = 0.05$)

解：由题中数据知 $n_1 = 10, n_2 = 10$

计算得两机床生产零配件的平均直径：

$$\bar{x}_1 = 19.95cm, \quad \bar{x}_2 = 20.02cm$$

由题意，两种机床加工零件精确度的总体方差未知，但两者相等，两样本均为小样本，故采用 t 检验统计量。给出假设：

$$H_0: \mu_1 - \mu_2 = 0, \quad H_1: \mu_1 - \mu_2 \neq 0$$

计算两个样本标准误差：

$$s_1^2 = \frac{\sum (x_1 - \bar{x}_1)^2}{10 - 1} = 0.09$$

$$s_2^2 = \frac{\sum (x_2 - \bar{x}_2)^2}{10 - 1} = 0.33$$

$$s_w^2 = \frac{(n_1 - 1)s_1^2 + (n_2 - 1)s_2^2}{n_1 + n_2 - 2} = \frac{(10-1)0.09 + (10-1)0.33}{10 + 10 - 2} = 0.21$$

则得：

$$s_w = \sqrt{0.21} = 0.458$$

计算检验统计量：

$$t=\frac{(\bar{x}_1-\bar{x}_2)-(\mu_1-\mu_2)}{s_w\sqrt{\frac{1}{n_1}+\frac{1}{n_2}}}=\frac{(19.95-20.02)-0}{0.458\sqrt{\frac{1}{10}+\frac{1}{10}}}=-0.342$$

自由度为 $n_1+n_2-2=10+10-2=18$，$\alpha=0.05$。查 t 分布表得临界值为 $t_{0.025}(18)=\pm 2.1098$。

由于 $|t|=0.342<2.1098$，t 统计量没有落入拒绝域，所以接受原假设，两台机床加工的零件精度没有显著差异。

【SPSS 应用】

对例 7.6 采用 SPSS 进行两个独立样本均值之差的显著性检验。步骤为：

第一步，建立数据文件。数据格式见表 7.3。

第二步，选择【分析】→【比较平均值】→【独立样本 T 检验】，将“零件尺寸”选入“检验变量”对话框中。将“加工机床”选入“分组变量”对话框，点其下方的“定义组”对话框定义分组，指定“1”为机床 1，指定“2”为机床 2，点击“继续”按钮返回。见图 7.6。

表 7.3 数据格式

	加工机床	零件尺寸
1	1	20.0
2	1	19.5
3	1	20.2
4	1	19.6
5	1	19.8
6	1	20.3
7	1	19.6
8	1	20.2
9	1	20.3
10	1	20.0
11	2	20.0
12	2	20.7
13	2	19.6
14	2	20.5
15	2	20.1
16	2	19.2
17	2	19.5
18	2	21.0
19	2	19.6
20	2	20.0

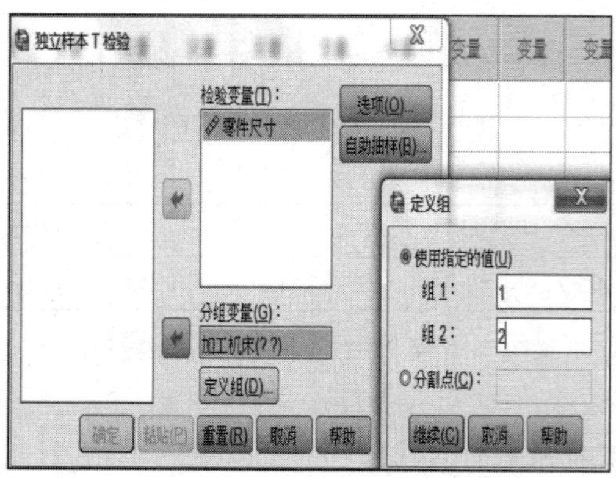

图 7.6 独立样本 T 检验对话框

第三步，点击“确定”按钮，得到输出结果见表 7.4。

表 7.4 独立样本检验

		莱文方差等同性检验		平均值等同性 t 检验						
		F	显著性	t	自由度	显著性（双尾）	平均值差值	标准误差差值	差值 95% 置信区间 下限	差值 95% 置信区间 上限
零件尺寸	假定等方差	2.641	.122	-.341	18	.737	-.07000	.20551	-.50176	.36176
	不假定等方差			-.341	13.757	.739	-.07000	.20551	-.51150	.37150

可以看出，两个样本平均值的差值为 -0.07。在假定等方差的情况下，检验统计量 t 值为 -0.341，对应的 P 值为 0.737，远大于显著性水平 $\alpha=0.05$，故在统计上接受 H_0，即认为两台机床加工的零件尺寸均值没有显著差异。在不假定等方差的情况下得出了相同的结论。

7.2.3　两个相关总体均值之差的检验

匹配样本是指两个样本内个体存在一一对应关系。具有两样本观察数量相同、两样本观察顺序不能随意改变以及两个总体配对差值构成的总体服从正态分布三个特点。使用匹配样本时，可进行配对 t 检验。检验统计量为：

$$t=\frac{\bar{x}-\mu_0}{\frac{s_{n-1}}{\sqrt{n}}}\sim t(n-1) \tag{7.15}$$

【例 7.7】为了检验一种豆类的两种栽培方案，在同一地区随机选择 8 块地段，在各地段按两种方案栽培，得到 8 块地段的单位面积产量(单位：kg)。利用该样本数据，比较两种栽培方案的产量有无显著差异。(给定 $\alpha=0.05$)

表 7.5　两种栽培方案的产量及其差值

1 号方案产量	86	87	56	93	84	93	75	79
2 号方案产量	80	79	58	91	77	82	74	66
差值 x	6	8	−2	2	7	11	1	3

解：已知 $n_1=8, n_2=8$，两样本均为小样本。

由差值 x，计算得 $\bar{x}=5.75$。样本标准差计算如下：

$$s_{n-1}=\sqrt{\frac{\sum(x_1-\bar{x})^2}{n-1}}=\sqrt{\frac{\sum(x_1-5.75)^2}{8-1}}=5.12$$

由题意，采用 t 检验统计量。给出假设：

$$H_0:\mu_1-\mu_2=0,\quad H_1:\mu_1-\mu_2\neq 0$$

计算检验统计量：

$$t=\frac{\bar{x}-\mu_0}{\frac{s_{n-1}}{\sqrt{n}}}=\frac{5.75-0}{5.12/\sqrt{8}}=3.17$$

自由度为 $n-1=7$，$\alpha=0.05$。查 t 分布表，临界值为 $t_{0.025}(7)=\pm 2.365$。由于 $t=3.1>2.365$，故拒绝原假设，认为两种栽培方案的产量在 5% 显著性水平下有明显的差异。

7.3　总体比例的检验

7.3.1　单一总体比例的检验

在实际问题中，检验总体中具有某种特征的个体所占的比例是否为某个假设值 P_0，是经常遇到的。譬如，一批产品中的次品率，适龄儿童的入学率，电视节目的收视率，等等。

$$H_0:P=P_0,\quad H_1:P\neq P_0\quad (双侧检验)$$

$$H_0:P\leqslant P_0,\quad H_1:P>P_0\quad (右侧检验)$$

$$H_0:P \geqslant P_0, \quad H_1:P < P_0 \quad (\text{左侧检验})$$

由中心极限定理可知,在大样本的情况下,样本比例 p 服从渐进正态分布,因而可用 z 统计量进行检验。即

$$z=\frac{p-P}{\sqrt{\frac{P(1-P)}{n}}} \tag{7.16}$$

【例 7.8】某省统计局公布,2020 该省农村总人口中 60 岁以上的人口占比 17.3%。为了验证该结果,该省老年人口研究会随机抽取了 40 名农村居民,其中有 7 名年龄在 60 岁以上的老年人。问调查结果是否支持统计局对老年人口比例的统计结果?($\alpha=0.05$)

解:这是一个有关总体比例的双侧检验问题,这里提出假设:

$$H_0:P=17.3\%, \quad H_1:P \neq 17.3\%$$

根据样本,60 岁以上老人的比例为:

$$p=\frac{7}{40}=17.5\%$$

计算检验统计量:

$$z=\frac{p-P}{\sqrt{\frac{P(1-P)}{n}}}=\frac{17.5\%-17.3\%}{\sqrt{\frac{17.3\%(1-17.3\%)}{40}}}=0.033$$

给定 $\alpha=0.05$,查正态分布表,得临界值 $z_{0.05/2}=\pm 1.96$。由于 $|z| \leqslant |z_{\alpha/2}|$,故接受原假设,所以认为调查结果有 95%的把握支持该市老年人口的比重为 17.3%的看法。

7.3.2 两个独立总体比例之差的检验

设两个总体服从二项分布,两个总体比例中具有某种特征的个体的比例分别为 P_1 和 P_2,但 P_1 和 P_2 未知,可用样本比例 p_1 和 p_2 代替。

检验两个总体比例之差,有三种情况:

$$H_0:P_1=P_2, \quad H_1:P_1 \neq P_2 \quad (\text{双侧检验})$$

$$H_0:P_1 \leqslant P_2, \quad H_1:P_1 > P_2 \quad (\text{右侧检验})$$

$$H_0:P_1 \geqslant P_2, \quad H_1:P_1 < P_2 \quad (\text{左侧检验})$$

若两个样本均为大样本,且 $n_1p_1, n_1(1-p_1), n_2p_2, n_2(1-p_2)$ 均大于 5,则两个样本比例之差 p_1-p_2 的抽样分布,近似地服从正态分布。

以第一种情况为例,检验两个总体比例相等的假设,即检验原假设:

$$H_0:P_1=P_2 \quad \text{或} \quad H_0:P_1-P_2=0$$

在原假设成立的情况下,最佳的方差是 $p(1-p)$,其中 p 是将两个样本合并后得到的比例估计量,即

$$p=\frac{x_1+x_2}{n_1+n_2}=\frac{n_1p_1+n_2p_2}{n_1+n_2} \tag{7.17}$$

式(7.17)中,x_1 表示样本 n_1 中具有某种特征的单位数,x_2 表示样本 n_2 中具有某种特征的单位数。

在大样本情况下,检验统计量 z 为:

$$z=\frac{p_1-p_2}{\sqrt{p(1-p)\left(\frac{1}{n_1}+\frac{1}{n_2}\right)}} \tag{7.18}$$

【例 7.9】某保险公司做了一项调查，了解某农村地区长期饮酒人群中患有高血压的比例是否显著高于不饮酒人群患有高血压的比例。调查对象为每天至少喝一杯白酒的农村 50 岁以上的男性村民。共调查了 200 名村民，其中 80 名饮酒者中有 20 名患有高血压，120 名不饮酒者中有 12 名患有高血压。试检验饮酒人群与不饮酒人群中患有高血压的比例是否有显著性差异。（$\alpha=0.01$）

解：根据题意，计算相应的样本比例指标，饮酒人群患高血压的比例 $p_1=20/80=0.25$，不饮酒人群患高血压的比例 $p_2=12/120=0.1$。两个样本合并后的比例估计量：

$$p=\frac{n_1p_1+n_2p_2}{n_1+n_2}=\frac{80\times0.25+120\times0.1}{80+120}=0.16$$

根据题意，提出原假设为饮酒与不饮酒对患高血压没有显著影响。如果原假设被拒绝，常识上，认为饮酒者患高血压的比例要高于不饮酒者，故这是一个右侧检验问题。提出假设：

$$H_0:P_1-P_2\leqslant0,\quad H_1:P_1-P_2>0$$

计算检验统计量：

$$z=\frac{(p_1-p_2)-(P_1-P_2)}{\sqrt{p(1-p)(\frac{1}{n_1}+\frac{1}{n_2})}}=\frac{(0.25-0.1)-0}{\sqrt{0.16(1-0.16)(\frac{1}{80}+\frac{1}{120})}}=2.84$$

给定 $\alpha=0.01$，查正态分布表，得临界值 $z_{0.01}=2.33$。由于 $z=2.84>2.33$，故拒绝原假设，认为该农村地区 50 岁以上男性饮酒人群患高血压的比例在 1% 的显著性水平上要高于不饮酒的人群。

7.4　总体方差的检验

凡与均值有关的指标，通常也与方差有关，方差从另一个方面说明研究现象的状况。方差反映着产品的稳定性，方差大，说明产品的性能不稳定，波动大。在经济生活方面，对方差关注的例子比比皆是。例如，居民平均收入说明了收入达到的一般水平，是衡量经济发展阶段的一个重要指标，而收入方差则反映了收入分配差异情况，可以用于评价收入的合理性。在投资方面，收益率方差则是评价投资风险的重要依据，等等。

7.4.1　单一总体方差的检验

对方差进行检验的程序，与均值检验、比例检验是一样的，它们之间的主要区别是所使用的检验统计量不同。单一总体方差的检验采用 χ^2 检验统计量。

假设总体服从正态分布，检验总体方差时提出假设：

$$H_0:\sigma^2=\sigma_0^2,\quad H_1:\sigma^2\neq\sigma_0^2$$

χ^2 检验统计量为：

$$\chi^2 = \frac{(n-1)s_{n-1}^2}{\sigma_0^2} \tag{7.19}$$

式(7.19)中，$s_{n-1}^2 = \dfrac{\sum (x-\bar{x})^2}{n-1}$

则

$$\sum (x-\bar{x})^2 = (n-1)s_{n-1}^2 \tag{7.20}$$

可以证明，$\sum (x_i-\bar{x})^2$ 除以总体方差 σ^2 服从 χ^2 分布。

假设检验中，χ^2 与 z 统计量、t 统计量一样，在给定的 α 显著性水平下，也有其固定的拒绝域。若进行双侧检验，拒绝域分布在 χ^2 统计量分布曲线的两边；若是单侧检验，拒绝域分布在 χ^2 统计量分布曲线的一边。具体在左边还是右边，需要根据原假设和备择假设的情况而定。

【例 7.10】根据食品安全国家标准，生牛乳的酸度应处于 15°T 左右，上下浮动不能超过 3°T，如达到要求说明生牛乳的质量良好。现从某生牛乳生产企业随机抽取 25 瓶分别检测其酸度，测得其 $s_{n-1}^2=2.6$。现给定 $\alpha=0.05$，检验这批生牛乳的酸度是否达标。

解：这里采用单侧检验。给出假设：

$$H_0:\sigma^2 \leqslant 3,\quad H_1:\sigma^2 > 3$$

计算检验统计量：

$$\chi^2 = \frac{(n-1)s_{n-1}^2}{\sigma_0^2} = \frac{(25-1)\times 2.6}{3} = 20.8$$

给定 $\alpha=0.05$。自由度为 $25-1=24$，查 χ^2 分布表，得到临界值 $\chi^2_{0.05}(24)=36.154$，由于 $\chi^2=20.8<36.154$，故不能拒绝原假设，可以认为这批生牛乳达标。

7.4.2 两个总体方差之比的检验

如果要检验两个总体方差是否相等，可以通过检验两个方差之比是否等于 1 来进行。实际中会遇到关注两个总体方差是否相等的问题，如比较两个生产过程的稳定性，比较两种投资方案的风险等。

前面讨论两个总体均值之差的检验时，假定两个总体方差相等或者不相等。事实上，在许多情况下总体方差是否相等事先往往并不知道，因此，在进行两个总体均值之差的检验之前，可以先进行两个总体方差是否相等的检验，由此获得所需要的信息。

为了比较两个未知的总体方差 σ_1^2 和 σ_2^2，我们用两个样本方差的比来判断：如果 S_1^2/S_2^2 接近于 1，说明两个总体方差 σ_1^2 和 σ_2^2 很接近；如果比值结果远离 1，说明 σ_1^2 与 σ_2^2 之间有较大差异。

方差检验有单侧检验和双侧检验两种。

单侧检验：

$$H_0:\sigma_1^2 \leqslant \sigma_2^2\ (\text{或 } \sigma_1^2/\sigma_2^2 \leqslant 1),\ H_1:\sigma_1^2 > \sigma_2^2\ (\text{或 } \sigma_1^2/\sigma_2^2 > 1)$$

双侧检验：

$$H_0:\sigma_1^2 = \sigma_2^2\ (\text{或 } \sigma_1^2/\sigma_2^2 = 1),\ H_1:\sigma_1^2 \neq \sigma_2^2\ (\text{或 } \sigma_1^2/\sigma_2^2 \neq 1)$$

根据数理统计知识，在两个正态总体分布条件下，两个方差之比服从 F 分布。在原假设下，构造 F 检验统计量：

$$F=\frac{s_1^2/\sigma_1^2}{s_2^2/\sigma_2^2} \tag{7.21}$$

式(7.21)中，F 统计量的两个自由度分别为：分子自由度 n_1-1，分母自由度 n_2-1。

在单侧检验中，要把较大的 S^2 放在分子 S_1^2 的位置，在原假设 H_0 下，$F>1$，拒绝域在 F 分布的右侧。给定显著性水平 α，查 F 分布表，得到单侧临界值 $F_\alpha(n_1-1,n_2-1)$，则拒绝域为 $(F_\alpha(n_1-1,n_2-1),+\infty)$。

在双侧检验中，拒绝域在 F 分布的两侧，两个临界点的位置分别为：

$$F_{\alpha/2}(n_1-1,n_2-1),\quad F_{1-\alpha/2}(n_1-1,n_2-1)$$

F 分布表仅给出 $F_{\alpha/2}$ 的位置，可以用它来推算 $F_{1-\alpha/2}$ 的位置，推算公式为：

$$F_{1-\frac{\alpha}{2}}=\frac{1}{F_{\frac{\alpha}{2}}(n_2-1,n_1-1)} \tag{7.22}$$

注意：式(7.22)中等号右边分母 $F_{\alpha/2}$ 的两个自由度位置要调换一下。

【例 7.11】为调查肥料对作物苗高的影响程度，从某作物田中中随机抽取了 15 株作物，经调查后将其分为肥料 1 和肥料 2 两类，前者 7 株，后者 8 株。经统计，两组作物株高的均值分别为 $\bar{x}_1=15.925$，$\bar{x}_2=16.000$，标准差分别为 $s_1^2=0.216$，$s_2^2=0.197$。现以 $\alpha=0.05$ 的显著性水平检验两个总体的方差是否相等。

解：根据题意，进行双侧检验，提出假设：

$$H_0:\sigma_1^2/\sigma_2^2=1,\quad H_1:\sigma_1^2/\sigma_2^2\neq 1$$

计算检验统计量：

$$F=\frac{s_1^2}{s_2^2}=\frac{0.216}{0.197}=1.096$$

给定 $\alpha=0.05$。第一自由度 $=7-1=6$，第二自由度 $=8-1=7$，查 F 分布表得 $F_{0.025}(6,7)=5.12$。由于 $F_{0.025}(7,6)=5.70$，可得：

$$F_{1-\alpha/2}=\frac{1}{F_{\alpha/2}(n_2-1,n_1-1)}=\frac{1}{5.70}=0.175$$

本例中，F 分布的两个临界点分别为 $F_{1-\alpha/2}=0.175$，$F_{\alpha/2}=5.12$，则原假设的接受区间为(0.175, 5.12)，检验统计量 $F=1.096$，落入接受区间，故不能拒绝原假设，可以认为这两个总体的方差没有显著差异。

【SPSS 应用】

对例 7.10 采用 SPSS 检验两个独立总体的方差是否相等。具体步骤为：

第一步，建立数据文件。数据格式见表 7.6。

第二步，检验两个总体方差是否相等。点击【分析】→【比较平均值】→【单因素 ANOVA 检验】，将“苗高”选入“因变量列表”框，将“肥料”选入“因子”框，见图 7.7。点击“选项”按钮，在弹出的对话框中勾选其中的“方差齐性检验”。点击“继续”按钮返回。

表 7.6 数据格式

	肥料	苗高
1	1	16.2
2	1	16.4
3	1	15.8
4	1	15.5
5	1	16.7
6	1	15.6
7	1	15.8
8	2	15.9
9	2	16.0
10	2	16.4
11	2	16.1
12	2	16.5
13	2	15.8
14	2	15.7
15	2	15.0

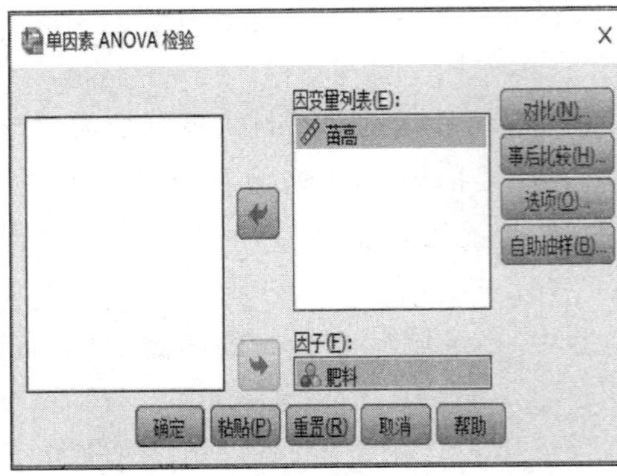

图 7.7 单因素方差检验对话框

第三步，点击“确定”按钮，输出方差齐次性检验结果，见表 7.7。

表 7.7 方差齐次性检验

苗高			
莱文统计	自由度 1	自由度 2	显著性
.118	1	13	.736

莱文(Levene)方差齐次性检验结果表明，检验统计量为 0.118，对应的 P 值为 0.736，远大于 $\alpha=0.05$。故认为在 5% 的显著性水平上，总体方差是相等的，满足方差齐次性。

表 7.8 方差分析表(ANOVA)

苗高					
	平方和	自由度	均方	F	显著性
组间	.021	1	.021	.101	.755
组内	2.695	13	.207		
总计	2.716	14			

表 7.8 的方差分析结果表明，F 统计量为 0.101，对应的 P 值为 0.755，远大于显著性水平 $\alpha=0.05$，故认为组间方差和组内方差不存在显著性差异，两种肥料对作物苗高具有相同的影响程度，这与莱文方差齐次性检验结果一致。

7.5 假设检验中的两类错误

由前面已知，假设检验是在样本观察值确定之后，根据小概率原理进行推断的，由于样本的随机性，这种推断不可能有绝对的把握，难免要犯错误。所犯错误的类型有两类：一类错误是原假设 H_0 为真时，却被人们拒绝了。这是第一类弃真错误，犯这种错误的概率用 α 表示，故也称 α 错误(αerror)或Ⅰ型错误；另一类错误是指原假设 H_0 为假时，却被人们接受了。这是一种纳伪错误，这种错误发生的概率用 β 表示，故也称 β 错误(β error)

或Ⅱ型错误。两类错误见图 7.8 所示。两个分布图部分交叠,在判断中就会发生误判。

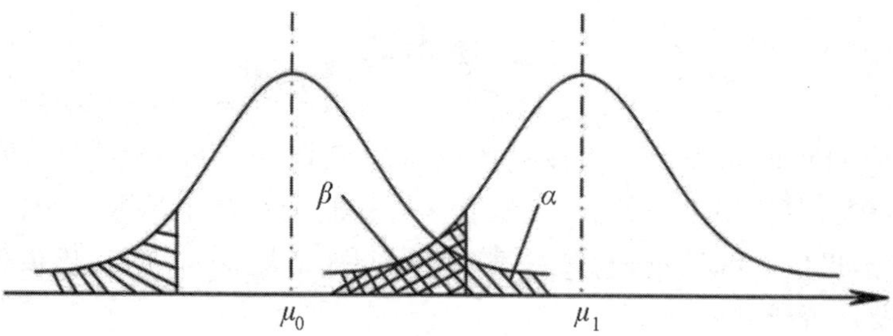

图 7.8　假设检验的两类错误

举例来说,在厂家出售产品给消费者时,通常要经过产品质量检验。生产厂家总是假定产品是合格的,但检验时厂家总要承担把合格产品误检为不合格产品的某些风险,生产者承担这些风险的概率就是 α ,所以 α 也称为生产者风险。而在消费者一方却担心把不合格产品误检为合格品而被接受,这是消费者承担的某些风险,其概率就是 β ,因此第二类错误 β 也称为消费者风险。正确决策和错误决策的概率归纳为表 7.9。

表 7.9　假设检验中各种可能结果的概率

	接受 H_0	拒绝 H_0 ,接受 H_1
H_0 为真	$1-\alpha$(正确决策)	α(弃真错误)
H_1 为伪	β(纳伪错误)	$1-\beta$(正确决策)

自然地,人们希望犯这两类错误的概率愈小愈好。但对于一定的样本容量 n ,不可能同时做到犯这两类错误的概率都很小。因此,在假设检验中,就存在一个对两类错误进行控制的问题。

一般来说,哪一类错误所带来的后果越严重、危害越大,在假设检验中就应当把哪一类错误作为首要的控制目标。但在假设检验中,大家都在执行一个原则,那就是,首先控制犯 α 错误原则。这样做的原因主要有两点:一方面,大家都遵循一个统一的原则,讨论问题就比较方便;另一方面,也是最主要的原因在于,从实用的观点来看,原假设常常是内容明确的,而备择假设则常常是模糊的。显然,对于一个含义清楚的假设和一个模糊的假设,我们更愿意接受前者。在这个背景下,我们就更为关心如果原假设为真,而我们却把它拒绝了,犯这种错误的可能性有多大。

关键术语

假设检验 hypothesis test
小概率原理 little probability event principle
原假设 null hypothesis
备择假设 alternative hypothesis
显著性水平 significance level
检验统计量 test statistic
双侧检验 two-sided test
单侧检验 one-sided test
接受域 acceptance region
拒绝域 rejection region
P 值 P-value
α 错误 α error

β 错误 β error

本章小结

1. 假设检验的原理和步骤。假设检验的基本原理是小概率原理。假设检验基本步骤：首先对所研究的总体提出某种假设，然后从待检验的总体中抽取一个随机样本并获得数据，再根据样本提供的统计量，与某一显著性水平（小概率）下的临界值进行比较，判断关于总体的假设是否成立。

2. 总体参数的假设检验：(1)总体均值检验。存在一个总体均值检验和两个总体均值之差检验两种情况。前者要检验的是某总体均值 μ 与某个假设值 μ_0 的差异是否显著；后者检验两个总体均值之差是否显著，在检验时注意区分是两个独立样本，还是两个相关样本，对应的检验方法有所不同；(2)总体比例检验。总体比例的检验程序与总体均值的检验类似，也可以分为一个总体比例和两个总体比例两种情况；(3)总体方差检验。研究一个总体时，总体方差 σ^2 的检验采用 χ^2 统计量。研究两个总体时，两个总体的方差比 σ_1^2/σ_2^2 的检验采用 F 统计量。关于总体均值、总体比例和总体方差的假设检验，各检验统计量的构造方法因待检参数不同而异，见表 7.10。

表 7.10　总体参数的假设检验

总体参数的检验		假定条件	检验统计量
总体均值检验	μ 单一总体均值	正态总体、σ^2 已知	$z=\dfrac{\bar{x}-\mu_0}{\sigma/\sqrt{n}}\sim N(0,1)$
		总体分布未知、σ^2 未知，大样本（$n\geqslant 30$）	$z=\dfrac{\bar{x}-\mu_0}{s_{n-1}/\sqrt{n}}\sim N(0,1)$
		正态总体、σ^2 未知，小样本（$n<30$）	$t=\dfrac{\bar{x}-\mu_0}{s_{n-1}/\sqrt{n}}\sim t(n-1)$
	$\mu_1-\mu_2$ 两总体均值之差	两个正态总体、σ_1^2、σ_2^2 已知	$z=\dfrac{(\bar{x}_1-\bar{x}_2)-(\mu_1-\mu_2)}{\sqrt{\dfrac{\sigma_1^2}{n_1}+\dfrac{\sigma_2^2}{n_2}}}\sim N(0,1)$
		两个正态总体、σ_1^2、σ_2^2 未知、两个大样本（$n_1\geqslant 30,n_2\geqslant 30$）	$z=\dfrac{(\bar{x}_1-\bar{x}_2)-(\mu_1-\mu_2)}{\sqrt{\dfrac{s_1^2}{n_1}+\dfrac{s_2^2}{n_2}}}\sim N(0,1)$
		两个正态总体、σ_1^2、σ_2^2 未知但相等、两个小样本（$n_1<30,n_2<30$）	$t=\dfrac{(\bar{x}_1-\bar{x}_2)-(\mu_1-\mu_2)}{s_w\sqrt{\dfrac{1}{n_1}+\dfrac{1}{n_2}}}\sim t(n_1+n_2-2)$ $s_w^2=\dfrac{(n_1-1)s_1^2+(n_2-1)s_2^2}{n_1+n_2-2}$

表 7.10(续)

<table>
<tr><th colspan="2">总体参数的检验</th><th>假定条件</th><th>检验统计量</th></tr>
<tr><td>总体
均值
检验</td><td>$\mu_1-\mu_2$
两总体均值之差</td><td>两个正态总体、σ_1^2、σ_2^2 未知且不相等、两个小样本($n_1<30,n_2<30$)</td><td>$t=\dfrac{(\bar{x}_1-\bar{x}_2)-(\mu_1-\mu_2)}{\sqrt{\dfrac{s_1^2}{n_1}+\dfrac{s_2^2}{n_2}}}\sim t(v)$
$v=\dfrac{\left(\dfrac{s_1^2}{n_1}+\dfrac{s_2^2}{n_2}\right)^2}{\dfrac{(s_1^2/n_1)^2}{n_1-1}+\dfrac{(s_2^2/n_2)^2}{n_2-1}}$</td></tr>
<tr><td rowspan="3">总体
比例
检验</td><td>P
单一总体比例</td><td>一个二项总体,若 $np\geqslant5$,$n(1-p)\geqslant5$,看作大样本</td><td>$z=\dfrac{p-P}{\sqrt{\dfrac{P(1-P)}{n}}}\sim N(0,1)$</td></tr>
<tr><td rowspan="2">P_1-P_2
两总体比例之差</td><td>两个二项总体、P_1、P_2 未知且不相等,若 $n_1p_1\geqslant5$,$n_1(1-p_1)\geqslant5$;$n_2p_2\geqslant5$,$n_2(1-p_2)\geqslant5$ 看作大样本</td><td>$z=\dfrac{(p_1-p_2)-(P_1-P_2)}{\sqrt{\dfrac{p_1(1-p_1)}{n_1}+\dfrac{p_2(1-p_2)}{n_2}}}\sim N(0,1)$</td></tr>
<tr><td>两个二项总体、P_1、P_2 未知但相等,若 $n_1p_1\geqslant5$,$n_1(1-p_1)\geqslant5$;$n_2p_2\geqslant5$,$n_2(1-p_2)\geqslant5$ 看作大样本</td><td>$z=\dfrac{(p_1-p_2)-(P_1-P_2)}{\sqrt{p(1-p)(\dfrac{1}{n_1}+\dfrac{1}{n_2})}}\sim N(0,1)$
$p=\dfrac{n_1p_1+n_2p_2}{n_1+n_2}$</td></tr>
<tr><td rowspan="2">总体
方差
检验</td><td>σ^2
单一总体方差</td><td>一个正态总体</td><td>$\chi^2=\dfrac{(n-1)s_{n-1}^2}{\sigma_0^2}\sim\chi^2(n-1)$</td></tr>
<tr><td>σ_1^2/σ_2^2
两个总体
方差之比</td><td>两个正态总体</td><td>$F=\dfrac{s_1^2/\sigma_1^2}{s_2^2/\sigma_2^2}\sim F(n_1-1,n_2-1)$</td></tr>
</table>

3. 假设检验的两类错误及其控制。假设检验的两类错误:一类错误是指原假设 H_0 为真时,却被拒绝了,这是弃真错误。犯弃真错误的概率用 α 表示,故也称 α 错误或Ⅰ型错误;另一类错误是指原假设 H_0 为假时,却被接受了,这是纳伪错误。纳伪错误发生的概率用 β 表示,故也称 β 错误或Ⅱ型错误。在假设检验中,大家都在执行一个原则,即首先控制犯 α 错误的原则。

思考与练习

一、思考题

7.1 什么是假设检验？

7.2 假设检验的基本思想是什么？

7.3 假设检验的一般步骤是什么？

7.4 在不同情形下，总体均值、总体比例、总体方差的检验统计量分别是什么？

7.5 什么是 α 错误？什么是 β 错误？

7.6 假设检验的显著性水平的含义是什么？

二、练习题

7.1 根据资料，施用旧农药时某作物的平均亩产为500kg，标准差为40kg。有一种新型农药，据说在一定剂量下施用能比旧农药平均增加亩产50kg。为了检验这个说法是否正确，搜集到一组施用新农药后的亩产数据(kg)：520，600，620，580，660，540，560。假定亩产量服从正态分布，试问：这组数据能否说明新型农药具有显著的增产作用？（$\alpha=0.05$）

7.2 若育肥猪平均体重不低于100kg方可评为饲养成绩良好。分别对甲、乙两个饲养单位各抽取16头称量后得 $\bar{x}_{甲}=101$，$S_{甲}=7.2$，$\bar{x}_{乙}=197$，$S_{乙}=6.5$，试问两个单位能否被评为良好？（$\alpha=0.01$）

7.3 某作物品种的亩产为400公斤，标准差63公斤。今在他地推广试种，抽样取得81个数据，得平均亩产为394公斤。试问该品种是否保持了其产量特性。（$\alpha=0.05$）

7.4 某品种羊的年产毛量为4kg。现采用一种新的饲养方案，抽50只进行试验，得年平均产毛量为4.2kg，$S_{n-1}=0.74$kg。试问该方案是否有增产效果。（$\alpha=0.05$）

7.5 据报道，十年前每个城镇居民家庭看电视的平均时间是6.70小时/天。现有某项调查对200个家庭进行访问，得出每个家庭看电视的平均时间为7.25小时/天，标准差为2.5个小时/天。这个调查是否支持“如今每个家庭每天看电视的平均时间增加了”？（$\alpha=0.01$）

7.6 某食品生产商生产一种矿泉水，要求镁元素的含量为72mg/L。现抽取20瓶矿泉水进行检测，测得的镁元素含量如下：

75	73	72	71	79	78	76	69	77	76
70	74	76	74	78	77	76	74	79	77

要求：检验该生产商生产的矿泉水是否符合要求？（$\alpha=0.05$）

7.7 对某区域居民的受教育年限(单位：年)进行抽样调查，得到结果如下表。

男性					女性				
12	17	12	15	19	6	8	17	13	13
12	17	3	15	16	13	19	16	16	16
					16	16	20	14	17

要求：检验男女受教育年限是否存在显著差异。（$\alpha=0.05$）

7.8 某农田依据所种作物不同分为四个区域，为检测不同区域土壤含水量(单位：%)是否一致，研究者在每个区域随机抽取了三个样本并测得其土壤含水量如下表所示。

区域 1			区域 2		
19.92	21.39	17.69	16.72	14.87	14.55
区域 3			区域 4		
17.33	19.41	21.47	23.04	21.91	20.92

要求：检验不同区域土壤含水量是否有显著差异。($\alpha=0.05$)

7.9 根据以往资料，某地区从事非农业就业的农民较从事农业的农民年收入高出 400 元。经过一段时间后，需要对这一差别进行检验。现抽取 20 位从事农业的农民，其平均收入为 980 元，标准差为 82 元；另抽取 25 位从事非农业的农民，其平均收入为 1520 元，标准差为 245 元。问从事非农业和农业的农民其人均收入差异是否已经改变(假设两个总体的平均收入服从正态分布)。($\alpha=0.05$)

7.10 调查了 339 名 50 岁以上的农村居民，其中 205 名吸烟者中有 43 人患慢性气管炎，134 名不吸烟者有 13 人患慢性气管炎。问调查数据能否支持“吸烟者容易患慢性气管炎”的观点？($\alpha=0.05$)

7.11 某市场调查公司采用个人访谈的形式来搜集数据，被访问的个人当中有的人配合，有的人则不配合。现在随机调查了 200 名男性和 300 名女性，其中 110 名男性和 210 名女性配合了调查。试在 $\alpha=0.01$ 的显著性水平下，回答：

(1)检验男性和女性配合调查的比例是否有显著差异？

(2)估计男性和女性配合调查比例差异的置信区间。

7.12 某公司会计认为，该公司目前现金流量存在问题的直接原因是应收账款回收速度太慢。会计认为，至少有 70%的应收账款的账龄已经超过 2 个月。随机抽取了 120 笔应收账款，其中 78 笔的账龄超过了 2 个月。试问，该公司会计的看法是否有道理？($\alpha=0.05$)

7.13 根据以往资料，某植物纤维长度服从正态分布，方差为 0.0025。抽查 20 个该产品，测得样本方差为 0.0042。试判断，该植物纤维长度的波动与以往相比有无显著差异。($\alpha=0.05$)

第 8 章　非参数检验

统计与实践

1945 年，美国统计学家威尔科克森(Frank wilcoxon，1892－1965)在《统计学》杂志上发表了"统计学在植物病理学方面的某些应用"一文。研究发现，进行两组连续变量的组间比较时明明差异很明显，而 t 检验和方差分析得不出存在统计学差异。他通过将两组的数据排出等级，比较两组的等级和来判断两组数据是否存在统计学差异，提出了威尔科克森等级检验，他发明的这种方法开启了非参数检验的大门。同年，他又在《生物统计学》杂志上发表了"用等级评定法进行个体比较"的重要文章，提出了威尔科克森符号等级和检验，用以解决配对资料组间比较的问题。巧合的是，1947 年奥地利统计学家曼恩(Henry berthold mann，1905－2000)与他的学生惠特尼(D. R. Whiteny)也发明了一种类似的统计方法，其比威尔科克森符号等级和检验进步之处在于，它解决了两组样本量不同的情况下该如何处理，但由于本质上只是威尔科克森符号等级和检验的线性变换，因此目前认为威尔科克森符号等级和检验等同于曼－惠特尼 U 检验。除此之外，统计学家们还发明了丰富多样的其他非参数检验方法，为我们进行统计推断提供了不可或缺的工具。比如，我们想知道男性或者女性对线上买生鲜食品有没有区别，可以采用卡方检验；想掌握某地常年降雨量是否吻合正态分布，可以采用成对符号检验，等等。诸如此类的一些问题，如果通过非参数假设检验发现这些差别显著存在的话，我们可考虑把这些变量放到统计分析或者模型构建里去。

在对许多实际问题的研究中，我们往往事先并不知道总体服从何种分布，或无法对总体的分布做出某种限定，特别是对品质标志以及不能直接定量测定的一些社会经济问题，参数统计方法的应用就受到很大限制。统计学家希望找到一些对总体分布及其参数不作任何假定的方法，去研究参数方法所能研究以及不能研究的问题。这就涉及本章介绍的内容——非参数检验(non-parametric test)。非参数检验是现代推断统计方法的一个重要分支，当数据不满足正态分布时，非参数检验的统计学效能要高于参数检验，这在实践中有着广泛的应用。非参数检验方法的种类很多，本章将扼要介绍 χ^2 检验、柯尔莫哥洛夫－斯米尔洛夫检验(K-S 检验)、符号检验、曼－惠特尼 U 检验和游程检验等常用方法。

8.1 基本概念

8.1.1 非参数检验的概念和种类

在第 6 章和第 7 章中，我们对抽样估计和假设检验进行讨论时，所涉及的总体几乎都是分布已知的或以正态分布为前提假设的总体。即使在对任意总体进行研究时，如果采取的是大样本，根据中心极限定理，样本均值（或比例）的抽样分布也趋近于正态分布。在样本容量充分大或样本抽自正态分布总体的限制性假定的前提下，通过特定总体抽取样本，并以样本统计量去估计总体参数，或通过在一定显著性水平下的检验以判别某一数值是否来自特定总体，这是传统的参数统计方法。非参数检验也称为非参数统计（non-parametric statistics），是在对总体分布形式不甚了解，对总体方差未知或知道甚少的情况下，利用样本数据对总体分布形态等进行推断的方法。

非参数检验的方法很多，可用于单样本推断、两个总体比较和多个总体比较，可用于独立样本或配对样本等。现将常见方法列于图 8.1 中，本章将介绍其中部分方法。

- 非参数检验
  - 单样本
    - χ^2 检验
    - 二项分布检验
    - 单样本 K-S 检验
    - 单样本符号检验
    - 单样本游程检验
  - 两样本比较
    - 独立样本
      - K-S 检验
      - Mann-Whitney U 检验
      - 游程检验
      - Moses 极端反应检验
    - 配对样本
      - 符号检验
      - McNemar 检验
      - Wilcoxon 符号等级检验
      - 边际同质性检验
  - 多样本比较
    - 独立样本
      - 中位数检验
      - K-W 单因素 ANOVA 检验
      - 有序备择检验（J-T 检验）
    - 相关样本
      - Friedman 秩和检验
      - Kendall 协同系数检验
      - Cochran Q 检验

图 8.1　常用非参数检验方法

非参数检验和参数检验既有联系也有区别。两者的联系在于都是根据样本数据推断总体特征，其主要区别是：

(1)参数检验用于总体参数的假设检验,非参数检验用于总体分布情况的假设检验。例如,两样本比较的 t 检验,是判断两样本分别代表的总体的均值是否具有差异,属于参数检验,而两样本比较的等级和检验(Wilcoxcon 检验及 Mann-Whitney 检验)是判断两样本分别代表的总体的位置有无差别(即两总体的中位数有无倾向性的未知偏离),则属于非参数检验。

(2)参数检验要利用到总体的信息(包括总体分布、总体的一些参数特征如方差),以总体分布和样本信息对总体参数作出推断。非参数检验不需要利用总体的信息,可利用样本信息对总体分布作出推断。

(3)参数检验只能用于数值类数据,非参数检验可用于定类尺度和定序尺度的数据,也可用于数值类数据,但精度会低于参数检验。

8.1.2 非参数检验的作用和特点

非参数检验不依赖于总体分布形式,可以根据样本数据,检验单样本来自的总体是否服从某一理论分布、检验两独立样本是否来自同一总体、检验两配对样本对于某种"处理"是否存在显著效应等等。对于多样本的检验,也有着同样的作用。

与参数检验相比,非参数检验具有以下特点:

(1)适用范围广。从数据角度看,非参数方法不仅像参数方法一样可用于处理数值型数据,还可用于定类尺度和定序尺度的数据。定类尺度和定序尺度的数据在社会科学领域大量存在,故非参数检验应用范围更广。

(2)简单易操作。非参数统计的基本思想是:在总体分布未知的情况下,根据与总体分布无关的等级及其统计量的分布进行统计推断。以此可见,非参数方法的核心是等级,即数据点从小至大的排列次序,其含义直观、易于理解、快速简便。因此,以此为基础构建的整个非参数统计体系也具有简单易操作的优势。

(3)具有稳健性。相比之下,非参数检验更为稳健一些。参数统计方法建立在严格假设条件基础上,一旦假设条件不符合,其推断的正确性就不存在了。非参数检验没有强假设的限制,故而天然地具有稳健性。在可以确定总体分布的情况下,非参数统计不如参数统计那样具有针对性,因而效率会低一些。但研究表明,非参数统计与参数统计相比,即使在最有利于参数统计的情况下,效率损失也是很小的,在大样本情况下更是如此,更何况在总体分布未知的情形下,非参数统计具有绝对的稳健优势。

8.2 χ^2 检验法

第 5 章中已经对 χ^2 分布做了介绍。该分布是一种特定形式的概率分布,在参数估计中用于方差估计和假设检验。在非参数检验中,它也具有很广泛的用途。本节主要介绍 χ^2 检验在拟合性检验和一致性检验方面的应用。

8.2.1 拟合性检验

拟合性检验是 χ^2 分布的重要用途之一,主要用于检验某变量的实际次数分布与理论分布是否相吻合,亦即判断某变量是否服从于某一理论分布(如正态分布或二项分布)。

检验步骤如下：

第一步，确定检验假设：

H_0：某变量的总体服从设定的分布；

H_1：某变量的总体不服从设定的分布。

第二步，构造检验统计量。做法是把样本分成 k 个互斥的类，然后根据要检验的理论分布计算出每类的理论频数。每类出现的实际频数用 f_0 表示，其理论频数为 f_e，则构造 χ^2 统计量：

$$\chi^2 = \sum_{i=1}^{k}(f_0 - f_e)^2/f_e \tag{8.1}$$

该 χ^2 检验统计量的自由度为 $\nu = k - 1$。

第三步，做出判断。给定显著性水平 α，查 χ^2 分布表得临界值 $\chi^2_{1-\alpha}(\nu)$。若 $\chi^2 > \chi^2_{1-\alpha}(\nu)$，则拒绝原假设，认为某变量的实际频数分布不符合设定的理论分布。若 $\chi^2 < \chi^2_{1-\alpha}(\nu)$，则接受原假设，认为某变量的实际频数分布符合设定的理论分布。

【例 8.1】某地区农村家家户户多散养鸡鸭，某年暴发了可传染人类的新型禽流感病毒，为了分析这次禽流感病毒是否在家庭成员之间传播，共调查了四口之家 300 户，频数分布如表 8.1。判断是否能用均匀分布来拟合这一组数据。（给定 $\alpha = 0.05$）

表 8.1　每户发病人数与观察家庭数频数表

每户发病人数	0	1	2	3	4	合计
家庭户数	167	54	53	20	6	300

解：若这组数据服从均匀分布，那么，表明家庭成员是否发病是相互独立的等概率事件。为此提出如下假设：

H_0：禽流感不存在家庭内成员间的传播（即数据服从均匀分布）

H_1：禽流感存在家庭内成员间的传播

根据原假设，各组家庭户数的理论频数为 300/5=60，算出 χ^2 统计量：

$$\chi^2 = \sum \frac{(f_0 - f_e)^2}{f_e} = \frac{(167-60)^2}{60} + \frac{(54-60)^2}{60} + \frac{(53-60)^2}{60} + \frac{(20-60)^2}{60} + \frac{(6-60)^2}{60}$$
$$= 267.5$$

确定自由度为类数（k）减 1，即 5−1=4。根据 $\alpha = 0.05$ 和自由度为 4，查 χ^2 分布表，得到临界值 $\chi^2_{0.05}(4) = 9.488$。这意味着，如果原假设为真，则实际频数与理论频数的总差别大于 9.488 的可能性只有 5%，也即属于小概率事件。由于 χ^2 统计量为 267.5，远远大于临界值 9.488，故拒绝原假设 H_0，认为该数据不服从均匀分布，禽流感存在家庭内成员间的传播。

【SPSS 应用】

对例 8.1 采用 SPSS 操作。具体步骤为：

第一步，建立数据文件。数据格式见图 8.1。

第二步，选择【数据】→【加权个案】，在弹出的“个案加权”对话框中将变量“家庭户数”添加到“频率变量”对话框中，见图 8.1。

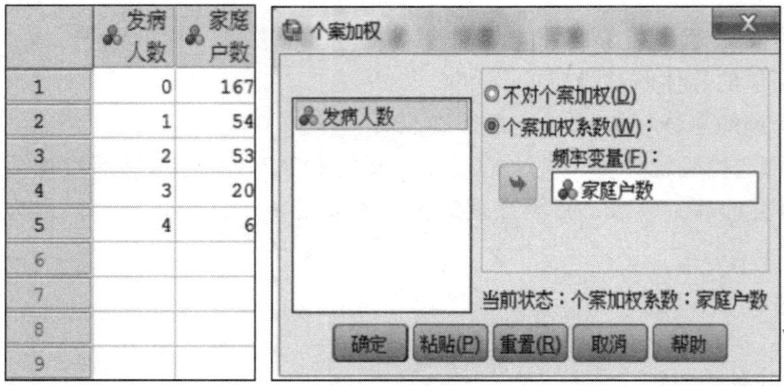

图 8.1　数据格式和个案加权对话框

第三步，选择【分析】→【非参数检验】→【旧对话框】→【卡方】。在弹出的对话框中，将变量"家庭发病人数"放入"检验变量列表"对话框中，其他选项默认(默认为拟合均匀分布，其他分布需自行设定)。见图 8.2。

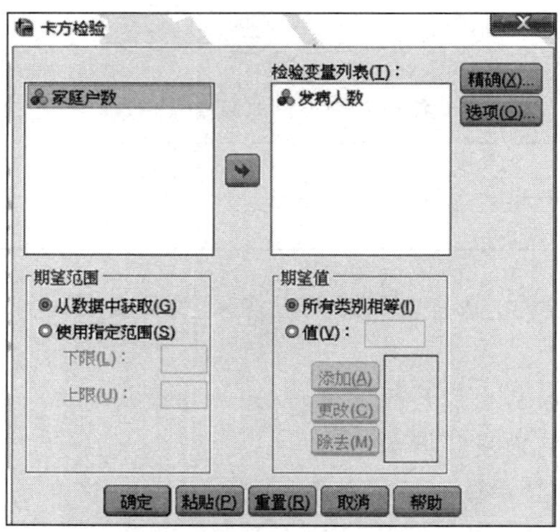

图 8.2　卡方检验设置

第四步，点击"确定"按钮，输出卡方检验结果见表 8.2 和表 8.3。

表 8.2　实际人数和期望人数

	实测个案数	期望个案数	残差
0	167	60.0	107.0
1	54	60.0	−6.0
2	53	60.0	−7.0
3	20	60.0	−40.0
4	6	60.0	−54.0
合计	300		

表 8.3　发病人数检验

卡方	267.500[a]
自由度	4
渐近显著性	.000

a. 0 个单元格(0.0%)的期望频率低于 5。期望的最低单元格频率为 60.0。

由表 8.3 可以看到,卡方检验统计量为 267.5,"渐近显著性"给出的 P 值 0.000,远小于 $\alpha=0.05$。因此,拒绝原假设 H_0,即认为该数据不服从均匀分布,禽流感存在家庭内成员间的传播。

在第 7 章中,假设检验多以总体服从正态分布的假定为前提。这种假定能否成立,我们可以用拟合优度的检验方法来加以检验。

【例 8.2】某地区农户获得农业保险赔偿的次数和人数见表 8.4。检验获赔次数是否服从 Possion 分布。

表 8.4　某地区农户获得农业保险赔偿次数

获赔次数(times)	0	1	2	3
获赔人数(persons)	490	334	68	16

解:对于 Possion 分布,以 λ 为其分布参数

$$p_i=p(x=i)=\frac{\lambda^i e^{-\lambda}}{i!}$$

计算样本均值得:

$$\lambda=\frac{490\times 0+334\times 1+68\times 2+16\times 3}{490+334+68+16}=0.57$$

设定以下统计假设:

H_0:赔偿次数服从 Possion 分布,即 $x\sim P(\lambda)$

H_1:赔偿次数不服从 Possion 分布

下面运用 SPSS 软件对该假设进行检验。

【SPSS 应用】

第一步,录入数据并加权。数据格式和加权个案见图 8.3。

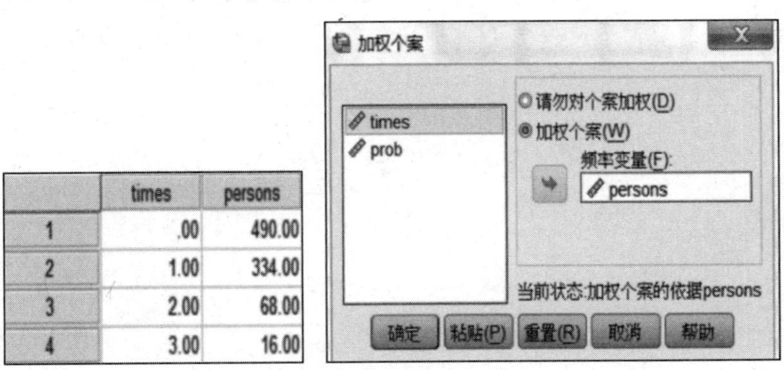

图 8.3　数据格式和加权个案

第二步，在工具栏“转换”中选“计算变量”，命名为“prob”。点击“确定”，得到理论概率，“prob”自动添加到数据表中，见图 8.4。

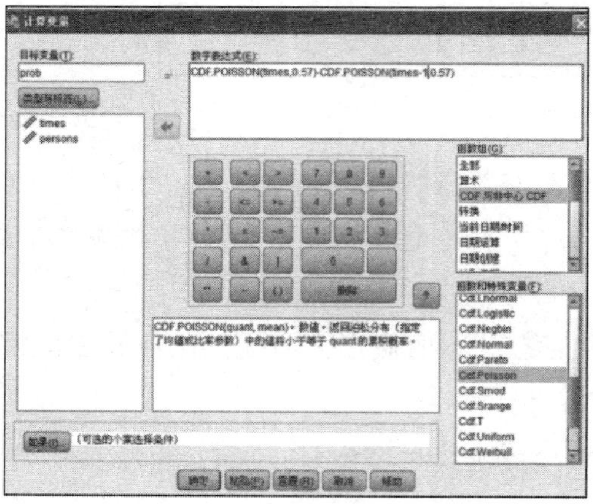

	times	persons	prob
1	.00	490.00	.57
2	1.00	334.00	.32
3	2.00	68.00	.09
4	3.00	16.00	.02

图 8.4　计算 Possion 的理论概率

第三步，点击【分析】—【非参数检验】—【卡方检验】，输入 prob 值，点击“确定”，输出图 8.5。

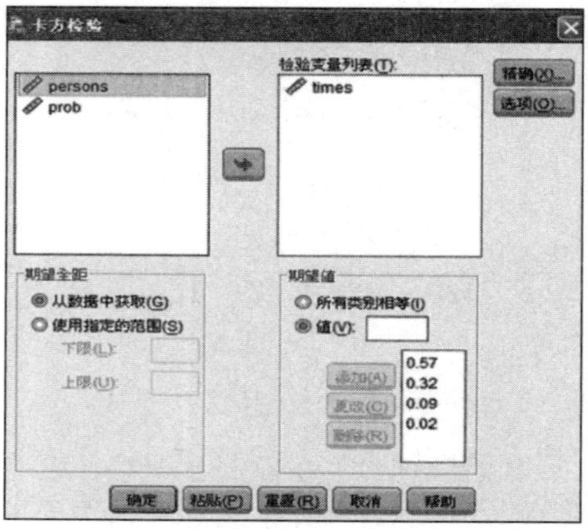

图 8.5　输入 prob 值

由表 8.5 可见，χ^2 统计量为 10.522，渐近显著性给出的 P 值为 0.015。故得出的结论是，在 5% 显著性水平上不能接受 H_0，即赔偿次数不服从 Possion 分布。

表 8.5 卡方检验结果

	观察数	期望数	残差
0.00	490	517.6	−27.6
1.00	334	290.6	43,4
2.00	48	81.7	−13.7
3.00	16	18.2	−2.2
合计	908		

检验统计量

	times
卡方	10.522[a]
df	3
渐近显著性	0.015

a. 0 个单元(0.0%)具有小于 5 的期望频率。单元最小期望频率为 18.2。

【例 8.3】孟德尔在其著名的豌豆杂交实验中，用黄色的圆形种籽与绿色的皱形种籽的纯种豌豆作为亲本，杂交后将下一代进行严格自交，得到第二代共 556 株豌豆，发现其中有 4 种类型的植株，黄色圆形种籽的 315 株，黄色皱形种籽的 101 株，绿色圆形的 108 株，绿色皱形的 32 株。试问，这些植株在数量上是否符合理论上 9:3:3:1 的比例关系？

解：提出如下假设：

H_0：符合理论上的比例关系

H_1：不符合理论比例关系

对 556 株豌豆按比例计算理论值：

$$556\times\frac{9}{16}=312.75,\ 556\times\frac{3}{16}=104.25$$

$$556\times\frac{3}{16}=104.25,\ 556\times\frac{1}{16}=34.75$$

计算 χ^2 统计量：

$$\begin{aligned}\chi^2&=\sum\frac{(f_0-f_e)^2}{f_e}\\&=\frac{(315-312.75)^2}{312.75}+\frac{(108-104.25)^2}{104.25}+\frac{(101-104.25)^2}{104.25}+\frac{(32-34.75)^2}{34.75}\\&=0.46\end{aligned}$$

取 $\alpha=0.05$，这里 $k=4$，$v=k-1=3$，$\chi^2_{0.05}(3)=7.815$。因此，$\chi^2<\chi^2_{0.05}$，不能推翻原假设，即认为这种情况符合理论假定，在统计上不存在显著差异。

8.2.2 独立性检验

χ^2 检验可用于判断两个变量或者两种分类是否有联系，如农村居民文化程度与其收入水平之间是否有联系、养殖业与环境污染之间是否有联系，等等。该方法也常用于判断两个或多个总体是否彼此关联。如果两者之间没有关联，就称为独立，所以这类问题也称为独立性检验(independence test)。独立性检验的特点在于其理论频数不是预先确定的，而需要从样本中获得。

独立性检验通过编制列联表达到目的。表 8.6 的表式称为列联表(contingency tables)。它有一个垂直贯穿各行的分类和一个水平贯穿各列的分类，独立性分析就是分析列联表中行变量和列变量是否相互独立。列联表具有 r 行、c 列，称为 $r\times c$ 列联表。

表 8.6　$r\times c$ 列联表

		列					合计
		1	2	3	…	c	
行	1	O_{11}	O_{12}	O_{13}	…	O_{1c}	$O_{1.}$
	2	O_{21}	O_{22}	O_{23}	…	O_{2c}	$O_{2.}$
	3	O_{31}	O_{32}	O_{33}	…	O_{3c}	$O_{3.}$
	…	…	…	…	…	…	…
	r	O_{r1}	O_{r2}	O_{r3}	…	O_{rc}	$O_{r.}$
合计		$O_{.1}$	$O_{.2}$	$O_{.3}$	…	$O_{.c}$	n

提出如下检验假设：

H_0：两个变量是独立的

H_1：两个变量间有联系

表 8.6 中，各单元格中的实际频数为 O_{ij}。若原假设成立，则单元格中相应的理论频数 E_{ij} 用以下公式求得：

$$E_{ij}=n\times\frac{O_{.j}}{n}\times\frac{O_{i.}}{n}=\frac{O_{.j}\times O_{i.}}{n} \tag{8.2}$$

构建 χ^2 检验统计量：

$$\chi^2=\sum_{i=1}^{r}\sum_{j=1}^{c}\frac{(O_{ij}-E_{ij})^2}{E_{ij}} \tag{8.3}$$

χ^2 检验统计量的自由度 $\nu=(r-1)(c-1)$，给定显著性水平 α，查 χ^2 分布表得到临界值 $\chi^2_{1-\alpha}(\nu)$。若 $\chi^2>\chi^2_{1-\alpha}(\nu)$，则拒绝原假设，认为两个变量之间有联系，否则，认为两个变量是独立的。

χ^2 的独立性检验，当两个变量的分类都只有两类时，就形成了 2×2 列联表，见表 8.7。

表 8.7　2×2 列联表

	列 1	列 2	合计
行 1	a	b	$a+b$
行 2	c	d	$c+d$
合计	$a+c$	$b+d$	

用 a、b、c、d 分别表示单元格中的实际频数。此时，χ^2 检验统计量的简化计算式为：

$$\chi^2 = \frac{n(ad-bc)^2}{(a+c)(b+d)(c+d)(a+b)} \tag{8.4}$$

该 χ^2 统计量的自由度 $\nu=(2-1)\times(2-1)=1$。由于 χ^2 分布是一个连续性变量分布，故 1934 年耶茨(Yates)对式(8.4)提出了连续性修正，即

$$\chi^2 = \frac{n(|ad-bc|-0.5n)^2}{(a+c)(b+d)(c+d)(a+b)} \tag{8.5}$$

【例 8.4】在对某区域家庭农场的社会经济特征调查中，某调查公司想确定家庭农场主的电脑拥有量与其大型农业机械拥有量是否独立。该公司对 10000 位家庭农场主组成的简单随机样本进行调查，获得的信息资料如表 8.8 所示。(给定 $\alpha=0.01$)

表 8.8　10000 位家庭农场主的电脑与大型农业机械拥有量

电脑拥有量(台)	大型农业机械拥有量(台)			合计
	0	1	2	
0	1000	900	100	2000
1	1500	2600	500	4600
2	500	2500	400	3400
合计	3000	6000	1000	10000

解：表 8.8 的数据有 3 行 3 列，则称为 3×3 列联表。

根据题意建立如下假设：

H_0：大型农业机械拥有量与电脑拥有量是独立的

H_1：大型农业机械拥有量与电脑拥有量不是独立的

表 8.8 中各项的理论频数为：

$$E_{11}=(O_{.1}\times O_{1.})/n=3000\times2000/10000=600$$

同理可得：

$$E_{12}=1200,\ E_{13}=200,\ E_{21}=1380,\ E_{22}=2760$$
$$E_{23}=460,\ E_{31}=1020,\ E_{32}=2040,\ E_{33}=340$$

其中，E_{11} 的数值为 600，表示"无大型农业机械"组中也没有电脑的家庭农场主的理论频数是 600 人。同理，E_{12} 表示"拥有 1 台大型农业机械"组中没有电脑的家庭农场主的理论频数是 1200 人，其余依此类推，见表 8.9。

表 8.9　观察频数与理论频数表

电脑拥有量(台)	大型农业机械拥有量(台)			合计
	0	1	2	
0	1000 (600)	900 (1200)	100 (200)	2000
1	1500 (1380)	2600 (1276)	500 (460)	4600
2	500 (1020)	2500 (2040)	400 (340)	3400
合计	3000	6000	1000	10000

注：括号中为理论频数。

由表 8.9,计算 χ^2 检验统计量:

$$\chi^2=(1\ 000-600)^2/600+(1\ 500-1380)^2/1380+\cdots+(400-340)^2/340=794.3$$

即 $\chi^2=794.3$,自由度等于 $(r-1)(c-1)=(3-1)(3-1)=4$,查表得 $\chi^2_{0.01}(4)=13.3$。由于 $\chi^2=794.3>\chi^2_{0.01}(4)=13.3$,故拒绝 H_0,表明家庭农场主的电脑拥有量和大型农业机械拥有量之间有关。

【SPSS 应用】

对例 8.4 采用 SPSS 操作,具体步骤为:

第一步,建立数据文件。数据格式见表 8.10。

表 8.10 数据格式

	电脑拥有量	大型农业机械拥有量	人数
1	0	0	1000
2	0	1	900
3	0	2	100
4	1	0	1500
5	1	1	2600
6	1	2	500
7	2	0	500
8	2	1	2500
9	2	2	400

第二步,选择【数据】→【加权个案】,将变量"人数"添加到"频率变量"对话框中;

第三步,选择【分析】→【描述统计】→【交叉表】。在弹出的对话框中,将"电脑拥有量"变量添加到对话框"行"中,将"大型农业机械拥有量"变量添加到对话框"列"中,并单击"统计量"。在弹出的对话框中勾选"卡方",点击"继续"按钮返回。见图 8.6。

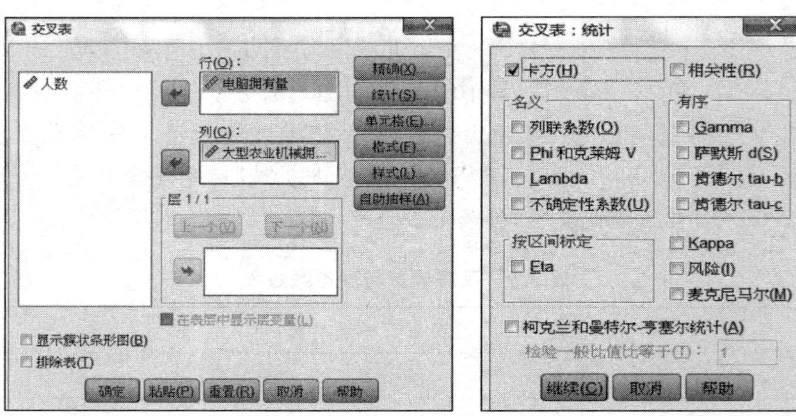

图 8.6 方检验对话框

第四步,其余选项默认,点击"确定"按钮,输出卡方检验结果见表 8.11 和表 8.12。

表 8.11　电脑拥有量 * 大型农业机械拥有量交叉制表

		大型农业机械拥有量			总计
		0	1	2	
电脑拥有量	0	1000	900	100	2000
	1	1500	2600	500	4600
	2	500	2500	400	3400
总计		3000	6000	1000	10000

从表 8.11 可以观察电脑拥有量和大型农业机械拥有量的交叉关系。

表 8.12　卡方检验结果

	值	自由度	渐进显著性（双侧）
皮尔逊卡方	794.267[a]	4	.000
似然比(L)	821.950	4	.000
线性关联	622.536	1	.000
有效个案数	10000		

a. 0 个单元格(0.0%)的期望值计数小于 5。最小期望值计数为 200.00。

表 8.12 中，皮尔逊卡方检验的自由度为 4，渐近显著性（双侧）给出的 P 值为 0.000，小于 0.05，则拒绝原假设，也就是说电脑拥有量和大型农业机械拥有量两者之间不独立。似然比检验和线性关联检验得出了相同的结果。

对于样本量不大的低维列联表的独立性检验，可以不用近似的 χ^2 检验，而用费希尔精确检验(Fisher's exact test)。进行费希尔精确检验，可在列联分析中选“精确检验”（见图 8.5，点击“精确”）。有人认为，当样本量和期望频数太小时，如 $n<40$ 时可用精确检验。理由是，当样本量太小时，二项分布的正态逼近性较差，因而不宜用基于正态分布的检验。精确概率法的计算量偏大，但统计软件的发展解除了这一约束。

8.3　柯尔莫哥洛夫—斯米尔洛夫检验

柯尔莫哥洛夫—斯米尔洛夫检验(Kolmogorov-Smirnov test，即 K-S test)在非参数检验中占有重要地位。该方法基于累积分布函数，主要用来检验一组样本是否符合某个已知的理论概率分布，或者比较两组独立样本的经验分布是否相同。

8.3.1　拟合性检验

如同 χ^2 检验，单样本 K-S 检验用以检验一组数据的经验分布是否符合已知的理论分布。当两者之间的差距很小时，推断该样本来自已知的理论分布。

K-S 检验的具体步骤：

第一步，提出原假设和备择假设：

H_0：样本来自某种连续性变量分布

H_1：样本不是来自某种连续性变量分布

作为原假设的理论分布一般是一维连续分布（例如正态分布、均匀分布、指数分布等），有时也用于离散分布（如 Poisson 分布）。

第二步，计算检验统计量。首先计算各样本观测值在实际分布中的累计频率 $F_n(x)$，接着计算各样本观测值在理论分布中的累计概率 $F(x)$。由此，得出 $|F_n(x)-F(x)|$，从中找出最大绝对差值 D_n：

$$D_n = \max(|F_n(x)-F(x)|) \tag{8.6}$$

式(8.6)中，D_n 为样本所属总体的分布与给定分布之间的距离。这是柯尔莫哥洛夫提出的检验统计量，并且得到了这个统计量的精确分布，这个分布不依赖于总体的分布。

第三步，做出判断。该检验的拒绝域为：

$$D_n \geqslant D_{n,\alpha}$$

临界值 $D_{n,\alpha}$ 由显著性水平 α 和样本容量 n 来确定。当 $n \leqslant 100$ 时，临界值可由附表 5 查得。

当 $n > 100$ 时，K-S 检验的渐近正态统计量为：

$$z = \sqrt{n} D_n \tag{8.7}$$

将该 z 值对应的近似 P 值与给定的显著性水平 α 比较，可判断原假设是否成立。

【例 8.5】某地每亩小杂粮销售收入（单位：元/亩）的一组数据为：444.5，349.1，356.4，460.6，362.5，394.7，404.3，412.0，434.2，450.6。利用 K-S 法检验该组数据是否服从正态分布。

解：首先，样本容量 $n=10$，计算得该组数据的平均数为 396.89，标准差为 38.376，以此作为正态参数。

接着，将数据从小到大排序，计算经验分布函数值：

$$F_n(x) = \frac{i}{n} \tag{8.8}$$

然后，计算理论分布函数值。以第一个数据为例：

$$F(x) = P(x < 349.1) = P\left(z < \frac{349.1-396.89}{38.376}\right) = P(z < -1.25) = 0.1056$$

计算 $|F_n(x)-F(x)|$，从中找到最大数 $D_n=0.2159$，此即检验统计量，见表 8.13。

表 8.13　单样本 K-S 检验统计量计算表

i	排序	经验分布函数 $F_n(x)$	理论分布函数 $F(x)$	$\|F_n(x)-F(x)\|$
1	349.1	0.1	0.1056	0.0056
2	356.4	0.2	0.1446	0.0554
3	360.6	0.3	0.1711	0.1289
4	362.5	0.4	0.1841	0.2159
5	394.7	0.5	0.4761	0.0239
6	404.3	0.6	0.5713	0.0287

表 8.13(续)

i	排序	经验分布函数 $F_n(x)$	理论分布函数 $F(x)$	$\|F_n(x)-F(x)\|$
7	412.0	0.7	0.6517	0.0483
8	434.2	0.8	0.8340	0.0340
9	444.5	0.9	0.8925	0.0075
10	450.6	1.0	0.9192	0.0808

最后,给定显著性水平 $\alpha=0.05$,查附表 5 得 $D_{n,\alpha}=0.4093$。由于 $D_n=0.2159<D_{n,\alpha}$,则认为该组数据服从正态分布。

【SPSS 应用】

对例 8.5 采用 SPSS 操作。具体步骤为:

第一步,输入例中给出的数据序列,建立数据文件。

第二步,点击【分析】—【非参数检验】—【旧对话框】—【单样本 K-S(1)…】,将变量“收入”拉入“检验变量列表”框,选择检验分布的“正态”项,见图 8.7。点击“确定”,输出表 8.14。

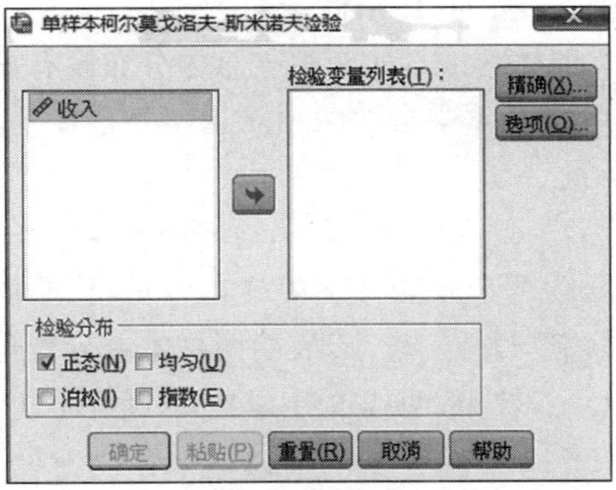

图 8.7　单样本 K-S 检验

表 8.14　收入序列的 K-S 检验

个案数		10
正态参数[a,b]	平均值	396.890
	标准差	38.376
最极端差值	绝对	.215
	正	.215
	负	—.135
检验统计		.215
渐近显著性(双侧)		.200[c]

a. 检验分布为正态分布;b. 根据数据计算得到;c. 里利氏显著性修正。

可以看出，Kolmogorov-Smirnov 精确检验统计量 $D_n=0.215$，同手工计算结果。K-S 检验的近似正态统计量 z 值对应的渐近显著性（双侧）P 值为 0.200，大于 $\alpha=0.05$。故认为应该接受原假设，亩产数据序列服从正态分布。

作为一种非参数方法，K-S 检验法的优势在于不依赖于均值所在的位置，对数据尺度变化不敏感，检验结果比较稳健。该法适用范围广，不像 t 检验仅局限于总体正态分布假定，当数据偏离正态分布太多时 t 检验会失效。另外，该法可以直接对原始数据的 n 个观测值进行检验，因而它对数据的利用较完整，比 χ^2 检验更有效。K-S 检验法的不足在于，如果数据确实服从正态分布，则没有 t 检验敏感（或有效）。

K-S 检验与 χ^2 检验的相同之处在于，都是采用实际频数和理论频数之差进行检验。区别之处在于，K-S 检验主要用于有计量单位的定量数据，χ^2 检验则主要用于类别数据。χ^2 检验也可以用于定量数据，但必须先将数据分组才能获得实际的观测频数。

8.3.2 一致性检验

K-S 检验可用于比较两个独立样本是否具有相同的经验分布，或者来自同一总体，其原理与单样本 K-S 检验相同，检验步骤如下：

第一步，提出原假设和备择假设。设 $F_1(x)$ 和 $F_2(x)$ 分别是两个样本的经验分布函数，为了验证两者是否来自同一分布，提出假设如下：

$H_0: F_1(x)=F_2(x)$，即样本来自的两独立总体分布没有显著差异；

$H_1: F_1(x)\neq F_2(x)$，即样本来自的两独立总体分布有显著差异。

第二步，构造检验统计量：

$$D_{n_1,n_2}=\max(|F_1(x)-F_2(x)|) \tag{8.9}$$

式(8.9)中，n_1,n_2 表示为两个独立样本的样本容量，检验统计量 D_{n_1,n_2} 为两个样本累积频率的最大绝对差值。若 D_{n_1,n_2} 较小，表明两样本差异较小，两样本更有可能取自相同分布的总体；反之，若 D_{n_1,n_2} 较大，两样本差异变大，两样本更有可能取自不同总体。令

$$n=\frac{n_1n_2}{n_1+n_2} \tag{8.10}$$

第三步，给定显著性水平 α，查附表 6 得 $\lambda_{1-\alpha}$，计算出检验统计量的临界值 $D_{n,\alpha}$：

$$D_{n,\alpha}\approx\frac{\lambda_{1-\alpha}}{\sqrt{n}} \tag{8.11}$$

第四步，进行判断。其原假设的拒绝域为 $D_{n_1,n_2}>D_{n,\alpha}$。若 $D_{n_1,n_2}>D_{n,\alpha}$，则做出拒绝原假设的判断，反之，接受原假设。

当 n_1,n_2 趋于无穷大时，检验统计量逼近于正态统计量 z：

$$z=\sqrt{\frac{n_1n_2}{n_1+n_2}}D_{n_1,n_2} \tag{8.12}$$

【例 8.6】某两个区域的小麦亩产样本见表 8.15。采用 K-S 法检验两个区域的小麦亩产是否具有相同的分布。

表 8.15　某两个区域小麦亩产数据

单位:kg

区域 1	675	682	691	670	690	693	650
区域 2	649	680	630	650	646	651	620

解:给出检验假设:

H_0:两样本来自同一总体;

H_1:两样本来自不同总体。

两个区域样本容量 $n_1=7, n_2=7$。将两个区域的小麦亩产数据进行混合,将单产从小到大进行排序并确定位次,结果见表 8.16。

表 8.16　两个区域小麦单产的编序

区域编号	区域单产	混合排序	位次
2	620	1	1
2	630	2	2
2	646	3	3
2	649	4	4
1	650	5	6
1	650	6	6
2	650	7	6
2	651	8	8
1	670	9	9
1	675	10	10
2	680	11	11
1	682	12	12
1	691	13	13
1	693	14	14

注:数据中存在 3 个相同的数据点 650,对其排序进行平均作为位次。

由表 8.16,计算 $F_1(x)-F_2(x)$ 差值序列,从中确定 K-S 检验统计量 D_{n_1,n_2},所得结果见表 8.17。

表 8.17　K-S 检验的 D_{n_1,n_2} 统计量确定过程

秩号	区域 1 经验分布累计频率 $F_1(x)$	区域 2 经验分布累计频率 $F_2(x)$	$F_1(x)-F_2(x)$ 差值序列
1	0	0.142857	−0.142857
2	0	0.285714	−0.285714
3	0	0.428571	−0.428571
4	0	0.714286	−0.714286
5	0	0.714286	−0.714286
6	0.285714	0.714286	−0.428572

表 8.17(续)

秩号	区域 1 经验分布累计频率 $F_1(x)$	区域 2 经验分布累计频率 $F_2(x)$	$F_1(x)-F_2(x)$ 差值序列
7	0.285714	0.714286	−0.428572
8	0.285714	0.857143	−0.571429
9	0.428571	0.857143	−0.428572
10	0.571429	0.857143	−0.285714
11	0.571429	1	−0.428571
12	0.714286	1	−0.285714
13	0.857143	1	−0.142857
14	1	1	0

由表 8.17 可见，$D_{n_1,n_2}=\max(|F_1(x)-F_2(x)|)=0.714286$。给定 $\alpha=0.05$，查附表 6 得 $\lambda_{1-\alpha}=1.36$，则

$$D_{n,\alpha}\approx\frac{\lambda_{1-\alpha}}{\sqrt{n}}=1.36\times\sqrt{\frac{7+7}{7\times7}}=0.72695$$

由于 $D_{n_1,n_2}=0.714286<D_{n,\alpha}$，故接受原假设，认为两组数据具有相同的分布。

【SPSS 应用】

对例 8.6 采用 SPSS 操作。具体步骤：

第一步，建立数据文件。

第二步，点击【分析】—【非参数检验】—【旧对话框】—【2 个独立样本…】，将变量“单产”拉入“检验变量列表”框，将“区域”拉入“分组变量”框。单击“定义组”，分别对应组 1 和组 2 输入“1”和“2”，单击“继续”返回。勾选检验类型“柯尔莫戈洛夫一斯米诺夫 Z(K)”项，见图 8.8。

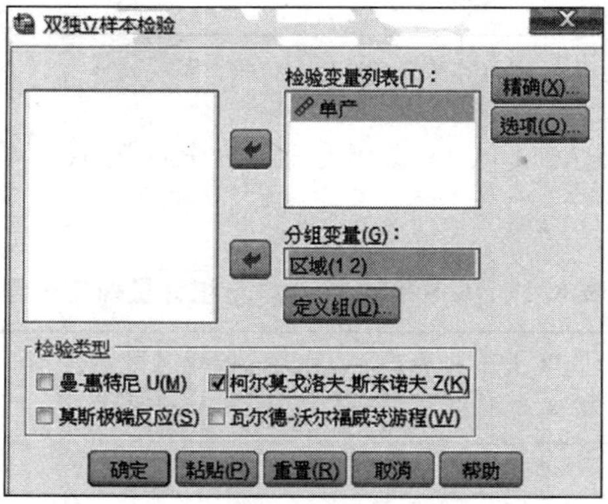

图 8.8　两独立样本 K-S 检验设置

点击“确定”得到检验结果，见表 8.18。

表 8.18　两区域单产序列的 K-S 检验统计[a]

最极端差值	绝对	.714
	正	.000
	负	-.714
Kolmogorov-Smirnov Z		1.336
渐近显著性(双尾)		.950

a. 分组变量：区域。

表 8.18 提供了最极端差值，即检验统计量为 0.714，这与手工计算结果一致。

表 8.18 中还给出了 K-S 检验的近似正态统计量 z，其值为 1.336。由式(8.12)计算 z 值的过程如下：

$$z=\sqrt{\frac{n_1 n_2}{n_1+n_2}}D_{n_1,n_2}=\sqrt{\frac{7\times 7}{7+7}}\times 0.714=1.336$$

该近似正态统计量 z 的渐近显著性(双尾)P 值为 0.95，远大于 $\alpha=0.05$。所以，接受原假设，认为两个样本来自同一总体。样本量较小时，依靠“精确显著性”的概率值判断结果；样本较大时，依靠“渐进显著性”的概率值判断结果。本例中样本容量很小，故在此以介绍原理为目的。

8.4　符号检验法

符号检验法(sign test)又称为正负号检验法，主要针对二分位数(中位数)进行检验，用于对总体中位数是否为某一特定的值进行检验。该方法既可用于单一样本检验，也可用于两个样本的检验，既可用于两个配对样本的检验，也可用于两个独立样本的检验。本节介绍两配对样本和两独立样本的符号检验。

8.4.1　两配对样本的符号检验

配对样本符号检验与参数检验中配对样本显著性 t 检验相对应，当资料不满足参数检验条件时，可采用此法来检验两配对样本的差异显著性。

配对样本的符号检验即成对数据符号检验，它是以成对观察值之差值的符号(正号或负号)为依据来进行判断的一种检验方法，主要用于对诸如样本双变量的成对观察值是否具有相同分布，或两批产品的质量是否相同等无法用数字计量的情况进行比较检验。符号检验不限定总体具体的分布形状、方差均一性等问题，只考虑观察值差异的符号，因而方法简便。但是，符号检验忽略了数值的差异，利用的信息量很少，对于粗糙的记录误差反应不太敏感。

符号检验的步骤如下：

第一步，计算正负号数目，确定样本容量。令样本中每对数值的第一个观察值组成集合 x，第二个观察值组成集合 y，y 与 x 的差用 d 来表示，即 $d_i=y_i-x_i$。若 $d_i>0$，即 $y_i>x_i$，则用正号表示，反之则用负号表示。若两者无差异，则记为 0，将其从样本中剔除，相应地减少样本容量 n 。最后获得一个来自总体 x 与 y 的以正负号表示的随机样本，把正负号数目的和看做样本容量。

第二步，提出检验假设。若第一步中所得样本的正负号个数相等，则表示总体 y 的观察值超过 x 的观察值的概率 $p=0.5$。此时，所得到的样本的中位数 $M_D=0$，所以中位数的两旁各有一半的概率，即 $p=q=0.5$，也就是总体 y 与总体 x 的成对双变量值无差异。于是，可提出如下的检验假设：

$H_0:M_D=0$；

$H_1:M_D\neq 0$（双侧检验），或者 $M_D>0$（单侧检验），或者 $M_D<0$（单侧检验）

这个假设等价于二项分布的假设：

$H_0:P=0.5$；

$H_1:P\neq 0.5$（双侧检验），或者 $P>0.5$（单侧检验），或者 $P<0.5$（单侧检验）

令 B 表示样本中正号事件与负号事件中个数较少的事件发生个数，则 B 事件发生的概率为 $p=B/n$ 。

第三步，确定检验统计量，做出判断。符号检验的检验统计量，因样本大小而有不同选择，分两种情况：如果为小样本，则样本概率服从二项分布；如果为大样本，则样本概率近似服从正态分布。然后，给定显著性水平 α ，做出是否接受原假设的判断。

(1)小样本下，两配对样本的符号检验

若样本容量 $n\leqslant 25$，即样本容量较小时，按照以上方法进行配对样本的符号检验，将样本概率 p 作为近似服从二项分布来处理。

【例 8.7】某农场准备新建大棚种植一种设施果树，有 A、B 两种相同价格不同型号的大棚可供选择。现给出了 9 组该两种大棚的水果产量，如表 8.19。检验哪种大棚的种植效果更好？（给定 $\alpha=0.01$）

表 8.19　两种大棚在相同条件下的水果产量

单位：$kg/50m^2$

大棚型号	大棚 A (x)	大棚 B (y)	符号 ($y-x$)	正号数 (+)	负号数 (−)	剔除数 0
1	132	127	−			
2	154	156	+			
3	166	156	−			
4	123	130	+			
5	151	151	0			
6	130	134	+			
7	147	149	+			
8	158	155	−			
9	152	160	+			
合计				5	3	1

解：该例样本容量较小，按照二项分布来处理。建立如下假设：

$H_0: P = 0.5$，即两种大棚效果无差别

$H_1: P \neq 0.5$，作双侧检验，即两种大棚效果有差别

这是一个双侧检验。由表 8.19 可见，成对数据之差的正号观察值 5 个，负号观察值 3 个，无差异观察值 1 对，则认为样本容量为 $n=8$，$B=3$。依此查二项分布表，得 $p(B \leqslant 3) = 0.3633$。由于是双侧检验，检验统计量为 $2 \times 0.3633 = 0.727 < \alpha = 0.05$，故接受原假设 H_0，说明这两种型号的大棚对于果树产量的影响并没有显著差异，选择任一皆可。

【SPSS 应用】

对例 8.7 采用 SPSS 操作。具体步骤为：

第一步，建立数据文件。数据格式见表 8.19 的数据列。

第二步，选择【分析】→【非参数检验】→【旧对话框】→【2 个相关样本】；

第三步，将“大棚 A”与“大棚 B”两个度量数据样本放入“检验对”对话框中，并勾选“符号检验”，选项默认，点击确定。

两配对样本符号检验的双侧检验输出结果见表 8.20，与手工计算结果相同。

表 8.20　符号检验和检验统计量(1)

		频率 N
大棚 B － 大棚 A	负差分[a]	3
	正差分[b]	5
	结[c]	1
	总数	9
符号检验统计量		
		大棚 B － 大棚 A
精确显著性(双侧)		.727[d]

注：a. 大棚 B ＜大棚 A；b. 大棚 B ＞大棚 A；c. 大棚 B ＝大棚 A；d. 已使用的二项式分布

(2)大样本下，两配对样本的符号检验

当样本容量较大($n > 25$)时，统计量 p 的抽样分布近似服从正态分布，其均值和标准差分别为 0.5，令 B 表示正号事件与负号事件中个数较少事件的发生个数，其检验统计量为：

$$z = \frac{(B + 0.5) - \frac{n}{2}}{\frac{\sqrt{n}}{2}} \tag{8.13}$$

【例 8.8】某县为 32 名基层农业技术指导人员做从业培训。为了检测培训后指导人员的从业水平有无显著提高，培训前后对人员分别进行了技术考核，考核成绩如表 8.21。(给定 $\alpha = 0.05$)

表 8.21 培训前后农业技术指导人员技术考核情况

人员编号	培训前成绩（x）	培训后成绩（y）	符号（$y-x$）	正号数（+）	负号数（y）	剔除数（0）
1	70	76	+			
2	65	66	+			
3	86	79	−			
4	71	79	+			
5	61	65	+			
6	90	87	−			
7	64	73	+			
8	70	85	+			
9	94	92	−			
10	69	74	+			
11	55	53	−			
12	60	64	+			
13	91	96	+			
14	85	82	−			
15	82	86	+			
16	88	90	+			
17	74	79	+			
18	66	62	−			
19	89	89	0			
20	67	78	+			
21	62	70	+			
22	83	77	−			
23	86	93	+			
24	84	84	0			
25	64	63	−			
26	72	88	+			
27	74	80	+			
28	58	60	+			
29	60	70	+			
30	94	89	−			
31	71	78	+			
32	69	84	+			
合计	—	—		21	9	2

解：根据题意提出如下假设：

H_0：技术培训后从业水平无显著提高；

H_1：技术培训后从业水平有显著提高。

由资料可知，有 2 对无差异观察值，故样本容量 $n=30$，其中正号观察值 21 个，负号观察值 9 个，故 B=9。由于样本量较大，检验统计量为：

$$z=\frac{(9+0.5)-\frac{30}{2}}{\frac{\sqrt{30}}{2}}=-2.008$$

这是一个单侧检验。对于 $\alpha=0.05$，$z_\alpha=1.645$，由于 $|z|=2.008\geq z_\alpha=1.645$，所以拒绝原假设 H_0，接受备选假设 H_1。表明参加培训后，农业技术指导人员的从业水平普遍得到提高。

【SPSS 应用】

对例 8.8 进行 SPSS 操作。具体步骤为：

第一步，建立数据文件。数据格式见表 8.21 的培训前、后成绩列。

第二步，选择【分析】→【非参数检验】→【旧对话框】→【2 个相关样本】。

第三步，将“培训前 x”与“培训后 y”两个度量数据样本放入“检验对”对话框中，并勾选“符号检验”，选项默认，点击“确定”按钮得到双侧检验的输出结果，见表 8.22。

表 8.22　符号检验和检验统计量(2)

		频率 N
培训后 y — 培训前 x	负差分[a]	9
	正差分[b]	21
	结[c]	2
	总数	32

检验统计量

	培训后 y — 培训前 x
z	−2.008
渐近显著性(双侧)	.045

a. 培训后 y ＜ 培训前 x；b. 培训后 y ＞ 培训前 x；c. 培训后 y ＝ 培训前 x

可以看到，结果中“渐近显著性(双侧)”给出的 P 值为 0.045，小于 $\alpha=0.05$。因此，拒绝原假设 H_0。即判定参加培训后，农业技术指导人员的从业水平显著提高。这与手工计算结果一致。

8.4.2　两独立样本的符号检验

两独立样本的符号检验，可用于判断两个独立样本的中位数是否相同。检验步骤为：

第一步，提出原假设和备择假设：

$H_0:M_1=M_2$，即来自两个总体的独立样本的中位数相同；

$H_1:M_1\neq M_2$，即来自两个总体的独立样本的中位数不同。

第二步，将两个样本的观察值混合后排序，找出中位数 M_0。

第三步，计算各观察值 x_i 与 M_0 的差，即 $d_i=x_i-M_0$，得到其正号、负号的数目，并整理为 2×2 列联表的形式。

第四步，计算 χ^2 检验统计量。

第五步，做出判断。给定显著性水平 α，如果 $\chi^2<\chi^2_{1-\alpha}$，两个总体的中位数相同，接

受原假设。反之,若 $\chi^2 > \chi^2_{1-\alpha}$,则拒绝原假设,认为两个总体的中位数不同。

【例 8.9】某食品厂从两条包装流水线上各抽取 10 袋产品,得其重量如表 8.23 所示。要求检验这两条生产线食品包装重量的中位数是否相同。($\alpha = 0.05$)

表 8.23　两个样本的重量数据

单位:g/袋

样本 1	220	220	221	222	223	224	220	222	224	225
样本 2	221	218	220	223	224	220	220	221	218	222

解:将两个样本的 20 个数据混合排序后,得出其中位数 $M_0 = 221$。计算 $d_i = x_i - 221$,将所得差值的正负号数目列示在表 8.24 中,其中删去了 3 个 $d_i = 0$ 的情况。

表 8.24　正负号数目的 2×2 列联表

	正号数	符号数	合计
样本 1	6	3	9
样本 2	3	5	8
合计	9	8	17

利用式(8.5),计算 χ^2 检验统计量:

$$\chi^2 = \frac{17 \times (5 \times 6 - 3 \times 3 - 0.5 \times 17)^2}{9 \times 8 \times 8 \times 9} = 0.5124$$

2×2 列联表关于 χ^2 分布的自由度为 1,对于 $\alpha = 0.05$,查表得 $\chi^2_{1-\alpha}(1) = 3.84$,则检验统计量 $\chi^2 = 0.5124 < 3.84$。故认为,两条生产线的中位数没有差别。

8.5　等级检验法

等级检验法是建立在等级基础上的非参数方法。与符号检验法相比,该方法对数据的运用更为充分,故检验效率要高于符号检验法。本节介绍曼－惠特尼 U 检验(Mann-Whitney U test)。

曼—惠特尼 U 检验也叫威尔科克森等级和检验(Wilcoxon rank-sum test),该方法可以看作是对两独立样本均值之差的参数检验方式的 t 检验或相应的大样本正态检验的代用品。通常用于两个独立样本的比较,以检验两个样本来自的总体是否具有相同分布,或检验两个总体的中位数是否相等。

曼—惠特尼 U 检验的基本步骤是:

第一步,提出原假设和备择假设:

H_0:两个总体的分布相同(中位数相同);

H_1:两个总体的分布不同(中位数不同)。

第二步,将两个容量为 n_A 和 n_B 的独立随机样本混合,把 $(n_A + n_B)$ 个观察值按从大到小顺序排列,指定 1 为最大观察值的等级,指定 2 为第二大观察值的等级,依此类推。如果存在相同的观察值，则用其位次的平均数作为等级。

第三步，分别计算两个样本的等级和：T_A 和 T_B。

第四步，计算检验统计量。根据 T_A 和 T_B 即可给出曼—惠特尼 U 检验的公式。先计算出两个不相等的 U 值：

$$U_A = n_A n_B + n_A(n_A + 1)/2 - T_A \tag{8.14}$$

$$U_B = n_A n_B + n_B(n_B + 1)/2 - T_B \tag{8.15}$$

U_A 与 U_B 之和等于 $n_A n_B$，即

$$U_A + U_B = n_A n_B \tag{8.16}$$

选择 U_A、U_B 中的较小者作为检验统计量 U。

第五步，做出判断。根据给定的显著性水平 α 和 n_A、n_B，查曼—惠特尼表临界值表，得到临界值 U_α。若 $U > U_\alpha$，则接受原假设；若 $U < U_\alpha$，则拒绝原假设。

曼—惠特尼 U 检验与样本容量 n 有关，样本容量大小不同，则采用的检验统计量也不同。当 n_A、n_B 均较小时，曼—惠特尼 U 检验按上面的步骤进行。当 n_A、n_B 都不小于 10 时，U 的分布趋近正态分布，可用正态逼近处理，采用统计量 z。下面举例说明。

(1)小样本的曼—惠特尼 U 检验

【例 8.10】某养猪场的两个分厂 A 厂和 B 厂分别用不同的饲料饲养生猪，管理人员为了检验两种饲料对于生猪肥育增重有无明显差异，分别从两个厂中随机抽取了 9 只和 7 只生猪进行增重测试。A 厂 9 只生猪增重分别为：164，158，150，145，145，138，124，111，106 斤，B 厂 7 只生猪增重分别为：154，153，149，140，136，127，113 斤。试判断两个分厂的饲料选择对于生猪增重有无明显差异。(给定 $\alpha = 0.05$)

解：将 A、B 两厂生猪增重按大小顺序排列如表 8.25。

表 8.25　生猪增重按大小顺序排列

增重(斤)	等级	分厂编号
164	1	A
158	2	A
154	3	B
153	4	B
150	5	A
149	6	B
145	7.5	A
145	7.5	A
140	9	B
138	10	A
136	11	B
127	12	B
124	13	A
113	14	B
111	15	A
106	16	A

根据题意，建立如下假设：

H_0：两个分厂的不同饲料对于生猪肥育增重没有显著差异(中位数相同)

H_1：两个分厂的不同饲料对于生猪肥育增重有显著差异(中位数不同)

用 n_A 表示A厂生猪增重样本容量，n_B 表示B厂生猪增重样本容量，$n_A=9$，$n_B=7$。T_A 表示A厂生猪增重样本中各项的等级和，T_B 表示B厂生猪增重样本中各项的等级和，$T_A=77$，$T_B=59$。根据式(8.14)、式(8.15)，计算得 U 值为：

$$U_A=n_An_B+n_A(n_A+1)/2-T_A=9\times 7+9\times(9+1)\div 2-77=31$$

$$U_B=n_An_B+n_B(n_B+1)/2-T_B=9\times 7+7\times(7+1)\div 2-59=32$$

$$U_A+U_B=n_An_B=31+32=9\times 7=63$$

这是一个双侧检验。由于为小样本，根据 $\alpha=0.05$，$n_A=9$，$n_B=7$，查曼－惠特尼U检验的临界值表，得 $U_\alpha=12$。将 U_A 和 U_B 中的较小者 U_A 与 U_α 比较。$U_A=31>U_\alpha=12$，故接受 H_0，即认为在5%的显著性水平上，两个分厂的不同饲料对于生猪肥育增重没有显著差异。亦即说明两种饲料对生猪增重具有相同的影响，其增重的中位数或平均数可能是相同的。

【SPSS应用】

对例8.10采用SPSS操作。具体步骤为：

第一步，建立数据文件，将“分厂编号”A、B分别用1、2代替。

第二步，选择【分析】→【非参数检验】→【旧对话框】→【2个独立样本】。

第三步，将“等级”放入“检验变量列表”对话框中，将“分厂编号”放入“分组变量”对话框中，单击“定义组”，分别对应组1和组2输入1和2，单击“继续”，勾选Mann-Whitney U，选项默认，点击“确定”。

Mann-Whitney U检验双侧检验的输出结果见表8.26。

表8.26 Mann-Whitney U检验的秩和及其检验统计量(1)

分厂编号2		N	秩均值	秩和
等级	1	9	8.56	77.00
	2	7	8.43	59.00
	总数	16		

检验统计量[a]

	等级
Mann-Whitney U	31.000
Wilcoxon W	59.000
Z	−.053
渐近显著性(双侧)	.958
精确显著性[2*(单侧显著性)]	1.000[b]

a. 分组变量：分厂编号2；b. 没有对结进行修正。

表8.26显示了两个样本的等级和及其检验统计量，其中，Mann-Whitney U统计量为31。本例为小样本情况。可以看到，“精确显著性”给出的 P 值为1.000，远大于 $\alpha=0.05$，

因此接受原假设 H_0，即判定两个分厂的不同饲料对于仔猪生长和肥育增重没有显著差异。

(2)大样本曼—惠特尼U 检验

对于大样本(一般两个样本容量都不小于 10)的曼—惠特尼 U 检验，其抽样分布近似服从正态分布，样本均值和标准差分别为：

$$U_U=\frac{n_A n_B}{2} \tag{8.17}$$

$$\sigma_U=\sqrt{\frac{n_A n_B(n_A+n_B+1)}{12}} \tag{8.18}$$

检验统计量为：

$$z=\frac{U-U_U}{\sigma_U}=\frac{U-(n_A n_B/2)}{\sqrt{n_A n_B(n_A+n_B+1)/12}} \tag{8.19}$$

给定显著性水平 α，若双侧检验时，$z>z_{\alpha/2}$ 或 $z\leqslant -z_{\alpha/2}$，拒绝原假设；若右侧检验时，$z>z_{\alpha/2}$，拒绝原假设；若左侧检验时，$z\leqslant -z_{\alpha/2}$，拒绝原假设。

【例 8.11】某农业保险公司经理从该公司的两个销售区中各抽取 15 名推销员，对收取的保费额进行比较。把两个地区推销员上年收取的保费额排出等级顺序，如表 8.27。试判断两地推销员收取的保费额是否有显著差异。(给定 $\alpha=0.01$)

表 8.27　两个地区保险推销员推销额的等级顺序

地区 A	1	2	4	7	8	10	12	13	14	17	21	24	26	27	28
地区 B	3	5	6	9	11	15	16	18	19	20	22	23	25	29	30

解：根据题意建立如下假设：

H_0：两个地区推销员收取的保费额无显著差异；

H_1：两个地区推销员收取的保费额有显著差异。

A 地区的样本容量 $n_A=15$，B 地区的样本容量 $n_B=15$，A 地区的等级和 $T_A=214$，B 地区的等级和 $T_B=251$。则

$U_A=n_A n_B+n_A(n_A+1)/2-T_A=15\times 15+15\times(15+1)\div 2-214=131$

$U_B=n_A n_B+n_B(n_B+1)/2-T_B=15\times 15+15\times(15+1)\div 2-251=94$

$U=\min(U_A,U_B)$

$U_U=\dfrac{n_A n_B}{2}=112.5$

将本例看做大样本，则计算：

$$\sigma_U=\sqrt{\frac{n_A n_B(n_A+n_B+1)}{12}}=24.1$$

$$z=\frac{U-U_U}{\sigma_U}=\frac{94-112.5}{24.1}=-0.768$$

根据题意可知，这是一个双侧检验。由 $\alpha=0.01$，查表得 $z_{\alpha/2}$ 临界值为 2.58，$|z|=0.768<2.58$，故接受原假设，即认为两个地区农业保险推销员收取的保费额无显著差异。

【SPSS 应用】

对例 8.11 采用 SPSS 操作。步骤为：

第一步，建立数据文件，将“地区名”A、B 分别用 1、2 代替。

第二步，选择【分析】→【非参数检验】→【旧对话框】→【2 个独立样本】。

第三步，将“等级”数据样本放入“检验变量列表”对话框中，将“地区名”数据样本放入“分组变量”对话框中。单击“定义组”，分别对应组 1 和组 2 输入“1”和“2”，单击“继续”返回。勾选 Mann-Whitney U，点击“确定”得到检验结果，见图 8.9。

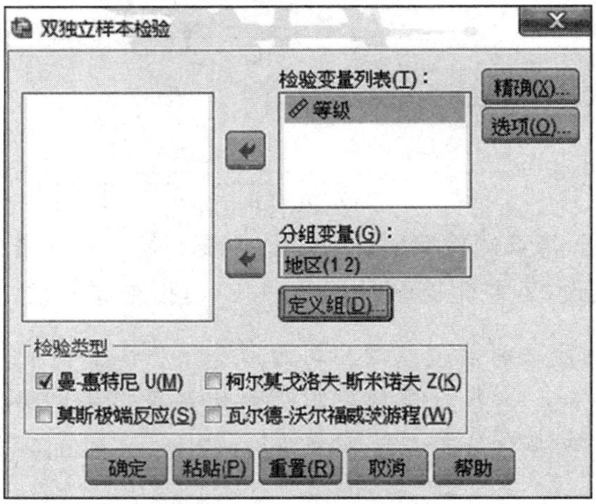

图 8.9 两个独立样本的 Mann-Whitney U 检验设置

Mann-Whitney 检验双侧检验的输出结果见表 8.28。

表 8.28 Mann-Whitney U 检验的秩和及其检验统计量(2)

地区名		N	秩均值	秩和
等级	1	15	14.27	214.00
	2	15	16.73	251.00
	总数	30		
检验统计量[a]				
			等级	
Mann-Whitney U			94.000	
Wilcoxon W			214.000	
Z			−.767	
渐近显著性(双侧)			.443	
精确显著性[2＊(单侧显著性)]			.461[b]	

a. 分组变量：地区名；b. 没有对结进行修正

可以看到，表 2.82 中给出的检验统计量 $z=-0.767$，与手工计算的结果一致。渐近显著性(双侧)给出的 P 值为 0.443，远大于 $\alpha=0.05$。因此，接受原假设 H_0。

8.6 游程检验法

一般抽样判断要求样本数据必须是随机取得的数据。那么，所取得的某一组样本观察值 $x_1, x_2, x_3, \cdots, x_n$ 是否具有随机性呢？比如，各地同一批树苗树高的差异是随机的还是其他原因导致的。如果数据有上升或下降的趋势，或有呈周期性变化的规律等特征时，均可能表示数据与顺序是有关的，或者说不是随机出现的。这时，我们可以通过游程检验(runs test)予以判断。

游程检验也称为连贯检验，是根据样本标志排列所形成游程的多少进行判断的检验方法。在由两种元素所构成的一个序列中，一种元素被另一种元素分割成的每一个小段称为一个游程。每一个游程所含有元素的个数被称为该游程的长度。例如，将两组随机样本的观察值混合起来，按从小到大的次序排列起来，形成例如"$xxyyxyxxxxyyy$"序列的样本，把这个样本中每一个连续出现某一种观察值的区段称为一个游程，而每一个区段所包含的样本观察值的个数就为游程长度，如上面序列中含有长度分别为 2,1,4 的 3 个 x 游程，以及长度分别为 2,1,3 的 3 个 y 游程。

游程检验根据混合序列游程个数的多少，既可用于检验样本的随机性，也可用于判断两个总体是否具有相同分布。与符号检验一样，对一些只能用定类尺度和定序尺度的检验问题，可用游程检验的方法来解决。

游程检验可分为两种情况：一是两个样本来自两个不同的总体，可以采取混合两个样本形成有序序列的方法，根据实际游程的个数，检验这两个总体分布是否相同；二是样本观察值来自同一总体，可以先将观察值按从小到大顺序排列，然后按中位数(或平均值)将观察值分为小于或大于中位数(或平均值)的两部分，再根据上、下两部分相互交错形成的游程个数来检验样本的随机性。

如何根据游程个数的多少来判断两个样本所属总体分布是否相同，或者判断一个样本观察值的随机性，其基本步骤为：

第一步，提出原假设和备择假设：

H_0：序列具有随机性；

H_1：序列不具有随机性。

第二步，将数据或问题转化为二元数据。对于定类数据，比如性别，可将男作为 1，女作为 0。对于数值型数据，可将各观察值与中位数(或平均数)进行对比，如果大于中位数，记为 1，如果小于中位数，记为 0。

第三步，确定检验统计量 r。连在一起的 1 或 0 为 1 个游程，r 为游程总数，为检验统计量。1 的个数记为 n_1，0 的个数记为 n_2。

第四步，进行判断。给定显著性水平 α，在 n_1, n_2 均不超过 20 时，查游程检验的临界值表，得到游程个数 r 的低端临界值 L_a 和高端临界值 L_b。当序列中实际观察到的游程个数 $r \leqslant L_a$ 或 $r \geqslant L_b$ 时，就以显著性水平 α 否定其关于随机性的假设，认为该序列无随机性；反之，若 $L_a < r < L_b$，则接受原假设，认为该序列为随机序列。

游程检验的检验统计量与样本容量 n_1、n_2 的大小有关。若 $n_1 \leqslant 20, n_2 \leqslant 20$ 时的游程检验，游程检验可按如上方法进行。当样本容量 $n_1 > 20, n_2 > 20$ 时，r 的分布趋近于正态分布，可构造 z 检验统计量。

(1)小样本的游程检验

【例 8.12】某养猪场统计了某猪圈内患新型蓝耳病的生猪的性别情况，用 A 表示公猪，B 表示母猪。并以患病先后为序，得到如下的统计序列：

AABABBAAAABBABBB

问公猪母猪患新型蓝耳病的次序是否具有随机性？

解：该问题属于样本容量均不大于 20 的游程检验。首先，根据题意建立如下假设：

H_0：次序是随机的

H_1：次序是非随机的

显然这是个双侧检验。公猪(A)的个数 $n_1=8$，母猪(B)的个数 $n_2=8$，上面的序列实际游程个数 $r=8$，根据 $n_1=n_2=8$，在显著性水平 $\alpha=0.05$ 时，查游程检验表得：$L_a=4$，$L_b=14$，由于 $4<8<14$，故接受原假设 H_0，也即断定公猪母猪患新型蓝耳病的先后次序是随机的。

【SPSS 应用】

对例 8.12 采用 SPSS 操作。具体步骤为：

第一步，建立数据文件。为公猪(A)赋值为 1，为母猪(B)赋值为 2，在 SPSS 中形成一列“生猪性别”数据用于游程检验。

第二步，选择【分析】→【非参数检验】→【旧对话框】→【游程】。

第三步，将“生猪性别”数据样本放入“检验变量列表”对话框中，可选“中位数”或“均值”作为检验值，“选项”默认，点击“确定”按钮，得到游程检验双侧检验的输出结果，见表 8.29。

表 8.29 生猪性别的游程检验结果

检验值[a]	2
案例<检验值	8
案例>=检验值	8
案例总数	16
Runs 数	8
Z	-.259
渐近显著性(双侧)	.796

a. 中值

输出结果表明，“渐近显著性(双侧)”给出的 P 值为 0.796，远大于 $\alpha=0.05$，故接受 H_0，认为公猪和母猪患新型蓝耳病的先后次序是随机的。

【例 8.13】为估计某街道两旁杨树的平均树龄情况，先后抽出了 10 棵杨树构成一个样本，其树龄(年)分别为：11，12，13，10，10，11，12，10，13，12，问该样本是否具有随机性？(给定 $\alpha=0.05$)

解：首先，根据题意建立如下假设：

H_0：该样本是随机的

H_1：该样本不是随机的

我们以样本平均数作为检验值，计算样本平均数：

$$\bar{x} = (11+12+13+10+10+11+12+10+13+12)/10 = 11.4(\text{年})$$

比较这 10 棵杨树的树龄与平均树龄 $\bar{x}$ 的大小，将样本序列转化成如下的符号序列：

— ＊ ＊ — — — ＊ — ＊ ＊

其中，"—"表示小于平均树龄，"＊"表示大于平均树龄。可知大于平均树龄的棵数 $n_1=5$，小于平均树龄的棵数 $n_2=5$。在 $\alpha=0.05$ 的显著性水平下，查游程检验中 r 的临界值表可得，$L_a=2$，$L_b=10$，实际游程个数 $r=6$。由于 $2<6<10$，即 $L_a<r<L_b$，所以接受原假设 H_0，认为该样本是随机的。

【SPSS 应用】

对例 8.13 采用 SPSS 操作。步骤为：

第一步，建立数据文件。数据格式见图 8.10。

第二步，选择【分析】→【非参数检验】→【旧对话框】→【游程】，弹出"游程检验"对话框。将"杨树树龄"放入"检验变量列表"对话框中，勾选"平均值"作为检验值，见图 8.10。

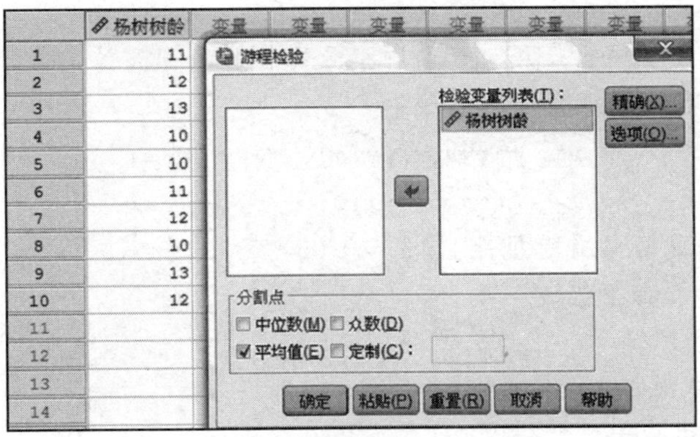

图 8.10　游程检验设置

第三步，点击"确定"按钮，输出游程检验双侧检验表，见表 8.30。

表 8.30　杨树树龄游程检验表

检验值[a]	11.40
个案数＜检验值	5
个案数＞＝检验值	5
总个案数	10
游程数	6
Z	.000
渐近显著性(双尾)	1.000

a. 平均值

表 8.30 中，待检验的平均值为 11.40(同手工计算结果)，小于平均值的数值为 5 个，

大于平均值的数值也是5个，实际游程个数 $r=6$。由于是小样本，故在 $\alpha=0.05$ 的显著性水平下，借助查游程检验中 r 的临界值表，得 $L_a=2, L_b=10$，则 $L_a<r<L_b$，所以接受原假设 H_0，认为该样本是随机的，检验结果与手工结果相同。

(2)大样本的游程检验

当样本容量 $n_1>20, n_2>20$ 时，用正态逼近方法进行游程检验。游程个数 r 的均值和方差分别为：

$$U_r=\frac{2n_1n_2}{n_1+n_2}+1 \tag{8.20}$$

$$\sigma_r^2=\frac{2n_1n_2(2n_1n_2-n_1-n_2)}{(n_1+n_2)^2(n_1+n_2-1)} \tag{8.21}$$

检验统计量为：

$$z=\frac{r-U_r}{\sigma_r} \tag{8.22}$$

给定显著性水平 α，当 $|z|>z_{\alpha/2}$ 时，可以认为序列是非随机的。当 $|z|<z_{\alpha/2}$ 时，认为序列是随机的。

【例 8.14】某农业机械生产厂生产两种型号的柴油动力机X和Y，某一天出售的50台柴油机可按型号 x 和 y 排成如下的顺序：

$$yyxyyxyxxyyyxxyxxyxxyxxyx$$

$$xyyxxxxyyxyxyxyyyxyyyyyxx$$

试问，这一序列是否具有随机性？（$\alpha=0.05$）

解：根据题意建立如下假设：

H_0：该样本是随机的

H_1：该样本不是随机的

x 型号柴油机的数目 $n_1=24$，y 型号柴油机的数目 $n_2=26$，实际游程个数 $r=28$。计算：

$$U_r=\frac{2n_1n_2}{n_1+n_2}+1=\frac{2\times24\times26}{24+26}+1=25.96$$

$$\sigma_r^2=\frac{2n_1n_2(2n_1n_2-n_1-n_2)}{(n_1+n_2)^2(n_1+n_2-1)}=\frac{2\times24\times26\times(2\times24\times26-24-26)}{(24+26)^2\times(24+26-1)}=12.20$$

该例为大样本的情况，检验统计量为：

$$z=\frac{r-U_r}{\sigma_r}=\frac{28-25.96}{\sqrt{12.2}}=0.58$$

该检验是一个双侧检验。给定显著性水平 $\alpha=0.05$，则 $z_{\alpha/2}=\pm1.96$。由于 $z=0.58<z_{\alpha/2}=1.96$，所以接受原假设，即认为该样本序列是随机的。

【SPSS 应用】

对例8.14采用SPSS操作。具体步骤为：

第一步，建立数据文件，数据格式见表8.31。用1代替型号X，2代替型号Y。

第二步，选择【分析】→【非参数检验】→【旧对话框】→【游程】。在弹出的“游程检验”对话框中，将“售出的柴油机型号”放入“检验变量列表”对话框中，选择“众数”，见图 8.11。

表 8.31　数据格式

	售出的柴油机型号
1	2
2	2
3	1
4	2
5	2
6	1
7	2
8	1
9	1
10	2
11	2
12	2

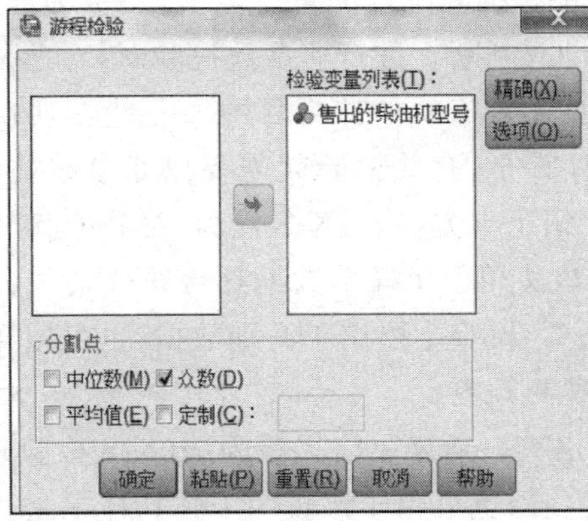

图 8.11　数据格式和游程检验对话框

第三步，点击“确定”按钮，输出游程双侧检验结果，见表 8.32。

表 8.32　柴油机型号序列的游程检验

检验值[a]	2
个案数＜检验值	24
个案数＞＝检验值	26
总个案数	50
游程数	28
z	.584
渐近显著性(双尾)	.559

a. 众数

对于大样本，游程个数 r 近似服从正态分布对待。在表 8.32 中，z 值为 0.584，渐近显著性(双尾)给出的 P 值为 0.559，远大于 $\alpha=0.05$。因此，接受原假设 H_0，即柴油机型号序列是随机的。

关键术语

非参数检验 non-parametric tests
渐近显著性 asymptotic significance
费雪精确检验 Fisher's exact test
χ^2 检验 chi-squared test
拟合优度检验 goodness-of-fit test
列联表 contingency tables
独立性检验 independence test
柯尔莫哥洛夫－斯米尔洛夫检验 Kolmogorov-Smirnov test (K-S test)
符号检验 sign test
威尔科克森秩和检验 Wilcoxon rank-sum test
曼－惠特尼 U 检验 Mann-Whitney U-test
游程检验 runs test

本章小结

1. 非参数检验是推断统计的重要分支，也称为非参数统计。其主要用途在于检验关于总体的某种假设或判断。进行非参数检验时，对总体分布的具体形式没有限制性假定，也不以总体参数具体数值的估计为目的。一些客观现象采用比较低级的计量尺度时，比如定类尺度或定序计量，有关检验就需要以非参数检验来进行。非参数检验的内容非常丰富，本章主要介绍了卡方检验、K-S检验、符号检验、等级检验和游程检验。

2. χ^2 检验。该法用于单样本数据是否符合某种分布的拟合性检验，也用于两变量之间的独立性检验。χ^2 检验主要用于类别数据，也可以用于定量数据，但必须先将数据分组才能获得实际的观测频数。

3. 柯尔莫哥洛夫一斯米尔洛夫检验法(K-S检验)。该法用于单样本数据是否符合某种分布的拟合性检验，也可用于比较两个独立样本是否具有相同的经验分布，即一致性检验。K-S检验与 χ^2 检验的相同之处在于，都是采用实际频数和理论频数之差进行检验。K-S检验主要用于有计量单位的数值型数据，对数据的利用较为完整，因此比 χ^2 检验更有效。该法的不足在于，如果数据确实服从正态分布，则没有 t 检验敏感(或有效)。

4. 符号检验法。该方法主要用于判断某种“处理”效应的显著性。通过对两配对样本的每对数据之差的符号进行检验，从而比较两个样本之间是否存在显著的差异。该法仅考虑观察值差异的正负号个数的多少，而不考虑观察值差异的绝对值大小。符号检验与参数检验中两配对样本显著性 t 检验相对应，当资料不满足参数检验条件时，可采用此法来检验两配对样本的差异显著性。

5. 等级检验法。以曼一惠特尼 U 检验为代表，该法主要用于检验两个独立样本是否来自同一总体。其特点是用顺序数据，而不是用正负号进行检验，因此比符号检验对数据的运用更为充分。

6. 游程检验。游程检验是最简单的判断观察值的顺序是否随机的方法。游程检验的变量类型必须为二分变量。我们所遇到的实际问题并不只是关心数据分布的位置或者形状，也包括样本的随机性，这一点很重要。如果样本不是从总体中随机抽取的，则所做的任何推断都将没有价值。

思考与练习

一、思考题

8.1 什么是非参数检验？其主要用途有哪些？

8.2 非参数检验和参数检验有何区别？

8.3 χ^2 检验有哪些主要用途？统计量如何构造？

8.4 K-S检验如何构造检验统计量？

8.5 什么是符号检验？有何用途？

8.6 曼一惠特尼 U 检验的用途？做法如何？

8.7 怎样检验数据序列的随机性？

二、练习题

8.1 某调查者访问了 3759 个不同性别的人，想知道人们对种植业良种补贴政策的满意度。试采用 χ^2 检验法判断其满意度与性别之间是否独立。($\alpha=0.10$)

	不满意	比较满意	满意	合计
男性	1154	475	243	1872
女性	1083	442	362	1887
合计	2237	917	605	3759

8.2 调查 1 岁婴儿食用鸡蛋与产生过敏症状是否有关系，抽查了 600 名婴儿的结果如下表。试用 χ^2 检验法判断食用鸡蛋与产生过敏之间是否相互独立。($\alpha=0.01$)

	产生过敏症状	未产生过敏症状
食用鸡蛋	136	90
未食用鸡蛋	110	264

8.3 观察某药物加化疗与单用某药物治疗某种癌症的疗效。两种治疗方法获得的数据如下表，试以 χ^2 检验法判断治疗方法与疗效之间的独立性。($\alpha=0.05$)

处理	有效	无效	合计
药物加化疗	42	13	55
单用药物	48	3	51
合计	90	16	106

8.4 某种财产保险 40 次损失数据被记录如下。试分别用 χ^2 检验法和 K-S 检验法判断该组数据是否符合正态分布。($\alpha=0.05$)

0.07	0.08	0.10	0.11	0.16	0.19	0.20	0.46	0.53	0.56
0.73	0.74	0.77	0.92	1.00	1.05	1.17	1.84	2.42	2.62
3.00	3.06	3.18	4.42	4.60	4.66	5.50	5.99	6.11	6.17
11.13	11.21	19.07	20.33	20.65	21.03	21.46	22.09	22.35	22.68

8.5 某村民小组村民在一天内打电话的次数，记录数据如下：

次数	1	2	3	4	5	6	7	8	9	≥10
人数	180	176	150	122	92	81	62	41	20	0

试检验村民打电话的次数是否符合 Possion 分布。($\alpha=0.05$)

8.6 一批小动物体重为(单位：g)见下表。试用柯尔莫哥洛夫－斯米尔洛夫检验法判断这批数据是否服从正态分布。($\alpha=0.01$)

365.4	362.5	394.7	356.0	387.6	305.1	385.1	382.3	364.8	314.9
394.8	370.9	434.2	356.4	378.2	356.9	384.4	297.3	414.3	412.0
349.5	344.6	328.9	413.8	423.9	462.4	432.9	398.6	319.3	404.6

8.7 某行政村随机抽选了 10 户苹果种植户，考察苹果包装方式变化前后的售价变化，

结果见下表。试以成对数据符号检验法判断售价变化的显著性。($\alpha=0.10$)

种植户	1	2	3	4	5	6	7	8	9	10
变化前	146	139	135	142	140	141	140	135	138	136
变化后	163	149	147	156	151	140	140	132	140	134

8.8 对10位高血压患者试用某种药物治疗,观察其使用前后血压的变化(单位:毫米汞柱),数据见下表。试以成对数据符号检验法判断药物使用前后血压的变化是否显著。($\alpha=0.01$)

试用前	135	142	142	150	155	162	168	146	169	172
试用后	123	132	140	143	148	150	148	136	158	161

8.9 随机抽取60名消费者对甲、乙两种果汁饮料评分,甲、乙得分之差为"+"号者35个,"-"号15个,"0"号10个。试用符号检验法判断两种饮料是否同等受欢迎。($\alpha=0.05$)

8.10 比较两个地区的土壤有机质含量(单位:g/kg)状况,测得样本数据结果如下表。

甲地	1.32	1.45	1.42	1.60	1.58	1.66	1.69	1.45	1.68	1.75
乙地	1.23	1.42	1.46	1.61	1.48	1.56	1.79	1.38		

试以曼-惠特尼 U 检验法判断两地土壤肥力有无显著不同。($\alpha=0.05$)

8.11 某区域35位居民先后生病的情况见下表(其中1表示发病,0表示不发病)。试检验居民生病是否具有随机性。($\alpha=0.10$)

住户	发病情况	住户	发病情况	住户	发病情况
1	1	13	1	25	1
2	0	14	1	26	1
3	1	15	1	27	0
4	1	16	1	28	1
5	1	17	0	29	0
6	1	18	0	30	0
7	0	19	1	31	1
8	0	20	1	32	0
9	0	21	0	33	0
10	0	22	0	34	0
11	1	23	1	35	0
12	1	24	1		

8.12 某地区连续30年的降雨量数据如下,检验降雨量是否具有随机性?($\alpha=0.05$)

702	710	765	721	769	751	862	873	828	546
639	699	514	764	788	786	745	889	794	926
563	616	686	765	826	834	837	790	904	1056

第 9 章　方差分析

统计与实践

1919 年，英国统计学家费雪(Ronald Aylmer Fisher，1890－1962)收到了罗森斯得农业实验站主任拉塞尔爵士的邀请，希望费雪去查看实验室历年收集到的数据。该农业实验站很重要的一个工作就是，搞清楚施用不同的混合肥料，马铃薯的产量是否会不同。费雪的做法是在农田中种上马铃薯，不同部分施用不同的混合肥料(在同一块农田的不同排施用不同的肥料，然后插上牌子进行区分)，然后在收获后对数据进行采样，看不同试验组的产量是否不同。费雪知道，马铃薯不是工业产品，本身产量会有波动，至少需要考虑以下两个问题：(1)马铃薯的产量本身具有随机性，比如说服从某正态分布。根据该分布，产量在－20%～20%之间波动可能性较大，因此如果某试验组产量多了 20%，并没有把握说混合肥料产生了效果。而产量在 50%之上的波动可能性较小，因此如果某试验组产量多了 50%，那么说明混合肥料可能真的产生了效果。就此，费雪设计了组间方差这个统计量，当组间方差较大的时候，说明发生了小概率事件，从而说明混合肥料可能真的产生了效果；(2)马铃薯的产量如果是随机波动，那么应该是有增有减的。费雪还设计了组内方差这个统计量，当组内方差较小时，说明该试验组的普遍增产(或减产)，也说明混合肥料可能真的产生了效果。

起初，方差分析主要应用于生物和农业田间试验，例如医学界研究几种药物对某种疾病的疗效；农业研究土壤、肥料、日照时间等因素对某种农作物产量的影响；不同化学药剂对作物害虫的杀虫效果等。后来方差分析推广到各个领域应用，例如在环境质量评价中，应用方差分析研究不同时间、不同采样地点的环境监测数据，区分采样点和时间因素造成的差异，判断误差的来源，从而正确评价该区域的环境质量；心理学实验研究独生子女与非独生子女认知能力时，父亲的文化水平对儿童的认知能力有一定的影响，需要将父亲的文化水平作为协变量进行方差分析。如今，方差分析已发展成为一项成熟的统计方法。

方差分析(analysis of variance, ANOVA)就是通过检验各研究对象总体的均值是否相等来判断分类型自变量对数值型因变量是否有显著影响。从形式上看，方差分析是比较多个总体的均值是否相等，但其本质上是研究变量之间的相互关系。本方法主要用于研究一个数值因变量与一个或多个分类自变量的关系，通过分析实验数据中不同来源的变异对总变异的贡献大小，确定自变量是否对因变量有重要影响。与假设检验相比，方差分析不仅可以提高检验的效率。一般的研究方法随着个体显著性检验的次数增加，偶然因素导致差别的可能性也会增加，而方差分析是将所有的样本信息结合在一起同时考虑，因此避免了错误的累积，可以规避因偶然因素叠加导致的真实原假设被拒绝。

本章主要介绍方差分析的基本思想、单因素方差分析、双因素方差分析、有交互的双因素方差分析和协变量影响分析，同时介绍 SPSS 的操作方法。

9.1 方差分析的基本思想

9.1.1 一个例子

为了对方差分析的概念和作用有个清楚的了解，下面先引出一个例子。

【例 9.1】某农产品有三种不同品牌，其中，A_1 是某省著名品牌，A_2 是国外某知名品牌，A_3 是国内某知名品牌。现随机抽取 4 个月的销售量，结果如表 9.1。请根据表中数据判断：此种农产品不同品牌的声誉对其销售量是否有显著影响？若有显著影响，判断哪种品牌的声誉影响最大？

表 9.1 农产品销售量数据

单位：kg

广告类型	1 月	2 月	3 月	4 月
A_1	163	176	170	185
A_2	184	198	179	190
A_3	206	191	218	224

解：从表 9.1 可以看到，该农产品不同品牌的声誉对其销售量影响的差异可能来自两方面的原因：

(1)该农产品不同品牌声誉的影响。不同品牌的农产品会使人们根据自身需求，产生不同的消费冲动和购买欲望，从而产生不同的购买行动。

(2)随机因素的影响。即使农产品的品牌相同，在不同月份也可能出现销售量的差异。因为除品牌以外，还有很多因素如购买者的经济收入差异、农产品价格波动等，也会影响农产品销售数量。

在例 9.1 中，假定三种不同的品牌分别来自三个不同的正态分布总体。在这里，我们将所关心的因素“品牌”以外的其他随机因素如收入差异、价格差异等保持一致，以保证每个总体方差相同(满足同方差假定)。这样，判断此种农产品销售数量是否有显著差异就转化为检验农产品销售数量差异是不是由不同“品牌”声誉造成的，进一步转化为几个具有相同方差的正态总体均值是否相等的问题。方差分析是判断多个正态总体均值是否相等的一种统计方法。

9.1.2 方差分析基本假定

通常，在方差分析中有以下基本假定：

(1)所有观察数据，均是从相互独立且服从正态分布的总体中随机抽取的样本。

(2)各组观察数据，是从具有相同方差的总体中随机抽取的，即具备方差齐次性(homogeneity variance)。

在实际应用中，能够严格满足这些假定条件的客观现象很少，但一般应近似地符合上述要求。

对于例 9.1，把待检验的因素记为 A，称为因子(factor)。把该农产品三种不同的品牌分别记为 A_1、A_2、A_3，称为水平(Level)，每个水平的观察值用 $x_{ij}(i=1,2,3;j=1,2,3,4)$ 表示。满足基本假设条件，即 A_1、A_2、A_3 是三个相互独立的正态总体，且方差相等，x_i 是分别从三个总体中随机抽取的样本。那么，通过检验三个总体均值是否相等，我们可以判断因素 A 的影响作用是否显著存在。

对例 9.1 提出以下假设检验：

$H_0:\mu_1=\mu_2=\mu_3$；

$H_1:\mu_1,\mu_2,\mu_3$ 不完全相等。

如果该原假设 H_0 成立，则意味着 $\mu_1=\mu_2=\mu_3$，三个样本都来自均值为 μ，方差为 σ^2 的同一正态总体。由样本均值的抽样分布可知，来自正态总体的一个简单随机样本的样本均值 $\bar{x}$ 服从均值为 μ，方差为 σ^2/n 的正态分布，见图 9.1 所示。

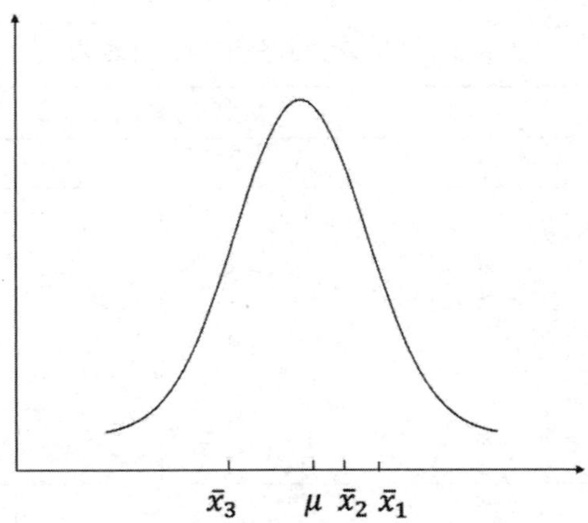

图 9.1　H_0 为真时 $\bar{x}$ 的抽样分布

如果 μ_1,μ_2,μ_3 不完全相等，则意味着三个样本来自均值不同的三个正态分布总体。在这种情况下，各样本均值就不像 H_0 为真时那样接近了，见图 9.2 所示。

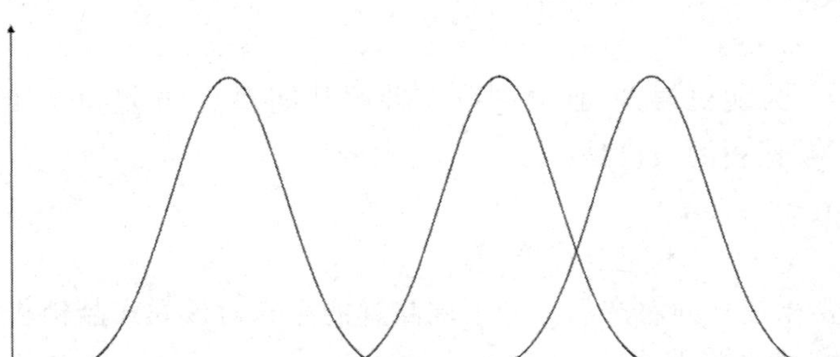

图 9.2　均值全不相同时的抽样分布

由例 9.1 引出的方差分析的基本思想可以推广到方差分析的一般情形中。

一般地，设检验因素的 r 个水平分别是 r 个相互独立的正态总体，$\mu_i(i=1,2,\cdots,r)$ 是第 i 个总体的均值，σ^2 为方差，x_{ij}（$i=1,2,\cdots,r;j=1,2,\cdots,n$）是从总体中随机抽取的样本数值，则在满足方差分析假定条件的前提下，检验多个正态总体的均值是否相等的问题就转变为检验假设：

$$H_0:\mu_1=\mu_2=\cdots=\mu_r,\quad H_1:\mu_i(i=1,2,\cdots,r)\text{ 不完全相等}$$

9.2 单因素方差分析

进行方差分析时，在其他可控因素都保持不变的情况下，仅考察某一个因素对现象的影响是否显著时，称为单因素方差分析(one-way analysis of variance)。

9.2.1 数据结构

进行方差分析时，需要得到下面的数据结构，如表 9.2 所示。

表 9.2 单因素方差分析的数据结构

观察数据(j)	A 因素(i)			
	A_1	A_2	…	A_r
1	x_{11}	x_{21}	…	x_{r1}
2	x_{12}	x_{22}	…	x_{r2}
⋮	⋮	⋮	⋮	⋮
n	x_{1n}	x_{2n}	…	x_{rn}
合计(T_i)	T_1	T_2	…	T_r
组平均值($\bar{x}_i$)	$\bar{x}_1$	$\bar{x}_2$		$\bar{x}_r$
样本均值($\bar{x}$)	$\bar{x}=\frac{1}{n}\sum_{i=1}^{r}\sum_{j=1}^{n_i}x_{ij}$ 或者 $\bar{x}=\frac{1}{n}\sum_{i=1}^{r}n_i\bar{x}_i$			

9.2.2 建立单因素方差模型与假设设定

单因素方差分析的数据结构模型写为：

$$x_{ij}=\mu_i+\varepsilon_{ij} \tag{9.1}$$

式(9.1)中，ε_{ij} 为随机误差，独立同分布并服从期望 0、方差为 σ^2 的正态分布，记为 $N(0,\sigma^2)$ 。因此，要检验的假设是：

$H_0:\mu_1=\mu_2=\cdots=\mu_r$；

$H_1:\mu_i(i=1,2,\cdots,r)$不完全相等。

对于例 9.1，要比较某种农产品三种不同品牌的声誉对该农产品销售数量的影响是否有显著差异，原假设和备择假设为：

$H_0:\mu_1=\mu_2=\mu_3$，即三种不同品牌的声誉对该农产品销售量的影响无显著差异；

$H_1:\mu_1,\mu_2,\mu_3$ 不全等，即三种不同品牌的声誉对该农产品销售量的影响有显著差异。

将式(9.1)做进一步分解，对假设做一个变换，把这 r 个总体均值的平均值记作 μ ，则

$$\mu = \frac{1}{r}\sum_{i=1}^{r}\mu_i \tag{9.2}$$

式(9.2)称为一般水平或平均水平。则有第 i 个总体均值与 μ 之间的离差：

$$\alpha_i = \mu_i - \mu, \quad i = 1,2,\cdots,r \tag{9.3}$$

式(9.3)反映因素第 i 个水平对观察数据的“纯”作用大小，根据算术平均数的性质易得 $\sum_{i=1}^{r}\alpha_i = 0$。

把式(9.1)的原参数 μ_i 变换成新参数 α_i，可改写为效应分解式：

$$x_{ij} = \mu + \alpha_i + \varepsilon_{ij} \quad (i = 1,2,\cdots,r; j = 1,2,\cdots,n) \tag{9.4}$$

对比式(9.1)和式(9.4)，可以看出，μ_i 之间的差异性同 α_i 之间的差异性是等价的。因此，上述要检验的假设转化为：

$H_0: \alpha_1 = \alpha_2 = \cdots = \alpha_r = 0$；

$H_1: \alpha_1, \alpha_2, \cdots, \alpha_r$ 不全为 0。

根据对 α_i 的定义，其表示除去因素的平均影响外，因素的第 i 种水平的特殊影响。在例 9.1 中，α_1 表示除去三种不同品牌的声誉对农产品销售数量的平均影响后，强调某省著名品牌对农产品销售数量的特殊影响。因此，方差分析要解决的问题是，检验因素各水平对事物的影响是否显著，各水平影响差异性如何？如果存在显著差异，则表明因素各水平的效应不完全相同；若无显著差异，则表明因素各水平的效应相同，而差异是由随机原因引起的。

9.2.3　构造并计算检验统计量 F 值

在构造检验统计量之前，首先介绍总（离差）平方和(sum of squares for total)、组间（离差）平方和(sum of squares between groups)、误差平方和(sum of squares for error)等概念。

根据表 9.2 所示的一般情形，所有观察数据的离差平方和表示为 Q：

$$\begin{aligned} Q &= \sum_{i=1}^{r}\sum_{j=1}^{n_i}(x_{ij} - \bar{x})^2 = \sum_{i=1}^{r}\sum_{j=1}^{n_i}[(x_{ij} - \bar{x}) + (\bar{x}_i - \bar{x})]^2 \\ &= \sum_{i=1}^{r}\sum_{j=1}^{n_i}[(x_{ij} - \bar{x}_i)^2 + (\bar{x}_i - \bar{x})^2 + 2(x_{ij} - \bar{x}_i)(\bar{x}_i - \bar{x})] \\ &= \sum_{i=1}^{r}\sum_{j=1}^{n_i}(x_{ij} - \bar{x}_i)^2 + \sum_{i=1}^{r}n_i(\bar{x}_i - \bar{x})^2 + 2\sum_{i=1}^{r}\sum_{j=1}^{n_i}(x_{ij} - \bar{x}_i)(\bar{x}_i - \bar{x}) \end{aligned} \tag{9.5}$$

容易证明

$$\sum_{i=1}^{r}\sum_{j=1}^{n_i}(x_{ij} - \bar{x}_i)(\bar{x}_i - \bar{x}) = 0$$

则

$$Q = \sum_{i=1}^{r}\sum_{j=1}^{n_i}(x_{ij} - \bar{x}_i)^2 + \sum_{i=1}^{r}n_i(\bar{x}_i - \bar{x})^2 \tag{9.6}$$

令

$$Q_1 = \sum_{i=1}^{r}\sum_{j=1}^{n_i}(x_{ij} - \bar{x}_i)^2 \tag{9.7}$$

$$Q_2=\sum_{i=1}^{r}n_i(x_i-x)^2 \tag{9.8}$$

则有：

$$Q=Q_1+Q_2 \tag{9.9}$$

式(9.9)中，Q 为总离差平方和，用以描述所有样本数据 x_{ij} 的离散程度；Q_1 为误差平方和，也即组内离差平方和，是每个样本数据与其组平均值离差的平方和，反映数据 x_{ij} 抽样误差的大小程度；Q_2 为组间离差平方和，是各组平均值 $\bar{x}_i(i=1,2,3,\cdots,r)$ 与样本均值 $\bar{x}$ 离差的平方和，反映了各总体的样本平均值之间的差异程度。

利用 Q_1、Q_2 计算组内方差(intra-class variance) S_1^2 和组间方差(variance between groups) S_2^2，构造 F 检验统计量：

$$F=\frac{S_2^2}{S_1^2}=\frac{\dfrac{Q_2}{r-1}}{\dfrac{Q_1}{n-r}} \tag{9.10}$$

接着，给定显著性水平 α，由 F 分布表中查得 $F_\alpha(r-1,n-r)$。

若 $F>F_\alpha(r-1,n-r)$，则在显著性水平 α 下拒绝 H_0，即 $\mu_1=\mu_2=\cdots=\mu_r$ 不成立，$\mu_i(i=1,2,\cdots,r)$ 之间存在显著差异。

若 $F\leqslant F_\alpha(r-1,n-r)$，则不能以显著性水平 α 下拒绝 H_0，即 $\mu_1=\mu_2=\cdots=\mu_r$ 成立，亦即不能认为 $\mu_i(i=1,2,\cdots,r)$ 之间存在显著差异。

在实际应用中，常用方差分析表(或称为 ANOVA 表)代替以上计算过程，方差分析表结构见表 9.3。

表 9.3 单因素方差分析表

方差来源	平方和 (Sum of Sq.)	自由度 (df)	方差 (Mean Sq.)	F 值
组间方差	$Q_2=\sum_{i=1}^{r}n_i(\bar{x}_i-\bar{x})^2$	$r-1$	$S_2^2=\dfrac{Q_2}{r-1}$	
组内方差	$Q_1=\sum_{i=1}^{r}\sum_{j=1}^{n_i}(x_{ij}-\bar{x}_i)^2$	$n-r$	$S_1^2=\dfrac{Q_1}{n-r}$	$F=\dfrac{S_2^2}{S_1^2}=\dfrac{\frac{Q_2}{r-1}}{\frac{Q_1}{n-r}}$
总和	$Q=\sum_{i=1}^{r}\sum_{j=1}^{n_i}(x_{ij}-\bar{x})^2=Q_1+Q_2$	$n-1$	$S^2=\dfrac{Q}{n-1}$	

根据表 9.3，要完成表中内容的计算，关键是得到 Q、Q_1 和 Q_2 的值，而 $Q=Q_1+Q_2$，因此只需要得到其中的两个值即可。

根据表 9.1 的数据，计算得：

$$Q=\sum_{i=1}^{r}\sum_{j=1}^{n_i}x_{ij}^2-\frac{1}{n}\left(\sum_{i=1}^{r}T_i\right)^2=438488-\frac{1}{12}\times(2284)^2=3766.67$$

$$Q_2=\sum_{i=1}^{r}\frac{T_i^2}{n_i}-\frac{(\sum_{i=1}^{r}T_i)^2}{n_i}=\frac{694^2+751^2+839^2}{4}-\frac{1}{12}(2284)^2=2688.17$$

进一步可得：

$$Q_1=Q-Q_2=3766.67-2688.17=1098.50$$

给出单因素方差分析表见表 9.4。

表 9.4 单因素方差分析表

方差来源	平方和	自由度	方差	F 值
组间方差	$Q_2=2688.17$	$r-1=2$	$S_2^2=1334.09$	$F=\frac{1334.09}{122.06}=10.93$
组内方差	$Q_1=1098.50$	$n-r=9$	$S_1^2=122.06$	
总　和	$Q=3766.67$	$n-1=11$	$S^2=342.42$	

9.2.4 判断并给出结论

在假设条件成立时，F 统计量服从第一自由度为$r-1$、第二自由度为$n-r$的F分布。因此，根据给定的显著性水平 α，在 F 分布表中查找临界值 $F_\alpha(r-1,n-r)$，并进行判断，并在此基础上，给出相关结论。

若 $F>F_\alpha(r-1,n-r)$，则拒绝 H_0，即 $\mu_1=\mu_2=\mu_3$ 不成立，对于给定的显著性水平 α，认为三种不同品牌的声誉对农产品销售数量有显著影响；

若 $F\leqslant F_\alpha(r-1,n-r)$，则不能拒绝 H_0，$\mu_1=\mu_2=\mu_3$ 成立，对于给定的显著性水平 α，认为三种不同品牌的声誉对农产品销售数量无显著影响。

例 9.1 中，$F_{0.05}(r-1,n-r)=4.26$，由于 $F=10.93>F_\alpha(r-1,n-r)=4.26$，故应拒绝原假设，说明三种农产品品牌的声誉对农产品销售数量有显著影响。

9.2.5 多重比较

多重比较是通过对总体平均数之间的配对比较来进一步检验到底哪些均值之间存在差异。多重比较的方法有许多种，常用的方法是最小显著差异方法（Least significant difference，LSD），可用于判断到底哪些均值之间有差异。

该方法进行比较检验的具体步骤为：

首先，提出假设：

H_0：$|\bar{x}_{i.}-\bar{x}_{.j}|=0$（组间均值无差异）

H_1：$|\bar{x}_{i.}-\bar{x}_{.j}|\neq 0$（组间均值有差异）

其次，计算临界差数（最小显著性差数）：

$$LSD=t_{\frac{\alpha}{2}}(n-k)\sqrt{MES(\frac{1}{n_i}+\frac{1}{n_j})} \tag{9.11}$$

其中，$t_{\frac{\alpha}{2}}(n-k)$ 是自由度为 $(n-k)$ 时 t 分布的临界值。再计算实际差数 $|\bar{x}_{i.}-\bar{x}_{.j}|$。

最后，做出决策：如果 $|\bar{x}_{i.}-\bar{x}_{.j}|>LSD$，拒绝 H_0，表明第 i 个处理和第 j 个处理的

均值之间差异显著;如果 $|\bar{x}_{i\cdot}-\bar{x}_{\cdot j}|<LSD$,接受 H_0,表明第 i 个处理和第 j 个处理的均值之间无显著差异。在使用软件进行检验时,若统计量的 P 值 $<\alpha$,拒绝原假设。

【例 9.2】对某作物进行品种改良,要求被改良品种的重要特性是植株矮,但保证产量高。在经过多年杂交试验后,最终得到了 A_1、A_2、A_3 三个改良品种作为选择对象。在接下来的针对这三个品种的试验中,每个品种各取 5 株在培养室中加以培育,然后在其成熟期测量各株的高度,数据见表 9.5。分析该作物三个改良品种的高度是否存在差异。(给定 $\alpha=0.05$)

表 9.5 某作物品种改良试验三个品种各五株的高度试验结果

单位:cm

作物品种	第一株	第二株	第三株	第四株	第五株	平均
A_1	17	18	17	16	18	17.2
A_2	21	19	18	19	20	19.4
A_3	18	21	20	21	19	19.8
15 株平均						18.8

解:把该作物每个改良品种的株高看作是一个总体,每个总体中每株高度是服从正态分布且具有等方差和相互独立的随机变量,满足方差分析的基本假定。因此,该作物株高差异性的检验可以采用方差分析法。

设 μ_i 为该作物每个改良品种的平均株高,做出以下假设:

$H_0:\mu_1=\mu_2=\mu_3$,即该作物三种改良品种的株高差异不显著;

$H_1:\mu_1,\mu_2,\mu_3$ 不全相等,即该作物三种改良品种的株高差异显著。

利用表 9.5 的数据进行方差分析。

表 9.6 单因素方差分析表

方差来源	平方和	自由度	方差	F 值
组间方差	19.6	2	9.8	7.95*
组内方差	14.8	12	1.2	
总　和	34.4	14		

注:* 组间和组内方差 9.8 和 1.2 实际为四舍五入的结果,故本处 F 值不等于直接用 9.8 除以 1.2。

对于 $\alpha=0.05$,查 F 分布表,得临界值 $F_{0.05}(2,12)=3.89$。由于 $F=7.95>F_{0.05}(2,12)=3.89$,则拒绝 H_0,认为三种改良品种的株高之间在 $\alpha=0.05$ 的显著性水平上存在显著差异。

进一步,进行多重比较分析。计算检验统计量:

$$|\mu_1-\mu_2|=|17.2-19.4|=2.2$$

$$|\mu_1-\mu_3|=|17.2-19.8|=2.6$$

$$|\mu_2-\mu_3|=|19.4-19.8|=0.4$$

据表 9.6 得:

$$MES=\frac{\text{组间误差平方和}}{\text{自由度}}=1.233$$

由显著性水平 $\alpha=0.05$，查 t 分布表得 $t_{0.025}(12)=2.179$。计算 LSD ：

$$LSD=2.179\times\sqrt{1.233\times\left(\frac{1}{5}+\frac{1}{5}\right)}\approx 1.53$$

下面做出统计决策。在显著性水平 $\alpha=0.05$ 的情况下：

$|\mu_1-\mu_2|=|17.2-19.4|=2.2>LSD=1.53$，则拒绝 H_0，认为品种 A_1 和品种 A_2 的株高之间有显著差异；$|\mu_1-\mu_3|=|17.2-19.8|=2.6>LSD=1.53$，则拒绝 H_0，认为品种 A_1 和品种 A_3 的株高之间有显著差异；$|\mu_2-\mu_3|=|19.4-19.8|=0.4<LSD=1.53$，不能拒绝 H_0，没有证据表明品种 A_2 和品种 A_3 的株高之间有显著差异。

【SPSS 操作】

对例 9.2 采用 SPSS 进行方差分析。步骤为：

第一步，建立数据文件，数据格式见表 9.7。将“品种”定义为自变量，“株高”定义为因变量，进行单因素方差分析。

第二步，选择【分析】→【比较平均值】→【单因素 ANOVA 检验】，弹出对话框见图 9.3。将“株高”选入“因变量列表”对话框中，“品种”放入“因子”对话框中。

表 9.7　数据格式

	品种	株高
1	1.00	17.00
2	1.00	18.00
3	1.00	17.00
4	1.00	16.00
5	1.00	18.00
6	2.00	21.00
7	2.00	19.00
8	2.00	18.00
9	2.00	19.00
10	2.00	20.00
11	3.00	18.00
12	3.00	21.00
13	3.00	20.00
14	3.00	21.00
15	3.00	19.00

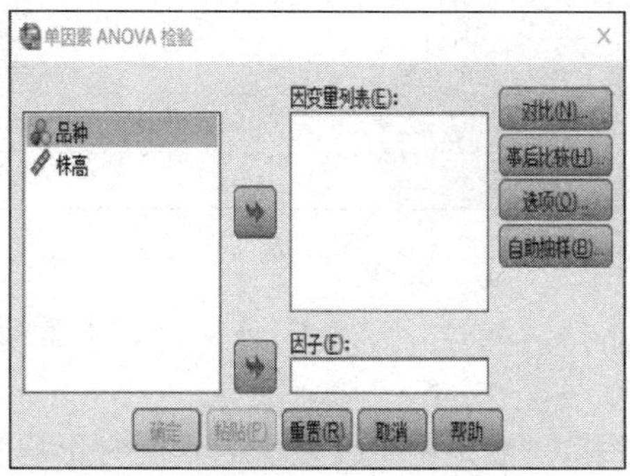

图 9.3　单因素方差检验对话框

第三步，点击“事后比较”，弹出对话框见图 9.4，在其中勾选 LSD 。点击“继续”返回。

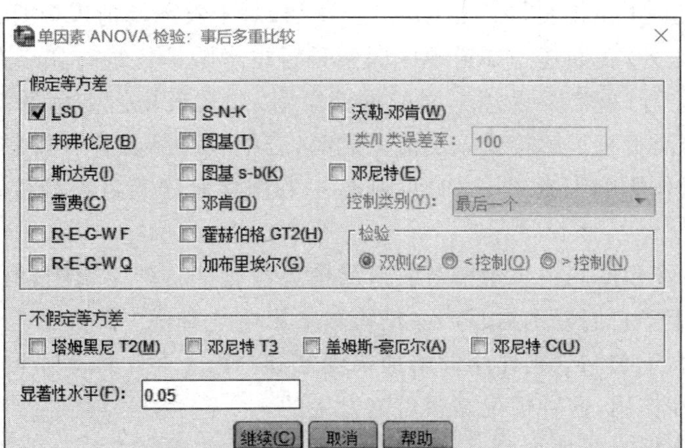

图 9.4　多重比较对话框

第四步，点击“确定”按钮，输出结果。输出表 9.8 的结果解释与表 9.6 相同，即认为该作物的三个改良品种的株高存在显著差异。

表 9.8 SPSS 输出的方差分析表

株高	平方和	自由度	均方	F	显著性
组间	19.600	2	9.800	7.946	.006
组内	14.800	12	1.233		
总计	34.400	14			

输出表 9.9 的解释同例 9.2，不再赘述。

表 9.9 *LSD* 法多重比较结果

(I) 品种	(J) 品种	平均值差值 (I−J)	标准误差	显著性	95% 置信区间	
					下限	上限
1.00	2.00	−2.200*	.70238	0.009	−3.7303	−.6697
	3.00	−2.600*	.70238	0.003	−4.1303	−1.0697
2.00	1.00	2.200*	.70238	0.009	.6697	3.7303
	3.00	−0.400	.70238	0.580	−1.9303	1.1303
3.00	1.00	2.600*	.70238	0.003	1.0697	4.1303
	2.00	0.400	.70238	0.580	−1.1303	1.9303

*. 平均值差值的显著性水平为 0.05。

9.3 双因素方差分析

在现实中，一般是两个或多个因素同时影响事物的情况，因此常常需要进行多因素方差分析。本节以两因素为例，介绍两因素同时影响事物的时候，如何通过方差分析，确定究竟是一个因素对事物的发展变化起作用，还是两个因素同时起作用，还是两个因素的作用影响都不显著。我们把方差分析的方法用于同时研究两种因素对事物的影响称为双因素方差分析(two-way analysis of variance)。比如，对于农产品销售量的影响，除了关心农产品品牌的影响之外，我们还想知道地区因素是否也影响销售量。如果在不同的地区，销售量存在显著的差异，就需要采用不同的推销策略，如在市场占有率低的地区，进一步扩大宣传，让更多的消费者了解接受该产品。此时，若把农产品品牌看作影响销售量的因素 A ，把销售地区看作影响因素 B ，同时对因素 A 和因素 B 进行方差分析，就是双因素方差分析。

另外，不同品牌和不同销售价格对农产品销售数量都会产生影响，但是两者同时作用的影响是否正好等于它们分别对农产品销售数量影响之和呢？即是否会产生农产品销售数量的增加幅度高于它们分别作用的增加幅度之和？由于各个因素不同水平的搭配会产生新的影响或交互作用，这种情况是很可能发生的。

双因素方差分析有两种类型：一种是无交互作用的双因素方差分析，它假定因素 A 和因素 B 的效应之间是相互独立的，不存在相互关系。前述案例中，品牌和地区两个因素导致农产品销售数量的增加幅度正好等于不同品牌和不同的销售地区分别作用的增加幅度之和，就是出现了这样的情况。对于无交互作用的双因素方差分析，其结果与对每个因素分别进行单因素方差分析的结果相同。另一种是有交互作用的方差分析，它假定 A 、B 两个因素不是独立的，而是相互起作用的，两个因素同时起作用的结果不是两个因素分别作用的简单相加，两者的结合会产生一个新的效应。前述案例中，品牌和地区两个因素同时作用于农产品销售数量产生交互作用，两个因素结合后产生新的效应，使农产品销售数量增加幅度不等于品牌和销售地区分别作用的增加幅度之和。

双因素方差分析的内容包括：对影响因素进行检验，究竟一个因素在起作用，还是两个因素都起作用(各自独立作用，还是有交叉作用?)，或是两个因素的影响都不显著。

9.3.1　无交互作用的双因素方差分析

在多因素方差分析中，最简单的情况就是无交互作用的双因素方差分析。

同前面单因素方差分析一样，我们首先要分析用于方差分析的数据结构，把数据结构分析清楚后，按照单因素方差分析的思路，进行双因素方差分析。因此，第一步是要对双因素方差分析的数据结构进行分析。

1. 数据结构

同单因素分析一样，无交互作用双因素方差分析一般情形的数据结构如表 9.10。

设两个因素分别为 A 和 B 。因素 A 有 r 个不同水平 $A_1, A_2, \cdots, A_r$ ；因素 B 有 s 个不同水平 $B_1, B_2, \cdots, B_s$ ；因素 A 的每一个水平和因素 B 的每一个水平都可以搭配成一组，观察它们对试验指标的影响，抽样得到 $r \times s$ 个观察数据。进一步，容易得到有关平均指标，包括各组平均值($\bar{x}_{i.}$ 、$\bar{x}_{.j}$)和样本平均值($\bar{x}$)。

表 9.10　双因素方差分析的数据结构(无交互作用)

		因素 B				求和 ($T_{i.}$)	平均值($\bar{x}_{i.}$)
		B_1	B_2	…	B_s		
因素 A	A_1	x_{11}	x_{12}	…	x_{1s}	$T_{1.}$	
	A_2	x_{21}	x_{22}	…	x_{2s}	$T_{2.}$	$\bar{x}_{i.} = \frac{1}{s}\sum_{j=1}^{s}\bar{x}_{ij}$
	⋮	⋮	⋮	…	⋮	⋮	($i = 1,2,\cdots,r$)
	A_r	x_{r1}	x_{r2}	…	x_{rs}	$T_{r.}$	
求和($\bar{T}_{.j}$)		$T_{.1}$	$T_{.2}$	…	$T_{.s}$	T	—
平均值($\bar{x}_{.j}$)		$\bar{x}_{.j} = \frac{1}{r}\sum_{i=1}^{r}\bar{x}_{ij}$ ($j = 1,2,\cdots,s$)				—	$\bar{x} = \frac{1}{rs}\sum_{i=1}^{r}\sum_{j=1}^{s}x_{ij}$

根据表 9.10，进一步计算有：

$$\bar{x}_{1.} = \frac{1}{s}\sum_{j=1}^{s}\bar{x}_{ij} = \frac{x_{11} + x_{12} + \cdots + x_{1s}}{s}$$

$$\vdots$$

$$\bar{x}_{.1} = \frac{1}{r}\sum_{i=1}^{r}\bar{x}_{i1} = \frac{x_{11} + x_{21} + \cdots + x_{r1}}{r}$$

2. 模型与假设设定

与单因素方差分析类似，可以将因素 A 的第 i 个水平下对试验指标的影响记作 α_i，或称为第 i 种效应；同样，将因素 B 的第 j 个水平下对试验指标的影响记作 β_j，或称为第 j 种效应，则有：

$$\alpha_i = \bar{x}_{i.} - \bar{x}, \quad i = 1,2,\cdots,r; \quad \beta_j = \bar{x}_{.j} - \bar{x}, \quad j = 1,2,\cdots,s$$

进一步，可得：

$$x_{ij} = \bar{x} + \alpha_i + \beta_j + \varepsilon_{ij} \quad (i = 1,2,\cdots,r; j = 1,2,\cdots,s) \tag{9.12}$$

式中各字母含义同单因素方差分析中各字母含义，且满足：

$$\sum_{i=1}^{r} \alpha_i = 0, \quad \sum_{j=1}^{s} \beta_j = 0, \quad \varepsilon_{ij} \sim N(0, \sigma^2)$$

式(9.12)是无交互作用的双因素方差分析的数学模型。同单因素方差分析的原理，将检验的假设进行等价变换，则：

要判断因素 A 的影响是否显著，等同于检验以下假设是否成立：

$H_{01}: \alpha_1 = \alpha_2 = \cdots = \alpha_r = 0$，即不同水平 A 因素的影响不显著。

要判断因素 B 的影响是否显著，等同于检验以下假设是否成立：

$H_{02}: \beta_1 = \beta_2 = \cdots = \beta_r = 0$，即不同水平的 B 因素的影响不显著。

3. 构造并计算检验统计量F 值

为了检验以上假设，需要确定适当的检验统计量，我们仍然从总离差平方和 Q 分解入手。同前面单因素的平方和分解方法一样，对总离差平方和 Q 进行分解，不同的是，此处需要将总离差平方和分解成三个组成部分。

$$Q = \sum_{i=1}^{r} \sum\nolimits_{j=1}^{s} (x_{ij} - \bar{x})^2 = \sum_{i=1}^{r} \sum\nolimits_{j=1}^{s} [(\bar{x}_{i.} - \bar{x}) + (\bar{x}_{.j} - \bar{x}) + (x_{ij} - \bar{x}_{i.} - \bar{x}_{.j} + \bar{x})]^2$$

$$= \sum_{i=1}^{r} \sum\nolimits_{j=1}^{s} (\bar{x}_{i.} - \bar{x})^2 + \sum_{i=1}^{r} \sum\nolimits_{j=1}^{s} (\bar{x}_{.j} - \bar{x})^2 + \sum_{i=1}^{r} \sum\nolimits_{j=1}^{s} (x_{ij} - \bar{x}_{i.} - \bar{x}_{.j} + \bar{x})^2$$

令

$$Q_1 = \sum_{i=1}^{r} \sum\nolimits_{j=1}^{s} (\bar{x}_{i.} - \bar{x})^2 = s \sum_{i=1}^{r} (\bar{x}_{i.} - \bar{x})^2$$

$$Q_2 = \sum_{i=1}^{r} \sum\nolimits_{j=1}^{s} (\bar{x}_{.j} - \bar{x})^2 = r \sum_{j=1}^{s} (\bar{x}_{.j} - \bar{x})^2$$

$$Q_3 = \sum_{i=1}^{r} \sum\nolimits_{j=1}^{s} (x_{ij} - \bar{x}_{i.} - \bar{x}_{.j} + \bar{x})^2$$

则有：

$$Q = Q_1 + Q_2 + Q_3 \tag{9.13}$$

根据分析过程，Q_1 是因素 A 影响所产生的离差平方和；Q_2 是因素 B 影响所产生的离差平方和；Q_3 是除去因素 A 和 B 以外的剩余因素影响所产生的离差平方和，即误差平方和。为判断因素 A 和 B 的影响是否显著，或者说判断原假设是否成立，分别构建 F_A 和 F_B 统计量作为检验统计量：

$$F_A = \frac{S_1^2}{S_3^2} = \frac{\dfrac{Q_1}{r-1}}{\dfrac{Q_3}{(r-1)(s-1)}} \tag{9.14}$$

$$F_B=\frac{S_2^2}{S_3^2}=\frac{\dfrac{Q_2}{s-1}}{\dfrac{Q_3}{(r-1)(s-1)}} \tag{9.15}$$

与单因素方差分析一样，可以得到 $F_A \sim F[(r-1),(r-1)(s-1)]$，$F_B \sim F[(s-1),(r-1)(s-1)]$。

为简化以上计算过程，仍采用方差分析表的方式得到以上计算结果，见表 9.11。

表 9.11　双因素方差分析表(无交互作用)

方差来源	平方和	自由度	方差	F 值
A 因素	Q_1	$r-1$	$S_1^2=\dfrac{Q_1}{r-1}$	
B 因素	Q_2	$s-1$	$S_2^2=\dfrac{Q_2}{s-1}$	$F_A=\dfrac{S_1^2}{S_3^2}$
误差	Q_3	$(r-1)(s-1)$	$S_3^2=\dfrac{Q_3}{(r-1)(s-1)}$	$F_B=\dfrac{S_2^2}{S_3^2}$
总和	Q	$rs-1$		

由于 Q、Q_1、Q_2 和 Q_3 的理论公式较难计算，因此表中相应指标分别采用化简式来计算，各值的化简式有：

$$\begin{aligned}
Q&=\sum_{i=1}^{r}\sum_{j=1}^{s}(x_{ij}-\bar{x})^2=\sum_{i=1}^{r}\sum_{j=1}^{s}(x_{ij}^2-2x_{ij}\bar{x}+\bar{x}^2)\\
&=\sum_{i=1}^{r}\sum_{j=1}^{s}x_{ij}^2-2\bar{x}\sum_{i=1}^{r}\sum_{j=1}^{s}x_{ij}+rs\bar{x}^2\\
&=\sum_{i=1}^{r}\sum_{j=1}^{s}x_{ij}^2-2\bar{x}rs(\sum_{i=1}^{r}\sum_{j=1}^{s}x_{ij}/rs)+rs\bar{x}^2\\
&=\sum_{i=1}^{r}\sum_{j=1}^{s}x_{ij}^2-2\bar{x}rs\bar{x}+rs\bar{x}^2=\sum_{i=1}^{r}\sum_{j=1}^{s}x_{ij}^2-rs\bar{x}^2\\
&=\sum_{i=1}^{r}\sum_{j=1}^{s}x_{ij}^2-(\sum_{i=1}^{r}\sum_{j=1}^{s}\frac{x_{ij}}{rs})^2=\sum_{i=1}^{r}\sum_{j=1}^{s}x_{ij}^2-\frac{T^2}{rs}
\end{aligned}$$

$$\begin{aligned}
Q_1&=\sum_{i=1}^{r}\sum_{j=1}^{s}(\bar{x}_{i.}-\bar{x})^2=s\sum_{i=1}^{r}(\bar{x}_{i.}-\bar{x})^2=s\sum_{i=1}^{r}\bar{x}_{i.}^2-2s\bar{x}\sum_{i=1}^{r}\bar{x}_{i.}+rs\bar{x}^2\\
&=s\sum_{i=1}^{r}\bar{x}_{i.}^2-2s\bar{x}\sum_{i=1}^{r}\bar{x}_{i.}+rs\bar{x}^2=s\sum_{i=1}^{r}(\sum_{j=1}^{s}x_{ij}/s)^2-rs\bar{x}^2\\
&=\frac{1}{s}\sum_{i=1}^{r}(\sum_{j=1}^{s}x_{ij})^2-\frac{1}{rs}(\sum_{i=1}^{r}\sum_{j=1}^{s}x_{ij})^2=\sum_{i=1}^{r}\frac{T_{i.}^2}{s}-\frac{T^2}{rs}
\end{aligned}$$

$$\begin{aligned}
Q_2&=\sum_{i=1}^{r}\sum_{j=1}^{s}(\bar{x}_{.j}-\bar{x})^2=r\sum_{j=1}^{s}(\bar{x}_{.j}-\bar{x})^2=\frac{1}{r}\sum_{j=1}^{s}(\sum_{i=1}^{r}x_{ij})^2-rs\bar{x}^2\\
&=\frac{1}{r}\sum_{j=1}^{s}(\sum_{i=1}^{r}x_{ij})^2-\frac{1}{rs}(\sum_{i=1}^{r}\sum_{j=1}^{s}x_{ij})^2=\sum_{j=1}^{s}\frac{T_{.j}^2}{r}-\frac{T^2}{rs}
\end{aligned}$$

在实际方差分析中，为了能从符号表示上更直观地看出是由哪个因素引起的离差，将总

离差平方和 Q 记作 SS_T；因素 A 影响所产生的离差平方和 Q_1 记作 SS_A；因素 B 影响所产生的离差平方和 Q_2 记作 SS_B；其他因素影响所产生的离差平方和 Q_3 记作 SS_E，则有：

$$SS_T = SS_A + SS_B + SS_E \tag{9.16}$$

4. 判断并给出结论

与单因素方差分析一样，根据给定的显著性水平 α，确定 F_A 和 F_B 各自对应的临界值 F_α。若 F_A 或 F_B 大于临界值 F_α，则分别拒绝原假设；若 F_A 或 F_B 小于临界值 F_α，则不能拒绝原假设。

【例 9.3】某豆制品公司的原料大豆有甲、乙、丙三个来源地，原料大豆用量分别有保持现用量不变、增加 5%、增加 8%三种。每个水平组合各做一次试验，得到表 9.12 的数据，试分析原料大豆用量及来源地对产品合格率的影响是否显著（给定 $\alpha=0.05$）。

表 9.12　产品合格率数据

		原料大豆用量		
		B_1（保持现用量）	B_2（增加 5%）	B_3（增加 8%）
原料大豆来源地	甲地 A_1	59	63	61
	乙地 A_2	70	74	66
	丙地 A_3	66	70	71

解：设“原料大豆来源地”为因素 A，三个地区为因素的 3 个水平，第 i 个水平对产品合格率的特殊效应为 $\alpha_i(i=1,2,3)$；“原料大豆用量”为因素 B，三种原料大豆用量为因素的 3 个水平，第 j 个水平对产品合格率的特殊效应为 $\beta_i(i=1,2,3)$。设定原假设和备择假设：

$H_{0A}:\alpha_1=\alpha_2=\alpha_3=0$，　$H_{1A}:\alpha_1,\alpha_2,\alpha_3$ 不全相等；

$H_{0B}:\beta_1=\beta_2=\beta_3=0$，　$H_{1B}:\beta_1,\beta_2,\beta_3$ 不全相等。

利用表 9.12 的数据，得到双因素方差分析表，见表 9.13。

表 9.13　双因素方差分析表

方差来源	平方和	自由度	方差	F 值
A 因素	146	2	73	$F_A=10.43$
B 因素	26	2	13	$F_B=1.86$
误差	28	4	7	
总和	200	8		

本例中 $\alpha=0.05$，查得 F_A 和 F_B 的临界值均为 $F_{0.05}(2,4)=6.94$。

由于 $F_A=10.43>F_{0.05}(2,4)=6.94$，拒绝 H_{0A}，即认为“原料大豆来源地”对“产品合格率”在 5%的显著性水平上具有影响显著；由于 $F_B=1.86<F_{0.05}(2,4)=6.94$，则不能拒绝 H_{0B}，即认为“原料大豆用量”对“产品合格率”的影响在 5%的显著性水平上不显著。

【SPSS 操作】

对例 9.3 采用 SPSS 进行双因素方差分析。步骤为：

第一步，建立数据文件，数据格式见表 9.14。

表 9.14　数据格式

	产品合格率	原料大豆来源地	原料大豆用量
1	59.00	1.00	1.00
2	70.00	1.00	2.00
3	66.00	1.00	3.00
4	63.00	2.00	1.00
5	74.00	2.00	2.00
6	70.00	2.00	3.00
7	61.00	3.00	1.00
8	66.00	3.00	2.00
9	71.00	3.00	3.00

第二步，选择【分析】→【一般线性模型】→【单变量】，弹出对话框见图 9.5。将“产品合格率”放入“因变量”框中，“原料大豆来源地”和“原料大豆用量”均放入“固定因子”框中，其余选项均保持不变。

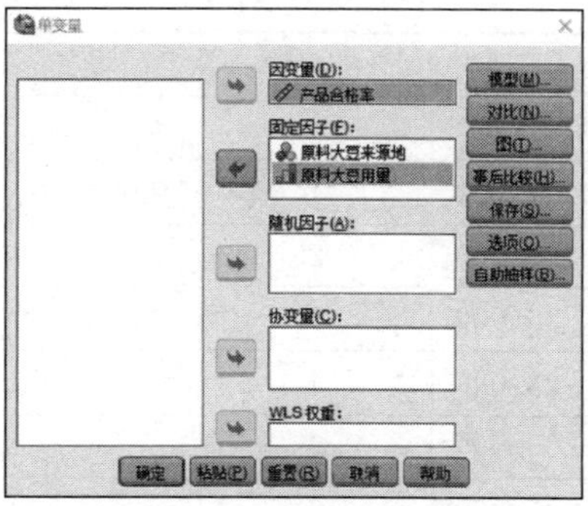

图 9.5　单变量对话框

第三步，单击“模型”按钮，在弹出的对话框中选中“定制”。这时，中部的“类型”下拉列表框就变成可选项，选择“主效应”，再将“原料大豆来源地”和“原料大豆用量”选入右侧的模型框中，见图 9.6。

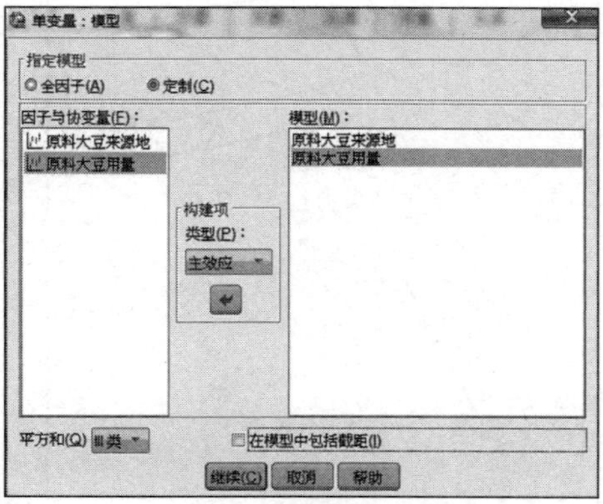

图 9.6　模型对话框

第四步，点击“继续”按钮，回到单变量对话框。接着，点击“图”按钮，在弹出的对话框中将“原料大豆来源地”放入“水平轴”框中，“原料大豆用量”放入“单独的线条”框中，其余选项均保持不变。接着，点击“添加”按钮，出现两个变量的交互式，见图 9.7。

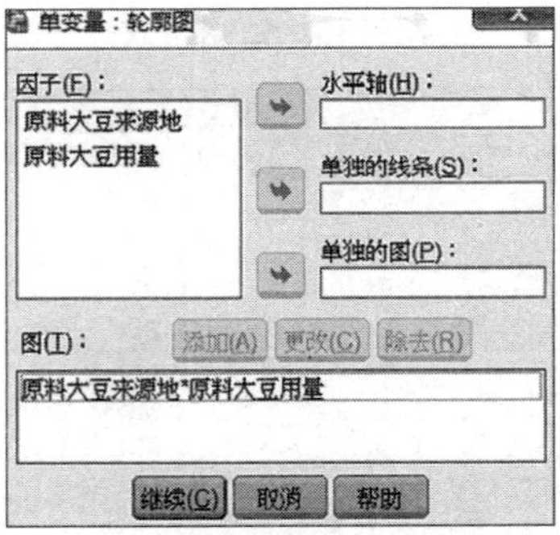

图 9.7　轮廓图对话框

第五步，点击"继续"按钮，回到单变量对话框。最后，点击"确定"按钮输出方差分析表，见表 9.15。方差分析结果的解释同表 9.13，不再赘述。

表 9.15　SPSS 输出的双因素方差分析表(无交互作用)

源	III 类平方和	自由度	均方	F	显著性
修正模型	172.000[a]	4	43.000	6.143	.053
截距	40000.000	1	40000.000	5714.286	.000
原料大豆来源地	146.000	2	73.000	10.429	.026
原料大豆用量	26.000	2	13.000	1.857	.269
误差	28.000	4	7.000		
总计	40200.000	9			
修正后总计	200.000	8			

a. R 方 ＝ .860(调整后 R 方 ＝ .720)

输出的无交互作用图见图 9.8。三条线没有相交，表明两因素之间不存在交互作用。

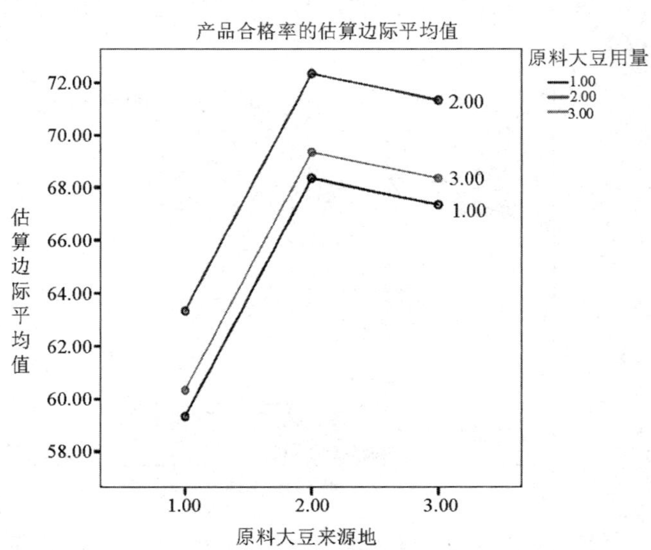

图 9.8　轮廓图(无交互作用)

9.3.2　有交互作用的双因素方差分析

与无交互作用不同，实际问题中常常遇到有交互作用的情况，即因素 A 的作用随因素 B 的水平发生变化(或相反，因素 B 的作用随因素 A 的水平发生变化)。例如，某地大豆每亩施用2公斤氮肥和3公斤磷肥的情况下，单产增加50公斤；施用4公斤氮肥和6公斤磷肥时，产量增加120公斤。这表明，氮肥和磷肥对大豆单位面积产量有交互作用，或者说双因素的综合效应不是双因素各自单独效应的简单相加。

1. 数据结构

与前述无交互作用的双因素方差分析不同的是，当需要考虑两个因素的交互作用的时候，必须要获得两个因素同水平下的多次影响或试验结果(即至少两次或两次以上的影响或试验结果)，才能将交互作用的平方和从误差平方和之中分离出来。

仍设两个因素分别为 A 和 B 。因素 A 有 r 个不同水平 $A_1, A_2, \cdots, A_r$ ；因素 B 有 s 个不同水平 $B_1, B_2, \cdots, B_s$ ；因素 A 的每一个水平和因素 B 的每一个水平都可以搭配成一组，共有 $r \times s$ 个水平组合 $A_iB_j\,(i=1,2,\cdots,r;j=1,2,\cdots,s)$ ，观察它们对试验指标的影响。由于要考虑两个因素的交互作用，取每个水平组合对试验指标的影响结果有 l 个，每个影响或试验结果的数据用 $x_{ijk}\,(k=1,2,\cdots,l)$ 表示，我们同样可以得到有关平均指标，包括各组平均值($\bar{x}_{i.}$, $\bar{x}_{.j}$)和样本平均值($\bar{x}$)，数据结构见表9.16。

表9.16　双因素方差分析的数据结构(有交互作用)

		因素 B				平均值($\bar{x}_{i.}$)
		B_1	B_2	$\cdots$	B_s	
因素 A	A_1	$x_{111},\cdots,x_{11l}$	$x_{121},\cdots,x_{12l}$	$\cdots$	$x_{1s1},\cdots,x_{1sl}$	$\bar{x}_{i.}=\frac{1}{s}\sum_{j=1}^{s}\bar{x}_{ij}$ $(i=1,2,\cdots,r)$
	A_2	$x_{211},\cdots,x_{21l}$	$x_{221},\cdots,x_{22l}$	$\cdots$	$x_{2s1},\cdots,x_{2sl}$	
	$\vdots$	$\vdots$	$\vdots$	$\cdots$	$\vdots$	
	A_r	$x_{r11},\cdots,x_{r1l}$	$x_{r21},\cdots,x_{r2l}$	$\cdots$	$x_{rs1},\cdots,x_{rsl}$	
平均值($\bar{x}_{.j}$)		$\bar{x}_{.j}=\frac{1}{r}\sum_{i=1}^{r}\bar{x}_{ij}\quad(j=1,2,\cdots,s)$				$\bar{x}=\frac{1}{rs}\sum_{i=1}^{r}\sum_{j=1}^{s}x_{ij}$ $=\frac{1}{rsl}\sum_{i=1}^{r}\sum_{j=1}^{s}\sum_{k=1}^{l}x_{ijk}$

2. 模型设定

有交互作用的双因素方差分析的数据模型：

$$x_{ijk}=\bar{x}_{ij}+e_{ijk}\quad(i=1,2,\cdots,r;j=1,2,\cdots,s;k=1,2,\cdots,l)\tag{9.17}$$

式(9.17)中， $\bar{x}_{ij}$ 表示在因素 A 的第 i 个水平与因素 B 的第 j 个水平结合的水平组合 A_iB_j 下影响或试验结果的均值，且 $\bar{x}_{ij}=\frac{1}{l}\sum_{k=1}^{l}x_{ijk}$ 。同时，假定： $x_{ij}\sim N(\bar{x}_{ij},\sigma^2)$ ，且 x_{ij} 之间相互独立； e_{ijk} 之间相互独立，其表示在水平组合 A_iB_j 下第 k 次重复影响或试验的误差，且为 $e_{ijk}\sim N(0,\sigma_e^2)$ 的随机变量。

与无交互作用的双因素方差分析一样,将因素 A 的第 i 个水平下对试验指标的效应记作 α_i ,且 $\sum_{i=1}^{r}\alpha_i=0$。将因素 B 的第 j 个水平下对试验指标的效应记作 β_j ,且 $\sum_{j=1}^{s}\beta_j=0$,则有:

$$\alpha_i=\bar{x}_{i.}-\bar{x},\quad i=1,2,\cdots,r$$
$$\beta_j=\bar{x}_{.j}-\bar{x},\quad j=1,2,\cdots,s$$

将 $\bar{x}_{ij}$ 做个变形有:

$$\begin{aligned}\bar{x}_{ij}&=\bar{x}_{ij}+(\bar{x}+\bar{x}-\bar{x}-\bar{x})+(\bar{x}_{i.}-\bar{x}_{i.})+(\bar{x}_{.j}-\bar{x}_{.j})\\&=\bar{x}+(\bar{x}_{i.}-\bar{x})+(\bar{x}_{.j}-\bar{x})+(\bar{x}_{ij}-\bar{x}_{i.}-\bar{x}_{.j}+\bar{x})\end{aligned}$$

令

$$(\alpha\beta)_{ij}=(\bar{x}_{ij}-\bar{x}_{i.}-\bar{x}_{.j}+\bar{x})$$

则

$$\bar{x}_{ij}=\bar{x}+\alpha_i+\beta_j+(\alpha\beta)_{ij}\tag{9.18}$$

进一步,式(9.18)变形为:

$$x_{ijk}=\bar{x}+\alpha_i+\beta_j+(\alpha\beta)_{ij}+e_{ijk}\quad(i=1,2,\cdots,r;j=1,2,\cdots,s;k=1,2,\cdots l)\tag{9.19}$$

式(9.19)为试验指标效应的分解式。根据式(9.18),把 $(\alpha\beta)_{ij}$ 写成:

$$(\alpha\beta)_{ij}=(\bar{x}_{ij}-\bar{x})-\alpha_i-\beta_j\tag{9.20}$$

式(9.20)中,$(\bar{x}_{ij}-\bar{x})$ 表示水平组合 A_iB_j 对试验指标的总效应。因此,$(\alpha\beta)_{ij}$ 即为总效应减去 A 的效应 α_i 和 B 的效应 β_j 的剩余效应,称之为 A 与 B 对试验指标的交互效应。

交互效应表示 A 与 B 搭配所产生的一种 A 与 B 单独都不能起到的新作用。当试验指标数据越大越好时,$(\alpha\beta)_{ij}>0$ 称为有利的交互作用;$(\alpha\beta)_{ij}<0$ 则称为不利的交互作用。显然有:

$$\sum_{i=1}^{r}(\alpha\beta)_{ij}=\sum_{j=1}^{s}(\alpha\beta)_{ij}=0$$

根据以上分析,当存在交互作用时,要检验的假设可以这样表达:

若判断因素 A 的影响是否显著,原假设:

$H_{01}:\alpha_1=\alpha_2=\cdots=\alpha_r=0$,即 A 因素不同水平的影响不显著。

若判断因素 B 的影响是否显著,原假设:

$H_{02}:\beta_1=\beta_2=\cdots=\beta_s=0$,即 B 因素不同水平的影响不显著。

若判断因素 A 与因素 B 对试验指标的交互影响是否显著,原假设:

$H_{03}:(\alpha\beta)_{ij}=0(i=1,2,\cdots,r;j=1,2,\cdots,s)$,即不同水平的 $A\times B$ 因素的影响不显著。

3. 构造检验统计量

为检验以上假设,先对总离差平方和 Q 进行分解:

$$Q = \sum_{i=1}^{r} \sum\nolimits_{j=1}^{s} \sum\nolimits_{k=1}^{l} (x_{ijk} - \bar{x})^2$$
$$= \sum_{i=1}^{r} \sum\nolimits_{j=1}^{s} \sum\nolimits_{k=1}^{l} (\bar{x} + \alpha_i + \beta_i + (\alpha\beta)_{ij} + e_{ijk} - \bar{x})^2$$
$$= \sum_{i=1}^{r} \sum\nolimits_{j=1}^{s} \sum\nolimits_{k=1}^{l} [\alpha_i + \beta_i + (\alpha\beta)_{ij} + (x_{ijk} - \bar{x}_{ij})]^2$$
$$= \sum_{i=1}^{r} \sum\nolimits_{j=1}^{s} \sum\nolimits_{k=1}^{l} [(\bar{x}_{i.} - \bar{x}) + (\bar{x}_{.j} - \bar{x}) + (\bar{x}_{ij} - \bar{x}_{i.} - \bar{x}_{.j} + \bar{x}) + (x_{ijk} - \bar{x}_{ij})]^2$$
$$= Q_1 + Q_2 + Q_3 + Q_4$$

其中，$Q_1 = sl \sum_{i=1}^{r} (\bar{x}_{i.} - \bar{x})^2$

$$Q_2 = rl \sum_{j=1}^{s} (\bar{x}_{.j} - \bar{x})^2$$
$$Q_3 = l \sum_{i=1}^{r} \sum\nolimits_{j=1}^{s} (\bar{x}_{ij} - \bar{x}_{i.} - \bar{x}_{.j} + \bar{x})^2$$
$$Q_4 = \sum_{i=1}^{r} \sum\nolimits_{j=1}^{s} \sum\nolimits_{k=1}^{l} (x_{ijk} - \bar{x}_{ij})^2$$

有：

$$Q = Q_1 + Q_2 + Q_3 + Q_4 \tag{9.21}$$

同样，Q_1 是因素 A 影响所产生的离差平方和；Q_2 是因素 B 影响所产生的离差平方和；Q_3 是因素 A 和 B 交互作用即 $A \times B$ 影响所产生的离差平方；Q_4 是误差平方和。为检验假设以及判断因素 A 、B 和 $A \times B$ 的影响是否显著，分别构建 F_A 、F_B 和 F_{AB} 统计量作为检验统计量。

$$F_A = \frac{S_1^2}{S_4^2} = \frac{\dfrac{Q_1}{r-1}}{\dfrac{Q_4}{rs(l-1)}}$$

$$F_B = \frac{S_2^2}{S_4^2} = \frac{\dfrac{Q_2}{s-1}}{\dfrac{Q_4}{rs(l-1)}}$$

$$F_{AB} = \frac{S_3^2}{S_4^2} = \frac{\dfrac{Q_3}{(r-1)(s-1)}}{\dfrac{Q_4}{rs(l-1)}}$$

与单因素方差分析一样，可以得到 $F_A \sim F[(r-1), rs(l-1)]$ ，$F_B \sim F[(s-1), rs(l-1)]$ 和 $F_{AB} \sim F[(r-1)(s-1), rs(l-1)]$ 。

以上计算结果见于方差分析表，见表 9.17。

表 9.17 双因素方差分析表(有交互作用)

方差来源	平方和	自由度	方差	F 值
A 因素	Q_1	$r-1$	$S_1^2=\frac{Q_1}{r-1}$	$F_A=\frac{S_1^2}{S_4^2}$
B 因素	Q_2	$s-1$	$S_2^2=\frac{Q_2}{s-1}$	$F_B=\frac{S_2^2}{S_4^2}$
$A\times B$ 因素	Q_3	$(r-1)(s-1)$	$S_3^2=\frac{Q_3}{(r-1)(s-1)}$	$F_{AB}=\frac{S_3^2}{S_4^2}$
误差	Q_4	$rs(l-1)$	$S_4^2=\frac{Q_4}{rs(l-1)}$	
总和	Q	$rsl-1$	—	

方差分析中，Q、Q_1、Q_2、Q_3 和 Q_4 的计算可采用简化公式(以 Q 的简化式推导为例)：

$$
\begin{aligned}
Q=SS_T&=\sum_{i=1}^{r}\sum_{j=1}^{s}\sum_{k=1}^{l}(x_{ijk}-\bar{x})^2=\sum_{i=1}^{r}\sum_{j=1}^{s}\sum_{k=1}^{l}(x_{ijk}^2-2x_{ijk}\bar{x}+\bar{x}^2)\\
&=\sum_{i=1}^{r}\sum_{j=1}^{s}\sum_{k=1}^{l}x_{ijk}^2-2\bar{x}\sum_{i=1}^{r}\sum_{j=1}^{s}\sum_{k=1}^{l}x_{ijk}+rsl\bar{x}^2\\
&=\sum_{i=1}^{r}\sum_{j=1}^{s}\sum_{k=1}^{l}x_{ijk}^2-2\bar{x}rsl(\sum_{i=1}^{r}\sum_{j=1}^{s}\sum_{k=1}^{l}x_{ijk}/rsl)+rsl\bar{x}^2\\
&=\sum_{i=1}^{r}\sum_{j=1}^{s}\sum_{k=1}^{l}x_{ijk}^2-2\bar{x}rsl\bar{x}+rsl\bar{x}^2=\sum_{i=1}^{r}\sum_{j=1}^{s}\sum_{k=1}^{l}x_{ijk}^2-rsl\bar{x}^2\\
&=\sum_{i=1}^{r}\sum_{j=1}^{s}\sum_{k=1}^{l}x_{ijk}^2-\frac{1}{rsl}(\sum_{i=1}^{r}\sum_{j=1}^{s}\sum_{k=1}^{l}x_{ijk})^2\\
&=\sum_{i=1}^{r}\sum_{j=1}^{s}\sum_{k=1}^{l}x_{ijk}^2-C_T
\end{aligned}
$$

同理，可得 Q_1、Q_2、Q_3 和 Q_4 的简化式：

$$Q_1=SS_A=sl\sum_{i=1}^{r}(\bar{x}_{i.}-\bar{x})^2=\frac{1}{sl}\sum_{i=1}^{r}(\sum_{j=1}^{s}\sum_{k=1}^{l}x_{ijk})^2-C_T$$

$$Q_2=SS_B=rl\sum_{j=1}^{s}(\bar{x}_{.j}-\bar{x})^2=\frac{1}{rl}\sum_{j=1}^{s}(\sum_{i=1}^{r}\sum_{k=1}^{l}x_{ijk})^2-C_T$$

$$
\begin{aligned}
Q_3=SS_{A\times B}&=SS_T-SS_A-SS_B-SS_E=Q-Q_1-Q_2-Q_4\\
&=l\sum_{i=1}^{r}\sum_{j=1}^{s}(\bar{x}_{ij}-\bar{x}_{i.}-\bar{x}_{.j}+\bar{x})^2\\
&=\sum_{i=1}^{r}\sum_{j=1}^{s}[\frac{1}{l}(\sum_{k=1}^{l}x_{ijk})^2]-\frac{1}{sl}\sum_{i=1}^{r}(\sum_{j=1}^{s}\sum_{k=1}^{l}x_{ijk})^2-\frac{1}{rl}\sum_{j=1}^{s}(\sum_{i=1}^{r}\sum_{k=1}^{l}x_{ijk})^2+C_T
\end{aligned}
$$

其中，$C_T=\frac{1}{rsl}(\sum_{i=1}^{r}\sum_{j=1}^{s}\sum_{k=1}^{l}x_{ijk})^2$

$$
\begin{aligned}
Q_4&=\sum_{i=1}^{r}\sum_{j=1}^{s}\sum_{k=1}^{l}(x_{ijk}-\bar{x}_{ij})^2\\
&=\sum_{i=1}^{r}\sum_{j=1}^{s}\sum_{k=1}^{l}x_{ijk}^2-\sum_{i=1}^{r}\sum_{j=1}^{s}[\frac{1}{l}(\sum_{k=1}^{l}x_{ijk})^2]
\end{aligned}
$$

4. 判断并给出结论

根据给定的显著性水平 α，在 F 分布表中查找临界值 F_α，与 F_A、F_B 和 F_{AB} 进行比较判断，得出相关结论。

【例 9.4】为了研究三种农药和三种化肥对蔬菜种植的影响，对每种水平组合进行了两次试验，得到表 9.18。试分析农药和化肥对蔬菜产量(单位：百公斤/亩)是否有显著影响，是否存在两个因素的交互作用。(给定 $\alpha=0.05$)

表 9.18　蔬菜种植数据表

		因素 B		
		化肥 1	化肥 2	化肥 3
因素 A	农药 1	13.40,15.00	16.10,18.30	18.00,18.00
	农药 2	14.40,15.60	14.00,14.30	14.50,15.70
	农药 3	13.00,13.60	16.30,18.10	18.10,16.10

解：根据常识，农药和化肥之间可能存在对蔬菜产量的交互作用，故对该例进行有交互作用的方差分析。设农药为因素 A，三种农药为三个水平，第 i 个水平对蔬菜产量的特殊效应为 $\alpha_i(i=1,2,3)$；化肥为因素 B，三种化肥为三个水平，第 j 个水平对蔬菜产量的特殊效应为 $\beta_j(j=1,2,3)$；农药和化肥的交互作用为 $A\times B$，A_i 和 B_j 对蔬菜产量的交互效应为 $(\alpha\beta)_{ij}(i=1,2,3;j=1,2,3)$。则设定以下待检验原假设：

$H_{0A}:\alpha_1=\alpha_2=\alpha_3=0$；$H_{1A}:\alpha_1,\alpha_2,\alpha_3$ 不全为 0；

$H_{0B}:\beta_1=\beta_2=\beta_3=0$；$H_{1B}:\beta_1,\beta_2,\beta_3$ 不全为 0；

$H_{0AB}:(\alpha\beta)_{ij}=0(i=1,2,3;j=1,2,3)$；$H_{1AB}:(\alpha\beta)_{ij}$ 不全为 $0(i=1,2,3;j=1,2,3)$。

据表 9.18 和 Q、Q_1、Q_2、Q_3、Q_4 的简化计算式，得表 9.19。

表 9.19　双因素方差分析表(有交互作用)

方差来源	平方和	自由度	方差	F 值
A 因素	9.108	2	4.554	$F_A=4.561$ $F_B=10.976$ $F_{AB}=3.757$
B 因素	21.914	2	10.957	
$A\times B$ 因素	15.002	4	3.751	
误差	8.985	9	0.998	
总和	55.009	17	——	

本例中，显著性水平 $\alpha=0.05$。查 F 分布表，得 F_A、F_B 和 F_{AB} 对应的临界值分别为 $F_{0.05}(2,9)=4.26$、$F_{0.05}(2,9)=4.26$ 和 $F_{0.05}(4,9)=3.63$。

由于 $F_A=4.561>F_{0.05}(2,9)=4.26$，则拒绝 H_{0A}，认为农药对蔬菜产量的影响达到了 5%的显著性水平。

由于 $F_B=10.976>F_{0.05}(2,9)=4.26$，则拒绝 H_{0B}，认为化肥对蔬菜产量的影响达到了 5%的显著性水平。

由于 $F_{AB}=3.757>F_{0.05}(4,9)=3.63$，则拒绝 H_{0AB}，认为农药和化肥存在交互作用，对蔬菜产量的影响达到了 5%显著性水平。

【SPSS 操作】

对例 9.4 采用 SPSS 软件进行有交互作用的双因素方差分析。操作步骤与无交互作用的双因素方差分析基本相同。步骤为：

第一步，录入数据，数据格式见表 9.20。将“农药”和“化肥”定义为自变量，“蔬菜种植”定义为因变量，依据有交互作用的双因素方差分析模型建立关系式，进行双因素方差分析。

表 9.20 数据格式

	蔬菜种植	农药	化肥
1	13.40	1.00	1.00
2	15.00	1.00	1.00
3	16.10	1.00	2.00
4	18.30	1.00	2.00
5	18.00	1.00	3.00
6	18.00	1.00	3.00
7	14.40	2.00	1.00
8	15.60	2.00	1.00
9	14.00	2.00	2.00
10	14.30	2.00	2.00
11	14.50	2.00	3.00
12	15.70	2.00	3.00
13	13.00	3.00	1.00
14	13.60	3.00	1.00
15	16.30	3.00	2.00
16	18.10	3.00	2.00
17	18.10	3.00	3.00
18	16.10	3.00	3.00

第二步，选择【分析】→【一般线性模型】→【单变量】，其他选项均保持不变。接下来的操作同例 9.3，区别在于点“模型”按钮后，在弹出的对话框中选中“全因子”。此后的操作同例 9.3，输出结果见表 9.21，该表基本同表 9.19。不再赘述。

表 9.21 SPSS 输出的双因素方差分析表(有交互作用)

源	III 类平方和	自由度	均方	F	显著性
修正模型	46.024[a]	8	5.753	5.763	.008
截距	4433.681	1	4433.681	4441.082	.000
化肥	21.914	2	10.957	10.976	.004
农药	9.108	2	4.554	4.561	.043
化肥 * 农药	15.002	4	3.751	3.757	.046
误差	8.985	9	.998		
总计	4488.690	18			
修正后总计	55.009	17			

a. R 方 = .837(调整后 R 方 = .691)

需要说明的是，表 9.21 输出结果中“农药×化肥”表示农药和化肥两因素对蔬菜产量的交互作用。由于$F_{农药\times化肥}=3.757$,对应的P值$=0.046<\alpha=0.05$,故拒绝原假设,可以认为在$\alpha=0.05$的显著性水平下,两因素对蔬菜产量存在显著的交互作用影响。

输出的交互作用图见图9.9。由于三条线相交,与方差分析的结果一致,即两因素对于蔬菜产量的影响具有交互作用。

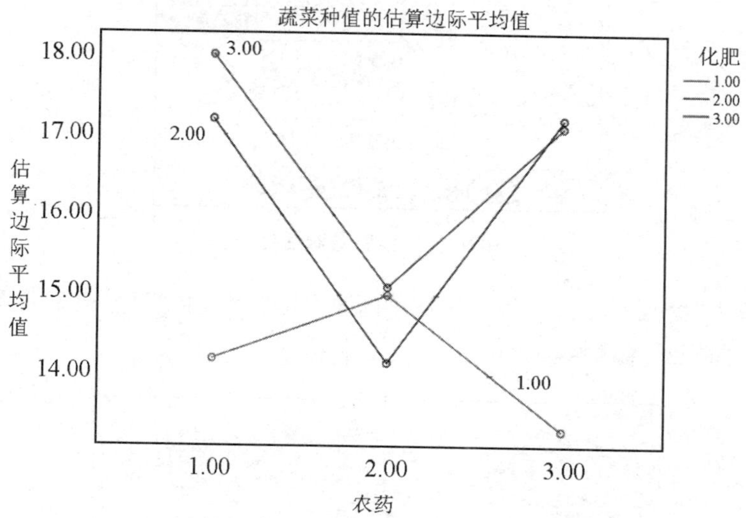

图9.9 轮廓图(有交互作用)

9.3.3 有协变量影响的双因素方差分析

前述举例中,无论是单因素方差分析还是双因素方差分析,都是按照可控因素来对待影响因素的。在许多实际问题中,很多因素难以控制,但它们的不同水平确实对观察变量具有显著的影响,这些因素称为协变量。如果不考虑协变量对观察变量的影响,显然是不对的。例如,观察农作物产量时,如果仅考虑肥料对产量的影响而忽略地块差异对产量的影响,就有可能得出肥料对产量不具有显著影响,但结论恰恰相反的结果。再如,分析不同饲料对仔猪增重是否有显著影响,如果单纯考虑饲料的作用,而没有考虑仔猪本身的身体条件(如品种、初始体重等),那么得出的结论也可能是不可靠的。所以,在进行方差分析时,应该扣除协变量的影响来分析控制变量的独立作用。

【例9.5】仍对例9.3,采用SPSS进行有协变量影响的双因素方差分析。

解:本例将“原料大豆用量”设为控制变量,将“原料大豆来源地”设为协变量,目的是考察扣除协变量的影响效应后“原料大豆用量”对“产品合格率”的真实影响。

操作步骤为:

第一步,选择【分析】→【一般线性模型】→【单变量】,将“产品合格率”拖入“因变量”框,将“原料大豆用量”拖入“固定因子”框,将“原料大豆来源地”拖入“协变量”框。

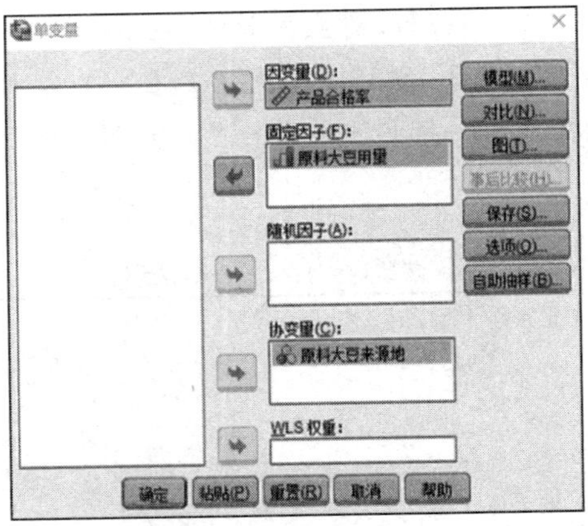

图 9.10　单变量对话框

第二步，单击“模型”，在出现的对话框中选中“构建项”，将“原料大豆用量”与“原料大豆来源地”放入“模型”对话框。

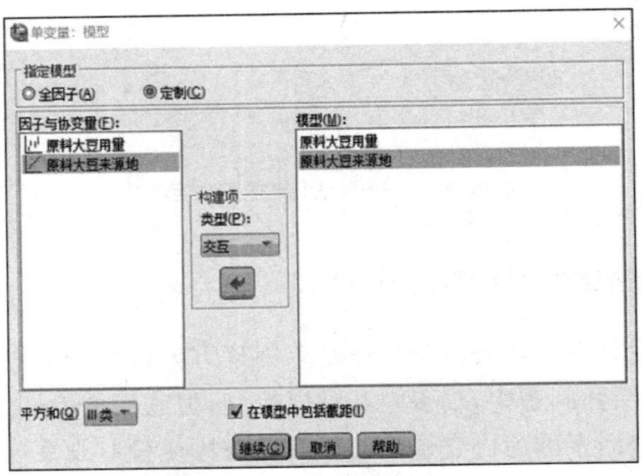

图 9.11　模型对话框

第三步，单击“继续”按钮，返回“单变量”对话框。点击“确定”按钮，输出表 9.22。

表 9.22　SPSS 输出的方差分析表(有协变量影响)

源	III 类平方和	自由度	均方	F	显著性
修正模型	122.000[a]	3	40.667	2.607	.164
截距	4425.143	1	4425.143	283.663	.000
原料大豆用量	26.000	2	13.000	.833	.487
原料大豆来源地	96.000	1	96.000	6.154	.056
误差	78.000	5	15.600		
总计	40200.000	9			
修正后总计	200.000	8			

a. R 方 = .610(调整后 R 方 = .376)

观察输出结果发现，在扣除协变量“原料大豆来源地”后，“原料大豆用量”对“产品合格率”影响的P值＝0.487＜0.05，即该控制变量对“产品合格率”的影响仍为不显著。该结果虽与例9.3得出的分析结果一致，但不可否认的是，这种做法是可靠的。

关键术语

方差分析 variance analysis　　方差齐次性 homogeneity variance
因子 factor　　水平 level
单因素方差分析 one-way analysis of variance
双因素方差分析 two-way analysis of variance
总平方和 sum of squares for total　　组间平方和 sum of squares between groups
误差平方和 sum of squares for error　　组间方差 variance between groups
组内方差 intra-class variance　　交互作用 interaction
最小显著差异方法 least significant difference，LSD

本章小结

1. 方差分析基本思想。人为观察到的变量的变动受四个因素的影响：控制变量的独立作用、控制变量的交互作用、协变量的作用和随机因素的影响。一般地，把全部数据关于总平均数的离差平方和分解成几部分：总方差＝组内方差＋组间方差＋随机误差。每一部分表示某一影响因素所产生的效应，或诸影响因素之间交互作用所产生的效应。将各部分均方(即方差)与误差均方相比较，做出统计推断，从而确认或否认某些因素或交互作用的重要性。

2. 方差分析的基本假定：(1)各个水平的观察数据，是从相互独立且服从正态分布的总体中随机抽取的样本；(2)各组观察数据，是从具有相同方差(方差齐次性)的总体中随机抽取的。

3. 方差分析：(1)单因素方差分析。基本步骤：写出数据结构模型、待检验假设、列出方差分析表、构造F检验统计量、给出既定显著性水平下的F临界值、比较统计量F与临界值，进行多重比较并得出结论；(2)双因素方差分析。双因素方差分析与单因素方差分析的步骤基本相同。不同之处在于，双因素方差分析分为无交互作用和有交互作用两种。无交互作用方差分析假定两个因素之间相互独立，不存在相互作用关系；有交互作用的方差分析则假定两个因素不是独立的，两个因素的作用结果不是两个因素分别作用的简单相加，而是产生了一个新的效应。

4. 无论是单因素方差分析还是多因素方差分析，一些很难人为控制的变量的不同水平对观测变量产生了很大的影响。有协变量影响的方差分析是通过消除非可控因素的影响后进行的分析，能够可靠地观察控制变量对观察变量的真实影响。

思考与练习

一、思考题

9.1 方差分析的目的是什么?

9.2 检验多个总体均值是否相等,为什么可用方差分析?

9.3 进行方差分析需要做哪些假定?

9.4 组内方差和组间方差的含义?如何计算?

9.5 总自由度如何分解为组内方差的自由度和组间方差的自由度?

9.6 什么是因素间的交互作用?如何计算?

9.7 如何进行无交互作用和有交互作用的方差分析?

9.8 方差分析中为什么要进行多重比较?

9.9 如何进行有协变量影响的方差分析?

二、练习题

9.1 利用国家统计局数据,分析四个地区在六年内的农村居民人均可支配收入(单位:元)是否存在显著差异。(给定 $\alpha=0.05$)

地区	2014	2015	2016	2017	2018	2019
北京	18867.30	20568.70	22309.50	24240.50	26490.30	28928.40
河北	10186.10	11050.50	11919.40	12880.90	14030.90	15373.10
山西	8809.40	9453.90	10082.50	10787.50	11750.00	12902.40
内蒙古	9976.30	10775.90	11609.00	12584.30	13802.60	15282.80

9.2 有三种不同品种种子和四种不同施肥方案,在12块同样面积的土地上进行品种和肥料的搭配试验,结果见下表。试检验,种子的不同品种对收获量的影响是否显著,不同的施肥量对收获量的影响是否显著,品种和施肥量对收获量的影响是否存在交互作用。如果有差异,用LSD方法检验哪些品种之间有差异。(给定 $\alpha=0.05$)

		品种		
		A1	A2	A3
施肥方案	1	115	103	73
	2	116	107	89
	3	98	118	85
	4	83	116	97

9.3 在三个连锁超市中,观察某食品三种不同包装方法的销售量,结果如下表。试说明顾客对不同包装方法的反应有无显著差异。(给定 $\alpha=0.05$)

		包装方法		
		A1	A2	A3
超市	1	45	75	30
	2	50	50	40
	3	35	65	50

9.4 某种农产品有五种不同的销售方式，在五个不同地区销售，现从每个地区随机抽取一个规模相同的超级市场，得到该农产品不同销售方式的销售资料如下表。试分析不同销售方式和销售地区对该农产品销售量是否有显著影响，两因素对农产品销量的影响是否存在交互作用。（给定 $\alpha=0.05$）

		包装方式(因素 B)				
		B1	B2	B3	B4	B5
销售地区(因素 A)	A1	20	12	20	10	14
	A2	22	10	20	12	6
	A3	24	14	18	18	10
	A4	16	4	8	6	18
	A5	26	22	16	20	10

9.5 为了检验广告媒体和广告方案对某农产品销售量的影响，一家食品公司做了一项实验，考察三种广告方案和三种广告媒体，得到数据如下表。试分析，广告方案、广告媒体或其交互作用对销售量的影响是否显著。（给定 $\alpha=0.05$）

		广告媒体		
		报纸	电视	互联网
广告方案	A1	564	687	435
	A2	788	556	564
	A3	324	665	896

9.6 制造酒品时，不同的原料品种和储存温度，往往会影响制酒成品的酒精浓度。因此，工厂的研发人员选取了来自三个不同地区的葡萄品种作为实验对象，在三种不同的储存温度下，抽取所制成的酒品，得到如下的观察值：

		储存温度		
		10 度	0 度	−10 度
地区	A	35	95	60
		45	100	55
		25	80	70
		40	90	50
		30	110	70
	B	65	90	30
		65	105	25
		55	100	35
		60	90	40
		75	95	40

给定 $\alpha=0.05$，要求：

(1)不同产地葡萄对于酒精浓度是否有影响；

(2)储存温度对酒精浓度是否有影响；

(3)不同产地葡萄和储存温度对酒精浓度是否有交互影响。

第 10 章　相关与回归分析

统计与实践

1855 年,英国生物学家和统计学家高尔顿(Francis Galton,1822－1911)在《遗传的身高向平均数方向的回归》一文中,他和他的学生卡・皮尔逊(Karl Pearson,1857－1936)搜集了 1078 对父亲及其儿子的身高数据,并借此研究父代与子代身高的关系。高尔顿发现,这些数据的散点图大致呈直线状态,当父母越高或越矮时,子女的身高会比一般儿童高或矮,他将儿子与父母身高的这种现象拟合出一种线形关系。高尔顿还在深入分析试验数据后提出了回归效应:子女身高有向他们父辈的平均身高回归的趋势,即当父亲高于平均身高时,他们儿子身高比他更高的概率要小于比他更矮的概率;父亲矮于平均身高时,他们的儿子身高比他更矮的概率要小于比他更高的概率。这是统计学最初出现"回归"时的含义,高尔顿把这一现象叫作"向平均数方向的回归"。高尔顿和皮尔逊的工作在当时主要用于生物学研究。早期的统计相关与回归分析应用非常简单,后来随着计算手段的发展,尤其是电子计算机的普及应用,大量有针对性的统计软件的开发,使得这一方法的应用越来越广泛,其应用领域不断拓宽,例如在经济预测中,从大量的复杂多变的社会经济现象中,根据经济现象的变化规律,预测经济现象的变化趋势,为决策者提供准确、真实的信息;在科学研究中,相关与回归分析可以得到多个事物之间的联系,为科学研究者提供思路与方向。目前,相关与回归分析方法已经成为对社会和经济现象进行定量分析的基本方法。

相关与回归是研究客观事物数量关系的重要统计方法。当人们对研究对象的内在特性和各因素间的关系有比较充分的认识时,一般会搜集大量数据,基于对现象之间关系的判断去建立数学模型。本章实际上是统计推断内容的继续,其中主要介绍相关分析和回归分析的基本理论和方法应用。

10.1　相关分析

10.1.1　相关关系的概念

在社会经济现象中,许多变量之间存在一定的影响和依存关系。根据变量之间有无确定性关系的原则,我们一般把现象之间(变量之间)相互联系的数量关系分为函数关系和相关关系。

1. 函数关系

函数关系(function relation)亦即确定性关系,指变量之间存在一种严格的完全确定的依存关系,一般用函数式 $y=f(x)$ 表示。函数关系的基本特征是,一个变量完全由其他变量(一个或多个)所决定。例如,圆的面积和半径之间的关系表示为 $S=\pi r^2$,圆的面积完全由圆的半径所决定(π 为常数),这就是一个函数关系。

2. 相关关系

相关关系(correlation)指变量之间存在一种非严格的不完全确定的依存关系,此时变量之间的关系很难用一种精确的方法表示出来,一个变量的取值不能由另一个变量唯一确定,如某一变量取一定数值时,另一个相联系的变量会有若干个数值与之相对应,表现出一定的波动性,但又总是围绕某一数值并遵循一定的规律而变动。例如,通常个人(或家庭)的收入水平越高,消费水平也越高。但不同的个人(或家庭)即便收入水平相同,消费水平可能也存在较大差异,这是因为除了收入水平外,还有很多因素如往期消费习惯、未来收入预期等都会影响消费水平。

函数关系和相关关系之间并不存在严格的界限。由于在观察或实验中出现的误差,函数关系有时表现为相关关系。而当对现象之间的内在联系和规律性了解清楚时,相关关系又可能转化为函数关系。另外,对具有相关关系的现象进行分析时,一般都要借助相应的函数关系数学表达式来描述现象之间的相关关系,此时函数关系就成为研究相关关系的工具。

根据研究的需要,对现象间的相关关系可按照不同的标志进行分类:

(1)按照相关关系涉及变量的个数,可分为简单相关和复相关。两个变量之间的相关关系称为简单相关,三个或三个以上变量间的相关关系称为复相关。

(2)按照相关关系的表现形态,可分为直线相关和曲线相关。如对于两个具有相关关系的变量进行实际调查,获得一系列成对的数据。如果这些相关点的分布情况大致散布在一条直线的周围,则这种相关关系称为直线相关或线性相关。如果这些点的分布并不表现为直线的关系,而是近似于某种曲线,则称为曲线相关。

(3)按照相关关系的性质,可分为正相关和负相关。两个相关变量间,当一个变量的数值由小变大,另一个变量的数值也由小变大,反之亦然,这种同方向变化的相关关系为正相关。比如,家庭消费支出随着收入的增加而增加,二者之间存在正相关关系。反之,当一个变量的数值由小变大,而另一变量的数值却由大变小,这种反方向变化的相关关系为负相关。

3. 散点图

散点图是将两个变量的成对观察值在平面坐标上以散点的形式呈现出来的图。散点图是描述变量之间关系的一种直观方法。通过散点图中散点的表现,可以看出变量之间关系的三个方面:其一,相关关系的性质。如果两个变量同方向变动,则两变量之间存在正相关关系,如图 10.1(a)。如果两个变量的变动方向相反,则变量之间存在负相关关系,如图 10.1(b)。其二,相关关系的密切程度。如果散点分布比较稀疏,则相关关系较弱,如图 10.1(a);若散点分布比较紧凑,则相关关系较强,如图 10.1(b)。其三,相关关系的形式。从散点的集中走向中可以观察散点分布是否存在某种模式,如图 10.1(a)、图 10.1(b)表现出直线模式,图 10.1(d)表现出曲线模式,而图 10.1(c)则看不出其中的规律性。

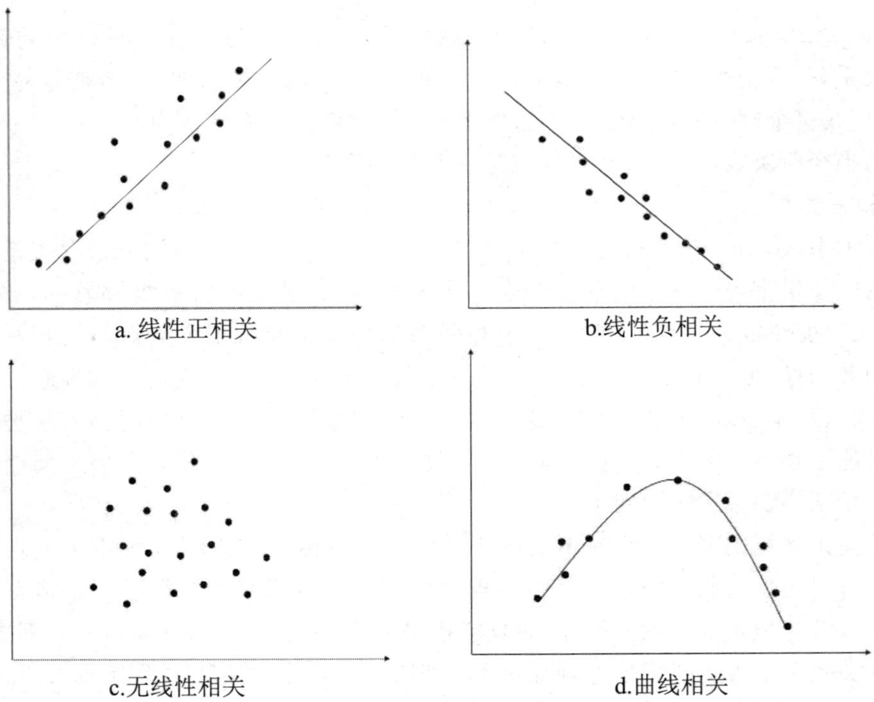

图 10.1　散点图类型

10.1.2　相关关系的测度

测量变量间相关关系程度的方法有多种，这里介绍皮尔逊相关系数、斯皮尔曼等级相关系数和肯德尔等级相关系数三种。

1. 皮尔逊相关系数

皮尔逊相关系数（pearson's correlation coefficient）用于度量两个变量间相关关系的密切程度。通常用 ρ 表示总体相关系数，计算公式为：

$$\rho_{xy}=\frac{Cov(x,y)}{\sigma_x\sigma_y}=\frac{E(x-\mu_x)(y-\mu_y)}{\sigma_x\sigma_y} \tag{10.1}$$

若用样本计算的协方差和标准差代替总体的协方差和标准差，则用 r 表示样本皮尔逊相关系数，计算公式：

$$r=\frac{\sum(x-\bar{x})(y-\bar{y})}{\sqrt{\sum(x-\bar{x})^2}\sqrt{\sum(y-\bar{y})^2}} \tag{10.2}$$

将式(10.2)简化为：

$$r=\frac{n\sum xy-\sum x\sum y}{\sqrt{n\sum x^2-(\sum x)^2}\sqrt{n\sum y^2-(\sum y)^2}} \tag{10.3}$$

可对总体回归系数 ρ 进行统计显著性检验，基本步骤：

第一步，提出假设：

$$H_0:\rho=0\ ,\ H_1:\rho\neq 0$$

第二步，构造 t 检验统计量：

$$t=\frac{r\sqrt{n-2}}{\sqrt{1-r^2}}\sim t(n-2) \tag{10.4}$$

第三步，作出判断。对于样本容量 n，显著性水平 α，查 t 分布表得临界值 $t_{\alpha/2}(n-2)$。若 $|t|>t_{\alpha/2}(n-2)$，则拒绝 H_0，即两变量在统计上显著相关；若 $|t|<t_{\alpha/2}(n-2)$，则接受 H_0，即两变量在统计上无显著的相关关系。

皮尔逊相关系数具有以下性质：

(1) r 的取值范围在$[-1,+1]$之间。若 $|r|$ 越接近于 1，表明两变量之间的相关程度越高；若 $|r|$ 越接近于 0，表明两变量之间的相关程度越低；若 $|r|=1$，则表明两变量为完全相关，亦即函数关系。

(2)经验上，$|r|<0.3$ 为微弱相关，$0.3\leqslant|r|<0.5$ 为低度相关，$0.5\leqslant|r|<0.8$ 为显著相关，$0.8\leqslant|r|<1$ 为高度相关。

(3) r 测度的是两个变量之间的线性相关关系。如果 $r=0$，表明两个变量之间不存在线性相关关系，但并不能排除两个变量之间存在非线性相关关系。

统计实践中，应用皮尔逊相关系数必须要满足一定的假设条件，包括：计算所用的数据是成对地从正态分布总体中取得的数值型数据，所考察的两变量为连续变量且存在线性关系。如果这些条件不能得到满足，则需要采用其他相关系数，如斯皮尔曼等级相关系数或者肯德尔等级相关系数等。

2. 斯皮尔曼等级相关系数

斯皮尔曼等级相关系数(Spearman′s rank correlation coefficient)用来度量两个等级变量之间的相关程度。做法是：对于 n 对 x、y 数据排序，记为 $R_{x1},R_{x2},R_{x3},\cdots,R_{xn}$；$R_{y1},R_{y2},R_{y3},\cdots,R_{yn}$，则 n 对原始数据被转换成等级数据。

成对数据的等级差：

$$d_i=R_{xi}-R_{yi}$$

则等级相关系数，以 r_s 表示：

$$r_s=1-\frac{6\sum d_i^2}{n(n^2-1)} \tag{10.5}$$

斯皮尔曼等级相关系数的取值范围也在$[-1,+1]$之间。当 x 增加时，如果 y 趋向于增加，斯皮尔曼等级相关系数则为正。当 x 增加时，如果 y 趋向于减少，斯皮尔曼等级相关系数则为负。若斯皮尔曼等级相关系数为零，表明当 x 增加时 y 没有任何趋向性。当 x 和 y 越来越接近完全的单调相关时，斯皮尔曼等级相关系数会在绝对值上增加。当 x 和 y 完全单调相关时，斯皮尔曼等级相关系数的绝对值为 1。完全的单调递增关系意味着任意两对数据 x_i，y_i 和 x_j，y_j，有(x_i-x_j)和(y_i-y_j)总是同号。完全的单调递减关系意味着任意两对数据 x_i，y_i 和 x_j，y_j，有(x_i-x_j)和(y_i-y_j)总是异号。

3. 肯德尔等级相关系数

肯德尔等级相关系数(Kendall's rank correlation coefficient)是计算多个等级变量相关程度的一种统计量，用 τ 表示。

肯德尔等级相关系数计算的思想是，先按某一变量 x 进行排序，再检查另一变量 y 与变量 x 的排序差异。若无差异，则变量 y 与 x 完全相关；若差异大，则变量 y 与 x 为低度相关或不相关。计算公式为：

$$\tau=\frac{4Q}{n(n-1)}-1 \tag{10.6}$$

式(10.6)中，Q 为累计等级差的总和。一般认为，τ 大于 0.8 为高度相关；τ 小于 0.5 为不相关；τ 等于 1 为正相关；τ 等于 -1 为负相关；$\tau=0$ 为完全独立。

【例 10.1】某农产品加工厂 12 名工人操作的熟练程度与产品合格率数据见表 10.1。计算两个变量之间的皮尔逊相关系数、斯皮尔曼等级相关系数和肯德尔等级相关系数。

表 10.1　相关系数计算表

工人编号	熟练程度(%) x	产品合格率(%) y	xy	x^2	y^2
1	7.00	50	350.00	49.00	2500.00
2	15.50	53	821.50	240.25	2809.00
3	17.90	68	1217.20	320.41	4624.00
4	16.50	75	1237.50	272.25	5625.00
5	7.60	61	463.60	57.76	3721.00
6	8.00	30	240.00	64.00	900.00
7	15.00	55	825.00	225.00	3025.00
8	25.80	90	2322.00	665.64	8100.00
9	30.90	86	2657.40	954.81	7396.00
10	20.60	70	1442.00	424.36	4900.00
11	7.80	66	514.80	60.84	4356.00
12	15.20	71	1079.20	231.04	5041.00
合计	187.80	775.00	13170.20	3565.36	52997.00

解：将表 10.1 中的数据代入式(10.3)得皮尔逊相关系数：

$$r=\frac{n\sum xy-\sum x\sum y}{\sqrt{n\sum x^2-(\sum x)^2}\sqrt{n\sum y^2-(\sum y)^2}}$$

$$=\frac{12\times 13170.2-187.8\times 775}{\sqrt{(12\times 3565.36-(187.8)^2)(12\times 52997-(775)^2)}}=0.767$$

利用该样本数据，对工人操作的熟练程度和产品合格率之间的相关性进行统计假设检验：

第一步，提出假设 $H_0:\rho=0$，$H_1:\rho\neq 0$

第二步，构造 t 检验统计量：

$$t=\frac{r\sqrt{n-2}}{\sqrt{1-r^2}}=\frac{0.767\times\sqrt{12-2}}{\sqrt{1-(0.767)^2}}=3.78$$

第三步，作出判断。对于给定的显著性水平 $\alpha=0.05$，样本容量 $n=12$，查 t 分布表得

临界值 $t_{0.025}(10)=2.2281$。由于 $|t|=3.78>t_{0.025}(10)$，则拒绝 H_0，表明两变量在统计上具有显著的线性相关关系。

将表 10.2 的数据代入式(10.5)，计算斯皮尔曼等级相关系数。

表 10.2　斯皮尔曼等级相关系数计算表

熟练程度(%) x	产品合格率(%) y	x 排序 R_{xi}	y 排序 R_{yi}	$d_i=R_{xi}-R_{yi}$	d_i^2
7.00	50	12	11	1	0
15.50	53	6	10	−4	16
17.90	68	4	6	−2	1
16.50	75	5	3	2	1
7.60	61	11	8	3	4
8.00	30	9	12	−3	0
15.00	55	8	9	−1	1
25.80	90	2	1	1	1
30.90	86	1	2	−1	1
20.60	70	3	5	−2	4
7.80	66	10	7	3	4
15.20	71	7	4	3	9
187.80	775.00	合计	合计	0	68

斯皮尔曼等级相关系数的计算结果：

$$r_s=1-\frac{6\sum d_i^2}{n(n^2-1)}=1-\frac{6\times 68}{12\times(12^2-1)}=0.762$$

将表 10.3 的数据代入式(10.6)，计算肯德尔等级相关系数。

表 10.3　肯德尔等级相关系数计算表

R_{xi}	1	2	3	4	5	6	7	8	9	10	11	12
R_{yi}	2	1	5	6	3	10	4	9	12	7	8	11

$$Q=10+10+7+6+7+2+5+2+0+2+1+0=52$$

肯德尔等级相关系数 τ 的计算结果：

$$\tau=\frac{4Q}{n(n-1)}-1=\frac{4\times 52}{12\times(12-1)}-1=0.576$$

【SPSS 应用】

对例 10.1 采用 SPSS 进行操作，具体步骤：

第一步，建立数据文件。数据格式见表 10.4。

第二步，选择【分析】→【相关】→【双变量】，弹出对话框见图 10.2。

表 10.4　数据格式

	熟练程度	产品合格率
1	7.0	50
2	15.5	53
3	17.9	68
4	16.5	75
5	7.6	61
6	8.0	30
7	15.0	55
8	25.8	90
9	30.9	86
10	20.6	70
11	7.8	66
12	15.2	71

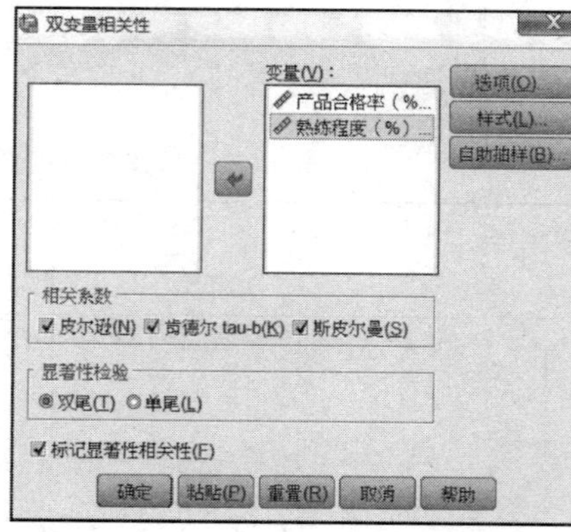

图 10.2　双变量相关性对话框

第三步，将“熟练程度”“产品合格率”选入“变量”框中，在“相关系数”下方勾选“皮尔逊”“肯德尔”“斯皮尔曼”，选中“双尾”显著性检验。点击“确定”按钮，输出结果见表 10.5 和表 10.6。

表 10.5　皮尔逊相关系数计算结果

		产品合格率	工人工资
产品合格率	皮尔逊相关性	1	.767**
	显著性(双尾)		.004
	个案数	12	12
熟练程度	皮尔逊相关性	.767**	1
	显著性(双尾)	.004	
	个案数	12	12

**. 在 0.01 级别(双尾)，相关性显著。

表 10.6　肯德尔和斯皮尔曼相关系数计算结果

			产品合格率	工人工资
肯德尔 tau_b	产品合格率	相关系数	1.000	.576**
		显著性(双尾)	.	.009
		个案数	12	12
	熟练程度	相关系数	.576**	1.000
		显著性(双尾)	.009	.
		个案数	12	12
斯皮尔曼 Rho	产品合格率	相关系数	1.000	.762**
		显著性(双尾)	.	.004
		个案数	12	12
	熟练程度	相关系数	.762**	1.000
		显著性(双尾)	.004	.
		个案数	12	12

**. 在 0.01 级别(双尾)，相关性显著。

可以看出，SPSS 输出的相关系数计算结果与计算公式得出的结果一致。

10.2　一元线性回归模型

10.2.1　回归分析的概念

回归分析(regression analysis)通过一个自变量或若干自变量的变化解释因变量的变化。其主要分析步骤是，首先判断变量之间是否存在显著的相关关系，如果相关关系成立，则根据理论和实际问题加以判断，将变量区分为自变量(independent variable)和因变量(dependent variable)，建立两者之间的回归模型并进行统计显著性检验。利用该回归模型，可以由给定的自变量来推测未知的因变量，这是统计预测的一种重要方法。

相关分析与回归分析二者之间既有区别又有联系：

两者的区别主要体现在：在相关分析中，所研究的变量之间是对等关系，不必确定变量中哪个是自变量，哪个是因变量。所涉及的变量都是随机变量，一般用相关系数来表示相关关系的方向和程度。而在回归分析中，所研究的变量之间不是对等关系，必须根据研究的目的的需要，确定出哪个是自变量，哪个是因变量。

两者的联系主要体现在：回归分析是相关分析的深入和继续。如果仅进行相关分析，往往无法揭示变量之间关系的形式和具体数量表现。相关分析是回归分析的基础和前提，如果没有显著的相关关系，回归分析可能是没有实际意义的，甚至可能是荒谬的。因此，在对变量间关系进行研究时，一般先进行相关分析，根据相关分析的结果再来决定有无必要进行回归分析。

根据自变量的个数，回归模型有一元回归模型和多元回归模型之分。如果只是研究一个自变量和一个因变量之间关系的回归模型，称之为一元回归模型。如果研究两个或两个以上自变量和一个因变量之间关系的回归模型，称之为多元回归模型。另外，根据回归方程的数学形式，还有线性回归模型和非线性回归模型之分。

10.2.2　关于线性回归模型的基本假定

一元线性回归模型分析是整个回归分析的基础，本节以此为例介绍有关内容。

关于总体的一元线性回归模型可以表示为：

$$y=\beta_0+\beta_1 x+u \tag{10.7}$$

式 10.7 中，y 为因变量，x 为自变量；β_0、β_1 为模型参数或称为回归系数，β_0 表示当 $x=0$ 时 y 的取值，β_1 表示当 x 每变动一个单位时 y 平均变动量；u 为随机误差项，表示各种偶然因素和观察误差对 y 的影响。

德国数学家高斯(Carl Friedrich Gauss，1777～1855)对于总体回归模型做了以下基本假设：

假定 1：自变量 x 为给定变量且与随机误差项 u_i 之间线性无关，满足：

$$\mathrm{Cov}(u,x)=0 \tag{10.8}$$

假定 2：随机误差项的数学期望值为 0，即 $E(u)=0$。此时，对式(10.7)取数学期望，有：

$$E(y)=\hat{y}=\beta_0+\beta_1 x \tag{10.9}$$

式(10.9)中，将 $E(y)$ 写成了 $\hat{y}$（因变量 y 的拟合值）的形式。$E(u)=0$ 的含义进一步可以理解为模型中被略去的非主要因素的作用相互抵消，或者是以常数形式影响因变量。

假定 3：随机误差项的方差为一常数，即：

$$\mathrm{Var}(y)=E(y-E(y))^2=E(u^2)=\sigma_u^2 \tag{10.10}$$

由式(10.10)，y 的变动与 u 的变动是相同的。该假定的含义是，对于各个给定的 x 值，y 或随机扰动项 u 围绕各自均值出现相同的离散方式和变异程度。

假定 4：随机误差项序列 u 不存在序列自相关，即每一随机扰动均独立于其他随机扰动。表示为：

$$\mathrm{Cov}(u_i,u_j)=0,\quad i\neq j \text{ 且 } i,j=1,2,\cdots,N \tag{10.11}$$

假定 5：随机误差项 u 为服从正态分布的随机变量，即：

$$u\sim N(0,\sigma_u^2) \tag{10.12}$$

式(10.12)的含义是，模型估计及其后续所进行的各种检验均是在正态假定的前提下进行的。

以上假定也称为高斯—马尔科夫定理(Gauss-Markov theorem)。为什么要对回归模型做出这些假设呢？高斯指出，如果满足这些假设，用最小二乘法估计得到的模型参数具有线性(linear)、无偏(unbias)和方差最小(minimum variance)这三个诱人的优良特性。实际中，这些假设往往得不到满足或满足得不好，故需要进行处理。处理的方法在计量经济学中有系统的介绍，本章仅介绍满足该基本假定的模型估计问题。

实践中，很难获得总体的全部数据，也就难以得到总体回归模型，只能利用样本数据估计样本回归模型。

样本的一元线性回归模型表示为：

$$y=b_0+b_1x+e \tag{10.13}$$

式中，b_0、b_1 为样本模型的回归系数，用于估计总体模型的回归系数 β_0、β_1；e 为样本回归模型的随机误差项。

样本的一元线性回归方程表示为：

$$E(y)=\hat{y}=b_0+b_1x$$

10.2.3 一元线性回归模型估计

在回归模型估计中，最常用的方法是最小二乘法(ordinary least squares, OLS)，也称最小平方法。其数学原理是：通过求极值的数学方法得到 b_0、b_1，拟合出一条最佳直线，使得各散点与所拟合直线之间距离的平方和达到最小。

具体地，各散点与所拟合直线之间距离的平方和为：

$$\sum(y-\hat{y})^2=\sum e^2=\sum(y-b_0-b_1x)^2 \tag{10.14}$$

令式(10.14)达到最小，对 b_0、b_1 求偏导数，则

$$\begin{cases}\dfrac{\partial\left(\sum e^2\right)}{\partial b_0}\triangleq 0\\[2ex]\dfrac{\partial\left(\sum e^2\right)}{\partial b_1}\triangleq 0\end{cases}$$

得正规方程组：

$$\begin{cases}\sum y = nb_0 + b_1 \sum x \\ \sum xy = b_0 \sum x + b_1 \sum x^2\end{cases}$$

求解得 b_0、b_1：

$$\begin{cases}b_1 = \dfrac{n\sum xy - \sum x \sum y}{n\sum x^2 - (\sum x)^2} & (10.15)\\[2ex] b_0 = \bar{y} - b_1\bar{x} = \dfrac{\sum y}{n} - \dfrac{b_1\sum x}{n} & (10.16)\end{cases}$$

得到了 b_0、b_1，就可以写出一元线性回归方程的具体形式了。

10.2.4　一元线性回归模型检验

对于拟合的回归直线需要通过显著性检验，才可以用于回归分析。对回归直线检验的内容包括拟合优度检验、估计标准误差、回归系数的 t 检验和 F 检验，后两者为严格的数学检验。

1. 拟合优度检验

用最小平方法求得的回归直线确定了两变量之间的数值变动关系，但实际值是否紧密分布在该回归直线周围，紧密程度如何？因此，有必要对回归直线进行拟合优度（goodness of fit）检验。

判定系数 R^2，也称可决系数（coefficient of determination），被用来检验回归模型的拟合优度，其构造原理借助图 10.3 来说明。

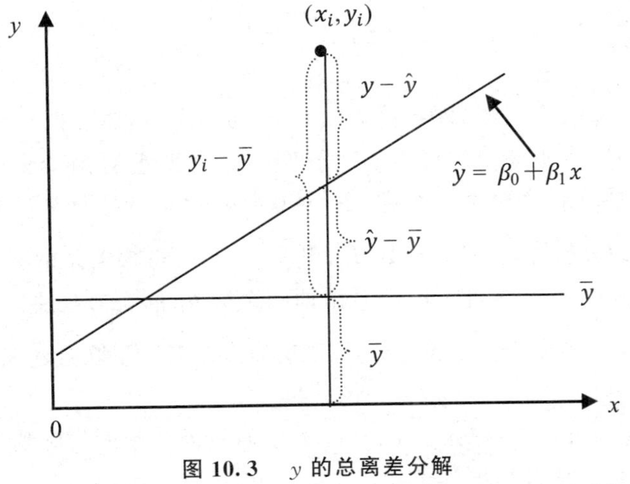

图 10.3　y 的总离差分解

图 10.3 中，$\bar{y}$ 为因变量的平均值线，(x_i, y_i) 为任一散点。从该点向横坐标做一垂线，则可以得到：

$$y_i - \bar{y} = (\hat{y}_i - \bar{y}) + (y_i - \hat{y}_i) \tag{10.17}$$

式(10.17)中，$(y_i - \bar{y})$ 为 y 的总变差。总变差分解为两部分：$(\hat{y} - \bar{y})$ 为拟合值与平均值之差，$(y - \hat{y})$ 为实际观察值与拟合值之差。

对式(10.17)两边同时平方，有

$$(y_i-\bar{y})^2=[(\hat{y}_i-\bar{y})+(y_i-\hat{y}_i)]^2 \tag{10.18}$$

对于式(10.18)，全部数据点相加，有

$$\begin{aligned}\sum(y-\bar{y})^2&=\sum[(\hat{y}-\bar{y})+(y-\hat{y})]^2\\&=\sum(\hat{y}-\bar{y})^2+\sum(y-\hat{y})^2+2\sum(y-\hat{y})(\hat{y}-\bar{y})\end{aligned}$$

容易得到：

$$\sum(y-\hat{y})(\hat{y}-\bar{y})=0$$

则

$$\sum(y-\bar{y})^2=\sum(\hat{y}-\bar{y})^2+\sum(y-\hat{y})^2 \tag{10.19}$$

式(10.19)为平方和分解公式。其中，$\sum(y-\bar{y})^2$ 称为总平方和；$\sum(\hat{y}-\bar{y})^2$ 为回归平方和，是能够由回归方程解释的变差部分；$\sum(y-\hat{y})^2$ 为残差平方和，是未被回归方程解释的变差部分。在一元回归模型中，总平方和的自由度为$(n-1)$，回归平方和的自由度为1，残差平方和的自由度为$(n-2)$。

根据平方和分解结果，可构造判定系数 R^2：

$$R^2=\frac{\sum(\hat{y}-\bar{y})^2}{\sum(y-\bar{y})^2}=1-\frac{\sum(y-\hat{y})^2}{\sum(y-\bar{y})^2} \tag{10.20}$$

R^2 用于度量回归方程的拟合程度，它表明在 y 的总平方和中，解释变量能解释的百分比。

R^2 的简化公式为：

$$R^2=\frac{b_0\sum y+b_1\sum xy-n\bar{y}^2}{\sum y^2-n\bar{y}^2} \tag{10.21}$$

判定系数取值在0～1之间，即$0\leqslant R^2\leqslant 1$。$R^2$ 越接近1，线性拟合程度越高，自变量对因变量的影响越大；越接近于0，线性拟合程度越低，自变量对因变量的影响越小。极端地，$R^2=1$ 表示 y 的变化完全由 x 引起，$R^2=0$ 则表示 y 的变化与 x 无关。

在一元线性回归分析中，将判定系数 R^2 开平方根，可得相关系数 r，即 $\sqrt{R^2}=r$。由于直线相关系数有正负之分，因此 r 的符号由回归系数 b_1 的符号来决定。对于多元线性回归模型，$\sqrt{R^2}\neq r$，这时 R 为复相关系数，反映的是多个自变量联合起来与 y 的相关关系。

2. 估计标准误差

估计标准误差(standard error of estimate)是衡量因变量的实际值与拟合值之间的平均离差大小的统计量。估计标准误差用 s_{yx} 来表示，计算公式为：

$$s_{yx}=\sqrt{\frac{\sum(y-\hat{y})^2}{n-2}} \tag{10.22}$$

由式(10.22)可知，与拟合优度指标不同，估计标准误从残差平方和的角度评价回归模型的拟合效果。该指标越小，一元线性回归模型的拟合效果越好，反之则越差。

式(10.22)可简化为：

$$s_{yx}=\sqrt{\frac{\sum y^2-\beta_0\sum y-\beta_1\sum xy}{n-2}} \tag{10.23}$$

3. 单参数显著性检验

回归模型的数学形式是通过散点图大致确定的，相对缺乏理论依据，精确度也不够。为此，必须对估计的模型参数进行可靠性检验。由于总体方差是未知的，实际样本容量一般都比较小，故采用 t 检验法对回归参数 b_0、b_1 分别进行显著性检验。一般地，我们更关心引入模型中的 x 对 y 有无显著影响，因此对 b_1 的判断更为重要。

下面仅给出回归系数 b_1 的检验步骤：

第一，提出原假设和备择假设：

$$H_0: \beta_1=0,\quad H_1: \beta_1\neq 0$$

第二，构造回归系数 b_1 的检验统计量：

$$t_{b_1}=\frac{b_1-\beta_1}{s_{b_1}}=\frac{b_1}{s_{b_1}}\sim t(n-2) \tag{10.24}$$

式(10.24)中，s_{b_1} 为回归系数 b_1 的估计标准误差。计算公式为：

$$s_{b_1}=\frac{s_{yx}}{\sqrt{\sum(x-\bar{x})^2}}=\frac{s_{yx}}{\sqrt{\sum x^2-n\bar{x}^2}} \tag{10.25}$$

第三，根据给定的显著性水平 α，查 t 分布表得临界值 $t_{\alpha/2}(n-2)$，并与 $|t_{b_1}|$ 进行比较，做出判断：

若 $|t_{b_1}|>t_{\alpha/2}(n-2)$，则拒绝原假设 H_0，接受备择假设 H_1，认为 b_1 作为 β_1 的估计量在统计上是可靠的，β_1 显著地不为零，x 与 y 之间的线性关系成立。

若 $|t_{b_1}|<t_{\alpha/2}(n-2)$，则接受原假设 H_0，认为 b_1 作为 β_1 的估计量在统计上不可靠，β_1 与零无显著差异，或 x 对 y 无显著影响，即 x 与 y 之间不存在线性关系。

4. 模型整体显著性检验

为检验回归模型是否显著成立，还要对回归模型进行 F 检验。检验步骤为：

第一步，提出原假设和备择假设：

H_0：$\beta_1=0$，表示两个变量之间的线性关系不显著；

H_1：$\beta_1\neq 0$，表示两个变量之间存在显著的线性关系。

第二步，构造检验统计量 F：

$$F=\frac{\sum(\hat{y}-\bar{y})^2/1}{\sum(y-\hat{y})^2/(n-2)}\sim F(1,n-2) \tag{10.26}$$

第三步，给定显著性水平 α。一般取 $\alpha=1\%$、5% 或 10%，查 F 分布表得临界值 $F_\alpha(k,n-k-1)$。

第四步，将统计量 F 与临界值 F_α 进行比较，做出判断：

若 $F>F_\alpha(1,n-2)$，则拒绝原假设 H_0，接受备择假设 H_1，在 α 显著性水平下 认为自变量对因变量具有显著影响。

若 $F<F_\alpha(1,n-2)$，则接受原假设 H_0，在 α 显著性水平下认为自变量对因变量的影响不显著。

10.2.5 模型应用

建立回归模型的目的是应用，预测是回归模型最重要的应用之一。回归模型通过显著性检验后，就可以用来进行预测。

1. 个别值的预测区间

把给定的 x_f 代入回归方程中求得预测值 $\hat{y}_f$，这种预测称为点预测，反映了与某一自变量相对应的因变量的预测值。由于随机因素的存在，点预测在实际应用时局限性较大，故需要知道与某一自变量相对应的因变量预测值所在范围，这就是区间预测。

对于给定的 x_f，$\hat{y}_f$ 在置信水平为$(1-\alpha)$时的个别值的预测区间为：

$$\hat{y}_f \pm t_{\frac{\alpha}{2}}(n-2) \cdot s_{yx} \cdot \sqrt{1+\frac{1}{n}+\frac{(x_f-\bar{x})^2}{\sum(x-\bar{x})^2}} \tag{10.27}$$

式(10.27)中，$\hat{y}_f$ 为点预测值，s_{yx} 为估计标准误差。可以看出，样本容量 n 越大，该预测区间越小；样本数据越分散，$\sum(x-\bar{x})^2$ 则越大，该预测区间也越小。

以上在一定置信水平下的预测区间的形状可用图形较直观的表示出来，见图 10.4。

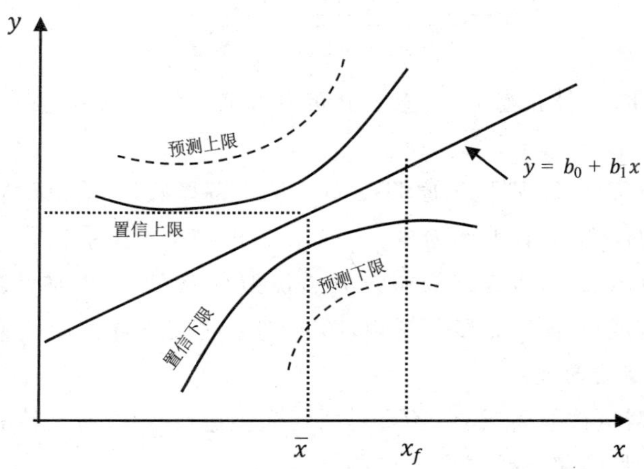

图 10.4　$\bar{y}_f$ 的置信区间

从图 10.4 可以看出，$\hat{y}_f$ 的预测区间的上、下限对称地落在样本回归线 $\hat{y}=b_0+b_1x$ 的两侧，呈喇叭状。进行预测时，当给定的 x_f 在样本点 $x_i(i=1,2,\cdots,n)$ 以内时，称此预测过程为内插预测；当给定的 x_f 在样本点 $x_i(i=1,2,\cdots,n)$ 以外时，称此预测过程为外推预测。

利用回归模型进行预测时应该注意不要无限外推。由于所构造的模型是以样本数据为基础得来的，对总体只是一种近似描述，因此内插预测相对可信度要高些。外推预测由于给定 x_f 在样本点之外，比内插预测给定的 x_f 离样本均值要远，因此可信度较内插预测要弱。在利用回归方程进行预测时，不宜随意外推，尤其是远距离的外推，除非有非常充分的依据证明样本回归方程仍然有代表性。

2. 平均值的置信区间

由于 b_0，b_1 分别是 β_0，β_1 的无偏估计，因此 $\hat{y}_f=\beta_0+\beta_1x_f$ 也是总体因变量的期望

值 $E(y_f)$ 的无偏估计。对于给定的 x_f，$E(y_f)$ 在置信水平为 $(1-\alpha)$ 时的置信区间估计为：

$$\hat{y}_f \pm t_{\frac{\alpha}{2}}(n-2) \cdot S_{yx} \cdot \sqrt{\frac{1}{n}+\frac{(x_f-\bar{x})^2}{\sum(x_i-\bar{x})^2}} \tag{10.28}$$

式(10.28)中，$\hat{y}_f$ 为点预测值，s_{yx} 为估计标准误差。

从式(10.28)中看出，x_f 越远离 $\bar{x}$ 时，总体因变量的期望值 $E(y_f)$ 的置信区间就变得越宽，估计的效果也越不好；x_f 越接近 $\bar{x}$ 时，总体因变量的期望值 $E(y_f)$ 的置信区间就变得越窄，估计的效果也就越好。

【例 10.2】对例 10.1 中 12 名工人的操作熟练程度 x 与产品合格率 y 进行一元线性回归分析。给定 $x_f=20$，估计 y_f 的个别值预测区间和平均值置信区间。

解：例 10.1 中计算得到相关系数 $r=0.767$，经 t 检验表明两变量高度相关，故进一步进行一元线性回归分析。

(1)计算回归系数

将表 10.1 数据代入式(10.15)、式(10.16)得：

$$b_1=\frac{n\sum xy-\sum x\sum y}{n\sum x^2-(\sum x)^2}=\frac{12\times 13170.2-187.8\times 775}{12\times 3565.36-187.8^2}=1.663$$

$$b_0=\frac{\sum y}{n}-b_1\frac{\sum x}{n}=\frac{775}{12}-1.663\times\frac{187.8}{12}=38.559$$

则工人操作的熟练程度与产品合格率之间的一元线性回归方程写为：

$$\hat{y}=38.559+1.663x$$

回归系数 $b_1=1.663$ 的含义是，工人的操作熟练程度每增加 1%，产品合格率平均增加 1.663%。

(2)计算判定系数

将表 10.1 中的数据代入式(10.21)得判定系数：

$$R^2=\frac{b_0\Sigma y+b_1\Sigma xy-n\bar{y}^2}{\Sigma y^2-n\bar{y}^2}=\frac{38.559\times 775+1.663\times 13170.2-12\times\left(\frac{775}{12}\right)^2}{52997-12\times\left(\frac{775}{12}\right)^2}=0.589$$

由判定系数可知，线性模型拟合程度较好。

(3)计算估计标准误差

将表 10.1 中的数据代入式(10.23)得估计标准误差：

$$s_{yx}=\sqrt{\frac{\sum y^2-b_0\sum y-b_1\sum xy}{n-2}}$$

$$=\sqrt{\frac{52997-38.559\times 775-1.663\times 13170.2}{12-2}}=11.008$$

(4)对回归系数进行检验

对回归系数 b_1 进行检验，首先提出原假设和备择假设：

$$H_0: \beta_1 = 0, \quad H_1: \beta_1 \neq 0$$

计算 s_{b1}，构造回归系数 b_1 的检验统计量：

$$s_{b_1} = \frac{s_{yx}}{\sqrt{\sum x^2 - n\bar{x}^2}} = \frac{11.008}{\sqrt{3565.36 - 12 \times \left(\frac{187.8}{12}\right)^2}} = 0.44$$

$$t_{b_1} = \frac{b_1 - \beta_1}{s_{b_1}} = \frac{b_1}{s_{b_1}} = \frac{1.663}{0.44} = 3.78$$

对于给定的显著性水平 $\alpha = 0.05$，样本容量 $n = 12$，查 t 分布表得临界值 $t_{0.025}(10) = 2.228$。由于 $|t_{b_1}| = 3.78 > t_{0.025}(10)$，则拒绝原假设 H_0，接受备择假设 H_1，认为 b_1 作为 β_1 的估计量在统计上是可靠的，β_1 显著地不为零，x 与 y 之间的线性关系成立。

(5)对模型整体线性关系进行检验

为检验因变量对自变量的回归模型是否显著成立，还要对回归模型进行 F 检验。

提出原假设和备择假设：

H_0：$\beta_1 = 0$ 两个变量之间的线性关系不显著；

H_1：$\beta_1 \neq 0$ 两个变量之间存在显著的线性关系。

构造检验统计量 F：

$$F = \frac{\Sigma(\hat{y} - \bar{y})^2/1}{\Sigma(y - \hat{y})^2/(n-2)} = \frac{1732.048}{\frac{1213.102}{(10-2)}} = 14.278$$

对于给定的显著性水平 $\alpha = 0.05$，样本容量 $n = 12$，查 F 分布表得临界值 $F_{0.05}(1,10) = 4.965$。由于 $F = 14.278 > F_{0.05}(1,10)$，则拒绝原假设 H_0，接受备择假设 H_1，认为在 $\alpha = 0.05$ 显著性水平下 自变量对因变量具有显著影响。

(6)预测

对于给定一个 $x_f = 20$ 并代入回归方程中可求得预测值 $\hat{y}_f = 38.559 + 1.663 \times 20 = 71.819$。

对于给定的 $x_f = 20$，将相关数据代入式(10.27)，得点预测值 $\hat{y}_f = 71.819$。在置信水平为 95%时 $\hat{y}_f$ 的预测区间为：

$$71.819 \pm 24.508 \times \sqrt{1 + \frac{1}{10} + \frac{(20 - 15.65)^2}{626.29}}$$

可得置信区间(45.767,97.871)。这就是说，工人操作的熟练程度为 20%时，产品合格率的置信水平为 95%的预测区间为 45.767%～97.871%。

对于给定的 $x_f = 20$，将相关数据代入式(10.28)，期望值 $E(y_f)$ 在置信水平为 95%时的置信区间估计为：

$$71.819 \pm 24.508 \times \sqrt{\frac{1}{10} + \frac{(20 - 15.65)^2}{626.29}}$$

可得置信区间(62.975,80.663)。这就是说，工人操作的熟练程度为 20%时，产品合格率的平均值在 62.975%～80.663%之间。

【SPSS 应用】

解：将 SPSS 用于例 10.2 的一元线性回归模型估计，操作具体步骤：

第一步，选择【分析】→【回归】→【线性】，弹出线性回归对话框。见图 10.5。

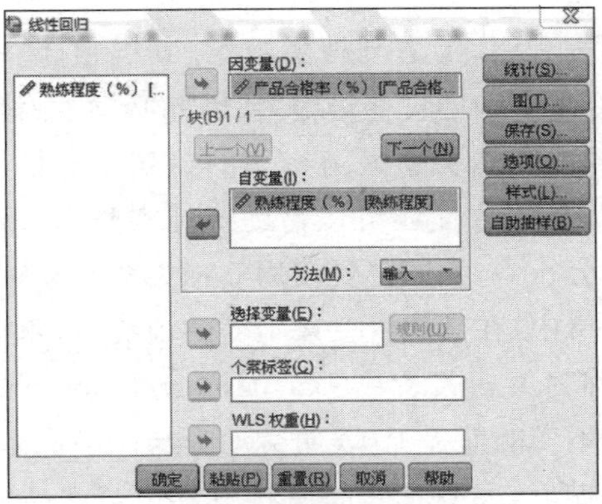

图 10.5　线性回归对话框

第二步，将“产品合格率”选入“因变量”框中，将“熟练程度”选入“自变量”框中。

第三步，点击“确定”按钮，输出模型估计结果，见表 10.7 和表 10.8。

表 10.7　方差分析表（ANOVA[a]）

模型		平方和	自由度	均方	F	显著性
1	回归	1731.814	1	1731.814	14.276	.004[b]
	残差	1213.102	10	121.310		
	总计	2944.917	11			

a. 因变量：产品合格率（%）；b. 预测变量：（常量），熟练程度（%）

由表 10.7 可以看出，F 统计量为 14.276，对应的 P 值 $=0.004<0.01$，则模型整体在 1% 的显著性水平上显著成立。

表 10.8　模型系数估计结果

模型		未标准化系数		标准化系数		显著性
		B	标准误差	Beta	t	
1	（常量）	38.559	7.586		5.083	.000
	熟练程度	1.663	.440	.767	3.778	.004

由表 10.8 可以看出，熟练程度的回归系数的 t 值达到了 3.778，对应的 P 值 $=0.004<0.01$，在 1% 的显著性水平上通过了统计检验。

10.3　多元线性回归

对于有着错综复杂联系的客观事物来说，影响因变量变动的自变量有很多，这就需要考虑多元回归分析的应用。多元回归有多元线性回归和多元非线性回归之分，本节主要介绍多元线性回归的一般问题。

10.3.1 多元线性相关分析

在拟合多元线性回归方程时，考虑到搜集数据、分析和计算的复杂性，自变量个数应尽量地少，但由于影响因变量变动的自变量很多，因此必须要对纳入回归方程的自变量进行选择，尤其是要将那些同因变量关系最为密切的自变量选择出来。一方面可以借助专业知识和理论分析来进行，另一方面还可以借助统计本身的方法——相关系数的比较来完成。在多元相关与回归分析中，我们主要使用偏相关系数选择纳入方程的自变量。

在多元相关与回归分析中，在其他自变量不变的前提下，单纯反映某一自变量对因变量相关程度的相关系数，称为偏相关系数(partial correlation coefficient)。如例10.3中，在保持农产品原材料价格不变的前提下，表明劳动量与产品成本相关程度的相关系数，以及在保持劳动量不变的前提下，表明农产品原材料价格与产品成本之间相关程度的相关系数，都是偏相关系数。

偏相关系数的取值范围也处于－1和＋1之间，有正偏相关和负偏相关之分，其符号与回归系数的符号一致。

以二元回归分析为例，偏相关系数计算公式为：

$$\begin{cases} r_{1y.2}=\dfrac{r_{1y}-r_{2y}\cdot r_{12}}{\sqrt{(1-r_{2y}^2)(1-r_{12}^2)}} & (10.29\text{a}) \\ r_{2y.1}=\dfrac{r_{2y}-r_{1y}\cdot r_{12}}{\sqrt{(1-r_{1y}^2)(1-r_{12}^2)}} & (10.29\text{b}) \\ r_{12.y}=\dfrac{r_{12}-r_{1y}\cdot r_{2y}}{\sqrt{(1-r_{1y}^2)(1-r_{2y}^2)}} & (10.29\text{c}) \end{cases}$$

式中，$r_{1y}=\dfrac{s_{1y}}{\sqrt{s_{11}s_{yy}}}$ 为 x_1 与 y 的皮尔逊相关系数；

$r_{2y}=\dfrac{s_{2y}}{\sqrt{s_{22}s_{yy}}}$ 为 x_2 与 y 的皮尔逊相关系数；

$r_{12}=\dfrac{s_{12}}{\sqrt{s_{11}s_{22}}}$ 为 x_1 与 x_2 的皮尔逊相关系数。

10.3.2 多元线性回归模型

多元线性回归(multiple linear regression)模型是用来分析两个或两个以上自变量和一个因变量之间线性关系的数学模型。多元线性回归模型是一元线性回归模型的扩展，除过计算上相对复杂，其基本原理与一元线性回归模型类似。仍假定因变量为 y，自变量为 x，则总体多元线性回归模型可以表示为：

$$y=\beta_0+\beta_1x_1+\beta_2x_2+\cdots+\beta_kx_k+u \quad (10.30)$$

式(10.30)中，k 为自变量的个数；β_k 为模型参数或总体偏回归系数，表示其他自变量不变时，$x_i(i=1,2,\cdots,k)$ 每变化一个单位时 y 平均变化的数量。比如，β_1 表示 $x_2,x_3,\cdots,x_k$ 都固定不变时，x_1 每变化一个单位时 y 的平均变化量。u 为随机误差项。

对于式(10.30)，对自变量 x 也有相应假设，这些假设相对复杂，此处不进行讨论。

总体多元线性回归方程写为：

$$\hat{y}=\beta_0+\beta_1x_1+\cdots+\beta_kx_k \tag{10.31}$$

样本多元线性回归模型写为：

$$y=b_0+b_1x_1+b_2x_2+\cdots+b_kx_k+e$$

样本多元线性回归方程写为：

$$\hat{y}=b_0+b_1x_1+b_2x_2+\cdots+b_kx_k \tag{10.32}$$

式(10.32)中，b_k 为样本偏回归系数，e 为样本回归模型的随机误差项。

下面介绍多元线性回归模型的估计和检验。

1. 多元线性回归模型的参数估计

在多元线性回归分析中，假定关于线性回归模型的基本假定得到满足，便仍可以直接使用普通最小二乘法推导出模型偏回归系数的计算公式。

以二元线性回归模型为例，由最小二乘法可得回归系数的计算式：

$$\begin{cases} b_0=\bar{y}-b_1\bar{x}_1-b_2\bar{x}_2 & (10.33\text{a}) \\ b_1=\dfrac{s_{22}s_{1y}-s_{12}s_{2y}}{s_{11}s_{22}-s_{12}^2} & (10.33\text{b}) \\ b_2=\dfrac{s_{11}s_{2y}-s_{12}s_{1y}}{s_{11}s_{22}-s_{12}^2} & (10.33\text{c}) \end{cases}$$

式(10.33)中，$\begin{cases} s_{11}=\sum(x_1-\bar{x}_1)^2=\sum x_1^2-n(\bar{x}_1)^2 \\ s_{12}=\sum(x_1-\bar{x}_1)(x_2-\bar{x}_2)=\sum x_1x_2-n\bar{x}_1\bar{x}_2 \\ s_{22}=\sum(x_2-\bar{x}_2)^2=\sum x_2^2-n(\bar{x}_2)^2 \\ s_{1y}=\sum(x_1-\bar{x}_1)(y-\bar{y})=\sum x_1y-n\bar{x}_1\bar{y} \\ s_{2y}=\sum(x_2-\bar{x}_2)(y-\bar{y})=\sum x_2y-n\bar{x}_2\bar{y} \end{cases}$

2. 多元线性回归模型的检验

(1)拟合优度检验

多元回归判定系数的计算原理及含义同一元线性回归模型。对于 k 元线性回归模型，判定系数表示 k 个解释变量联合起来对总平方和的解释程度，称其为复判定系数，表示为：

$$R^2_{y(x_1,x_2,\cdots,x_k)}=\frac{\sum(\hat{y}-\bar{y})^2}{\sum(y-\bar{y})^2}=1-\frac{\sum(y-\hat{y})^2}{\sum(y-\bar{y})^2} \tag{10.34}$$

式(10.34)中，$R^2_{y(x_1,x_2,\cdots,x_k)}$ 可简记为 R^2_{yx} 。

在多元相关与回归分析中，以样本资料为依据计算的反映所有自变量对因变量综合相关程度的相关系数称为样本复相关系数，简称为复相关系数(multi-correlation coefficient)。

前面我们计算了反映多元回归模型拟合优度的复可决系数 R^2_{yx} ，其平方根就是复相关系数，一般用 $r_{y(12\cdots k)}$ 表示：

$$r_{y(12\cdots k)}=\sqrt{R^2_{y(x_1,x_2,\cdots,x_k)}}=\sqrt{\frac{\sum(\hat{y}-\bar{y})^2}{\sum(y-\bar{y})^2}}=\sqrt{1-\frac{\sum(y-\hat{y})^2}{\sum(y-\bar{y})^2}} \tag{10.35}$$

$r_{y(12\cdots k)}$ 可简记为 r_{yx}。复相关系数只取正值，在 0～1 之间。

在二元线性回归分析中，复相关系数计算公式为：

$$r_{y(12)}=\sqrt{\frac{b_1 s_{1y}+b_2 s_{2y}}{s_{yy}}} \tag{10.36}$$

(2)估计标准误差

多元线性回归模型估计标准误差用 $s_{y(x_1,x_2,\cdots,x_k)}$ 来表示，公式为：

$$s_{y(x_1,x_2,\cdots,x_k)}=\sqrt{\frac{\sum(y-\hat{y})^2}{n-k-1}} \tag{10.37}$$

式(10.37)中，$s_{y(x_1,x_2,\cdots,x_k)}$ 可简记为 s_{yx}。n 为样本容量，k 为自变量的个数，$(n-k-1)$ 为残差平方和的自由度。多元线性回归中对 s_{yx} 的解释与一元线性回归类似，其含义是根据自变量 $x_1,x_2,\cdots,x_k$ 来预测因变量 y 时的平均预测误差，该指标越小，回归模型的拟合效果越好，反之则越差。

(3)单参数显著性检验

k 元线性回归模型单参数的显著性检验与一元线性回归模型的检验一样，也采用 t 检验。t 检验的基本步骤为：

第一，提出原假设和备择假设：

$H_0:\beta_j=0,\quad j=1,2,\cdots,k$

$H_1:\beta_1\neq 0,\quad j=1,2,\cdots,k$

第二，构造检验统计量：

$$t_{b_j}=\frac{b_j-\beta_j}{s_{b_j}}=\frac{b_j}{s_{b_j}}\sim t(n-k-1)$$

$$s_{b_j}=\sqrt{c_{ii}}\cdot s_{y(x_1,x_2,\cdots,x_k)} \tag{10.38}$$

其中，c_{ii} 是矩阵 $(X^TX)^{-1}\,[X=(1,x_1,x_2,\cdots,x_k)]$ 对角线上的第 $i+1$ 个元素，$i=1,2,\cdots,k$。

第三，进行判断。根据给定的显著性水平 α 和样本容量，查得临界值 $t_{\alpha/2}(n-k-1)$，并与 $|t_{b_j}|$ 进行比较：

若 $|t_{b_j}|>t_{\alpha/2}(n-k-1)$，则拒绝原假设 H_0，接受备择假设 H_1，认为 b_j 作为 β_j 的估计量在统计上是可靠的，β_j 显著地不为零，x_j 与 y 之间存在线性关系。

若 $|t_{b_j}|<t_{\alpha/2}(n-k-1)$，则接受原假设 H_0，认为 b_j 作为 β_j 的估计量在统计上不可靠，β_j 与零无显著差异，或 x_j 对 y 无显著影响，x_j 与 y 之间不存在线性关系。

(4)联合显著性检验

检验全部自变量 $x_1,x_2,\cdots,x_k$ 联合起来对因变量的影响是否显著，需要进行 F 检验。F 检验的基本步骤为：

第一步，提出原假设和备择假设：

$H_0:\beta_1=\beta_2=\cdots=\beta_k=0$；

$H_1:\beta_1,\beta_2,\cdots,\beta_k$ 中至少有一个不为 0。

第二步，构造检验统计量 F：

$$F=\frac{\Sigma(\hat{y}-\bar{y})^2/k}{\Sigma(y-\hat{y})^2/(n-k-1)} \tag{10.39}$$

第三步，根据给定的显著性水平 α（一般取 $\alpha=1\%$ 或 5%），查 F 分布表得临界值 $F_{\alpha}(k,n-k-1)$，与 F 值进行比较，做出判断：

若 $F>F_{\alpha}(k,n-k-1)$，则拒绝原假设 H_0，从而接受备择假设 H_1，认为 $\beta_1,\beta_2,\cdots,\beta_i$ 中至少有一个不为0，有 $(1-\alpha)$ 的把握程度认为自变量联合对因变量的影响显著，该模型在统计上可靠。

若 $F<F_{\alpha}(k,n-k-1)$，则接受原假设 H_0，全体自变量的系数与零无显著差异，在 $(1-\alpha)$ 的把握程度下认为自变量整体对因变量的影响不显著，模型不可靠，需重新设定。

3. 模型预测

同一元线性回归一样，当给定一组自变量的取值以后，可以根据估计的多元线性回归方程进行相关预测。同样，由于点预测只给出一个值，且没有精度指标，故在点估计的基础上，仍要进行区间预测。

根据有关统计理论，在小样本条件下，根据给定的 x_f，$\hat{y}_f$ 在置信水平为 $(1-\alpha)$ 时的预测区间为：

$$\hat{y}_f \pm t_{\frac{\alpha}{2}}(n-k-1)\cdot s_{yx}\cdot\sqrt{1+x_f(x^Tx)^{-1}x_f^T} \qquad (10.40)$$

式(10.40)中，$\hat{y}_f$ 为点预测值，$t_{\frac{\alpha}{2}}(n-2)$ 为给定置信水平$(1-\alpha)$时 t 分布的概率度；s_{yx} 为模型的估计标准误差；$\sqrt{1+x_f(x^Tx)^{-1}x_f^T}$ 为校正系数，为矩阵运算的表达形式。

对于一元线性回归模型，式(10.40)等同于前述的式(10.27)，即

$$\hat{y}_f \pm t_{\frac{\alpha}{2}}(n-2)\cdot s_{yx}\cdot\sqrt{1+\frac{1}{n}+\frac{(x_f-\bar{x})^2}{\sum(x-\bar{x})^2}}$$

在大样本的情况下（一般 $n\geqslant 30$），总体因变量在置信水平为 $(1-\alpha)$ 时的预测区间为：

$$\hat{y}_f \pm z_{\alpha/2}\cdot s_{yx} \qquad (10.41)$$

式(10.41)中，$z_{\alpha/2}$ 为给定置信水平$(1-\alpha)$时正态分布的概率度。

多元线性回归方程的估计一般运用统计软件进行处理，其输出结果的解读与一元线性回归模型基本相同。

【例10.3】某企业产品成本费用与投入劳动量和农产品原料价格有密切关系。表10.9给出了该企业18个月的相关资料。其中 y 表示成本费用，单位为万元；x_1 表示劳动量投入，单位为千工时；x_2 表示农产品原料价格，单位为万元/t。利用该资料建立产品成本费用对劳动量投入和农产品原料价格的回归模型，并说明回归系数的含义。

解：首先根据表10.9数据，计算各个皮尔逊相关系数，得到：$r_{1y}=0.6999$；$r_{2y}=0.9546$；$r_{12}=0.6211$，代入式(10.29)，得劳动量与农产品原材料价格分别与产品生产成本的偏相关系数：

$$r_{1y.2}=\frac{r_{1y}-r_{2y}\cdot r_{12}}{\sqrt{(1-r_{2y}^2)(1-r_{12}^2)}}=0.4583$$

$$r_{2y.1}=\frac{r_{2y}-r_{1y}\cdot r_{12}}{\sqrt{(1-r_{1y}^2)(1-r_{12}^2)}}=0.9288$$

可以看出，x_2 与 y 的线性相关关系强于 x_1 与 y 的线性相关关系。

接下来，对本例进行二元线性回归模型估计。

表 10.9 回归系数计算表

序号	y	x_1	x_2	x_1y	x_2y	x_1x_2	x_1^2	x_2^2	y^2
1	6.06	3.66	2.37	22.1796	14.3622	8.6742	13.3956	5.6169	36.7236
2	8.63	1.75	3.36	15.1025	28.9968	5.88	3.0625	11.2896	74.4769
3	8.39	2.45	3.26	20.5555	27.3514	7.987	6.0025	10.6276	70.3921
4	6.46	1.02	2.51	6.5892	16.2146	2.5602	1.0404	6.3001	41.7316
5	3.23	1.25	2.03	4.0375	6.5569	2.5375	1.5625	4.1209	10.4329
6	2.98	0.83	1.18	2.4734	3.5164	0.9794	0.6889	1.3924	8.8804
7	3.24	1.07	1.27	3.4668	4.1148	1.3589	1.1449	1.6129	10.4976
8	5.88	2.17	2.19	8.7596	8.8772	4.7523	4.7089	4.7961	34.5744
9	9.31	2.29	3.37	21.3199	31.3747	7.7173	5.2441	11.3569	86.6761
10	6.85	1.99	2.68	13.6315	18.358	5.3332	3.9601	7.1824	46.9225
11	7.59	2.97	2.82	22.5423	21.4038	8.3754	8.8209	7.9524	57.6081
12	0.12	0.01	0.74	0.0012	0.0888	0.0074	0.0001	0.5476	0.0144
13	3.67	1.72	1.86	6.3124	6.8262	3.1992	2.9584	3.4596	13.4689
14	4.3	1.88	1.5	8.084	6.45	2.82	3.5344	2.25	18.49
15	3.72	1.72	1.35	6.3984	5.022	2.322	2.9584	1.8225	13.8384
16	5.73	2.61	1.88	14.9553	10.7724	4.9068	6.8121	3.5344	32.8329
17	1.35	0.57	0.46	0.7695	0.621	0.2622	0.3249	0.2116	1.8225
18	4.5	1.95	1.54	8.775	6.93	3.003	3.8025	2.3716	20.25
合计	92.01	31.91	36.37	189.9536	221.8372	72.676	70.0221	86.4455	579.6333

(1)计算回归系数

将表 10.9 中的数据带入式(10.33),计算出:

$$s_{11}=13.4528,\ s_{12}=8.2001,\ s_{22}=8.9579,\ s_{1y}=26.8403,\ s_{2y}=35.9259$$

利用二元线性回归模型回归系数计算式(10.33),得到:

$$b_0=-0.7358,\ b_1=0.4968,\ b_2=2.4581$$

写出样本回归方程为:

$$\hat{y}=-0.7358+0.4968x_1+2.4581x_2$$

该模型中回归系数的含义是:$b_1=0.4968$ 表示在农产品原料价格不变的情况下,劳动量投入每增加 1 千工时,成本将增加 0.4968 万元;在劳动量投入不变的情况下,农产品原料价格每提高 1 万元,成本将增加 2.4581 万元。

(2)计算判定系数

将表 10.9 中的数据代入式(10.34)得判定系数:

$$R^2_{y(x_1,x_2)}=\frac{\sum(\hat{y}-\bar{y})^2}{\sum(y-\bar{y})^2}=\frac{101.643}{109.309}=0.9299$$

由判定系数可知,线性拟合程度较好。对判定系数开方,得复相关系数:$r_{y(12)}=0.9643$。

(3)计算估计标准误差

将表 10.9 中的数据代入式(10.37)得估计标准误差:

$$s_{y(x_1,x_2)}=\sqrt{\frac{\sum(y-\hat{y})^2}{n-k-1}}=\sqrt{\frac{7.6643}{18-2-1}}=0.7148$$

(4)对回归系数进行检验

提出原假设和备择假设：

$H_0:\beta_j=0,\quad j=1,2$

$H_1:\beta_1\neq 0,\quad j=1,2$

计算 s_b，构造回归系数的检验统计量：

见式(10.38)，计算矩阵：

$$(X^TX)^{-1}=\begin{bmatrix}0.4002 & -0.0598 & -0.1181\\ -0.0598 & 0.1210 & -0.0766\\ -0.1181 & -0.0766 & 0.1256\end{bmatrix}$$

取出 $(X^TX)^{-1}$ 中的 C_{ii}，则

$$s_{b_1}=\sqrt{c_{11}}\cdot s_{y(x_1,x_2)}=\sqrt{0.1210}\times 0.7148=0.2487$$

$$s_{b_2}=\sqrt{c_{22}}\cdot s_{y(x_1,x_2)}=\sqrt{0.1256}\times 0.7148=0.2533$$

$$t_{b_1}=\frac{b_1-\beta_1}{s_{b_1}}=\frac{b_1}{S_{b_1}}=\frac{0.4968}{0.2487}=1.998$$

$$t_{b_2}=\frac{b_2-\beta_2}{s_{b_2}}=\frac{b_2}{S_{b_2}}=\frac{2.4581}{0.2533}=9.704$$

对于给定的显著性水平 $\alpha=0.05$，样本容量 $n=18$，查 t 分布表得临界值 $t_{0.025}(15)=2.231$。由于 $|t_{b_1}|=1.998<t_{0.025}(15)$，$|t_{b_2}|=9.704>t_{0.025}(15)$，则对于 β_1，接受原假设 H_0，认为 b_1 作为 β_1 的估计量在 $\alpha=0.05$ 时是不可靠的。对于 β_2，拒绝原假设 H_0，接受备择假设 H_1，认为 b_2 作为 β_2 的估计量在统计上是可靠的，β_2 显著地不为零，x_2 与 y 之间存在线性关系。

(5)对模型整体线性关系进行检验

检验全部自变量 x_1，x_2 联合起来对因变量的影响是否显著，需要进行 F 检验。提出原假设和备择假设：

$H_0:\beta_1=\beta_2=0$；

$H_1:\beta_1$ 和 β_2 中至少有一个不为0。

构造检验统计量 F：

$$F=\frac{\sum(\hat{y}-\bar{y})^2/k}{\sum(y-\hat{y})^2/(n-k-1)}=\frac{\frac{101.6429}{2}}{\frac{7.6643}{(18-2-1)}}=99.466$$

对于给定的显著性水平 $\alpha=0.05$，样本容量 $n=18$，查 F 分布表得临界值 $F_{0.05}(2,15)=3.682$。由于 $F=99.466>F_{0.05}(2,15)$，则拒绝原假设 H_0，从而接受备择假设 H_1，认为 β_1 和 β_2 中至少有一个不为0，有95%的把握程度认为自变量联合起来对因变量的影响显著，该模型在统计上可靠。

(6)预测

给定 $x_1=1.50$，$x_2=2.00$ 并代入回归方程中可求得预测值：

$$\hat{y}_f = -0.7358 + 0.4968 \times 1.50 + 2.4581 \times 2.00 = 4.9256$$

$\hat{y}_f$ 在置信水平为 95%时的预测区间为：

$$4.9256 \pm 1.5232 \times \sqrt{1 + x_f (x^T x)^{-1} x_f^T}$$

可得置信区间(3.3542,6.4970)，这就是说，劳动量投入为 1.5 千工时、农产品原料价格为 2 万元/t 时，成本费用的平均值在 3.3542 万～6.4970 万元之间。

由此可知，劳动量投入和农产品原料价格对企业产品成本的综合影响非常显著。

对例 10.3 采用 SPSS 进行处理的结果见表 10.10 和表 10.11。

表 10.10 方差分析表(ANOVA[a])

模型		平方和	自由度	均方	F	显著性
1	回归	101.645	2	50.822	99.466	.000[b]
	残差	7.664	15	.511		
	总计	109.309	17			

a. 因变量：成本费用

b. 预测变量：(常量)，劳动量投入，农产品原料价格

由表 10.10 可以看出，F 统计量为 99.466，对应的 P 值$=0.000 < 0.01$，则模型整体在 1%的显著性水平上显著成立。

表 10.11 模型系数估计结果

模型		未标准化系数		标准化系数		显著性
		B	标准误差	Beta	t	
1	(常量)	−.736	.452		−1.627	.124
	农产品原料价格	2.458	.253	.846	9.702	.000
	劳动量投入	.497	.249	.174	1.998	.064

由表 10.11 可以看出，农产品原料价格系数的 t 值为 9.702，在 1%的显著性水平上通过了统计检验。劳动量投入系数的 t 值为 1.998，在 10%的显著性水平上通过了统计检验。

10.4 非线性回归

在实际问题中，单纯的线性相关是比较少见的，大量存在的是非线性相关。如果实际资料的散点图表现出明显的非线性趋势时，就不能再按照线性的方式进行分析，否则会出现较大偏差，降低甚至丧失相关与回归分析的价值。此时，应根据相关图表表现的非线性趋势，选择恰当的曲线模型。

10.4.1 非线性回归模型

非线性回归模型的形式很多，主要取决于所研究变量之间的关系，一般主要通过散点图的表现形式来加以判断。对非线性相关的变量间相关关系密切程度的衡量，我们常用

前面已经提到过的复相关系数来度量。由于非线性相关不分正负，因此 复相关系数 的取值范围在 0～1 之间。

进行非线性相关与回归分析，主要方法是将非线性相关变换成线性相关，然后应用线性相关与回归分析的方法估计曲线模型。根据相关变量的个数，非线性回归模型可分为一元非线性回归模型和多元非线性回归模型。

这里以一元非线性回归为例，说明几种非线性回归模型的估计方法。

1. 双曲线

双曲线回归方程为：

$$\hat{y} = a + \frac{b}{x} \tag{10.42}$$

式(10.42)中，a、b 为待定参数。

对于因变量随着自变量的增加(减少)而减少(增加)，最初增加(减少)很快，以后逐渐放慢并趋于稳定的关系形式，一般用双曲线来拟合。

对于非线性回归模型的估计，可利用前述对线性回归模型的估计方法。

首先将非线性模型变换成线性形式。故对于式(10.42)，令

$$x^* = \frac{1}{x}$$

则

$$\hat{y} = a + bx^*$$

经过变量替换后，原双曲线方程在形式上转化为一元线性方程，可以直接使用最小二乘法对其进行估计，其回归系数估计式为：

$$\begin{cases} b = \dfrac{n\sum x^* y - \sum x^* \sum y}{n\sum (x^*)^2 - (\sum x^*)^2} \\ a = /n - b\sum x^* n \end{cases}$$

2. 指数曲线

指数曲线回归方程为：

$$\hat{y} = ab^x \tag{10.43}$$

式(10.43)中，a,b 为待定参数，当 $b > 1$ 时，曲线随 x 值的增加而弯曲上升，当 $0 < b < 1$ 时，曲线随 x 值的增加而弯曲下降。

自变量按相同的增长量变化，因变量按大致相同的增长率变化，自变量做等差增加或减少，因变量随之做等比增加或减少，对于描述这样的变量间关系时，一般用指数曲线来拟合。现实中，等比增加或减少的变量很常见，如有关产值、产量等按一定比率增长，成本、原材料消耗等按一定比例降低。

对式(10.43)进行线性变换，两边取对数得：

$$\widehat{\lg(y)} = \lg a + x\lg b$$

设 $\widehat{\lg(y)} = y^*$，$\lg a = a^*$，$\lg b = b^*$，则方程变换为：

$$y^* = a^* + b^* x$$

用最小二乘法进行估计，得到 a^*，b^*：

$$\begin{cases} a^* = \sum y^*/n - b^* \sum x/n \\ b^* = \dfrac{n\sum xy^* - \sum x \sum y^*}{n\sum x^2 - (\sum x)^2} \end{cases}$$

求反对数可得 a, b，由此写出指数曲线方程。

3. 二次曲线

二次曲线回归方程为：

$$\hat{y} = a + bx + cx^2 \tag{10.44}$$

式(10.44)中，a、b、c 为待定参数。当 $a > 0$ 时，曲线开口向上，峰顶朝下；当 $a < 0$ 时，曲线开口向下，峰顶朝上。

二次曲线的图形为抛物线，若实际资料的散点图呈抛物线趋向，则可按二次曲线来拟合。用最小二乘法进行估计：

$$\begin{cases} \sum y = na + b\sum x + c\sum x^2 \\ \sum xy = a\sum x + b\sum x^2 + c \\ \sum x^2 y = a\sum x^2 + b\sum x^3 + c\sum x^4 \end{cases}$$

解此联立方程，可得各回归参数估计值，由此写出二次曲线方程。

10.4.2 C-D 生产函数

著名的柯布—道格拉斯生产函数，由美国经济学家柯布(Chales W. Cobb)与道格拉斯(Paul H. Dauglas)根据 1899—1922 年美国制造业投入产出数据研究得出，简称 C-D 生产函数。该函数给出了产出与投入资金量和劳动量之间的技术经济关系，具有许多经济学上所需要的良好的性质，经济分析中使用比较多。C-D 生产函数可表示为：

$$Q = AL^{\alpha}K^{\beta} \tag{10.45}$$

式(10.45)中，Q 是产出，L 和 K 分别表示劳动和资本投入量，A 表示技术进步，α、β 分别表示劳动与资本的产出弹性。A、α、β 均为待估参数。

C-D 生产函数有以下特点：

规模报酬与参数 α、β 的取值有关：若 $\alpha + \beta > 1$，则规模报酬递增；若 $\alpha + \beta = 1$，则规模报酬不变；若 $\alpha + \beta < 1$，则规模报酬递减；劳动和资本的边际产量分别为 $MP_L = \alpha \cdot Q/L$ 和 $MP_K = \beta \cdot Q/K$；劳动和资本的边际技术替代率为 $MRTS_{L,K} = \alpha K/\beta L$；要素替代弹性为 $\eta = 1$。

由于 C-D 生产函数具有以上这些特点，它在生产分析中得到广泛应用，尤其是对那些生产规模报酬近似不变、产出弹性相对稳定、技术进步速度不快的部门比较适用。

实际中，估计该函数模型的方法同样是进行线性变换。

对式(10.45)两边取对数，可以得到：

$$\lg(Q) = \lg(A) + \alpha\lg(L) + \beta\lg(K) \tag{10.46}$$

令 $LQ = \lg(Q)$，$a_0 = \lg(A)$，$LL = \lg(L)$，$LK = \lg(K)$，则将式(10.46)写为：

$$LQ = a_0 + \alpha LL + \beta LK$$

对该线性形式的模型进行最小二乘法估计，最后将得到式(10.45)的估计式。

一般地,类似生产函数形式的幂函数模型都可以采用以上方法,如对幂函数回归方程:

$$y = Ax_1^{\beta_1} x_2^{\beta_2} \cdots x_k^{\beta_k}$$

通过线性化,得到线性化模型为:

$$\lg y = \lg A + \beta_1 \lg x_1 + \beta_2 \lg x_2 + \beta_3 \lg x_3 + \cdots + \beta_k \lg x_k$$

10.4.3　Logistic 模型

1967 年,Truelt J.,Connifield J. 和 Kannel W. 在冠心病危险因素研究中采用了 Logistic 回归模型。此后,这种模型逐渐使用开来,尤其是用于因变量为定性变量时的非线性模型。现实研究中,我们常常需要了解研究对象对某事或某物满意或者不满意、生活幸福与不幸福、一项经济政策有效或无效、医学上判断患者患病与未患病等二分变量问题,即"是"和"非"的问题。对于这类变量,统计上一般对"是"赋值为 1,对"否"赋值为 0。这类问题可看作定性变量,用线性模型进行拟合不适用,而 Logistic 模型则是处理该类问题的有效方法。

Logistic 回归模型写为:

$$y = \frac{1}{1 + e^{-(\beta_0 + \beta_1 x_1 + \cdots + \beta_k x_k)}} \tag{10.47}$$

式(10.47)中,y 为二分变量,$x_1, x_2, \cdots, x_k$ 为自变量,$\beta_0, \beta_1, \cdots, \beta_k$ 为待估参数。

对 Logistic 回归模型求解,也采用将非线性方程变换成线性方程的方法。对方程变换形式,可以写成:

$$\frac{1-y}{y} = e^{-(\beta_0 + \beta_1 x_1 + \cdots + \beta_k x_k)}$$

进一步,可以写为:

$$\ln\left(\frac{y}{1-y}\right) = \beta_0 + \beta_1 x_1 + \cdots + \beta_P x_P$$

令 $\ln\left(\frac{y}{1-y}\right) = Logit$,则方程可以写为线性形式:

$$Logit = \beta_0 + \beta_1 x_1 + \cdots + \beta_k x_k \tag{10.48}$$

对式(10.48)进行估计,由于因变量取值的缘故,我们常常采用极大似然法。

关键术语

函数关系 function relation　　相关关系 correlation

相关系数 correlation coefficient　　皮尔逊相关系数 Pearson's correlation coefficient

回归分析 regression analysis　　自变量 independent variable

因变量 dependent variable　　线性回归模型 linear regression model

高斯一马尔科夫定理 Gauss-Markov theorem

普通最小二乘法 ordinary least squares,OLS

平方和分解 square sum decomposition

拟合优度 goodness of fit　　判定系数 coefficient of determination

多元线性回归 multiple linear regression　　复相关系数 multi-correlation coefficient

本章小结

1. 相关分析是研究变量间相关关系的一种统计分析方法。通过绘制两两变量之间的散点图和计算相关系数,可以判断变量之间是否存在某种依存关系、依存关系的方向和程度。皮尔逊相关系数是度量两个变量间线性相关关系密切程度的常用指标,其数值在－1～＋1之间变动。经验上,相关系数的绝对值在0.3以下为弱相关,0.3～0.5之间为低度相关,0.5～0.8之间为显著相关,0.8～1之间为高度相关。对相关系数可以进行统计假设检验,以判断其在统计意义上是否显著异于零。

2. 回归分析主要用于分析变量之间存在的因果关系。对于具有显著相关关系的两个或两个以上变量,区分出自变量和因变量,估计变量之间的回归方程,其主要用途是给定自变量的一个已知量,计算因变量的预测值。

3. 相关分析和回归分析既有区别又有联系。区别主要在于:相关分析中,变量之间是对等关系,其所涉及的变量都是随机变量,而在回归分析中,变量被区分为自变量和因变量。主要联系在于:回归分析是相关分析的深入和继续,相关分析是回归分析的基础和前提。

4. 线性回归模型的基本假定。线性回归模型的表达式由因变量、自变量、回归系数和随机误差项四项要素构成。如果线性回归模型满足高斯基本假定:自变量与残差项无关、残差项期望为零、残差项等方差和无自相关,则用最小二乘法(OLS)得到的模型估计量便具有线性、无偏、方差最小的优良统计性质。

5. 线性回归模型估计结果的检验。估计线性回归模型的基本方法是普通最小二乘法,其数学原理是样本点的实际值与估计值离差平方之和达到最小。由该法估计出模型参数之后,接着对模型计算判定系数以估计拟合优度、计算回归标准误差测度实际值与估计值的平均偏误程度、进行t检验以判断模型中的某个自变量对因变量是否具有显著影响、进行F检验以判断模型整体的显著性。在一元线性回归模型分析中,t检验和F检验是等价的,判定系数的平方根等于皮尔逊相关系数。通过了各项检验的回归模型才可以用于统计推断和预测。

6. 偏相关系数和复相关系数。多元线性回归分析中,在其他自变量不变的前提下,反映某一自变量对因变量影响程度的相关系数是偏相关系数;反映所有自变量对因变量综合影响程度的相关系数称为复相关系数,复相关系数在数值上等于判定系数开平方的结果。

7. 现实中变量间的关系大多为非线性关系。可以根据散点图的表现来判断变量间的关系形式,以选择恰当的曲线方程加以拟合。双曲线、指数曲线和二次曲线等是常见的曲线形式。典型的非线性回归模型还有C-D生产函数模型、Logistic回归模型等。对非线性回归方程的估计,主要方法是将方程非线性形式变换成线性形式,然后应用线性回归模型估计的方法估计非线性回归模型参数。

思考与练习

一、思考题

10.1 函数关系和相关关系的区别?

10.2 绘制两变量之间散点图的目的?

10.3 为什么要对总体回归模型做出基本假定？

10.4 普通最小二乘法的基本原理是什么？

10.5 最小二乘法估计量的优良特性有哪些？

10.6 如何理解判定系数的含义？

10.7 在一元线性回归分析中，t 检验和 F 检验的关系？

10.8 简单相关系数、复相关系数和偏相关系数有何不同？

10.9 对线性回归模型的估计结果应该从哪些方面进行评价？

10.9 如何运用回归模型进行预测？

10.10 运用回归模型进行外推预测应该注意什么问题？

二、练习题

10.1 某地区人均可支配收入和耐用消费品销售额资料如下：

年份	2012	2013	2014	2015	2016	2017	2018	2019
人均可支配收入(万元)	3.0	3.2	3.4	3.6	3.8	4.0	4.5	4.6
耐用消费品销售额(万元)	80	81	84	89	90	96	100	110

要求：

(1)绘制散点图，观察两变量之间相关关系的形式和方向；

(2)计算两变量之间的皮尔逊相关系数并进行 t 检验；

(3)计算肯德尔相关系数和斯皮尔曼相关系数，并与皮尔逊相关系数进行比较。

10.2 为了把握农村居民收入水平对其生活消费的影响状况，利用 2016－2020 年全国 31 省区市农村居民人均生活消费支出 y（万元）和人均可支配收入 x（万元）进行回归分析，Excel 输出结果如下：

回归统计	
Multiple R	0.9749073
R Square	**(A)**
Adjusted R Square	0.9501204
标准误差	0.0833837
观测值	155

方差分析

	df	SS	MS	F	Significance F
回归分析	1	20.40268	20.40268	**(B)**	9.9E－102
残差	153	1.063785	**(C)**		
总计	154	21.46646			

	Coefficients	标准误差	t－ Stat	P－value	
Intercept	0.1145625	0.022981	4.985002	1.66E－06	
X Variable	0.6394892	0.011805	**(D)**	9.9E－102	

要求：

(1)填写表中(A)(B)(C)(D)的值；

(2)写出一元线性回归模型的估计结果；

(3)指出上表中判定系数 R^2、回归标准误差的值，并解释其含义；

(4)指出表中 t 检验和 F 检验的结果，并进行评价。

10.3 根据我国国民经济和社会发展统计公报，2013－2019 年第一产业增加值与农业劳动生产率资料见下表。

年份	2013	2014	2015	2016	2017	2018	2019
第一产业增加值(亿元)	56957	58332	60863	63671	65468	64734	70467
农业劳动生产率(元/人)	66199	72313	76978	94825	101231	107327	115009

给定 $1-\alpha=95\%$，要求：

(1)建立第一产业增加值对农业劳动生产率的一元线性回归模型；

(2)计算拟合优度指标，并对回归系数进行检验；

(3)若 2025 年我国劳动生产率达到每人 12 万元，请预测 2025 年第一产业增加值。

10.4 下表是某地区 4 月下旬平均气温与 5 月上旬 50 株棉苗蚜虫头数的资料。

年份	2011	2012	2013	2014	2015	2016	2017	2018	2019
平均气温(℃)	18.6	24.3	16.9	16.8	17.6	16.5	18.3	19.6	15.8
棉蚜虫数(头)	87	189	6	24	27	29	24	20	16

给定 $1-\alpha=95\%$，要求：

(1)建立线性回归模型；

(2)对回归系数进行检验；

(3)该地区 4 月下旬平均气温为 19℃ 时，5 月上旬 50 株棉苗蚜虫预期数？

10.5 根据国家统计年鉴，2010－2019 年我国粮食总产量、耕地灌溉面积和化肥施用量数据如下：

年份	2010	2011	2012	2013	2014	2015	2016	2017	2018	2019
粮食总产量(万 t)	55911	58849	61223	63048	63965	66060	66044	66161	65789	66384
灌溉面积(千公顷)	60378	61682	62491	63473	64540	65873	67141	67816	68272	68679
化肥施用量(万 t)	5562	5704	5839	5912	5996	60223	5984	5859	5653	5404

给定 $1-\alpha=95\%$，要求：

(1)估计粮食总产量对灌溉面积和化肥施用量的二元线性回归模型；

(2)计算皮尔逊相关系数、复相关系数和偏相关系数，并进行比较；

(3)对回归系数估计结果进行 t 检验和 F 检验。

(4)对模型估计结果进行解释。

第 11 章　时间序列分析

统计与实践

最早的时间序列分析可以追溯到 7000 年前的古埃及。古埃及人把尼罗河涨落的情况逐天记录下来，从而构成一个时间序列。他们发现，尼罗河的涨落非常有规律，由于掌握了涨落的规律，古埃及的农业迅速发展。自然界和社会经济领域的许多指标，都可以视为随着时间的推移而构成了时间序列，如太阳黑子数、大气中二氧化碳的排放量、股市行情、农产品市场价格、粮食产量、农业人口数等。许多时间序列指标随着时间的推移表现出一定规律性变化，分析时间序列对于把握客观现象的动态变化及其特征有着重要意义。时间序列本身包含着许多信息，决策者可以利用时间序列的信息作为判断的依据，比如政府根据时间序列反映的宏观经济景气指数进行宏观调控；行业进行供给侧结构性改革需要结合消费需求时间序列反映的动态变化因素；地方农产品批发市场要根据本地自产农产品生产量的季节性而综合调配货源保证市场上市量的均衡性；经营者根据企业经营的时间序列数据进行市场预测。此外，各行各业制定中长期规划也离不开时间序列。由于时间序列分析突出了时间因素在预测中的作用，暂不考虑外界具体因素的影响。当未来外界发生较大变化，基于历史考察进行的预测往往就会有较大偏差，所以对于中短期预测的效果要比长期预测的效果好。

时间序列分析（time series analysis）已经发展为统计学中一个非常重要的分支，在经济学、管理学和金融学等领域具有广泛应用，掌握时间序列的统计分析方法对于了解社会经济现象的变化特征具有重要作用。本章内容包括时间序列分类、时间序列分解模型、时间序列描述统计和时间序列分解方法等。

11.1　时间序列及其构成

11.1.1　时间序列的概念

时间序列（time series），又称为时间数列或动态序列，是指同类现象的统计指标数值按时间先后顺序排列而成的一列数。

时间序列由两个基本要素构成：一是客观现象所属时间。时间又分为年度、季度、月度、日等，若时间为年度，则称为年度数据时间序列；二是反映客观现象特征的统计指标数值。例如，2000 年以来我国每年国内生产总值形成 GDP 年度时间序列。

按构成时间序列指标种类的不同，将时间序列分为总量指标时间序列、相对指标时间序列和平均指标时间序列三类。

11.1.2 时间序列的编制原则

编制时间序列的目的，是要对序列中各个指标数值进行动态对比分析，借以研究客观现象的发展变化及其规律性。因此，保证序列中各个指标数值的可比性是编制时间序列应遵守的基本原则，具体如下：

(1)时间单元大小应统一。对时期指标序列来说，其指标数值的大小与包含时期的长短有直接关系。因此，各指标数值包含的时期长短，在同一时间序列应前后一致，以利于对比分析。对时点序列而言，也要求各时点间隔尽可能保持一致，以便更准确地反映现象发展的趋势及规律。

(2)总体范围应一致。时间序列中各指标值的大小，与其包括的总体范围有直接关系。如果总体范围发生了变化，前后各指标值就不能直接对比，必须对资料做适当调整以求得总体范围的一致，然后再作动态分析。

(3)计算方法、计算价格、计量单位应统一。统计指标往往有不同的计算方法、计算价格和计量单位，如劳动生产率可按实物量计算，也可按价值量计算。工业增加值有按不变价计算的，也有按现行价计算的。至于计量单位，更是多种多样。可见，在时间序列中，各期指标的计算方法、计算价格和计量单位若不相同，其指标数值就会缺乏可比性。

(4)经济内容应相同。指标的经济内容与指标所反映现象的性质是密切联系的，若某一指标所反映现象的性质发生了变化，如将性质不同的该指标数值进行动态对比分析，结论可能是错误的。

值得注意的是，对可比性的理解也不能绝对化，应根据研究目的、对象性质和资料来源等具体情况进行具体分析。

11.1.3 时间序列的构成

客观现象的发展变化是多种因素综合影响的结果，由于各种因素的影响方向和强弱程度不同，具体的时间序列呈现出不同的变动形态。动态分析的任务之一就是要对构成时间序列的各种因素加以分解和测定，以便对未来的状况做出判断和预测。

为了方便表述和分析，这里将时间序列表达为 $a_0, a_1, \cdots, a_n$，a 为时间序列的各期水平，其中 a_0 为期初水平，a_n 为末期水平，其它称为中间水平。

构成时间序列的各种因素，按它们的性质和作用不同，可以分为以下四种：

(1)长期趋势变动(T)。长期趋势变动(secular trend fluctuation)指时间序列中最基本的规律性变动。长期趋势是指现象在一个相当长的时期内持续发展变化的总趋势，如持续上升、下降和基本持平。长期趋势变动是现象受到各个时期普遍的、持续的和决定性的基本因素影响的结果。例如，一般情况下，由于人口增长、资源开发、科技进步等因素影响，社会生产的总量呈增长变动的趋势。

(2)季节变动(S)。季节变动(seasonal fluctuation)指时间序列受自然季节变换和社会习俗等因素影响而发生的有规律的周期性波动。例如，有许多商品的销售随季节变动而呈淡旺季之分。季节变动的周期为一年以内(如一月、一周等)。

(3)周期变动(C)。周期变动(cyclical fluctuation)指社会经济发展中的一种近乎规律性的盛衰交替变动，其成因比较复杂。周期变动一般在一年以上，长短不一。周期变动按引起的原因和周期长短不同又可分为 4 种类型，并以最早发现它的经济学家的名字命名。一是康德拉季耶夫循环，为长期周期变动，主要是受重大技术革命影响的结果，周期可长达 50～60 年；二是库兹涅茨循环，为中长期的周期变动，周期在 20 年左右，造成这种周期变动的物质基础是建筑业的周期性波动；三是朱格拉循环，为中期周期变动，周期为 8～10 年。资本主义周期性的经济危机，主要就是指这种周期变动，其变动的物质基础是周期性的固定资产的大规模更新；四是基钦循环，短期周期变动，周期为 2～4 年，其形成原因可能是固定资产更新和周期性的技术变革。

(4)不规则变动(I)。不规则变动(irregular variations)指除了上述各种变动以外，现象因临时的、偶然的因素而引起的随机变动。这种变动无规则可循，例如地震、水灾、战争等所引起的变动。从长期来看，有些偶然因素的个别影响是可以部分抵消的。

时间序列的上述四种变动按一定的方式组合，成为一种模式。按对四种变动因素相互关系的不同假设，可分为加法模式(additive model)和乘法模式(multiplicative model)。

若假设四种变动因素是相互独立的关系，时间序列的各期指标便是各因素之和，即加法模式：

$$a = T + S + C + I \tag{11.1}$$

式(11.1)中，各项变动均用原始单位表示。

若假设四种变动因素是相互交错影响的关系，时间序列的各期指标便是各因素的乘积，即乘法模式：

$$a = T \times S \times C \times I \tag{11.2}$$

式(11.2)中，a、T 是总量指标，用原始单位表示。S 、C 、I 则是相对数，用百分数表示。

无论时间序列数据用何种时间单位度量(年、季度、月份或者天)，都可以观测到趋势变动。然而，并非所有现象时间序列模式中都包含上述四种因素的变动。如果时间序列以年为单位度量，那么季节变动就无法观测。

11.2　动态分析指标

时间序列虽描述了现象的发展过程和结果，但它还不能直接反映现象各期的增减数量、变动速度和规律性。为深刻揭示现象的这些特征，需计算动态分析指标，包括动态比较指标和动态平均指标两类。

11.2.1　动态比较指标

动态比较指标包括增长量、发展速度、增长速度和增长 1%的绝对值等指标。

1. 增长量

增长量(growth amount)也称增长水平，它是报告期水平与基期水平之差，可用来说明现象在一定时期内增加或减少的绝对量。即：

$$增长量 = 报告期水平 - 基期水平 \tag{11.3}$$

增长量若为正值表示增加，若为负值表示减少。

按采用基期的不同，增长量可分为逐期增长量和累积增长量。逐期增长量指报告期水平与前一期水平之差，说明报告期较其前期增长的绝对量。累积增长量指报告期水平与某一固定基期水平(通常是最初水平)之差，说明报告期较其某一固定基期增长的绝对量，也就是自某固定基期至报告期为止的总增长量。则

逐期增长量：$a_1-a_0, a_2-a_1, \cdots, a_n-a_{n-1}$

累积增长量：$a_1-a_0, a_2-a_0, \cdots, a_n-a_0$

两种增长量之间的换算关系是：

其一，各个逐期增长量之和等于相应的累积增长量，即：

$$(a_1-a_0)+(a_2-a_1)+\cdots+(a_n-a_{n-1})=a_n-a_0 \tag{11.4}$$

其二，两个相邻累积增长量之差等于相应的逐期增长量，即：

$$(a_i-a_0)-(a_{i-1}-a_0)=a_i-a_{i-1} \tag{11.5}$$

【例 11.1】利用表 11.1 的数据，计算我国财政收入发展变化情况。

表 11.1　我国财政收入及其发展情况

年份	2013	2014	2015	2016	2017	2018	2019
发展水平(亿元)	129209.64	140370.03	152269.23	159604.97	172592.77	183359.84	190390.08
逐期增长量(亿元)	—	11160.39	11899.2	7335.74	12987.8	10767.07	7030.24
累积增长量(亿元)	—	11160.39	23059.59	30395.33	43383.13	54150.2	61180.44
环比发展速度(%)	—	108.64	108.48	104.82	108.14	106.24	103.83
定基发展速度(%)		108.64	117.85	123.52	133.58	141.91	147.35
环比增长速度(%)	—	8.64	8.48	4.82	8.14	6.24	3.83
定基增长速度(%)	—	8.64	17.85	23.52	33.58	41.91	47.35
增长1%的绝对值(亿元)	—	1292.10	1403.70	1522.69	1596.05	1725.93	1833.60

在统计实务中，还使用年距增长量，它是报告年某月(季)水平与其上年同月(季)水平之差。对受季节影响较大的现象，使用年距增长量指标进行分析，可排除季节变动的影响。

2. 发展速度

发展速度指报告期水平与基期水平之比，用于反映现象发展变动的程度。计算公式：

$$发展速度=\frac{报告期水平}{基期水平} \tag{11.6}$$

发展速度通常用百分数或倍数表示，它说明现象报告期水平为基期水平的百分之几或若干倍。当它大于 100%(或 1)时，表明现象上升，小于 100%时，表明现象下降。

发展速度由于采用基期的不同，有定基发展速度和环比发展速度之分。定基发展速度是报告期水平与某一固定基期水平(常用最初水平)之比，说明现象在一个较长时间内总的发展变动程度，常称之为“总速度”。环比发展速度是各报告期水平与其前一期水平之比，说明现象的报告期水平比前一期水平的逐期发展变动程度。用算式表示：

定基发展速度：$\frac{a_1}{a_0}, \frac{a_2}{a_0}, \cdots, \frac{a_n}{a_0}$

环比发展速度：$\frac{a_1}{a_0},\frac{a_2}{a_1},\cdots,\frac{a_n}{a_{n-1}}$

两种发展速度之间的换算关系：

其一，各环比发展速度的连乘积等于相应的定基发展速度。即：

$$\frac{a_1}{a_0}\times\frac{a_2}{a_1}\times\cdots\times\frac{a_n}{a_{n-1}}=\frac{a_n}{a_0} \tag{11.7}$$

其二，两个相邻的定基发展速度之比等于相应的环比发展速度。即：

$$\frac{a_i}{a_0}\div\frac{a_{i-1}}{a_0}=\frac{a_i}{a_{i-1}} \tag{11.8}$$

有关环比发展速度和定基发展速度的计算结果见表 11.1。

3. 增长速度

根据发展速度可以得到增长速度，以表明现象增长的相对程度。计算公式为：

$$增长速度=发展速度-1 \tag{11.9}$$

增长速度有正负之分，正值表示增长的程度，负值表示下降的程度。

由于采用基期的不同，增长速度可分为环比增长速度和定基增长速度。前者表明现象逐期增长的程度，后者反映现象在一段较长期内总的增长程度。计算公式为：

$$环比增长速度=\frac{逐期增长量}{前一期水平}=环比发展速度-1 \tag{11.10}$$

$$定基增长速度=\frac{累积增长量}{固定基期水平}=定基发展速度-1 \tag{11.11}$$

式(11.10)、式(11.11)表明，将各发展速度减 1(或 100%)，可得相应的增长速度。相反，将各增长速度分别加 1(或 100%)，则可得相应的发展速度。表 11.1 中列出了我国历年财政收入的环比增长速度和定基增长速度。

在统计实务中，为消除季节变动的影响，可计算同比指标，如年距发展速度和年距增长速度。年距发展速度是现象报告年某月(季)的水平与其上年同月(季)水平之比。年距增长速度是现象报告年某月(季)的年距增长量，与其上年同月(季)水平之比，或用年距发展速度减 1(或 100%)求得。

4. 增长 1%的绝对值

分析现象动态时，既要看速度又要看水平，高速度有可能掩盖低水平，低速度则有可能隐含高水平。因此，只有把它们结合起来，才能对现象的变化状况作深刻的分析。增长 1%的绝对值就是这样一个指标，其计算结果用绝对数表示。计算公式为：

$$增长1\%的绝对值=\frac{逐期增长量}{环比增长速度\times100}=\frac{a_i-a_{i-1}}{\left(\frac{a_i-a_{i-1}}{a_{i-1}}\right)\times100}$$

$$=\frac{a_{i-1}}{100} \tag{11.12}$$

在表 11.1 中，列出了我国各年财政收入每增长 1%的绝对值。

11.2.2 动态平均指标

动态平均指标包括平均增长量、平均发展速度、平均增长速度指标和平均发展水平等。

1. 平均增长量

平均增长量指各逐期增长量的平均数，它表明现象在一定时期内，各时段平均增长的绝对量。它是将各个逐期增长量相加后，除以逐期增长量的个数，或者将累积增长量除以时间序列项数减1。即：

$$\text{平均增长量}=\frac{\text{逐期增长量之和}}{\text{逐期增长量个数}}=\frac{\text{累积增长量}}{\text{时间序列项数}-1} \tag{11.13}$$

表11.1中，2013—2019年间我国财政收入年平均增长量为：

$$\text{平均增长量}=\frac{11160.39+11899.2+7335.74+12987.8+10767.07+7030.24}{6}$$

$$=\frac{61180.44}{6}=10196.76\text{（亿元）}$$

2. 平均发展速度和平均增长速度

平均发展速度指研究对象在一个较长时期内，各时段平均发展变化的程度。计算平均发展速度的方法有几何平均法和方程式法。

方法一：几何平均法，亦称水平法。由于现象发展的总速度等于各期环比发展速度的连乘积，故计算环比发展速度的平均数要采用几何平均法。计算公式为：

$$G=\sqrt[n]{x_1 . x_2 . x_3 \cdots x_n}=\sqrt[n]{\Pi x} \tag{11.14}$$

式(11.14)中，G 为平均发展速度，x_n 为环比发展速度，n 为环比发展速度的个数。

例如，表11.1中我国财政收入各期的平均发展速度为：

$$G=\sqrt[6]{1.0864\times1.0848\times1.0482\times1.0814\times1.0624\times1.0383}=1.0667$$

由于各环比发展速度的连乘积等于定基发展速度或总速度，故平均发展速度也可直接由定基发展速度或总速度来计算。计算公式为：

$$G=\sqrt[n]{\frac{a_n}{a_0}} \tag{11.15}$$

仍以表11.1资料为例，其平均发展速度为：

$$G=\sqrt[6]{\frac{190390.08}{129209.64}}=\sqrt[6]{147.35}=1.0667$$

式(11.15)与式(11.14)的计算结果是相等的。

用水平法计算平均发展速度的出发点是：从最初水平出发，以平均发展速度代替各期的环比发展速度，由此推算出的期末理论水平应与期末实际水平一致，即：

$$a_0(G)^n=a_n \tag{11.16}$$

用水平法计算平均发展速度，侧重于考察中长期计划期末发展水平。这种方法运用于像国内生产总值、钢产量、粮食产量等水平指标平均发展速度计算。水平法可以直接用最初和最末水平资料计算，其优点是简便易算，但其忽略了中间各期水平，当中间各期水平波动很大，则各环比发展速度的差异也很大，这时用水平法计算的平均发展速度就不能确切反映实际的发展过程。

方法二：方程法，也称累计法，它是用高次方程的正根计算平均发展速度。这种方法的出发点是：从最初水平出发，以平均发展速度去代替各期环比发展速度，由此推算出各期理论水平的总和与各期实际水平的总和相等，即：

$$a_0G + a_0G^2 + a_0G^3 + \cdots + a_0G^n = \sum_{j=1}^{n} a_i \tag{11.17}$$

用方程式法计算平均发展速度，侧重于考察中长期计划各期水平的总和，即计划期的累计总量。方程法计算平均发展速度即求解以下高次方程：

$$G + G^2 + G^3 + \cdots + G^n = \frac{\sum_{i=1}^{n} a_i}{a_0} \tag{11.18}$$

解此方程所得正根，即为平均发展速度。但解此方程的计算过程比较麻烦，通常借助于事先编制的《累计法平均增长速度查对表》，该表有平均增速和平均减速两部分，表 11.2 列出了平均增速表的一部分。使用该表时，先匡算一下时间序列资料是递增型还是递减型。如果定基发展速度除以时段数（n）之后大于 1 或 100%，属递增型，应在增长部分查表，反之，则在下降部分查表。

表 11.2　五年期间平均增长速度查对简表(部分递增速度)

平均增速	10	11	12	13	14	15	16	17	18
$\frac{\sum a}{a_0}$	671.7	691.3	711.5	732.3	753.5	775.4	797.9	820.7	844.2

平均增长速度指研究对象在一个较长时期内，各时段的平均增长程度。计算公式为：

$$平均增长速度 = 平均发展速度 - 1 \tag{11.19}$$

平均增长速度不能由各期环比增长速度直接平均计算，而是由平均发展速度减 1（或 100%）求得。平均增长速度有正负之分，正值表示平均增长的程度，负值表示平均下降的程度。

【例 11.2】某地区“十三五”期间固定资产投资额有关资料见表 11.3，计算其年平均发展速度。

表 11.3　某地区“十三五”期间固定资产投资额

年份	2015	2016	2017	2018	2019	2020	“十三五”合计
固定资产投资额(亿元)	2827.2	3296.4	3907.2	3814.7	4616.9	5403.0	21038.2

解：由表 11.3 知，基期水平 $a_0 = 2827.2$，$n = 5$

$$\frac{\sum a}{a_0} = \frac{3296.4 + 3907.2 + 3814.7 + 4616.9 + 5403.0}{2827.2} = \frac{21038.2}{2827.2} = 744.1\%$$

由于 744.1%÷5=148.83%>100%，属递增型。

查表 11.2 得到，744.1% 介于 732.3% 与 753.5% 之间，对应的平均增长速度介于 13% 与 14% 之间。

设 d 为待求的平均增长速度，则采用比例插入法：

$$\frac{753.5\% - 744.1\%}{753.5\% - 732.3\%} = \frac{14\% - d}{14\% - 13\%}$$

得：

$$d = 14\% - \frac{9.4\% \times 1\%}{21.2\%} = 13.56\%$$

则五年的平均增长速度为 13.56%，平均发展速度为 113.56%。

用方程式法计算平均发展速度，侧重于考察中长期计划各期水平之和，亦即计划期间的累计总量，如“五年计划”中固定资产累计投资总额、修建公路总长度和植树造林总面积等。

3. 平均发展水平

平均发展水平指不同时期发展水平的平均数，也称序时平均数或动态平均数。它和静态平均数的原理一致，都是将个别数量差异抽象化，但彼此又有区别。平均发展水平所平均的是研究对象在不同时间上的数量表现，从动态上说明其在某一时间发展的一般水平。一般平均数是将总体各单位同一时间的数量差异抽象化，用以反映总体在具体历史条件下的一般水平。

根据时间序列的种类不同，平均发展水平的计算方法有所不同。

(1)总量指标时间序列的序时平均数

总量指标时间序列包括时期序列和时点序列，它们计算序时平均数的方法是不同的。

①时期序列的序时平均数。时期序列中各指标值具有可加性，可采用简单算术平均法。计算公式为：

$$\bar{a} = \frac{a_0 + a_1 + \cdots + a_n}{n+1} = \frac{\sum_{i=0}^{n} a_i}{n+1} \tag{11.20}$$

【例 11.3】根据表 11.1 资料，计算 2013—2019 年我国年平均财政收入。

解：根据式(11.20)，得表 11.1 中 2013—2019 年我国财政收入的年平均数：

$$\bar{a} = \frac{\sum_{i=0}^{6} a_i}{n+1} = \frac{1127797}{7} = 161113.8(\text{亿元})$$

②时点序列的序时平均数。时点序列有连续时点和间断时点之分，计算序时平均数的方法也不同。

如果时间序列的数据是按日登记和排列的，则为连续时点序列。当时点序列中的数据是每隔一段时间（如隔一月、一年等）才观测一次的数据时，这样的时点序列为间断时点序列。

连续时点序列和间断时点序列又都可分为间隔相等和间隔不等两种。下面分别介绍这四种情形下时点序列序时平均数的计算方法。

情形一：间隔相等的连续时点序列，即序列中各时点指标值之间的时间间隔相等，可用简单算术平均法计算，计算公式同式(11.20)。

【例 11.4】某农产品批发市场 3 月上旬每天大米库存量见表 11.4，求日平均库存量。

表 11.4　某农产品批发市场大米库存量

日期	1	2	3	4	5	6	7	8	9	10
库存量(t)	250	250	250	262	262	258	258	266	272	272

解：表 11.4 中资料为连续登记的时点序列。由式(11.20)得 3 月上旬大米日平均库存量：

$$\bar{a}=\frac{\sum_{i=0}^{9}a_i}{n+1}$$

$$=\frac{250+250+250+262+262+258+258+266+272+272}{10}=260(\text{t})$$

情形二：间隔不等的连续时点序列。即序列中的各时点指标值不是逐日变动的，相邻时点指标之间的时间间隔不相等。可采用加权算术平均法，即以每次变动持续的时间间隔长度(f)为权数，对各时点指标值进行加权平均求得序时平均数。计算公式为：

$$\bar{a}=\frac{a_0f_0+a_1f_1+\cdots+a_nf_n}{f_0+f_1+\cdots+f_n}$$

$$=\frac{\sum_{i=0}^{n}a_if_i}{\sum\limits_{i=0}^{n}f_i} \tag{11.21}$$

【例 11.5】表 11.5 为某农产品批发市场 6 月份大米库存情况。计算日平均库存量。

表 11.5　某农产品批发市场 6 月份的大米库存情况

日期	1—8 日	9—13 日	14—24 日	25—30 日
库存量(t)	1200	1240	1220	1230

解：表 11.5 中资料为间隔不等的时点序列。据式(11.21)得 6 月份大米日平均库存量：

$$\bar{a}=\frac{\sum\limits_{i=0}^{3}a_if_i}{\sum\limits_{i=0}^{3}f_i}=\frac{1200\times8+1240\times5+1220\times11+1230\times6}{30}$$

$$=1220(\text{t})$$

情形三：间隔相等的期初(或期末)间断时点序列。它是根据间隔相等的各期期初或期末时点资料编制的时点序列。此时可以假定相邻两个时点之间现象变动是均匀的，于是将这两个时点指标数值相加除以 2，即可得到这两个时点之间的序时平均数，再用简单算术平均法求得整个时点序列的序时平均数。计算公式为：

$$\bar{a}=\frac{\frac{a_0+a_1}{2}+\frac{a_1+a_2}{2}+\cdots+\frac{a_{n-2}+a_{n-1}}{2}+\frac{a_{n-1}+a_n}{2}}{n}$$

$$=\frac{\frac{a_0}{2}+a_1+\cdots+a_{n-1}+\frac{a_n}{2}}{n} \tag{11.22}$$

【例 11.6】表 11.6 为某农产品批发市场上第一季度大米库存情况。计算月平均库存量。

表 11.6　某农产品批发市场第一季度各月初大米库存情况

时间	1 月初	2 月初	3 月初	3 月底
库存量(t)	210	250	264	280

解：表 11.6 中资料为间隔相等的时点序列。

首先，计算各月平均库存量如下：

1 月份平均库存量＝(210＋250)/2＝230(t)

2 月份平均库存量＝(250＋264)/2＝257(t)

3 月份平均库存量＝(264＋280)/2＝272(t)

进一步计算得：

第一季度平均库存量＝(230＋257＋272)/3＝253(t)

亦可利用式(11.22)直接计算得：

第一季度大米平均月库存量

$$=\frac{\frac{210+250}{2}+\frac{250+264}{2}+\frac{264+280}{2}}{3}=\frac{\frac{210}{2}+250+264+\frac{280}{2}}{3}$$

$$=253(\mathrm{t})$$

情形四：间隔不等的期初（或期末）时点序列。它是根据间隔不等的各期期初或期末时点资料编制的时点序列。同样要假定间断的各时点之间的指标值是均匀变动的，由于各时点之间的间隔不等，可用各个间隔的长度（f）为权数，对各相应时点的平均值进行加权平均，求得序时平均数。计算公式为：

$$\bar{a}=\frac{\frac{a_1+a_2}{2}f_1+\frac{a_2+a_3}{2}f_2+\cdots+\frac{a_{n-1}+a_n}{2}f_{n-1}}{f_1+f_2+\cdots+f_{n-1}} \tag{11.23}$$

【例 11.7】2019 年某农产品批发市场蔬菜库存资料见表 11.7。计算全年大米平均库存量。

表 11.7　2019 年某农产品批发市场大米库存情况

时间	1 月初	3 月初	7 月初	10 月初	12 月末
库存量(t)	210	264	252	260	268

解：表 11.7 中资料为间隔不等的期初（或期末）时点序列。据式(11.23)得 2019 年全年平均大米库存量：

全年平均月库存量

$$=\frac{\frac{210+264}{2}\times 2+\frac{264+252}{2}\times 4+\frac{252+260}{2}\times 3+\frac{260+268}{2}\times 3}{2+4+3+3}$$

$$=255.5(\mathrm{t})$$

根据间断时点序列计算序时平均数，是假定两个相邻时点之间现象数量的变动是均匀的，而实际上各种现象不可能都是均匀变动的，故所得结果只能是近似值。如果时点序列的间隔越小，则所求得的结果越接近实际。因此，间断时点序列的间隔不宜太长。

(2)相对指标时间序列的序时平均数

相对指标时间序列计算序时平均数是指计划完成程度、结构、比较、强度等静态相对数所组成的时间序列，它是由两个具有密切联系的绝对数时间序列相应项对比所得。因此，相对指标时间序列计算序时平均数，基本方法是先分别计算出构成相对指标时间序列分子和分母的两个总量指标时间序列的序时平均数，然后将这两个序时平均数相除，就可求出相对指标时间序列的序时平均数。基本计算公式为：

$$\bar{c}=\frac{\bar{a}}{\bar{b}} \tag{11.24}$$

式(11.24)中，$\bar{c}$ 表示相对数时间序列的序时平均数；$\bar{a}$ 表示分子的总量指标时间序列的平均发展水平；$\bar{b}$ 表示分母的总量指标时间序列的平均发展水平。

具体计算时，应先分析对比的分子和分母是时期序列还是时点序列，是哪一种时点序列，然后再按照前面所述的相应公式计算。具体有三种情形：

情形一：分子和分母均为时期序列。则有：

$$\bar{c}=\frac{\bar{a}}{\bar{b}}=\frac{\sum a}{n}\div\frac{\sum b}{n}=\frac{\sum a}{\sum b} \tag{11.25}$$

【例 11.8】某水果批发市场第一季度水果销售额计划完成情况见表 11.8。计算该市场水果销售计划的平均完成程度。

表 11.8　某批发市场水果销售额计划完成情况

月份	1	2	3
a 实际产量(万元)	420	560	714
b 计划产量(万元)	400	500	700
c 计划完成(%)	105	112	102

解：根据上述资料，由式(11.25)得出第一季度水果销售计划平均完成程度：

$$\bar{c}=\frac{\bar{a}}{\bar{b}}=\frac{(420+560+714)\div 3}{(400+500+700)\div 3}=1.059=105.9\%$$

情形二：分子和分母均为时点序列。

由时点序列计算序时平均数，有连续和间断之分，而每种又有间隔相等和间隔不等之别，这就形成 4 种不同的情况，但其基本计算方法不变。现仅以最常见的间隔相等的间断时点序列对比所形成的相对指标时间序列的序时平均数计算为例，说明其计算方法。计算公式为：

$$\bar{c}=\frac{\bar{a}}{\bar{b}}=\frac{\dfrac{\dfrac{a_0}{2}+a_1+\cdots+\dfrac{a_n}{2}}{n}}{\dfrac{\dfrac{b_0}{2}+b_1+\cdots+\dfrac{b_n}{2}}{n}}=\frac{\dfrac{a_0}{2}+a_1+\cdots+\dfrac{a_n}{2}}{\dfrac{b_0}{2}+b_1+\cdots+\dfrac{b_n}{2}} \tag{11.26}$$

【例 11.9】根据表 11.9 资料，计算我国 2015—2019 年第三产业从业人员数占全部从业人员数的平均比重。

表 11.9　2015—2019 年我国第三产业从业人员数情况

年份	2015	2016	2017	2018	2019
a 第三产业从业人员数(万人)	32839	33757	34872	35938	36721
b 全部从业人员数(万人)	77451	77603	77640	77586	77471
c 第三产业从业人员所占比重(%)	42.4	43.5	44.9	46.3	47.4

解：根据式(11.26)得：

$$\bar{c}=\frac{\bar{a}}{\bar{b}}=\frac{\frac{32839}{2}+33757+34872+35938+\frac{36721}{2}}{\frac{77451}{2}+77603+77640+77586+\frac{77471}{2}}=44.91\%$$

情形三：分子和分母为不同性质的时期序列和时点序列。

基本计算公式仍然不变，但分子序列和分母序列的序时平均数的计算方法，应依据序列的具体性质和类别而定。

【例 11.10】根据表 11.10，计算某农用生产资料商店第三季度月平均农资流转次数和第三季度农资流转次数。

表 11.10　某农用生产资料商店第三季度各月农资流转次数

月份	6	7	8	9
a 农资销售额(万元)	—	144.0	148.2	154.7
b 月末农资库存额(万元)	64.2	51.0	47.8	52.0
c 农资流转次数	—	2.5	3.0	3.1

注：商品流转次数＝商品销售额÷平均商品库存额

解：由于销售额是时期指标，月末库存额是时点指标，故采用式(11.26)得：

$$第三季度月平均农资流转次数=\frac{\bar{a}}{\bar{b}}=\frac{(144.0+148.2+154.7)\div 3}{(\frac{64.2}{2}+51.0+47.8+\frac{52.0}{2})\div 3}=2.85$$

计算第三季度商品流转次数，等于第三季度的商品销售总额除以第三季度月平均商品库存额，或等于第三季度的月平均商品流转次数乘以月数。即：

$$第三季度商品流转次数=\frac{\sum a}{\bar{b}}=\frac{446.9}{\frac{\frac{64.2}{2}+51.0+47.8+\frac{52.0}{2}}{3}}=8.55(次)$$

或者，根据月流转次数加以推算得：$2.85\times 3=8.55$(次)

(3)平均指标时间序列的序时平均数

平均指标时间序列可分为一般平均数时间序列和序时平均数时间序列两种。

由一般平均数组成的平均指标时间序列，实际上也是两个总量指标时间序列对比形成的，其中分子是标志总量序列，通常为时期序列，分母是总体单位总数序列，一般为时点序列。对此，可先分别求出各自的序时平均数，再对比求出这类平均指标时间序列的序时平均数。

由序时平均数组成的平均指标时间序列，如时期长度相等，则采用简单算术平均法计算。

【例 11.11】某农贸市场 2019 年第三季度各月平均蔬菜销售额如表 11.11。计算该市场第三季度月平均蔬菜销售额。

表 11.11　某农贸市场第三季度平均蔬菜销售额

月份	7	8	9
平均蔬菜销售额(万元)	57.6	49.4	49.9

解：2019 年第三季度该农贸市场月平均蔬菜销售额为：

$$\bar{a}=\frac{57.6+49.4+49.9}{3}=52.3(\text{万元})$$

由序时平均数组成的平均指标时间序列，如时期长度不等，则以时期长度为权数，采用加权算术平均法计算。

【例 11.12】表 11.12 为某农贸市场 2019 年蔬菜各月的平均销售量。计算全年月平均销售量。

表 11.12　2019 年某农贸市场蔬菜销售量

月份	1—4 月	5—7 月	8—12 月
平均每月销售量(t)	1050	1080	1030

解：2019 年该农贸市场蔬菜平均月销量：

$$\bar{a}=\frac{\sum af}{\sum f}=\frac{1050\times4+1080\times3+1030\times5}{4+3+5}=1049.17(\text{t})$$

11.3　长期趋势分析

11.3.1　时距扩大法

时距扩大法就是把时间序列中间隔较短的各个时期或时点的指标数值加以归并，得到间隔较长的各个数值，形成一个新的时间序列，以消除原时间序列中的季节变动和各种偶然因素的影响，呈现出长期趋势。时距扩大法可以采用时距扩大总数，也可采用时距扩大平均数对时间序列进行修匀。前者仅适用于时期序列，后者可用于时期序列和时点序列。

【例 11.13】采用时距扩大法将下列时间序列数据修匀。

表 11.13　2020 年某农贸市场玉米价格

月份	1	2	3	4	5	6	7	8	9	10	11	12
价格(元/kg)	2.00	2.08	2.06	2.12	2.16	2.20	2.26	2.35	2.35	2.41	2.45	2.50

解：从表 11.13 大致可以看出，该集贸市场玉米价格呈上升趋势，但不是十分明显，月际间有升有降，发展也不均匀。如将序列中的时距由一月扩大为一季度，并求出平均价格，改编成一个新的时间序列，则价格上升的趋势能比较清晰地呈现出来，见表 11.14。

表 11.14　2019 年玉米集贸市场价格各季度情况

季度	1	2	3	4
平均价格(元/kg)	2.05	2.16	2.32	2.45

时距扩大法一般只能用于时间序列的修匀，不能用来预测，并要求扩大后的各个时期的时距应大体相等，否则就缺乏可比性。另外，对时距扩大的长短，应根据研究目的和数据资料的多少而定。时距扩大太小，就不能消除偶然因素的影响；而扩大太大，则又使数据信息损失较多，难以反映现象发展的具体变动。

11.3.2　移动平均法

移动平均法(moving average)就是将原时间序列按一定项数采取逐项递移的方法，计算扩大时距的序时平均数，用序时平均数时间序列代替原序列，以测定现象长期趋势的方法。通过移动平均，现象短期不规则变动的影响被消除，如果扩大的时距能与现象周期变动的周期相一致或为其倍数，就能进一步削弱排除季节变动和周期变动的影响，更好地反映现象发展的基本趋势。移动平均法有简单移动平均法和加权移动平均法之分。

运用移动平均法测定长期趋势时应注意：

(1)要根据研究对象的特点来确定移动平均的项数。如果现象的变动具有周期性或存在自然周期，应以周期长度作为移动平均的项数。如果掌握的是各年的季度或月份资料，则可取 4 项或 12 项平均，这样可以消除周期变动的影响，取得较好的修匀效果。如果时间序列没明显的周期变动，应采用奇数项移动平均，因当 n 为奇数时，各项移动平均值可直接对正时间，一次移动即得趋势值。而当 n 为偶数时，需要两次移动平均，第一次移动的平均值都对着两期的中间，相差半期，需再进行一次二项移动平均，才能对正各期的原值。

(2)移动平均项数的多少与修匀效果的好坏直接有关。n 越大，修匀效果越好，其趋势线越平滑；n 越小，则修匀效果越差，其趋势线起伏越大。但另一方面，n 越大，得到的趋势值越少，损失的信息量较多，也不利于长期趋势的分析。

简单移动平均在反映直线趋势时效果较好，但在反映曲线趋势时误差较大。为此，对具有曲线形状发展趋势的时间序列，可考虑采用加权移动平均法。加权移动平均法在计算移动平均数时对各项指标值赋予不同的权数，至于权数如何确定有很多方法，可视具体情况而定，原则上是，对近期数据给予较大的权数，对远期数据给予较小的权数。在例 11.14 中，采用的是 1、2、3 的权数形式。

由于移动平均法在反映上升或下降的长期趋势时，具有明显的时间滞后，所以一般只用来修匀,而不用于进行外推预测。

【例 11.14】对表 11.13 资料采用移动平均法进行修匀。

解:采用三项、五项移动平均和三项加权移动平均,结果见表 11.15。

表 11.15　移动平均法计算表

月份	价格	三项简单移动平均	五项简单移动平均	三项加权移动平均
1	2.00	—	—	—
2	2.08	2.05	—	2.06
3	2.06	2.09	2.08	2.09
4	2.12	2.11	2.12	2.13
5	2.16	2.16	2.16	2.17
6	2.20	2.21	2.22	2.22
7	2.26	2.27	2.26	2.30
8	2.35	2.32	2.31	2.34
9	2.35	2.37	2.36	2.38
10	2.41	2.40	2.41	2.42
11	2.45	2.45	—	2.47
12	2.50	—	—	—

可以发现,对于同一个时间序列来说,采用不同的移动间隔,修匀效果有所不同。就本例来看,采用三项移动平均和五项移动平均的修匀效果相差不大。

【SPSS 操作】

对例 11.14 利用 SPSS 进行测算。步骤为:

第一步,建立数据文件。数据格式见表 11.16。

第二步,定义日期变量。使用 SPSS 进行时间序列分析时,首先要对观测值序列附加时间因素。方法是:选择【数据】→【定义日期和时间】,然后在【个案是】下选择相应的时间定义类型,运行完成后,数据文件中会增加相应的时间变量。图 11.1 选择的是“年份,月份”。

表 11.16　数据格式

	玉米价格	变量
1	2.00	
2	2.08	
3	2.06	
4	2.12	
5	2.16	
6	2.20	
7	2.26	
8	2.35	
9	2.35	
10	2.41	
11	2.45	
12	2.50	

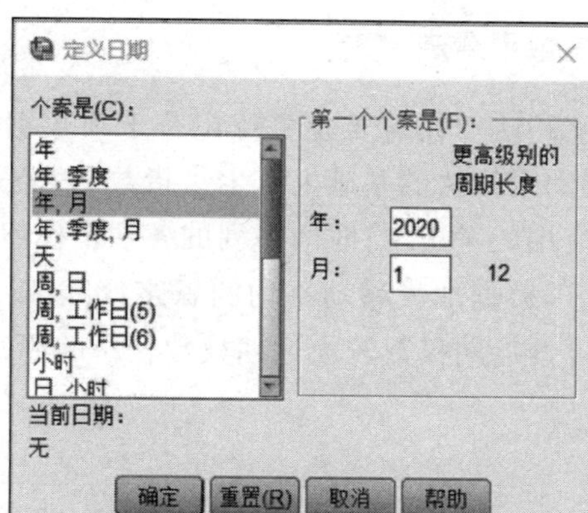

图 11.1　定义日期和时间图示

第三步,移动平均法。选择【转换】→【创建时间序列】,打开"创建时间序列"对话框,在"函数"下拉框中选择"中心移动平均",选择跨度 3 和 5,将"玉米价格"选入"变量"对话框中,更改名称为"三项简单移动平均",点"变化量"。见图 11.2。

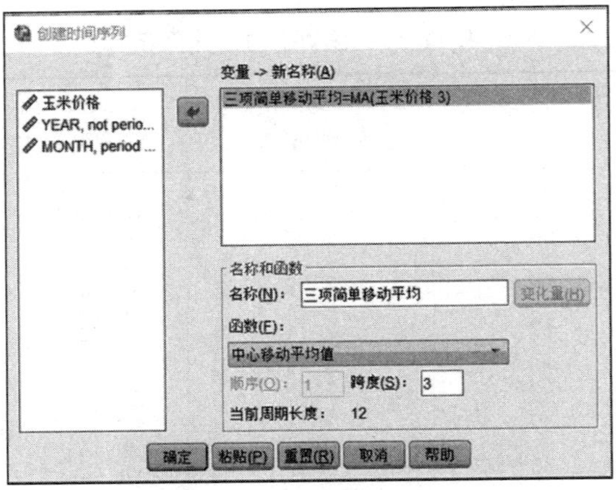

图 11.2 创建时间序列

第四步,点"确定"按钮,输出玉米价格的"三项简单移动平均"和"五项简单移动平均"结果,见表 11.17。

表 11.17 玉米价格移动平均结果

	玉米价格	YEAR_	MONTH_	DATE_	三项简单移动平均	五项简单移动平均
1	2.00	2020	1	JAN 2020	.	.
2	2.08	2020	2	FEB 2020	2.05	.
3	2.06	2020	3	MAR 2020	2.09	2.08
4	2.12	2020	4	APR 2020	2.11	2.12
5	2.16	2020	5	MAY 2020	2.16	2.16
6	2.20	2020	6	JUN 2020	2.21	2.22
7	2.26	2020	7	JUL 2020	2.27	2.26
8	2.35	2020	8	AUG 2020	2.32	2.31
9	2.35	2020	9	SEP 2020	2.37	2.36
10	2.41	2020	10	OCT 2020	2.40	2.41
11	2.45	2020	11	NOV 2020	2.45	.
12	2.50	2020	12	DEC 2020	.	.

11.3.3 指数平滑法

由于移动平均法存在需要舍去首尾若干项数据和不能用于预测的缺点,为了克服这两点,在加权移动平均法的基础上产生了指数平滑法(exponential smoothing)。

基于预测应用的考虑,将时间序列的各期指标值表示为 $y_1, y_2, \cdots, y_t$。为了预测 $t+1$ 期的数值 $\hat{y}_{t+1}$,根据加权移动平均的思路,可以以 $y_1, y_2, \cdots, y_t$ 的加权平均值代替,各期的权数 w^t 可按近期权数较大远期权数较小的原则确定。因此,$t+1$ 期的预测值可以表示为:

$$\hat{y}_{t+1} = \frac{y_t + wy_{t-1} + w^2 y_{t-2} + \cdots + w^{t-1} y_1}{1 + w + w^2 + \cdots + w^{t-1}} \tag{11.27}$$

因为 $0 < w < 1$,w^t 随着 t 的增大而减小,又因为:

$$\frac{1-w^t}{1-w}=1+w+w^2+\cdots+w^{t-1}$$

则当 t 很大时

$$1+w+w^2+\cdots+w^{t-1}=\frac{1}{1-w}$$

所以

$$\hat{y}_{t+1}=(1-w)(y_t+wy_{t-1}+\cdots+w^{t-1}y^1) \tag{11.28}$$

式(11.28)是一次指数平滑法公式。它表示 $t+1$ 期的预测值等于 t 期实际值和 t 期预测值的加权平均数。经过变换，也可表示为：

$$\begin{aligned}\hat{y}_{t+1}&=(1-w)+w(1-t)(y_{t-1}+wy_{t-2}+\cdots+w^{t-2}y_1)\\&=(1-w)y_t+w\hat{y}_t\end{aligned} \tag{11.29}$$

习惯上，令 $\alpha=1-w$ ，则式(11.29)变为：

$$\hat{y}_{t+1}=\alpha y_t+(1-\alpha)\hat{y}_t \tag{11.30}$$

$$\hat{y}_{t+1}=\hat{y}_t+\alpha(y_t-\hat{y}_t) \tag{11.31}$$

式(11.31)中，$\hat{y}_{t+1}$ 为 $t+1$ 期预测值；α 为平滑系数即权数，$0<\alpha<1$；$\hat{y}_t$ 为 t 期预测值或平滑值。

式(11.31)表示下一期预测值是本期预测值加上本期预测值中的误差修正值。当选择的 α 比较大(越接近于 1)时，新的预测值几乎包括了前期预测值的所有预测误差；而当 α 较小时，新的预测值只包括很小一部分预测误差的修正值。可见 α 实际上是起了预测错误纠正系数的作用，通过调整 α 就可使预测更正确。

运用指数平滑法预测，必须首先解决好平滑系数 α 的取值和初始预测值 $\bar{y}_1$ 的确定，因为选取不同的 α 值和 $\bar{y}_1$ 值，会产生不同的预测结果。

在确定 α 值时，应先分析时间序列的变动特点，如时间序列波动较小或受偶然性因素影响较为明显，α 应取较小值(如 0.1～0.3)；如果时间序列波动较大，受趋势因素影响较为明显 α 应取较大值(如 0.6～0.8)；当难以判断时，可选取几个值试算，以预测误差较小者为好。

初始预测值的选择可根据资料项数的多少来确定。当资料项数较多时，经多次反复平滑运算后，初始值的影响已很小，可取第一期的实际值作为初始值；相反，资料项数较少时，初始值的影响较大，可取最初几期的平均值为初始值。

指数平滑法除了可直接用于外推预测外，也可作为估计直线或曲线趋势模型参数的方法。

【例 11.15】某玉米集贸市场 2019 年月平均销售价格为 2 元/kg，2020 年 1—12 月价格见表 11.18。试分别以 $\alpha=0.1$，$\alpha=0.9$ 进行指数平滑法修匀，并预测 2021 年 1 月份价格。

表 11.18　指数平滑值计算表

月份	价格	指数平滑值($\alpha=0.1$)	指数平滑值($\alpha=0.9$)
1	2.00	—	—
2	2.08	2.00	2.00
3	2.06	2.01	2.07
4	2.12	2.01	2.06

表 11.18(续)

月份	价格	指数平滑值($\alpha=0.1$)	指数平滑值($\alpha=0.9$)
5	2.16	2.02	2.11
6	2.20	2.04	2.16
7	2.26	2.05	2.20
8	2.35	2.07	2.25
9	2.35	2.10	2.34
10	2.41	2.13	2.35
11	2.45	2.16	2.40
12	2.50	2.18	2.45

解:2021 年 1 月份销售量预测值为:

取 $\alpha=0.1$ 时,$\hat{y}_{13}=0.1y_{12}+0.9\hat{y}_{12}=0.1\times2.5+0.9\times2.18=2.212$ (元/kg)

取 $\alpha=0.9$ 时,$\hat{y}_{13}=0.9y_{12}+0.1\hat{y}_{12}=0.9\times2.5+0.1\times2.45=2.495$ (元/kg)

【SPSS 操作】

对例 11.15 采用 SPSS 进行测算。步骤为:

第一步,建立数据文件。数据格式见表 11.19。

第二步,定义日期变量。使用 SPSS 进行时间序列分析时,首先要对观测值序列附加时间因素。方法是:选择【数据】→【定义日期和时间】,然后在【个案是】下选择相应的时间定义类型,运行完成后,数据文件中会增加相应的时间变量。表 11.19 选择的是“年份,月份”。

表 11.19 数据格式和时间定义结果

	玉米价格	YEAR_	MONTH_	DATE_
1	2.00	2020	1	JAN 2020
2	2.08	2020	2	FEB 2020
3	2.06	2020	3	MAR 2020
4	2.12	2020	4	APR 2020
5	2.16	2020	5	MAY 2020
6	2.20	2020	6	JUN 2020
7	2.26	2020	7	JUL 2020
8	2.35	2020	8	AUG 2020
9	2.35	2020	9	SEP 2020
10	2.41	2020	10	OCT 2020
11	2.45	2020	11	NOV 2020
12	2.50	2020	12	DEC 2020

第三步,指数平滑法分析。选择【分析】→【时间序列预测】→【创建传统模型】,在“时间序列建模器”中选择“指数平滑”,将“玉米价格”导入因变量。见图 11.3。

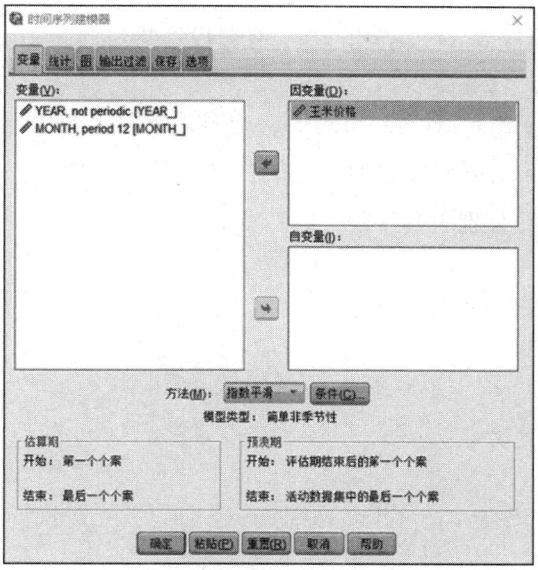

图 11.3　时间序列建模

第四步，点击“确定”按钮，输出下列玉米价格预测结果，见表 11.20。

表 11.20　玉米价格预测结果

	玉米价格	YEAR_	MONTH_	DATE_	预测_玉米价格_模型_1
1	2.00	2020	1	JAN 2020	2.00
2	2.08	2020	2	FEB 2020	2.00
3	2.06	2020	3	MAR 2020	2.08
4	2.12	2020	4	APR 2020	2.06
5	2.16	2020	5	MAY 2020	2.12
6	2.20	2020	6	JUN 2020	2.16
7	2.26	2020	7	JUL 2020	2.20
8	2.35	2020	8	AUG 2020	2.26
9	2.35	2020	9	SEP 2020	2.35
10	2.41	2020	10	OCT 2020	2.35
11	2.45	2020	11	NOV 2020	2.41
12	2.50	2020	12	DEC 2020	2.45

11.3.4　数学模型法

所谓数学模型，就是根据现象的内在和外在因素变量及相互关系进行抽象和假设，构造一个或一组反映现象数量关系的数学方程式。运用数学模型法测定现象的长期趋势，就是通过建立一定的数学模型，对时间序列配合适当的趋势线，来描述现象发展的基本趋势。

根据趋势性的不同，下面分别对直线趋势和曲线趋势两种情形进行讨论。

1. 直线趋势

当时间序列每期按大致相同的数量增减，即逐期增长量大致相同，在散点图上近似表现为直线时，可用直线方程来描述其发展变化的长期趋势。直线趋势方程为：

$$y_e = a + bt \tag{11.32}$$

式(11.32)中，y_e 为趋势值，t 为时间变量，a、b 为直线方程的参数。

估计直线趋势方程参数 a、b 常用的方法有分段平均法和最小二乘法。

(1)分段平均法

分段平均法(segmented average method)也称半数平均法。分段平均法的数学依据为：$\sum(y-y_e)=0$。y 为时间序列的实际值。将原时间序列均分为两半(如原时间序列为奇数项可删去第一项)分别求其平均数，可得两点：

$$(\bar{t}_1,\bar{y}_1),(\bar{t}_2,\bar{y}_2)$$

将其分别代入直线方程，即：

$$\begin{cases}\bar{y}_1=a+b\bar{t}_1\\ \bar{y}_2=a+b\bar{t}_2\end{cases}$$

解此方程组，求得参数 a、b：

$$b=\frac{\bar{y}_2-\bar{y}_1}{\bar{t}_1\bar{t}_2} \tag{11.33}$$

$$a=\bar{y}_1-b\bar{t}_1=\bar{y}_2-b\bar{t}_2 \tag{11.34}$$

【例 11.16】采用表 11.21 给出的资料，以分段平均法配合直线趋势方程。

表 11.21　2013—2019 年某地区苹果销售量

年份	2013	2014	2015	2016	2017	2018	2019
销售量(万 t)	12.4	13.8	15.7	17.6	19.0	20.8	22.7

解：由于各年销售量的增量比较接近，可考虑配合直线方程。具体步骤为：

先将序列等分为前后两段，因本例是奇数项，故将首项去掉，然后令 $t=1,2,\cdots,6$，对各个时期按顺序编号，再分别求出前后半段时间和指标值的平均数，则

$$\bar{t}_1=(1+2+3)\div 3=2,\quad \bar{y}_1=(13.8+15.7+17.6)\div 3=15.7$$

$$\bar{t}_2=(4+5+6)\div 3=5,\quad \bar{y}_2=(19.0+20.8+22.7)\div 3=20.83$$

代入式(10.33)、式(10.34)，计算可得：

$$b=\frac{28.83-15.7}{5-2}=1.71$$

$$a=15.7-1.71\times 2=12.28$$

则直线趋势方程为：

$$y_e=12.28+1.71t$$

将时间序号 t 值代入方程即得各年的趋势值。如果假定影响趋势变化的因素在将来继续起作用，则可利用该方程进一步预测 2020 年的销售量为：

$$y_e=12.28+1.71\times 7=24.25\ (\text{万 t})$$

(2)最小二乘法

根据第 10 章回归分析的知识，采用最小二乘法得两个标准方程：

$$\begin{cases}\sum y=na+b\sum t\\ \sum ty=a\sum t+b\sum t^2\end{cases}$$

解此方程组得：

$$b=\frac{n\sum ty-\sum t\sum y}{n\sum t^2-(\sum t)^2} \tag{11.35}$$

$$a=\frac{\sum y}{n}-b\frac{\sum t}{n}=\bar{y}-b\bar{t} \tag{11.36}$$

【例 11.17】仍以表 11.21 的资料为例，用最小二乘法配合直线趋势方程，并预测 2020 年的销售量。

表 11.22　最小二乘法计算表

年份	序号 t	销售量 y	t^2	ty	y_e
2013	1	12.4	1	12.4	12.27
2014	2	13.8	4	27.6	13.99
2015	3	15.7	9	47.1	15.71
2016	4	17.6	16	70.4	17.43
2017	5	19.0	25	95.0	19.15
2018	6	20.8	36	124.8	20.87
2019	7	22.7	49	158.9	22.59
合计	28	122.0	140	536.2	122.01

解：从表 11.22 可知：$n=7$，$\sum t=28$，$\sum t^2=140$，$\sum y=122.0$，$\sum ty=536.2$，代入式(11.35)、式(11.36)得：

$$b=\frac{n\sum ty-\sum t\sum y}{n\sum t^2-(\sum t)^2}=\frac{7\times 536.2-28\times 122}{7\times 140-28^2}=1.72$$

$$a=\bar{y}-b\bar{t}=\frac{122}{7}-1.72\times\frac{28}{7}=10.55$$

于是得直线趋势方程：$y_e=10.55+1.72t$ 。将时间序号 t 值代入该方程得各年的趋势值 y_e，并列入表 11.18 的最后一栏。如要预测 2020 年的销售量，将 $t=8$ 代入趋势方程得：

$$y_e=10.55+1.72\times 8=24.31\text{（万件）}$$

例 11.17 运用最小二乘法时，对 t 的排序采用 1,2,3,⋯，时间原点设在 2012 年，但这样计算比较繁琐。为了简化，可将时间原点设在序列的中间项。当序列为奇数项时，可取 $t=\cdots,-4,-3,-2,-1,0,1,2,3,4,\cdots$；当序列为偶数项时，可取 $t=\cdots,-7,-5,-3,-1,1,3,5,7,\cdots$。通过正值和负值相抵消，可使 $\sum t=0$，则联立方程组简化为：

$$\begin{cases}\sum y=na\\ \sum ty=b\sum t^2\end{cases}$$

求解 a 、b 得：

$$a=\frac{\sum y}{n} \tag{11.37}$$

$$b=\frac{\sum ty}{\sum t^{2}} \tag{11.38}$$

【SPSS 操作】

对例 11.17 采用 SPSS 进行估计。步骤为：

第一步，建立数据文件。数据格式见表 11.23。

第二步，定义日期变量。使用 SPSS 进行时间序列分析时，首先要对观测值序列附加时间因素。方法是：选择【数据】—【定义日期和时间】，然后在【个案是】下选择相应的时间定义类型，运行完成后，数据文件中会增加相应的时间变量 t。表 11.23 中选择的是【年份】。选择【分析】→【回归】→【线性】，打开“线性回归”对话框。将“销售量”选入“因变量”对话框，将“t”选入“自变量”对话框。见图 11.4。

表11.23 数据格式和日期变量定义

	销售量	YEAR_	DATE_	t	变量
1	12.40	2013	2013	1.00	
2	13.80	2014	2014	2.00	
3	15.70	2015	2015	3.00	
4	17.60	2016	2016	4.00	
5	19.00	2017	2017	5.00	
6	20.80	2018	2018	6.00	
7	22.70	2019	2019	7.00	

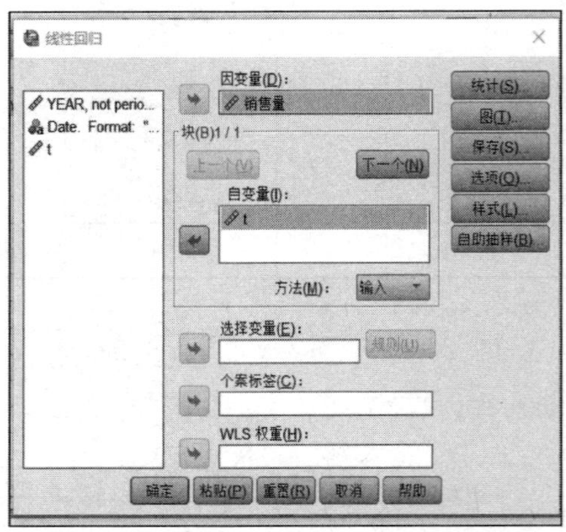

图 11.4 线性回归对话框

第三步，点击“确定”按钮，输出结果见表 11.24。可以发现，结果与例 11.17 的计算结果一致。

表 11.24 线性回归系数的估计和检验

模型		未标准化系数		标准化系数		显著性
		B	标准误差	Beta	t	
1	（常量）	10.543	.132		80.047	.000
	t	1.721	.029	.999	58.451	.000

2. 曲线趋势

如果现象的发展变化呈曲线方式，在散点图上表现为各种不同的曲线形态，则应用曲线方程来描述其发展的长期趋势，如二次曲线和指数曲线。

(1)二次曲线

当时间序列趋势近似表现为一条抛物线，则可拟合二次曲线方程：

$$y_e = a + bt + ct^2 \tag{11.39}$$

式(11.39)中含有三个参数 a、b、c，也可运用最小二乘法求得：

$$\begin{cases} \sum y = na + b\sum t + c\sum t^2 \\ \sum ty = a\sum t + b\sum t^2 + c\sum t^3 \\ \sum t^2 y = a\sum t^2 + b\sum t^3 + c\sum t^4 \end{cases}$$

按前述简化计算方法，将原点设在时间序列的中间项，可使 $\sum t = 0$，且 $\sum t^3 = 0$，得：

$$\begin{cases} \sum y = na + c\sum t^2 \\ \sum ty = b\sum t^2 \\ \sum t^2 y = a\sum t^2 + c\sum t^4 \end{cases}$$

解之得：

$$b = \frac{\sum ty}{\sum t^2} \tag{11.40}$$

$$c = \frac{n\sum t^2 y - \sum t^2 \sum y}{n\sum t^4 - (\sum t^2)^2} \tag{11.41}$$

$$a = \frac{\sum y - c\sum t^2}{n} \tag{11.42}$$

【例 11.18】2014—2019 年某农业企业的产值资料见表 11.25，以此拟合二次曲线。

表 11.25　二次曲线方程拟合计算表

单位：万元

年份	序号 t	增加值 y	ty	t^2	t^2y	t^4	y_e
2014	−5	420	−2100	25	10500	625	419.98
2015	−3	460	−1380	9	4140	81	459.96
2016	−1	520	−520	1	520	1	520.26
2017	1	601	601	1	601	1	600.88
2018	3	702	2106	9	6318	81	701.82
2019	5	823	4115	25	20575	625	823.08
合计	0	3526	2822	70	42654	1414	3525.98

解：根据表 11.25 中的计算资料，运用最小二乘法可求出：

$$b = \frac{\sum ty}{\sum t^2} = \frac{2822}{70} = 40.31$$

$$c = \frac{n\sum t^2 y - \sum t^2 \sum y}{n\sum t^4 - (\sum t^2)^2} = \frac{6 \times 42654 - 70 \times 3526}{6 \times 1414 - 70^2} = 2.54$$

$$a=\frac{\sum y-c\sum t^2}{n}=\frac{3526-2.54\times 70}{6}=558.03$$

将 a、b、c 的计算结果代入二次曲线方程，即得：

$$\hat{y}_e=558.03+40.31t+2.54t^2$$

如把相应的 t 值依此代入上述方程，就可求出各年的趋势值，列在表 11.20 最后一栏。当取 $t=7$ 时，可得 2019 年增加值的预测值为：

$$\hat{y}_{2019}=558.03+40.31\times 7+2.54\times 7^2=964.66\text{（万元）}$$

(2)指数曲线

当时间序列各期的环比增长速度大致相同，并在散点图上近似表现为一条指数曲线趋势时，可拟合指数曲线方程：

$$y_e=ab^t \tag{11.43}$$

要求解指数曲线方程的参数 a、b，须先将其化为对数形式：

$$\lg(y)=\lg(a)+t\lg(b)$$

然后，用最小二乘法得：

$$\lg(a)=\frac{\sum\lg(y)}{n}-\lg(b)\frac{\sum t}{n} \tag{11.44}$$

$$\lg(b)=\frac{n\sum t\lg(y)-\sum t\sum\lg(y)}{n\sum t^2-(\sum t)^2} \tag{11.45}$$

再求 a、b 的反对数，即可得 a、b 的值。

【例 11.19】北京常住人口数资料如表 11.26 所示，以此拟合指数曲线方程。

表 11.26　指数曲线拟合计算表

年份	序号 t	人口数 y(万人)	$\lg(y)$	t^2	$t\lg(y)$
2012	1	2069.3	3.31582	1	3.31582
2013	2	2114.8	3.32527	4	6.65054
2014	3	2151.6	3.33276	9	9.99828
2015	4	2170.5	3.33656	16	13.34624
2016	5	2172.9	3.33704	25	16.68520
2017	6	2170.8	3.33662	36	20.01972
合计	21	12849.9	19.98407	91	70.01580

解：将表 11.26 中数据代入式(11.44)、式(11.45)，得到：

$$\lg(b)=\frac{6\times 70.01580-21\times 19.98407}{6\times 91-21^2}=0.004088$$

$$\lg(a)=\frac{19.98407}{6}-0.004088\times\frac{21}{6}=3.316369$$

求反对数得 $a=2071.902$，$b=1.009$，则拟合的指数曲线方程为：

$$\hat{y}_e = 2071.902 \times (1.009)^t$$

11.4 季节变动分析

进行季节变动分析的目的有两个：一是通过分析了解季节因素的影响作用大小，掌握季节变动的规律；二是通过季节变动分析消除时间序列中的季节波动，使时间序列更明显地反映趋势及其他因素的影响。分析季节变动的方法很多，常用的方法有按月（季）平均法和趋势剔除法。前者不考虑长期趋势的影响，后者则考虑长期趋势的影响。不论采用哪种方法，都必须具备连续 3 年以上的分月或分季资料，如资料太少，不能确切反映季节变动的规律。

11.4.1 季节指数测算

季节指数（seasonal index）用来刻画时间序列在一个年度内各月或季的典型季节特征，反映某一月份或季度的数值占全年平均数值的大小。根据时间序列的特点，计算季节指数的方法有以下两种：

1. 按月（季）平均法

对于平稳序列，采用按月（季）平均法来测算季节指数。计算公式如下：

$$\text{季节指数} = \frac{\text{某月(季)指标的平均数}}{\text{月(季)指标的总平均数}} \times 100\% \tag{11.46}$$

【例 11.20】现有某地 2016—2019 年各季度鲜蛋销售量（单位：t）资料，试按季平均法计算季节指数。

解：季节指数计算过程和结果见表 11.27。

表 11.27 按季平均法计算季节指数示例表

年份	一季度	二季度	三季度	四季度	全年合计
2016	10.8	11.5	7.9	8.6	38.8
2017	13.1	13.9	9.7	11.0	47.7
2018	14.6	17.5	16.0	18.0	66.1
2019	18.4	20.0	16.9	18.2	73.5
合计	56.9	62.9	50.5	55.8	226.1
季度平均数	14.2	15.7	12.6	14.0	14.1
季节比率(%)	100.7	111.3	89.3	98.7	400.0

根据表 11.27 中测算的季节指数，可见全年鲜蛋销售的波动或不平衡状况。

季节指数是各月（季）平均数与月（季）总平均数的比值，它以全期的总平均水平为基准（100%），用百分比形式来反映各月（季）平均水平相对总平均水平的高低程度。各季水平与总平均水平相差越大，说明季节变动程度越大，反之季节变动程度越小，如果相等，则季节指数等于 100%，说明没有变动。因此，根据季节指数就能够观察季节变动的规律。从例 11.20 计算结果也可以看出，该地区鲜蛋的销售量存在较明显的季节波动，第三季度、第四季度是淡季，第二季度是旺季。全年四个季度的季节指数相加之和正好是 400%。

若是分月资料，则有 12 个季节指数，全年 12 个月的季节指数相加之和应为 1200%。如果全年各月的季节指数之和不等于 1200%，则应计算调整系数进行调整。对于季度资料，如果全年各季季节指数之和不等于 400%，也应进行调整。

$$\text{调整系数} = 1200(\text{或 } 400) \div \text{各月(季)季节指数之和} \tag{11.47}$$

按月(季)平均法计算简单，但没有考虑长期趋势的影响，在时间序列存在明显的长期趋势情况下，该法计算结果不够准确。

2. 趋势剔除法

(1)利用移动平均法剔除长期趋势

对于非平稳序列，需要考虑时间序列里的趋势成分，运用季节指数来测算和分析季节变动。季节指数由季节变动平均而来，并要对季节指数进行校正，使得季节指数加总起来为 1。季节指数的计算步骤如下：

第一步，利用移动平均法测度长期趋势成分(T)。具体做法是，对于季度为时间单位的时间序列，首先进行四项移动平均，然后进行二项移动平均。对于月份为时间单位的时间序列，首先进行 12 项移动平均，然后进行二项移动平均。

第二步，从时间序列中剔除趋势，得到各月(季)季节变动 (S) 。计算式为：

$$\text{各月(季)季节变动 } S = \frac{\text{某月(季)实际值}(y)}{\text{某月(季)移动平均值}(T)} \tag{11.48}$$

式(11.48)中的分母，即为第一步中得出的长期趋势。其基本思路是根据乘法模型，从时间数列实际值(y)中剔除趋势值，即

$$\frac{y}{T} = \frac{T \times S \times C \times I}{T} = S \times C \times I$$

可以看出，式(11.48)得出的结果实际上是 $S \times C \times I$ ，即季节变动、周期变动和不规则变动的混合。

第三步，计算季节指数。将第二步得出的结果按月(季)进行整理，计算出同月(季)的平均季节变动和总季节变动，两者相比得到季节指数：

$$\text{季节指数} = \frac{\text{某月(季)季节变动的平均数}}{\text{月(季)季节变动的总平均数}} \tag{11.49}$$

理论上，式(11.49)中分子和分母平均数的计算，目的是将 $S \times C \times I$ 中的不规则变动加以抵消。在周期波动不明显的情况下，以上分子与分母相比的结果则为季节指数。如果得到的季节指数偏离 1，则表明时间序列存在季节波动。

【例 11.21】仍采用表 11.27。鲜蛋销售序列有较明显的长期趋势，采用移动平均法计算季节指数，见表 11.28。

表 11.28　鲜蛋销量移动平均计算表

季度	销售量（y）	移动平均值		季节比率 y/T（%）
		四项移动平均	二次移动平均（T）	
2016.1	10.8	—	—	—
2	11.5	—	—	—
3	7.9	9.700	9.9875	79.10
4	8.6	10.275	10.5750	81.32
2017.1	13.1	10.875	11.1000	118.02
2	13.9	11.325	11.6250	119.57
3	9.7	11.925	12.1125	80.08
4	11.0	12.300	12.7500	86.27
2018.1	14.6	13.200	13.9875	104.38
2	17.5	14.775	15.6500	111.82
3	16.0	16.525	17.0000	94.12
4	18.0	17.475	17.7875	101.19
2019.1	18.4	18.100	18.2125	101.03
2	20.0	18.325	18.3500	108.99
3	16.9	18.375	—	—
4	18.2	—	—	—

解：根据表 11.28 中最后一列的数据进一步计算季节指数，见表 11.29。

表 11.29　运用移动平均法剔除长期趋势后计算季节指数

年份	一季度	二季度	三季度	四季度
2016	—	—	79.10	81.32
2017	118.02	119.57	80.08	86.27
2018	104.38	111.82	94.12	101.19
2019	101.03	108.99	—	—
合计	323.43	340.38	253.30	268.78
季平均数	107.81	113.46	84.43	89.59
调整系数	1.0119	1.0119	1.0119	1.0119
季节指数（%）	109.09	114.81	85.44	90.66

$$调整系数 = 400 \div (107.81 + 113.46 + 84.43 + 89.59) = 1.0119$$

（2）利用数学模型法剔除长期趋势

移动平均法和数学模型法用于测算季节指数的共同点是，都考虑了时间序列的非平稳性，即时间序列里包含一定的趋势成分。两者的主要区别在于，移动平均法采用移动平均的办法测度了时间序列中的长期趋势并加以剔除，而数学模型法用的是趋势方程测度时间序列中的长期趋势并加以剔除。

利用数学模型法剔除长期趋势的计算步骤为：首先，根据时间序列资料，采用数学模型法拟合趋势线，得到趋势值 T 。接着，将实际数据除以相应的 T 值，得到剔除趋势变动的数值 y/T 。最后，将 y/T 值重新按月（季）编排，并除以平均数，以消除不规则变动的影响，就可求得季节比率。

【例 11.22】仍采用表 11.27。鲜蛋销售序列有较明显的长期趋势，为此采用数学模型法剔除长期趋势来计算季节比率，见表 11.30。

表 11.30 某地鲜蛋销量的趋势剔除计算表

季度	时间 (t)	销售量 (y)	趋势拟合 $T_t=8.203+0.697t$	趋势剔除 y/T (%)
2016. 1	1	10.8	8.90	121.37
2	2	11.5	9.60	119.84
3	3	7.9	10.29	76.75
4	4	8.6	10.99	78.24
2017.1	5	13.1	11.69	112.07
2	6	13.9	12.39	112.22
3	7	9.7	13.08	74.14
4	8	11.0	13.78	79.82
2018.1	9	14.6	14.48	100.84
2	10	17.5	15.18	115.31
3	11	16.0	15.87	100.80
4	12	18.0	16.57	108.62
2019.1	13	18.4	17.27	106.55
2	14	20.0	17.97	111.32
3	15	16.9	18.66	90.55
4	16	18.2	19.36	94.00

解：根据表 11.30 中最后一列的数据进一步计算季节指数，见表 11.31。

表 11.31 运用数学模型法剔除长期趋势后计算季节指数

年份	1 季度	2 季度	3 季度	4 季度
2016	121.37	119.84	76.75	78.24
2017	112.07	112.22	74.14	79.82
2018	100.84	115.31	100.80	108.62
2019	106.55	111.32	90.55	94.00
合计	440.83	458.69	342.24	360.68
季平均数	110.21	114.67	85.56	90.17
调整系数	0.9985	0.9985	0.9985	0.9985
季节指数(%)	110.04	114.50	85.43	90.03

调整系数 $=400\div(110.21+114.67+85.56+90.17)=0.9985$

在实际工作中，长期趋势测定往往是以年度资料为依据的，这就需要把年趋势方程转换为季度(月)的趋势方程，以求得各季度(月)的趋势值。

将年直线方程转换为季度或月度直线趋势方程：

季度转换：

$$T_t=\frac{a\text{年}}{4}-1.5\times\frac{b\text{年}}{16}+\frac{b\text{年}}{16},\quad t\text{为季度序号} \tag{11.50}$$

月度转换：

$$T_t=\frac{a\text{年}}{12}-5.5\times\frac{b\text{年}}{144}+\frac{b\text{年}}{144},\quad t\text{为月度序号} \tag{11.51}$$

上述转换的基本原理是：将年方程截距 a 除以 4，可改为季度方程的截距 a，同样将年方程的斜率 b 和年度序号 t 分别同除以 4，即共除以 16，可转化为季度方程的斜率 b 和季度序号 t。此外，还需将方程原点从年方程的年中间 6 月底移至第一季度的中间 2 月中，作为季方程的原点。由于方程原点前移 1.5 个季度，使方程截距减少了 1.5 个 b 年/16，故要将此数从截距 a 中减去。将上述过程综合起来，就可得到式(11.50)。同理，月方程的转换，只需将 a，b，t 各除以 12，并将年方程原点从 6 月底移至同年的 1 月中，因前移了 5.5 个月，故要从截距 a 中减去 5.5 个 b 年/144，即可得到式(11.51)。

【SPSS 操作】

对例 11.22 采用 SPSS 进行测算。步骤为：

第一步，建立数据文件。数据格式见表 11.32。

第二步，定义日期变量。使用 SPSS 进行时间序列分析时，首先要对观测值序列附加时间因素。方法是：选择【数据】→【定义日期和时间】，然后在【个案是】下选择相应的时间定义类型，数据文件中会增加相应的时间变量。表 11.32 选择的是"年份，季度"。

表 11.32　鲜蛋销售量的数据格式和日期变量定义

	销售量	YEAR_	QUARTER_	DATE_
1	10.80	2016	1	Q1 2016
2	11.50	2016	2	Q2 2016
3	7.90	2016	3	Q3 2016
4	8.60	2016	4	Q4 2016
5	13.10	2017	1	Q1 2017
6	13.90	2017	2	Q2 2017
7	9.70	2017	3	Q3 2017
8	11.00	2017	4	Q4 2017
9	14.60	2018	1	Q1 2018
10	17.50	2018	2	Q2 2018
11	16.00	2018	3	Q3 2018
12	18.00	2018	4	Q4 2018
13	18.40	2019	1	Q1 2019
14	20.00	2019	2	Q2 2019
15	16.90	2019	3	Q3 2019
16	18.20	2019	4	Q4 2019

第三步，进行季节性分解。选择【分析】→【时间序列预测】→【季节性分解】，点"季节性分解"，将"销售量"选入"变量"对话框中，"模型类型"选择为"加法"，"移动平均权重"选择"结束点按 0.5 加权"，见图 11.5。

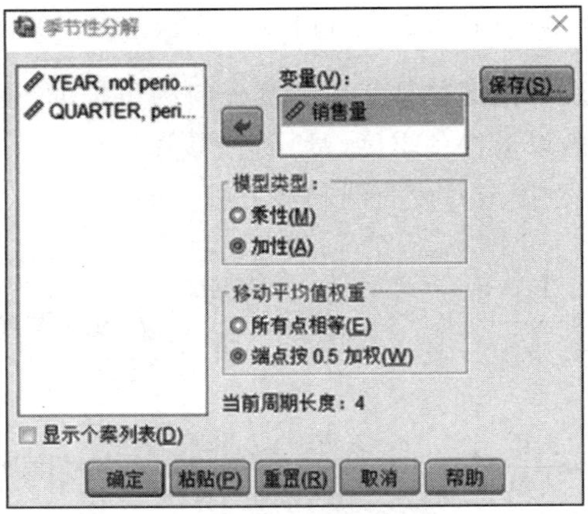

图 11.5 季节性分解图示

第四步，点击“确定”，输出季节因子测算结果，见表 11.33。

表 11.33 销售量的季节因子测算结果

周期	季节因子
1	.96979
2	1.96146
3	−1.79688
4	−1.13438

11.4.2 剔除季节因素

以上介绍了季节指数的测算方法。得到季节指数后，可将季节因素从时间序列中剔除出去，以便观察和分析时间序列的其他特征。剔除季节因素的方法是将原始时间序列除以相应的季节指数。计算公式为：

$$\frac{y}{S}=\frac{T\times S\times C\times I}{S}=T\times C\times I \tag{11.52}$$

式(11.52)计算得到的结果即为剔除季节因素后的序列，它反映了在没有季节因素影响的情况下时间序列的变化形态。图 11.6 以全国黄瓜价格时间序列为例，反映了季节因素剔除前后价格时间序列对比图。

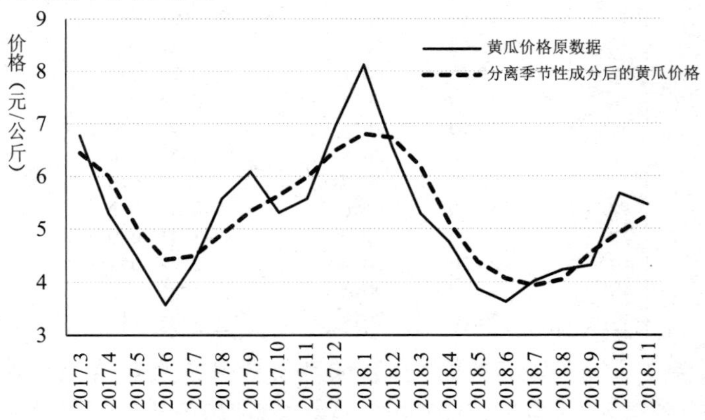

图 11.6 全国黄瓜价格分离季节因素前后的时间序列对比

数据来源：中国农产品价格调查年鉴。

11.4.3　考虑含有季节因素的时间序列预测

以含有季节波动和长期趋势但周期波动不明显的时间序列为例，介绍利用时间序列预测的方法。具体步骤如下：

第一步，从原始数列中分离季节因素，也就是用原始数列除以季节指数，得到非季节化数据。

第二步，运用回归方程测度长期趋势。

第三步，用长期趋势值乘以季节指数，根据乘法模型，得到考虑季节因素的预测值。

【例 11.23】武汉市 2016—2019 年各季度降水量资料（单位：mm）见表 11.34，试考虑季节因素来，预测 2020 年武汉市各季度降水量。

表 11.34　2016—2019 年武汉市各季度降水量

季度	时间 (t)	降水量 (y)	季节指数 (S)	剔除季节指数 (y/S)	回归值 ($\hat{T}$)	趋势值 ($\hat{T}\times S$)
2016. 1	1	133.2	0.67	198.81	411.62	275.79
2	2	596.7	1.65	361.64	399.46	659.11
3	3	847.4	1.19	712.10	387.30	460.89
4	4	249.8	0.49	509.80	375.14	150.06
2017. 1	5	223.4	0.67	333.43	362.98	243.20
2	6	456.4	1.65	276.61	350.82	578.85
3	7	328.4	1.19	275.97	338.66	403.01
4	8	99.1	0.49	202.24	326.50	1159.99
2018. 1	9	264.6	0.67	394.93	314.34	210.61
2	10	388.0	1.65	235.15	302.18	498.60
3	11	251.2	1.19	211.09	290.02	345.12
4	12	206.8	0.49	422.04	277.86	136.15
2019. 1	13	186.4	0.67	278.21	265.70	178.02
2	14	669.4	1.65	405.70	253.54	418.34
3	15	78.1	1.19	65.63	241.38	287.24
4	16	119.4	0.49	243.67	229.22	112.32

解：将计算过程和结果列在表 11.34 中。

计算季节指数。本例利用移动平均法（先进行四项移动平均，在此基础上再进行二次移动平均）计算季节指数。

以时间 t 为自变量，以剔除季节因素后的数据 y/S 为因变量，得回归方程：

$$\hat{T}=423.78-12.16t$$

根据回归方程得到的剔除季节因素的趋势值，乘以季节指数，得到考虑季节因素的降水量趋势值。

计算武汉市 2020 年各季度降水量预测值：

$$\hat{y}_{17}=(423.78-12.16\times 17)\times 0.67=145.43(\text{mm})$$

$$\hat{y}_{18}=(423.78-12.16\times 18)\times 1.65=338.09(\text{mm})$$

$$\hat{y}_{19}=(423.78-12.16\times 19)\times 1.19=229.36(\text{mm})$$

$$\hat{y}_{20}=(423.78-12.16\times 20)\times 0.49=88.48(\text{mm})$$

11.5 周期变动分析

周期变动与季节变动的主要区别在于，周期变动的波动周期在一年以上且周期长短不一，而季节变动是一年以内的有规律的周期变动。分析周期变动的主要目的在于探索周期变动规律，或从时间序列中剔除周期变动的影响。

11.5.1 周期变动的测算

测定周期变动的方法有多种，如剩余法（残余法）、直接法和循环平均法等，但最常用的是剩余法。其基本原理是：先从影响时间序列变动的基本因素中，通过分解法逐步消除长期趋势及季节变动，然后再用移动平均法消除不规则变动，剩余部分大体上能呈现出周期变动。由于对长期趋势和季节变动因素所采取的消除步骤不同，剩余法又可分为三种：

第一种，先消除季节变动，后消除长期趋势变动。用公式表示为：

消除季节变动：

$$\frac{y}{S}=\frac{T\times S\times C\times I}{S}=T\times C\times I$$

消除长期趋势：

$$\frac{T\times C\times I}{T}=C\times I$$

第二种，先消除长期趋势变动，后消除季节变动。用公式表示为：

消除长期趋势：

$$\frac{y}{T}=\frac{T\times S\times C\times I}{T}=S\times C\times I$$

消除季节变动：

$$\frac{S\times C\times I}{S}=C\times I$$

第三种，同时消除季节变动和长期趋势变动。用公式表示为：

$$\frac{y}{T\times S}=\frac{T\times S\times C\times I}{T\times S}=C\times I$$

三种方法均采用了乘法模型，计算结果应该相同，但究竟采用哪一种为好，应根据具体情况而定。一般多采用第一种方法，因为资料经整理后呈现无季节变动的情况较为常见，而整理后不存在长期趋势的情况较少。

【例 11.24】某农产品批发市场 15 年来的番茄销售额资料见表 11.35，用剩余法对周期变动进行测定。

表 11.35　剩余法测定周期变动计算表

年份	销售额 $y=T\times C\times I$	长期趋势值 $\hat{T}$	$CI=y/\hat{T}$	三年移动平均 C
2005	30.8	73.34	0.825	—
2006	38.8	40.51	0.958	0.919
2007	42.5	43.68	0.973	1.056
2008	58.0	46.85	1.238	1.088
2009	52.6	50.02	1.052	1.076
2010	49.9	53.19	0.938	1.001
2011	57.1	56.36	1.013	0.974
2012	57.8	59.53	0.971	0.963
2013	56.8	62.70	0.906	0.934
2014	61.0	65.87	0.926	0.997
2015	80.0	69.04	1.159	1.087
2016	85.0	72.21	1.177	1.108
2017	74.4	75.38	0.987	1.029
2018	72.6	78.55	0.924	0.945
2019	75.5	81.72	0.924	—

解：由于是年度数据，故不考虑季节变动。首先测定 15 年销售额的长期趋势估计值，用最小二乘法配合直线趋势方程：

$$\hat{T}=34.17+3.17t$$

其次，根据趋势方程计算各年销售额的趋势值，结果列于表 11.35 的第 3 列。

再次，由于年度资料没有季节影响，所以可直接计算剔除长期趋势后的销售 $C\times I$，结果列于表中第 4 列；

最后，计算 3 年移动平均值，所得结果就是周期变动系数，见表 11.35 中最后一列。从图 11.7 中可以清楚地看出，某农产品市场的番茄销售有着明显的周期变动。

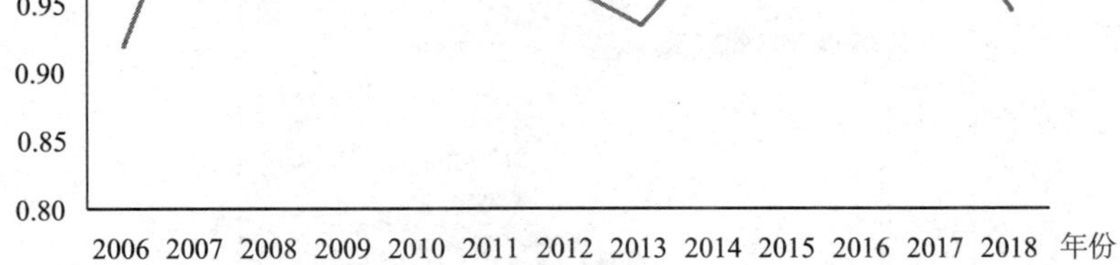

图 11.7　某农产品批发市场番茄销售额的周期变动图

11.5.2　周期变动的谱分析

时间序列存在两种观察、分析和解释的方法。一种是使用自相关函数和差分方程直接分析数据随时间变化的结构特征。另一种是把时间序列看成不同谐波的叠加，研究时间序列在频率域里的结构特征，即谱分析或称频域分析。谱分析的基本思想是把时间序列看作是互不相干的周期分量的叠加，通过研究和比较各分量的周期变化，揭示时间序列的频域结构，掌握其主要波动特征。

周期可以分为短周期和长周期，短周期中包括随机波动和季节波动，长周期包括周期波动和长期趋势。所以为了获得合理的谱估计，一般要求应有较多的观测数据，即序列长度应该比较大。根据我国经济运行的实际情况来看，我国年度经济数据应该不少于 20，对于季度或月度序列应有 15 年以上的数据。

为了真正揭示时间序列中的周期波动，应该剔除其中的长期趋势和可能的季节趋势。对于增长率序列，因为已经基本上消除了原序列的趋势和可能的季节变动，多可以直接进行谱分析。时间序列（特别是年度序列）还可以利用差分或取对数后再差分的方式消除长期趋势。

【例 11.25】采用 SPSS 对我国 1953 年至 2020 年的 GDP 增长率进行谱分析。

第一步，录入数据。数据格式见表 11.36。

第二步，定义日期变量。选择【数据】→【定义日期和时间】→【个案是】，选择相应的时间定义类型，查看数据文件可见增加的时间变量。表 11.36 选择了“年份”。

表 11.36 数据格式和日期变量定义结果

	GDP增长率	YEAR_	DATE_
1	.21	1953	1953
2	.04	1954	1954
3	.06	1955	1955
4	.13	1956	1956
5	.04	1957	1957
6	.22	1958	1958
7	.10	1959	1959
8	.02	1960	1960
9	-.16	1961	1961
10	-.06	1962	1962
11	.07	1963	1963
12	.18	1964	1964

第三步，谱分析。选择【分析】→【时间序列预测】→【谱分析】，打开“季节性分解”，将“GDP 增长率”选入“变量”对话框，其余选项默认。见图 11.8。

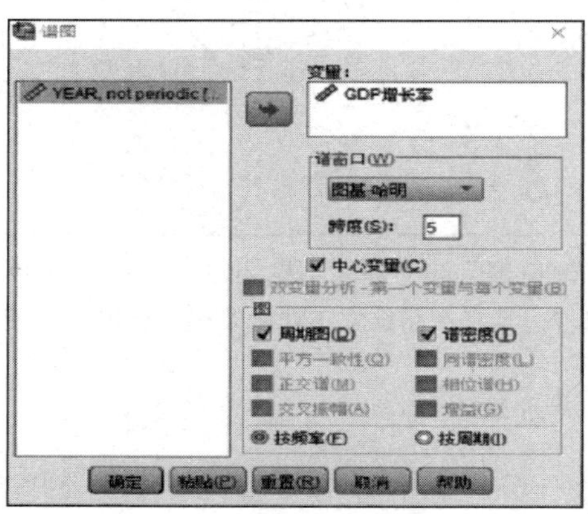

图 11.8 图谱对话框

第四步，点“确定”按钮，输出谱密度曲线，见图 11.9。

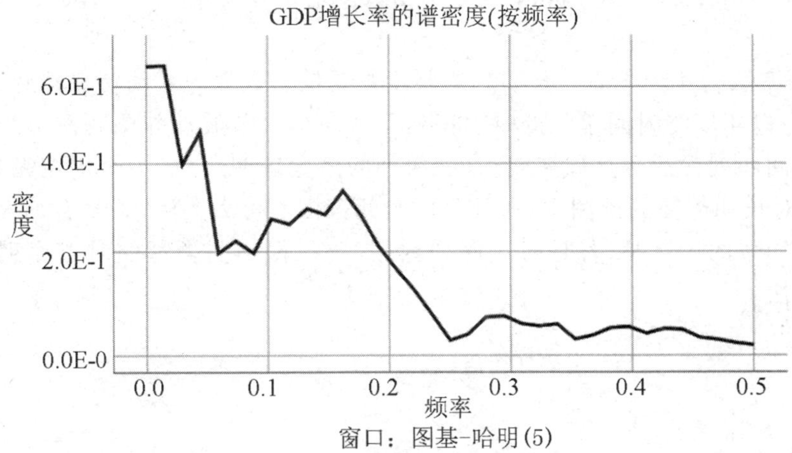

图 11.9 GDP 增长率谱密度曲线

在谱密度曲线中，GDP 增长率在频率 0.042 和 0.167 处出现了两个依次减小的峰值，对应周期分别是 24 年和 6 年。这表明，GDP 增长率中存在一个约 24 年的主要周期波动和一个 6 年左右的较弱短期波动。

关键术语

时间序列 time series

时间序列分析 time series analysis

长期趋势 secular trend

季节变动 seasonal fluctuation

周期变动 cyclical fluctuation

不规则变动 irregular variations

加法模式 additive model

乘法模式 multiplicative model

季节指数 seasonal index

发展速度 development rate

增长量 growth amount

增长速度 growth rate

移动平均法 moving average

分段平均法 segmented average method

指数平滑法 exponential smoothing

本章小结

1. 时间序列描述统计。时间序列描述统计包括动态变动分析和动态平均分析。前者包括增长量、发展速度、增长速度和增长 1%的绝对值，后者包括平均发展水平、平均发展速度和平均增长速度。平均发展速度的计算方法有水平法和累计法两种，平均增长速度等于平均发展速度减 1。

2. 时间序列分解模型。时间序列可分解为四种要素：长期趋势（T）、季节波动（S）、循环波动（C）和不规则波动（I）。按对各因素相互关系的不同假设，由四种因素合成时间序列的模型有两种：加法模式和乘法模式。

3. 测度 T、S、C 并把握测度的基本思想。对时间序列进行长期趋势预测，在数据较少时，运用移动平均法和指数平滑法进行预测分析；在数据满足回归分析需要的前提下，则选择数学模型法进行预测分析；利用季节指数测定季节波动；基于剩余法测定和分析周期变动。

4. 值得注意的几个方面。长期趋势测度中要根据数据的变动特点选择合适的数学模型关系式；以年度为时间单位的时间序列无法观察季节波动并测算季节指数；少于五年数据的时间序列无法测算周期变动（国内外的经验表明，完成一个周期循环往往需要5年以上）；对长期趋势的预测中，所预测的时间范围不可太久远，否则会加大预测误差；进行序时平均数的计算时，若是时点序列数据，要根据不同类型的时点序列，采用针对性的测算方法。

思考与练习

一、思考题

11.1 时间序列的构成要素有哪些？

11.2 时间序列分析的加法模型和除法模型有何不同？

11.3 时间序列分析的主要指标有哪些？

11.4 长期趋势的测定方法有哪些？

11.5 季节波动和周期波动的区别是什么？

11.6 如何测定季节波动？

11.7 如何测定周期波动？

11.8 什么是谱分析？如何进行谱分析？

二、练习题

11.1 甲、乙两地农业总产值以及每年农业就业人数资料如下：

地区	2017—2019年农业总产值（亿元）	农业就业人数（万人）		
		2017年	2018年	2019年
甲地	18267.0	5.2	5.2	5.1
乙地	15275.2	8.0	7.0	7.1

要求：分别计算两地2017—2019年平均劳动生产率及两地整体的综合劳动生产率。

11.2 某地2017—2019年各年的计划农业总产值及其计划完成程度资料如下：

年份	2017	2018	2019
计划完成(%)	108	110	96
实际产值(亿元)	1826	2001	1994

要求：计算2017—2019年农业总产值的年平均计划完成程度。

11.3 某地2019年各季度农业总产值和第一产业就业人数资料如下：

季度	1	2	3	4
农业总产值(亿元)	928.3	2193.5	1856.3	2431.6
季度农业就业人数(万人)	2.1	6.2	4.1	7.5

2019年底该地区农业就业人数为735万人。试求：

(1)2019 年每个季度内农业就业人员的人均农业产值;

(2)2019 年各季度平均农业就业人员的人均农业产值;

(3)2019 年全年农业就业人员人均农业产值。

11.4 甘肃省 2016—2019 年农业增加值资料如下:

年份	2016	2017	2018	2019
农业增加值(亿元)	591.14	642.11	691.07	782.95

试计算:

(1)各年的逐期增长量、积累增长量和整个时期平均增长量;

(2)各年环比发展速度、定基发展速度及其相应的增长速度;

(3)2016—2019 年整个时期的平均发展速度和平均增长速度。

11.5 北京市 2012—2019 年蔬菜产量资料如下:

年份	2012	2013	2014	2015	2016	2017	2018	2019
产量(万 t)	279.90	266.90	236.20	205.14	183.60	156.80	130.60	111.50

要求:

(1)分别用移动平均法、指数平滑法修匀蔬菜产量序列;

(2)用最小二乘法估计直线趋势方程,并预测 2021 年的产量。

11.6 甘肃省 2012—2020 年农村居民家庭平均每人食品消费支出资料如下:

年份	2012	2013	2014	2015	2016	2017	2018	2019	2020
消费支出(元)	1649.0	1799.0	1980.0	2244.0	2342.6	2438.2	2694.5	2827.0	3065.4

要求:试用最小二乘法估计指数曲线方程,并预测 2021 年该地农村居民家庭平均每人食品消费支出。

11.7 我国 2017—2020 年生猪季度生产价格指数的资料如下表(上年同期=100)。

年份	1 季度	2 季度	3 季度	4 季度
2017	98.10	78.70	79.30	87.00
2018	83.30	74.50	91.20	93.70
2019	91.20	128.10	149.30	209.50
2020	233.20	189.30	159.00	97.70

要求:

(1)用移动平均法修匀生产价格指数序列;

(2)配合直线趋势方程,测定生产价格指数序列的长期趋势;

(3)按季度平均法和趋势线拟合法测定序列的季节变动并加以比较,说明差异情况及原因;

(4)预测 2021 年各季度的生产价格指数。

11.8 下表是我国 2016—2019 年各月份社会商品零售总额数据(单位:亿元):

月份	2016 年	2017 年	2018 年	2019 年
1	23321.1	25540.0	26956.7	29117.8
2	23938.0	26168.4	27512.2	29695.2
3	22463.4	24918.9	26095.0	28332.8
4	22049.4	24392.6	25517.4	27305.3
5	23733.0	26248.5	27038.4	29324.4
6	23950.7	26554.0	27441.0	30154.8
7	23943.7	26406.1	27390.5	29415.2
8	24503.5	26970.0	28026.2	30039.2
9	24965.4	27552.8	28558.5	30724.7
10	27627.7	30389.1	31528.4	33736.9
11	27616.9	30432.7	30734.7	33130.1
12	28405.0	31044.9	31471.9	33952.1

要求：

(1)绘制时间序列折线图，说明该序列的特点；

(2)利用乘法模型，预测 2020 各月份的社会商品零售总额。

11.9 下表是 1999－2019 年我国大豆产量数据。

年份	大豆产量（万 t）	年份	大豆产量（万 t）	年份	大豆产量（万 t）
1999	1424.53	2006	1508.18	2013	1240.71
2000	1540.90	2007	1279.34	2014	1268.57
2001	1540.56	2008	1570.90	2015	1236.74
2002	1650.54	2009	1522.42	2016	1359.55
2003	1539.32	2010	1540.99	2017	1528.25
2004	1740.15	2011	1487.85	2018	1596.71
2005	1634.78	2012	1343.59	2019	1810.00

要求：

(1)分别采用 3 期移动平均法和指数平滑法（$\alpha=0.3,0.5$）预测 2020 年的大豆产量，并将实际值和预测值绘图进行比较；

(2)分析预测误差，说明用哪种方法预测更为适当。

11.10 下表是我国 2006－2016 年我国灌区有效灌溉面积变化情况。

年份	灌区有效灌溉面积（千公顷）	年份	灌区有效灌溉面积（千公顷）	年份	灌区有效灌溉面积（千公顷）
1999	23580	2006	28021	2013	30216
2000	24493	2007	28340	2014	30216
2001	24766	2008	29440	2015	32302
2002	25030	2009	29562	2016	33046
2003	25244	2010	29415	2017	33262
2004	25506	2011	29748	2018	33324
2005	26419	2012	30191	2019	33501

要求：

(1)绘制时间序列折线图，描述灌区有效灌溉面积变化趋势；

(2)选择一条适合的趋势线拟合数据，并根据趋势线预测 2021 年的有效灌溉面积。

11.11 辽宁省 2013—2019 年农林牧渔业总产值(单位：亿元)资料如下表。

年份	2013	2014	2015	2016	2017	2018	2019
总产值	3878.89	3949.39	4057.59	3764.09	3851.62	4061.93	4368.25

试计算：

(1)各年的环比发展速度、定基发展速度、环比增长速度和定基增长速度；

(2)各年农林牧渔业总产值增加 1%的绝对值。

11.12 某省 2019 年第一季度猪肉库存量统计数据如下表。

时间	1 月初	2 月初	3 月初	3 月底
库存量(t)	1255	814	1272	1365

要求：计算该省 2019 年第一季度猪肉月平均库存量。

11.13 广东省某地 2020 年粮食库存量资料如下表，试计算全年粮食平均月库存量。

时间	1 月初	4 月末	7 月末	10 月初	11 月末
库存量(万 t)	205	200.6	188.5	194.6	206.5

11.14 北京市 2013—2019 年地方财政农林水事务支出(单位：亿元)资料如下表。

年份	2013	2014	2015	2016	2017	2018	2019
农林水支出	3878.89	3949.39	4057.59	3764.09	3851.62	4061.93	4368.25

要求：试运用最小二乘法拟合直线趋势方程，并预测北京市 2021 年地方财政农林水事务支出金额。

11.15 我国 2004—2019 年海关出口商品总额数据如下表，试测定我国海关出口商品总额时间序列的长期趋势。

年份	出口商品总额(亿美元)	年份	出口商品总额(亿美元)
2004	5933.26	2012	20487.14
2005	7619.53	2013	22090.04
2006	9689.78	2014	23422.93
2007	12200.60	2015	22734.68
2008	14306.93	2016	20976.31
2009	12016.12	2017	22633.45
2010	15777.54	2018	24866.82
2011	18983.81	2019	24994.82

11.16 山东某地食品生产企业在 2013—2019 年各季度食用油销售额资料如下表。

季度	销售额(万元)	季度	销售额(万元)	季度	销售额(万元)
2013. 1	3327. 48	3	2642. 38	2018. 1	4360. 33
2	3493. 48	4	3585. 22	2	4360. 53
3	2439. 93	2016. 1	4078. 66	3	3172. 18
4	3490. 79	2	3907. 06	4	4223. 76
2014. 1	3685. 08	3	2828. 46	2019. 1	4690. 48
2	3661. 23	4	4089. 50	2	4694. 48
3	2378. 43	2017. 1	4339. 61	3	3342. 35
4	3459. 55	2	4148. 60	4	4577. 63
2015. 1	3849. 63	3	2916. 45	—	—
2	3701. 18	4	4084. 64	—	—

要求:运用剩余法测算食用油销售额序列的周期变动。

第 12 章 统计指数

统计与实践

指数的产生距今已有 200 多年的历史，最初计算的是反映价格变动的价格指数，随着社会的进步，统计指数的理论和实践都有了发展，产生了多种类型的指数。指数可被用来分析社会经济现象涉及的许多问题。统计指数在从宏观的总体把控，到中观的行业协调乃至企业管理等诸多方面得到广泛应用。例如，零售商品物价指数、消费者价格指数与人们的生活息息相关；股票价格指数、房地产价格指数指导人们的投资活动。可以说，指数已成为分析和预测的重要工具。比如，在宏观经济中，物价的变化对经济变化十分重要，CPI 是消费者价格指数，可以反映上百种商品和服务的价格变化；上海证券交易所里，1000 多只股票的价格每分钟都可能在变化，股民可以根据上证指数判断股票市场的价格总趋势及涨跌幅度。当前零售行业竞争十分激烈，为了吸引消费者，商家通过线上线下经常进行一系列的促销活动，尤其是到了逢年过节，各大品牌和商城都会大力度给出折扣来吸引消费者。想象一下，如果你是某店铺的销售策划，应该如何在营销页面中简洁说明这次促销活动的降价力度，给出包括所有商品价格降低了多少，整体比其他店铺便宜多少，与去年同期相比降价多少等信息？再进一步考虑，如果等到活动结束后，还要对促销成果和业绩进行评估，包括相比于未促销时营业额的增长情况，商品价格和销售量变动对营业额的相对影响和绝对影响。但是面对店铺中的价格不一，降价幅度各不相同的众多商品，无法进行简单的加总，如何构建指标反映整体商品的变动，简明直观地评估促销的成果？

指数的概念和作用比较宽泛。本章主要介绍统计指数的编制和分析方法，阐述如何测定不能直接加总对比的现象的综合变动程度问题，其测定方法主要有综合指数法和平均指数法。同时介绍指数在消费者价格指数(CPI)和股票价格指数的编制中的应用。

12.1 统计指数的概念和分类

12.1.1 统计指数的概念

统计指数(statistical index)的概念有广义和狭义之分。广义上讲，凡是说明现象对比关系的相对数都叫指数。狭义上讲，指数是反映复杂现象在时间上的发展变化及其程度的相对数。本章所要阐述的指数，主要指狭义的指数。

统计指数的作用主要表现在三个方面：

第一，统计指数可以综合反映研究对象变动的方向和程度。指数的计算结果一般是用百分比表示的相对数。这个百分比大于或小于100%，表示升降变动的方向，比100%大多少或小多少，就是升降变动的程度。例如，农副产品收购价格指数为110%，说明报告期与基期相比，各种农副产品收购价格可能有升有降，但总的说来是上升的，上升幅度是10%。

第二，利用统计指数可以分解总体变动中各个因素的影响方向和影响程度。许多现象的数量变化往往是多种因素共同作用的结果。例如，工业品产量变动取决于工人人数和工人劳动生产率的变动；农作物收获量的变动取决于播种面积和单位面积产量的变动；企业生产多种产品的某种主要材料支出总额的变动，取决于产品产量、单位产品材料消耗量和单位材料购进价格的变动等。统计指数是利用各因素之间的联系编制的，各个因素指数又相互构成指数体系。因此，可以利用指数体系来分析研究对象总变动中各个因素变动的影响。例如，可通过指数体系分解分析工业品产量变动中工人人数和工人劳动生产率分别变动的方向和程度。

第三，利用统计指数可以测定平均指标变动中各组标志水平和总体构成变动的影响。在分组条件下，平均指标的变动，除取决于各组平均水平的变动外，还受总体结构变动的影响。例如，某商品集团平均价格的提高，可能是各具体品种价格的提高，也可能是因为价格较高的品种所占比重的增大。因此，在分析平均价格的变动时，要分析有多大程度取决于各品种价格水平的变动，又有多大程度受着商品集团总体构成的变动影响，通过指数可分别测算出来。

12.1.2 统计指数的种类

统计指数按其所反映的对象范围不同分为个体指数(individual index)和总指数(combined index)。个体指数反映单一现象的动态变动，比如当年粮食产量与上年相比的变化情况。总指数反映多种现象的综合变动，比如当年工农业产品产量与上年相比的变动情况。在总指数中能够直接加总汇总的，为简单指数，比如多种生活消费支出汇总后的变动。在总指数中需要用同度量因素才能加总汇总的，为综合指数，比如不同消费品的汇总的价格变动。统计指数的种类见图12.1。

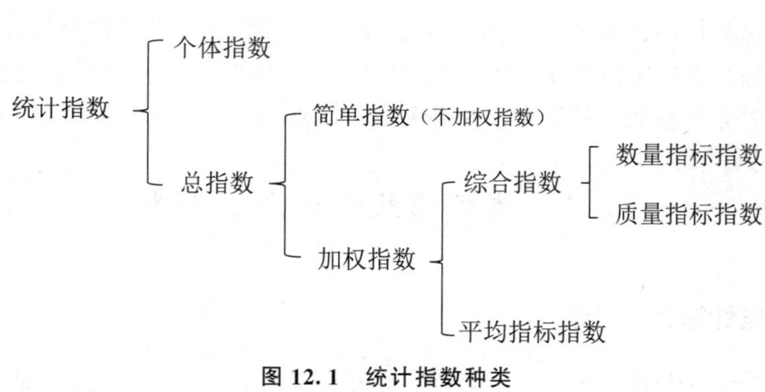

图12.1 统计指数种类

1. 个体指数与总指数

指数按其所反映的对象范围不同分为个体指数和总指数。

个体指数是表明个别现象或单一现象数量变动的相对数。如说明一种工业品产量变动的个体产量指数，说明一种商品价格变动的个体价格指数等。通过报告期水平与基期水平之比，即可得到个体指数，如：

个体价格指数 $K_p=\dfrac{p_1}{p_0}$，p_0 和 p_1 分别代表基期和报告期的价格；

个体物量指数 $K_q=\dfrac{q_1}{q_0}$，q_0 和 q_1 分别代表基期和报告期的产量。

所谓基期(base period)是指在反映研究对象不同时间发展变化时，作为比较基础的那个时期。报告期(biven period)是指所研究考察的那个时期。

总指数是综合表明不可直接相加汇总的多种现象变动程度的相对数，如说明多种产品产量总变动的产品数量指数，说明多种商品零售价格总变动的零售价格指数，说明多种股票价格综合变动的股票指数，说明居民生活费用变动的消费价格指数等。根据编制形式的不同，总指数可以分为综合指数和平均指标指数。

2. 数量指标指数和质量指标指数

按所表明的指标性质的不同，可将指数分为数量指标指数(quantity index)和质量指标指数(quality index)。数量指标指数是说明总体数量指标变动情况的指数，它反映工作量的多少、规模的大小等等，如工业产品产量指数、职工人数指数等。质量指标指数是反映总体质量指标变动情况的指数，如价格指数、成本指数、劳动生产率指数等。

3. 定基指数和环比指数

按采用的基期不同，可将指数分为定基指数(fixed base index)和环比指数(chain base index)。这种分类，一般在若干指数组成指数数列时采用。定基指数是固定某一时期为基期而计算的指数，环比指数是以报告期前一期为基数而计算的指数。

此外，还有一种与环比指数相类似的指数，叫作年距指数。当按月、按季(半年)编制指数时，常常用上年同期作基期，那些以上年同期作基期的指数，就是年距指数。

4. 动态指数和静态指数

统计指数按其对比的两个数值是否为同一时间，可分为动态指数(dynamic index)和静态指数(static index)。动态指数是指研究对象在两个不同时间的数值对比而形成的指数，如工业产品产量指数、商品价格指数等。指数本来的含义是指动态指数，由于指数在实际应用中的扩展，指数中又包括了静态指数。静态指数是研究对象在同一时间的两个不同数值相比较而形成的指数。这两个数值可以是两个不同空间同类现象的数值，如地区差价指数。也可以是同一时间、同一空间的实际指标与计划指标，如计划完成情况指数。还可以是同一时间、同一空间的两个有区别的同类现象的数值。

12.2 综合指数的编制

12.2.1 综合指数的概念和特点

综合指数(composite index)是总指数的基本形式。综合指数是依据所研究现象的特点，确定同度量因素，把不能直接加总对比的现象过渡为可以同度量，采用科学方法计算出两个时期的总量并进行比较，以说明现象总的变动方向和程度。所谓同度量因素就是在计算综合指数时把不能直接相加的指标过渡到可以加总的那个媒介因素。例如,要反映10种工农业产品的销售量在一定时期内总的变动程度,就不能简单地把这10种产品的销售量相加在一起来计算,但可以把这10种产品的销售量各自乘以其单位价格,转化为销售额相加在一起,这样就可以对比计算这10种产品的总变动。

综合指数有三个特点:

(1)综合指数从现象的联系分析入手,确定与研究现象相联系的同度量因素,把不能同度量的现象过渡为可以同度量的现象。综合指数的编制方法是先综合后对比,即首先要解决不能同度量问题。解决这一问题的方法,只能从现象的联系入手,来确定与研究现象相联系的因素,从而加入这一因素,使得不能同度量的现象过渡为可以同度量的现象。比如,在分析各种产品的产量总变动中,要把各产品产量分别乘以相应的出厂价格,来计算生产总值。在分析各种产品成本的平均变动中,要把各产品的单位成本分别乘以相应的产量来求得总成本。这样,就可以从两个时期生产总值或总成本的对比中进行分析。这里的出厂价格和产量就是同度量因素。

(2)在测定一个因素变动时,必须固定其他因素。将不能同度量的现象过渡为可以同度量的现象,必须借助于同度量因素。但是,同度量因素有两个不同时期的数值,如果选择不当,就不能起到因素分析的作用。比如,商品销售额的变动是商品销售量和价格两个因素共同影响的结果,当研究价格变动时,需要将不同商品的价格乘上各自的销售量,但如果报告期的价格乘上报告期的销售量得到报告期销售额,基期的价格乘上基期的销售量得到基期的销售额,两个不同时期销售额对比的结果就不是价格指数而是销售额指数了。所以要计算价格指数,必须将销售量这个因素固定不变,报告期和基期都乘以同一销售量。这样,两个销售额之比因为销售量已经固定,对比结果说明的只是价格变动。因此,综合指数在进行分析测定一个因素变动时,必须固定其他因素。

(3)综合指数不仅可以研究不能同度量的现象动态变化的方向和程度,而且可以观察现象动态变化后所产生的实际效果。综合指数的分子和分母是两个不同时期的总量指标,分子分母相比的结果得出一个相对指标,即指数,说明现象总变动的方向和程度。分子分母相减的结果仍是一个总量指标,说明现象变动后的实际效果。例如,价格指数的编制往往用报告期的销售量作同度量因素,分子(报告期价格与报告期销售量的乘积)与分母(基期价格与报告期销售量的乘积)的差额说明由于价格的变动而使销售额增加或减少的绝对数。综合指数的这一特点,正是它作为计算总指数基本形式的原因所在。

12.2.2 综合指数编制方法

1. 数量指标综合指数编制

数量指标指数是用来反映研究对象的数量和总体规模变动情况的指数,如工业产品产量指数、商品销售量指数、货物运输量指数等等。现以商品销售量指数为例,说明数量指标综合指数的计算方法。在表12.1中,以2019年为基期,2020年为报告期,三种蔬菜销售量的报告期与基期相比,有的上升,有的下降。如计算个体指数,则将每种蔬菜报告期销售量除以基期销售量即可。

表 12.1　某农贸市场蔬菜销售量和价格资料

品名	计量单位	销售量(t)		价格(元/kg)	
		2019年	2020年	2019年	2020年
菠菜	t	100	115	2.0	2.4
辣椒	t	200	220	6.5	6.5
黄瓜	t	300	280	4.0	3.0

现在要计算蔬菜销售量综合指数，以说明三种蔬菜销售量的总变动情况。由于三种蔬菜的实物量不能直接相加，所以必须通过同度量因素——价格，使之转化为能够相加的销售额指标。为了分析销售量的变动，必须假定价格因素没有变动，亦即假定报告期和基期的价格相同。计算数量指标指数时，有三种可能采用的价格，即报告期价格、基期价格和固定价格(不变价格)。采用不同价格作同度量因素，所得结果不同，经济意义也不相同。

(1)基期价格作同度量因素

以基期价格(p_0)作同度量因素，则销售量综合指数公式：

$$\bar{K}_q=\frac{\sum p_0q_1}{\sum p_0q_0} \tag{12.1}$$

式(12.1)中，p_0 指基期价格；q_0、q_1 分别指基期和报告期销售量。该综合指数是两个商品销售额之比，可以说明在价格水平不变的条件下，销售量综合变动的方向和程度。

【例 12.1】以表 12.1 中的资料，以基期价格作为同度量因素计算三种蔬菜销售量总指数。

表 12.2　综合指数计算表

品名	计量单位	销售量		价格(元/kg)		销售额(千元)		
		2019年 q_0	2020年 q_1	2019年 p_0	2020年 p_1	2019年 p_0q_0	2020年 p_1q_1	报告期假定 p_0q_1
菠菜	t	100	115	2.0	2.4	200	276	230
辣椒	t	200	220	6.5	6.5	1300	1430	1430
黄瓜	t	300	280	4.0	3.0	1200	840	1120
合计	—	—	—	—	—	2700	2546	2780

解：根据表 12.2 资料计算，利用公式(12.1)计算蔬菜销售量综合指数

$$\bar{K}_q=\frac{\sum p_0q_1}{\sum p_0q_0}=\frac{2780}{2700}\times 100\%=102.96\%$$

$$\sum p_0q_1-\sum p_0q_0=2780-2700=80(\text{千元})$$

结果表明，报告期蔬菜销售量比基期增长了 2.96%。三种蔬菜的销售量有增有减，但综合来看，销售量的增加使得销售额增加了 80 千元。

(2)报告期价格作同度量因素

以报告期价格(p_1)作为同度量因素，则商品销售量综合指数公式为：

$$\bar{K}_q=\frac{\sum p_1q_1}{\sum p_1q_0} \tag{12.2}$$

式(12.2)中，p_1 为报告期价格，q_0、q_1 分别为基期和报告期销售量。所得结果只能说明在报告期价格水平的条件下，销售量的综合变动方向和程度。

【例 12.2】用表 12.2 资料，以报告期价格作为同度量因素计算三种蔬菜销售量综合指数。

解：利用公式(12.2)计算销售量综合指数：

$$\bar{K}_q=\frac{\sum p_1q_1}{\sum p_1q_0}=\frac{2546}{2440}\times 100\%=104.34\%$$

$$\sum p_1q_1-\sum p_1q_0=2546-2440=106(\text{千元})$$

计算结果表明，三种蔬菜销售量平均上升了 4.34%，销售额增加了 106 千元。

将基期价格作为同度量因素编制数量指标综合指数的方法，由德国经济学家拉斯佩尔(Laspeyres)在 1864 年提出，所编制的综合指数叫做拉式指数(Laspeyres index)。将报告期价格作为同度量因素编制数量指标综合指数的方法，由德国经济学家帕许(Paasche)在 1874 年提出，所编制的综合指数叫做派式指数(Paasche index)。究竟采用哪一种编制方法，应根据研究目的和实际情况而定。就编制销售量指数的目的来看，应该单纯反映销售量变动，不包含价格因素变动，从这一角度来看，以基期价格作为同度量因素的销售量指数比以报告期价格为同度量因素的销售量指数为好。

上述解决销售量综合指数中同度量因素的选择方法也适用于其他数量指标指数。实践中，计算数量指标指数的一般原则是：计算数量指标指数时，应当采用基期的质量指标作同度量因素。

(3)不变价格作同度量因素

为了研究比较长时期的产量变动情况，可采用不变价格作同度量因素。不变价格是指某一段时期内的固定价格，通常用 p_n 表示。在统计实践中，计算工业产量指数和农业产量指数都采用这种方法。其公式为：

$$\bar{K}_q=\frac{\sum p_nq_1}{\sum p_nq_0} \tag{12.3}$$

【例 12.3】以表 12.3 资料为例，采用不变价格计算成交量指数。

表 12.3　某农产品批发市场蔬菜成交量和收购价格

品名	计量单位	2015 年不变价格(元/t)	成交量		成交额(万元)	
		p_n	2019 年 q_0	2020 年 q_1	2019 年 p_nq_0	2020 年 p_nq_1
油麦菜	t	2000	600	800	120	160
蒜苔	t	4000	500	600	200	240
胡萝卜	t	200	10000	15000	200	300
合计	—	—	—	—	520	700

解：根据式(12.3)，利用不变价格计算农产品成交量指数：

$$\bar{K}_q=\frac{\sum p_n q_1}{\sum p_n q_0}=\frac{700}{520}\times 100\%=134.62\%$$

$$\sum p_n q_1-\sum p_n q_0=700-520=180(\text{万元})$$

计算结果表明，某批发市场的成交量综合指数为 134.62%，由于农产品成交量增加，报告期比基期增加了 180 万元的成交额。

从以上计算可看出，成交量综合指数是按不变价格计算的不同时期成交额之比，它反映了批发市场农产品成交量的变动趋势和程度。

为什么成交量指数的同度量因素用不变价格呢？这是因为采用不变价格，可以消除价格变动因素的影响，单纯反映批发量的综合变动趋势和程度。一般而言，不变价格不会经常变动。然而，由于种种原因，往往会形成不变价格与现行价格的差距过大的问题，以不变价格计算的成交额，便不能如实地反映产品销量水平。各种产品的价格之间有一定的比例关系，如果产品的不变价格间比例关系与现行价格间的比例关系差距过大，也使不变价格计算的成交额不能如实反映现实情况。因此，不变价格也需要适时调整。

我国自开始国民经济核算以来，共有 1952 年、1957 年、1970 年、1980 年、1990 年、2000 年、2005 年、2010 年、2015 年 9 个不变价基期。按不同的不变价格计算的不同时期的工农业总产值，要根据换算系数(价格指数)进行换算，来消除价格变动的影响，以反映长时期的产量动态。例如，某企业 1985 年总产值按 1980 年不变价格计算为 2500 万元，按 1970 年不变价格计算为 1700 万元，如果将这两年产值直接对比，不仅反映了产量增长情况，而且包括着不变价格的变动影响。因此，要计算价格换算系数，以消除价格变动影响。假定 1980 年按 1980 年不变价格计算为 2200 万元，按 1970 的不变价格计算为 1800 万元，价格换算系数为 2200÷1800×100%=122.22%，这样，我们就可以利用以下算式计算产量指数：

$$\bar{K}_q=\frac{\sum p_{80} q_{85}}{\sum p_{70} q_{80}\times\frac{\sum p_{80} q_{80}}{\sum p_{70} q_{80}}}\times 100\%$$

$$=\frac{2500}{1700\times\frac{2200}{1800}}\times 100\%=\frac{2500}{1700}\div\frac{2200}{1800}\times 100\%=120.32\%$$

2. 质量指标综合指数编制

现以商品价格指数为例，说明质量指标指数的计算方法。

尽管价格水平以货币为计量单位，但彼此直接相加和对比没有实际意义。因此，编制质量指标指数时，同样要解决同度量因素及所属时期的问题。

编制物价指数时，同度量因素是商品销售量，为了说明多种商品价格综合变动的方向和程度，同度量因素必须是同一时期的。由于存在三种可能的情况，相应地有不同的综合指数编制方法：

(1)以报告期销售量作为同度量因素

以报告期销售量(q_1)作为同度量因素用来表明在报告期销售量条件下,各种商品的价格综合变动的方向和程度,其公式为:

$$\bar{K}_p = \frac{\sum p_1 q_1}{\sum p_0 q_1} \tag{12.4}$$

【例 12.4】根据表 12.2 中的资料计算蔬菜价格综合指数。

解:利用公式(12.4)计算蔬菜价格综合指数:

$$\bar{K}_p = \frac{\sum p_1 q_1}{\sum p_0 q_1} = \frac{2546}{2780} \times 100\% = 91.58\%$$

$$\sum p_1 q_1 - \sum p_0 q_1 = 2546 - 2780 = -234(\text{千元})$$

结果表明,三种蔬菜价格平均下降了 8.42%。由于物价的下降,使农贸市场蔬菜的销售额减少了 234 千元。

(2)以基期销售量作为同度量因素

以基期销售量(q_0)作为同度量因素用来说明在基期销售量的情况下,各种商品价格综合变动的方向和程度,其公式:

$$\bar{K}_p = \frac{\sum p_1 q_0}{\sum p_0 q_0} \tag{12.5}$$

【例 12.5】利用表 12.2 中资料计算蔬菜价格综合指数。

解:利用公式(12.5)计算蔬菜价格综合指数

$$\bar{K}_p = \frac{\sum p_1 q_0}{\sum p_0 q_0} = \frac{2440}{2546} \times 100\% = 95.84\%$$

$$\sum p_1 q_0 - \sum p_0 q_0 = 2440 - 2546 = -106(\text{千元})$$

计算结果表明,三种蔬菜价格平均下降了 4.16%,使得该农贸市场蔬菜销售额减少了 106 千元。

两种公式的计算结果不同,原因在于采用了不同时期的销售量作为同度量因素。在计算物价指数时,一般采用报告期销售量作同度量因素。这个一般原则同样适用于编制其他质量指标指数。

(3)以固定时期的销售量作同度量因素

由于特殊的研究目的,有时需要采用固定时期的数量指标作同度量因素。例如,在考察成本计划执行情况时,为了防止某些单位采用破坏产品品种计划来完成产品成本计划的不正确做法,就不宜用报告期产品产量作同度量因素,因为它包含了产量变化的因素在内,而应该用计划产量作为同度量因素。其公式为:

$$\text{产品成本综合指数 } \bar{K}_z = \frac{\sum z_1 q_n}{\sum z_0 q_n} \tag{12.6}$$

式(12.6)中，z_0 和 z_1 分别为基期和报告期的成本，q_n 为计划产量。

在多数情况下，需要观察质量指标变化的实际经济效果，所以多采用报告期数量指标作为同度量因素。

12.3　综合指数变形

12.3.1　综合指数变形形式

在不具备直接编制综合指数的数据资料时，要对综合指数的基本形式进行变形。变形形式有两种，一是加权算术平均数指数；另一是调和平均数指数。

1. 加权算术平均数指数

运用综合指数的基本公式时，必须掌握全面的统计资料。实际中，分子按基期价格和报告期数量计算的假定金额资料难以取得，而分母基期的实际金额往往是现成的，如果把综合指数公式改变成加权算术平均指数公式，就为计算数量指标综合指数提供了方便。

以销售量综合指数为例，由于个体销售量指数为 $K_q=q_1/q_0$，则 $q_1=q_0K_q$，带入 $\bar{K}_q=\dfrac{\sum p_0q_1}{\sum p_0q_0}$ 中，可得：

$$\bar{K}_q=\frac{\sum K_q p_0 q_0}{\sum p_0 q_0}=\sum K_q W \tag{12.7}$$

式(12.7)形似加权算术平均数，故称为加权算术平均数指数。其中，W 为权数，$W=\dfrac{p_0q_0}{\sum p_0q_0}$。在统计实践中，一般是按照综合指数编制的基本要求，把权数相对固定，这样应用起来很方便。

2. 调和平均数指数

综合指数也可以变形为调和平均数指数。以价格综合指数为例，由于个体价格指数 $K_P=p_1/p_0$，则 $p_0=p_1/K_p$，代入 $\bar{K}_p=\dfrac{\sum p_1q_1}{\sum p_0q_1}$，可得：

$$\bar{K}_p=\frac{\sum p_1q_1}{\sum \frac{1}{K_p}q_1p_1} \tag{12.8}$$

式(12.8)形似调和算术平均数，故称为调和算术平均数指数，它实际上是以个体价格指数为变量，报告期销售额资料为权数的调和平均数指数。将综合指数与其变形形式的关系列于表12.4中。

表 12.4　综合指数及其变形形式

指数种类	综合指数	加权算术平均指数	调和算术平均指数
质量指标指数 $\bar{K}_p$	$\frac{\sum p_1q_1}{\sum p_0q_1}$	—	$\frac{\sum p_1q_1}{\sum \frac{1}{K_p}p_1q_1}$
数量指标指数 $\bar{K}_q$	$\frac{\sum p_0q_1}{\sum p_0q_0}$	$\frac{\sum K_qp_0q_0}{\sum p_0q_0}$	—

12.3.2　综合指数变形形式的应用

这里介绍平均指数用于编制加权算术平均数量指数、加权调和平均价格指数和固定权数加权算术平均指数。

1. 加权算术平均数量指标指数

运用数量指标指数的综合公式，必须掌握全面的统计资料。而实际中，分子按基期价格和报告期数量计算的假定金额资料难以取得，而分母基期的实际金额往往是现成的，如果把综合指数公式改变成加权算术平均指数公式，就为计算数量指标指数提供了方便。

【例 12.6】　以表 12.1 的资料为基础，假设只有销售量和基期销售额数据而缺乏价格数据，编制蔬菜销量指数。结果见表 12.5。

表 12.5　某农产品批发市场成交量和收购价格计算表

品名	计量单位	销售量		个体指数(%) K_q	销售额(千元)	
		基期 q_0	报告期 q_1		基期 p_0q_0	$K_qp_0q_0$
菠菜	t	100	115	1.15	200	230
辣椒	t	200	220	1.10	1300	1430
黄瓜	t	300	280	0.93	1200	1120
合计	—	—	—	—	2700	2780

解：从表 12.5 的数据条件来看，直接用综合指数公式来编制销量指数存在困难，而只能采用综合指数的变形公式。

$$\bar{K}_q=\frac{\sum K_qp_0q_0}{\sum p_0q_0}=\frac{2780}{2700}\times 100\%=102.96\%$$

$$\sum K_pP_0Q_0-\sum p_0q_0=2780-2700=80(\text{千元})$$

上述结果与综合指数公式计算的结果完全相同。

2. 调和平均价格指数

在实际工作中，商品报告期销售量资料往往不易得。因此，如果只掌握商品销售额资料，没有各种商品销售量资料，这时就不直接用式(12.4)来计算物价指数。虽然商品报告期销售量资料不易取得，各种商品的价格资料是可以掌握的，这样就可以通过计算个体物价指数，运用调和平均指数的形式，达到计算物价总指数的目的。

【例 12.7】以表 12.1 资料为基础，假设只有价格和报告期销售额资料，编制蔬菜价格综合指数。结果见表 12.6。

表 12.6　某农贸市场蔬菜价格指数计算表

品名	计量单位	价格(元/kg)		个体指数(%)	销售额(元)	
		基期 p_0	报告期 p_1	K_p	报告期 p_1q_1	$\frac{1}{K_p}p_1q_1$
菠菜	t	2.0	2.4	120	276	230
辣椒	t	6.5	6.5	100	1430	1430
黄瓜	t	4.0	3.0	75	840	1120
合计	—	—	—	—	2546	2780

解：由于资料的限制，采用价格综合指数的变形公式计算：

$$\bar{K}_p=\frac{\sum p_1q_1}{\sum \frac{1}{K_p}p_1q_1}=\frac{2546}{2780}\times 100\%=91.58\%$$

$$\sum p_1q_1-\sum \frac{1}{K_p}p_1q_1=2546-2780=-234(\text{千元})$$

计算结果表明，三种蔬菜报告期价格比基期下降了 8.42%，由于价格下降而减少的销售额为 23.4 万元，与综合指数公式计算的结果是一致的。

3. 固定权数加权算术平均指数

有些情况下，由于缺乏全面的统计资料，直接用综合指数公式或综合指数变形公式都有困难，这时就需要利用固定权数加权平均指数。固定权数加权算术平均指数的应用相当广泛，我国统计工作实践中，零售价格指数用的就是这种方法。其大致过程为：首先，把全部商品分成若干大类，每大类再分成若干个中类，在中类内又分成若干个小类，每个小类中选出若干代表规格。在计算总的物价指数时，是从下而上分层计算的。关于各层的固定权数，一般是根据该层基期销售额占上一层基期销售额的比重，再结合报告期零售量的变动情况调整后确定的。

【例 12.8】利用表 12.7 给出的数据，编制肉禽蛋小类价格指数。

表 12.7　零售价格指数计算表

项目	代表品规格等级(kg)	零售价(元)		类指数	权数	指数×权数
		基期	报告期	K (%)	W	KW (%)
肉蛋禽：				113.58	100	11358.13
猪肉	去骨带皮	5.40	6.12	113.33	80	9066.40
牛肉	去骨净肉	6.12	7.40	120.92	3	362.76
羊肉	带骨	4.86	5.32	109.47	2	218.94
鸡	母鸡一级	6.24	7.22	115.71	8	925.68
鸡蛋	新鲜完整	4.40	4.93	112.05	7	784.35

解：计算固定权数加权算术平均指数：

$$肉蛋禽小类价格指数\ \bar{K}_p=\frac{\sum KW}{\sum W}=\frac{11358.13\%}{100}=113.58\%$$

附：我国经济统计中的价格指数

居民消费价格指数 反映一定时期内城乡居民所购买的生活消费品和服务项目价格变动趋势和程度的相对数。

商品零售价格指数 反映一定时期内城乡商品零售价格变动趋势和程度的相对数。

农业生产资料价格指数 反映一定时期内农业生产资料价格变动趋势和程度的相对数。

农产品生产者价格指数 反映一定时期内，农产品生产者出售农产品价格水平变动趋势及幅度的相对数。该指数可以客观反映全国农产品生产价格水平和结构变动情况，满足农业与国民经济核算需要。其中某代表品生产价格指数是通过对全部有出售该产品行为的调查单位的个体指数进行几何平均求得的，类价格指数是通过对其所属的类(或代表品)的价格指数进行加权平均求得的。季度累计价格指数的计算方法与分季指数的计算方法相同。

工业生产者出厂价格指数 反映一定时期内全部工业产品第一次出售时的出厂价格总水平的变动趋势和变动幅度的相对数。

工业生产者购进价格指数 反映作为中间投入的原材料、燃料、动力购进价格总水平的变动趋势和变动幅度的相对数。

固定资产投资价格指数 反映一定时期内固定资产投资品及取费项目的价格变动趋势和变动幅度的相对数。

12.4 指数体系和因素分析

12.4.1 指数体系

社会经济现象是复杂的，有些现象总体是由两个或两个以上的因素构成，而这些构成因素在意义和数量上都有必然联系。例如：

农业总产值＝农产品产量×农产品单位价格

农产品总成本＝农产品产量×农产品单位成本

商品销售额＝商品销售量×商品销售单价

施用化肥总成本＝种植面积×单位面积化肥使用量×化肥单价

这些联系是静态指标之间的联系。如果现象之间存在静态指标之间的联系，则动态指标也具有同样的联系。它既表现为指数之间的关系，又表现为动态变化后所影响的绝对数之间的关系。例如：

农业总产值指数＝农产品产量指数×农产品价格指数

$$\frac{\sum p_1q_1}{\sum p_0q_0}=\frac{\sum p_0q_1}{\sum p_0q_0}\times\frac{\sum p_1q_1}{\sum p_0q_1}$$

$$\sum p_1q_1-\sum p_0q_0=(\sum p_0q_1-\sum p_0q_0)+(\sum p_1q_1-\sum p_0q_1)$$

生产支出总额指数=产品产量指数×单位产品成本指数

$$\frac{\sum z_1 q_1}{\sum z_0 q_0}=\frac{\sum z_0 q_1}{\sum z_0 q_0}\times\frac{\sum z_1 q_1}{\sum z_0 q_1}$$

$$\sum z_1 q_1-\sum z_0 q_0=(\sum z_0 q_1-\sum z_0 q_0)+(\sum z_1 q_1-\sum z_0 q_1)$$

以上仅以综合指数为例,说明有关指数之间的关系。若干个指数由于相互联系和数量上的关系而形成的整体,就叫指数体系。指数体系反映了事物之间的客观联系,其基本含义是:若干个因素指数的乘积等于总变动指数;各个因素的变动所引起的绝对差额之和等于实际产生的总变动差额。

编制指数体系的基本原则和方法,就是在测定现象总体变动中某一因素的变动影响时,必须将另外的因素固定下来,以消除其影响。一般情况下,分析质量指标影响时,将数量指标固定在报告期;分析数量指标影响时,将质量指标固定在基期。

12.4.2　总量指标指数因素分析

1. 因素分析的概念

利用指数从数量上分析复杂经济现象总动态中各个因素的影响程度和影响绝对数时,称为因素分析法。其基本原理是:

(1)它是以指数体系中数量对等关系作为基本依据的,即若干因素指数的乘积等于总变动指数,若干因素指数影响的绝对差额之和等于总变动指数的总差额。

(2)因素分析法研究的对象是受两个或两个以上因素影响的复杂经济现象,目的在于测定各个因素对总体的影响方向和程度。

(3)因素分析法的基本特点是假定其他因素不变,先测定其中一个因素的变动影响,然后用同样方法,按指数体系排列顺序(数量指标在前,质量指标在后),依次进行其他因素的变动测定。

(4)因素分析法的结果同时用相对数和绝对数两种形式表现,全面反映分析的结果。

因素分析法按分析的指标种类不同可分为总量指标的因素分析和平均指标的因素分析。平均指标的因素分析参见本章 12.4.3,本节只对总量指标的因素分析加以叙述。

2. 两因素分析

总量指标两因素分析的对象是一个总量指标,它是两个因素的乘积,分析的目的是测定两个因素分别对现象总变动的影响程度。

【例 12.9】以表 12.8 资料说明两因素分析方法。

表 12.8　某农户蔬菜产量和单位产品成本资料

产品	单位	产量(kg)		单位成本(元/kg)		q_0z_0	q_1z_1	q_1z_0
		基期 q_0	报告期 q_1	基期 z_0	报告期 z_1			
番茄	kg	4200	4400	1.50	1.40	6300	6160	6600
黄瓜	kg	4300	4500	1.60	1.40	6880	6300	7200
茄子	kg	3100	3700	2.00	1.60	6200	5920	7400
合计	—	—	—	—	—	19380	18380	21200

解：利用指数体系计算蔬菜单位成本和产量变化对农户生产支出的影响。

$$生产支出总额指数\ \bar{K}=\frac{\sum q_1 z_1}{\sum q_0 z_0}=\frac{18380}{19380}\times 100\%=94.84\%$$

即生产支出总额报告期比基期下降了5.16%，支出总额减少了1000元，即：

$$\sum q_1 z_1-\sum q_0 z_0=18380-19380=-1000(元)$$

$$蔬菜产量指数\ \bar{K}_q=\frac{\sum q_0 z_0}{\sum q_0 z_0}=\frac{21200}{19380}\times 100\%=109.39\%$$

由于蔬菜产量增长了9.39%，农户成本支出总额增加1820元，即：

$$\sum q_1 z_0-\sum q_0 z_0=21200-19380=1820(元)$$

$$蔬菜单位成本指数\bar{K}_z=\frac{\sum q_1 z_1}{\sum q_1 z_0}=\frac{18380}{21200}\times 100\%=86.70\%$$

由于蔬菜单位成本水平下降了13.3%，从而节约生产费用2820元，即：

$$\sum q_1 z_1-\sum q_1 z_0=21200-18380=-2820(元)$$

以上三个指数组成指数体系，它们之间的关系是：

$$\frac{\sum q_1 z_1}{\sum q_0 z_0}=\frac{\sum q_1 z_0}{\sum q_0 z_0}\times\frac{\sum q_1 z_1}{\sum q_1 z_0}$$

$$94.84\%=109.39\%\times 86.70\%$$

$$\sum q_1 z_1-\sum q_0 z_0=(\sum q_1 z_0-\sum q_0 z_0)+(\sum q_1 z_1-\sum q_1 z_0)$$

$$18380-19380=(21200-19380)+(18380-21200)$$

3. 多因素分析

总量指标多因素分析的对象是一个总量指标，它是三个或三个以上因素的乘积，分析的目的是测定多个因素分别对现象总变动的影响程度。

受多因素影响的现象是很多的。即使是受两因素影响的现象，也常常可以分解为多因素。多因素现象的指数体系，由于所包括的现象因素较多，指数的编制过程比较复杂，所以在进行总量指标的多因素分析时，需要注意两点：

第一，测定某一因素的变动影响时，要把其他两个或两个以上因素固定不变。仍采用综合指数的一般要求，来确定固定因素所属时期。

第二，要注意分清各因素指标的性质和各因素的排列顺序。判断各因素之间的排列顺序是否正确，可以用如下的两条原则来检验：一是数量指标在前，质量指标在后的原则。如果相邻的两个指标同时都是数量指标或质量指标，则把相对来看属于数量指标的因素排在前面；二是两个相邻指标相乘必须有实际经济意义的原则。只有这样排列，才能保持各因素之间彼此适应和相互结合。掌握了这两条原则，就能够合理排列各因素的先后顺序，然后再逐项测定变动。

【例12.10】现以表12.9资料为例说明总量指标的多因素分析方法。

表 12.9　2018 年全国农产品总产量资料

产品	种植面积（千公顷）		亩产（t/千公顷）		价格（万元/t）		总产值（亿元）			
	基期 m_0	报告期 m_1	基期 t_0	报告期 t_1	基期 p_0	报告期 t_1	$m_0t_0p_0$	$m_1t_0p_0$	$m_1t_1p_0$	$m_1t_1p_1$
油菜籽	7028	6551	1972	2027	0.58	0.55	803.83	749.28	770.17	730.34
花生	4386	4620	3640	3752	0.66	0.54	1053.69	1109.91	1144.06	936.05
棉花	3775	3354	1565	1819	1.76	1.33	1039.79	923.83	1073.76	811.42
合计	—	—	—	—	—	—	2897.31	2783.02	2987.99	2477.81

解：根据表 12.9 资料，首先测定现象的总变动，即总产值指数：

$$\bar{K}_{mtp}=\frac{\sum m_1t_1p_1}{\sum m_0t_0p_0}=\frac{2477.81}{2897.31}\times100\%=85.52\%$$

结果表明，报告期总产值比基期下降了 14.48%，因而使总产值下降了 419.5 万元，即：

$$\sum m_1t_1p_1-\sum m_0t_0p_0=2477.81-2897.31=419.5(\text{亿元})$$

由于总产值是种植面积、亩产和农产品价格三因素的乘积，所以必须注意根据指标的性质及因素乘积的经济意义来确定因素的排列顺序和时期固定问题。

种植面积是数量指标。相对于种植面积来说，tp 即亩均产值，是质量指标；计算种植面积指数时，必须将亩产和价格同时固定在基期，即：

$$\bar{K}_m=\frac{\sum m_1t_1p_1}{\sum m_0t_0p_0}=\frac{2783.02}{2897.31}\times100\%=96.06\%$$

$$\sum m_1t_0p_0-\sum m_0t_0p_0=2783.02-2897.31=-114.29(\text{亿元})$$

结果说明，由于种植面积下降 3.94%，使得总产值减少 114.29 亿元。

亩产与种植面积的乘积是总产量，与价格的乘积是亩均产值，具有明显的经济意义，且价格是质量指标，所以亩均产量应排在中间位置。它相对于产量来说是质量指标，但相对于出厂单价来说是数量指标。因此，亩均产量指数为：

$$\bar{K}_t=\frac{\sum m_1t_1p_0}{\sum m_0t_0p_0}=\frac{2987.99}{2783.02}\times100\%=107.37\%$$

$$\sum m_1t_1p_0-\sum m_1t_0p_0=2987.99-2783.02=204.97(\text{亿元})$$

结果表明，由于亩均产量报告期比基期增长了 7.37%，使得总产值增加了 204.97 亿元。

农产品价格是质量指标，相对于农产品价格来说，mt 即总产量，是数量指标。因此，农产品价格指数为：

$$\bar{K}_p=\frac{\sum m_1t_1p_1}{\sum m_1t_1p_0}=\frac{2477.81}{2987.99}\times100\%=82.93\%$$

$$\sum m_1t_1p_1-\sum m_1t_1p_0=2477.81-2987.99=-510.18(亿元)$$

结果表明，由于农产品价格平均下降7.07%，使得总产值减少了210.18亿元。

以上四个指数组成一个指数体系，相对数表现为：

$$\bar{K}_{mtp}=\bar{K}_m\times\bar{K}_t\times\bar{K}_p$$

$$85.52\%=96.06\%\times107.37\%\times82.93\%$$

绝对数表现为：

$$\sum m_1t_1p_1-\sum m_0t_0p_0=(\sum m_1t_0p_0-\sum m_ot_op_o)+(\sum m_1t_1p_o-\sum m_1t_op_o)+(\sum m_1t_1p_1-\sum m_1t_1p_0)$$

得：

$$-419.5=-114.29+204.97-510.18$$

12.4.3 平均指标指数因素分析

1. 平均指标指数的意义

平均指标指数是说明同类现象两个不同时期平均水平动态变化的相对指标。例如，两个平均价格之比、两个平均工资之比等。它的一般公式为：

$$\bar{K}=\frac{\bar{x}_1}{\bar{x}_0}\tag{12.9}$$

式(12.9)中，分子为报告期平均指标值，分母为基期平均指标值。

常见的平均指标指数有平均工资指数、平均劳动生产率指数、平均单位成本指数、平均价格指数等。

在数据分组的条件下，平均指标的变动取决两个因素的变动影响，一是各组平均水平的变动影响，另一是各组频数。

以平均工资为例，平均工资指数公式：

$$\bar{K}=\frac{\bar{x}_1}{\bar{x}_0}=\frac{\sum x_1f_1}{\sum f_1}:\frac{\sum x_0f_0}{\sum f_0}\tag{12.10}$$

式(12.10)中，x_1为报告期各组平均工资，x_0为基期各组平均工资，f_1为报告期各组工人人数，f_0为基期各组工人人数。

由式(12.10)，平均工资指数反映两个因素的变动影响，即各组工人工资水平变动的影响和各组工人人数在全部工人总数中所占比重变动的影响。又如，平均价格的提高，可能是由于各类商品价格上涨，也可能是由于价格较高的商品在销售量中所占比重的增大。因此，我们不仅要计算总的平均指标指数，还要计算分组的平均指标指数；不仅要反映总平均水平发展变化的方向和程度，还要分析平均指标动态变化中各组水平变动和结构变动的影响。

2. 平均指标指数分析

为了考察和分析总平均指标的动态及其构成因素的变动影响，需要编制相互联系的平均指标指数，形成一个平均指标指数体系。平均指标指数体系由三种指数构成，即：

可变构成指数＝固定构成指数×结构影响指数

(1)可变构成指数

反映总平均指标变动方向和程度的指数,称为可变构成指数,简称可变指数。可变指数不仅反映总平均指标的动态对比中各组平均水平的变动,而且反映总体内部结构变动的影响。其计算公式为:

$$\bar{K}_{可变}=\frac{\bar{x}_1}{\bar{x}_0}=\frac{\sum x_1 f_1}{\sum f_1}:\frac{\sum x_0 f_0}{\sum f_0} \tag{12.11}$$

【例 12.11】以表 12.10 的资料为例,说明总平均指标动态及其构成因素分析方法。

表 12.10 某两个合作社生产同一种农产品的有关资料

合作社	产量 (t)		社员数 (人)		劳动生产率 (t/人)		劳动生产率指数
	基期 $x_0 f_0$	报告期 $x_1 f_1$	基期 f_0	报告期 f_1	基期 x_0	报告期 x_1	x_1 / x_0
	(1)	(2)	(3)	(4)	(5)=(1)/(3)	(6)=(2)/(4)	(7)=(6)/(5)
甲	3000	7280	6	13	500	560.0	112.0
乙	2880	3360	9	10	320	336.0	105.0
合计	5880	10640	15	23	392	462.6	118.0

解:据表 12.10 的数据计算:

$$\bar{K}_{可变}=\frac{\bar{x}_1}{\bar{x}_0}=\frac{\sum x_1 f_1}{\sum f_1}:\frac{\sum x_0 f_0}{\sum f_0}=\frac{10640}{23}:\frac{5880}{15}=\frac{462.61}{392}=118.01\%$$

$$\bar{x}_1-\bar{x}_0=\frac{\sum x_1 f_1}{\sum f_1}-\frac{\sum x_0 f_0}{\sum f_0}=462.61-392=70.61(\mathrm{t})$$

计算结果表明,该两个合作社平均劳动生产率提高了 18.01%,即平均每人多生产了 70.6t。但是分别考察甲、乙合作社劳动生产率的提高状况,甲合作社提高了 12%,乙企业提高了 5%,都达不到这个平均的提高程度。这正说明了可变指数的性质,它不仅综合反映各合作社劳动生产率的提高程度,还会受社员数结构变动的影响。所以,可变指数在某些场合下会越出所综合的各合作社劳动生产率的变动范围,当然有些情况下也会低于各合作社劳动生产率的变化范围。

为了分析合作社由于劳动生产率提高所引起产量增加的绝对数,必须在两个时期劳动生产率差额的基础上,乘以报告期社员总数,即:

$$\left(\frac{\sum x_1 f_1}{\sum f_1}-\frac{\sum x_0 f_0}{\sum f_0}\right)\times\sum f_1=\sum x_1 f_1-\bar{x}_0\sum f_1$$

即(462.61−392)×23=1624.03(t) 或 10640−392×23=1624(t)

(2)固定构成指数

固定构成指数是在平均指标的动态分析中,把作为权数的总体结构固定下来,只反映各组平均水平变动影响程度的指数。其计算公式为:

$$\bar{K}_{固定}=\frac{\bar{x}_1}{x_n}=\frac{\sum x_1 f_1}{\sum f_1}:\frac{\sum x_0 f_1}{\sum f_1} \tag{12.12}$$

式(12.12)中，$\sum x_0 f_1/\sum f_1$ 是按基期平均水平计算的报告期经济总量除以报告期总体单位总量得出的假定平均指标，为便于叙述用符号 $\bar{x}_n$ 表示。

【例 12.12】以表 12.10 资料计算劳动生产率固定构成指数。

根据综合指数编制的一般原则，将各组社员人数的结构（数量指标）固定在报告期，才能反映劳动生产率（质量指标）变动的影响：

$$\sum x_0 f_1=500\times 13+320\times 10=9700(\mathrm{t})$$

$$\bar{K}_{固定}=\frac{\bar{x}_1}{x_n}=\frac{\sum x_1 f_1}{\sum f_1}:\frac{\sum x_0 f_1}{\sum f_1}=\frac{10640}{23}:\frac{9700}{23}=\frac{462.61}{421.74}=109.69\%$$

$$\bar{x}_1-\bar{x}_n=\frac{\sum x_1 f_1}{\sum f_1}-\frac{\sum x_0 f_1}{\sum f_0}=462.61-421.74=40.87(\mathrm{t})$$

结果表明，消除社员结构因素变动的影响，报告期劳动生产率比基期提高了 9.69%，即平均每人多生产了 40.87t。故由于各企业劳动生产率提高而增加的产量：

$$\left(\frac{\sum x_1 f_1}{\sum f_1}-\frac{\sum x_0 f_1}{\sum f_1}\right)\times\sum f_1=\sum x_1 f_1-\sum x_0 f_1$$

即 $(421.61-421.74)\times 23=940.01(\mathrm{t})$　或　$10640-9700=940(\mathrm{t})$

(3)结构影响指数

结构影响指数是在平均指标的动态分析中，将各组平均水平固定起来，以反映总体各组结构变动程度的指数。其计算公式为：

$$\bar{K}_{结构}=\frac{\bar{x}_n}{\bar{x}_0}=\frac{\sum x_0 f_1}{\sum f_1}:\frac{\sum x_0 f_0}{\sum f_0} \tag{12.13}$$

【例 12.13】根据表 12.10 资料计算结构影响指数。

解：根据综合指数编制的一般原则，将各组劳动生产率固定起来计算社员结构变动的影响：

$$\bar{K}_{结构}=\frac{\bar{x}_n}{\bar{x}_0}=\frac{\sum x_0 f_1}{\sum f_1}:\frac{\sum x_0 f_0}{\sum f_0}=\frac{9700}{23}:\frac{5880}{15}=\frac{421.74}{392}=107.59\%$$

$$\bar{x}_n-\bar{x}_0=\frac{\sum x_0 f_1}{\sum f_1}-\frac{\sum x_0 f_0}{\sum f_0}=421.74-392=29.74(\mathrm{t})$$

结果表明，消除了各合作社社员劳动生产率变动的影响后，单纯由于各合作社社员结构的变动而使报告期劳动生产率提高了 7.59%，即平均每人多生产了 29.74 吨。则由于各合作社社员人数变动而增加的产量为：

$$\left(\frac{\sum x_0 f_1}{\sum f_1}-\frac{\sum x_0 f_0}{\sum f_0}\right)\times\sum f_1=\sum x_0 f_1-\bar{x}_0\sum f_1$$

即 (421.74－392)×23＝684.02(t)　或　9700－392×23＝684(t)

至此，可变构成指数、固定构成指数和结构影响指数三者形成指数体系：

$$\frac{\bar{x}_1}{\bar{x}_0}=\frac{\bar{x}_1}{\bar{x}_n}\times\frac{\bar{x}_n}{\bar{x}_0} \tag{12.14}$$

将数值代入式(12.14)得：

$$118.01\%=109.69\%\times 107.59\%$$

上述三种指数之间的绝对数联系为：

$$\bar{x}_1-\bar{x}_0=(\bar{x}_1-\bar{x}_n)+(\bar{x}_n-\bar{x}_0) \tag{12.15}$$

将上例中的有关数值代入式(12.15)，则

$$462.61-392=(462.61-421.74)+(421.74-392)$$

即 70.61＝40.87＋29.74

综上所述，报告期与基期相比，两个合作社社员的劳动生产率平均提高了18.01%，相应的产出增加了70.61t。其中，由于劳动生产率平均提高了9.69%，相应的产量增加了40.87t；由于社员人数平均提高了7.59%，相应的产量增加了29.74t。

12.5　常见的价格指数

12.5.1　消费者价格指数

消费者价格指数(consumer price index，CPI)是反映针对消费者的一篮子商品和服务项目的价格水平随时间而变动的相对数，CPI可以用来反映通货膨胀(或紧缩)的程度。CPI不是一种商品或服务的价格变动，属于综合指数。CPI又可细分为食品、衣着、家庭设备及服务、医疗保健及个人用品、交通和通信、娱乐教育文化用品及服务、居住等CPI。CPI是在消费支出和价格统计的基础上编制计算的。

不同于价格水平反映的是在一定时期商品和服务项目价格的水平，价格指数是用两个不同时期的价格水平相比较，反映一定时期内商品价格水平变动情况的统计指标。

计算CPI一般分为两步：一是计算单项商品和服务项目的价格指数，根据所属代表规格商品的相对数采用算术平均法计算；二是计算类别及总指数，在拉氏指数和帕氏指数中，一般采用拉氏指数公式，即以基期支出比重为权数将个体进行算术平均。具体公式如下：

$$CPI=\frac{\sum_{i=1}^{n}p_i^t q_i^0}{\sum_{i=1}^{n}p_i^0 q_i^0} \tag{12.16}$$

式(12.16)中，q_i^0 是一组固定商品的量，p_i^0 是基期商品的消费价格，p_i^t 是报告期商品的消费价格。

总体来说，编制CPI的目的是了解全国或各地消费品价格变动的基本情况，分析研究价格变动对经济社会和居民生活的影响，满足各级政府制定政策和计划，进行宏观调控的需要，以及为国民经济核算提供科学依据。CPI的报告周期分为月报和年报。月报反映一个地区一个月内物价运行情况，年报就是全年12个月月度汇总数据。在CPI调查工作

中，年度数据是相当重要的，它不仅是全年物价运行的综合反映，也是制定下一年物价监控目标的依据。

12.5.2 股票价格指数

股票市场是金融市场的重要组成部分。近些年，随着我国人均收入的不断增加和股票市场的迅速发展，股票价格已经成为了影响社会经济生活的重要因素。指数化投资是证券市场的重要投资方式，股票价格指数就是其中之一。股票价格指数，又称股票市场指数，是衡量股票市场总体价格水平或某类股票价格水平变动及其走势的尺度，也是测度股市行情变化的指标参数。国际上各发达股票市场均有自己的股价指数，我国股票市场经过十几年的发展也已拥有自己的一套股票指数体系。

世界上首个股票指数由美国道琼斯公司于 1896 年创立，即道琼斯工业平均数。1926 年，美国最大的证券研究和服务机构标准普尔（S&P）公司编制和发布了标准普尔 500 指数。随后几十年，各大机构纷纷进入指数编制领域，股票指数编制产业迅速繁荣。中国股票市场中较为知名的指数包括上证综合指数、深圳综合指数、沪深 300 指数等。

股票价格指数包括标尺性功能、交易性功能和投资性功能。标尺性功能是股票价格指数的最基本的功能，具有刻画股市整体状况、记录股市运动轨迹、间接反映经济变化、客观衡量股市投资相对表现以及作为分析工具剖析资本市场的作用。交易性功能和投资性功能则是全球风险管理盛行和金融产品创新的产物。

股票价格指数的编制步骤一般分为四步：选择样本股、选定基期、计算报告期平均股价或市值以及指数化。不同指数的编制目的不尽相同，采用的计算方式也有所差异，下面主要介绍上证综合指数的计算方法。

上海证券交易所从 1991 年 7 月 15 日起编制并发布上海证券交易所股价指数，它以 1990 年 12 月 19 日为基期，以全部上市股票为样本，以股票发行量为权数，按照加权平均法进行计算。计算公式为：

$$\text{股票价格指数} = \frac{\text{报告期股票市价总值}}{\text{基期股票市价总值}} \times 100 \tag{12.17}$$

式(12.17)中，报告期股票市价总值 $= \sum$ 报告期收盘价 $\times$ 发行量，基期股票市价总值 $= \sum$ 基期收盘价 $\times$ 发行量。遇到新股上市、退市或上市公司增资扩股时，进行相应修正：

$$\text{新基期市价总值} = \text{修正前基期市价总值} \times \frac{\text{修正前市价总值} + \text{市价总值变动额}}{\text{修正前市价总值}} \tag{12.18}$$

$$\text{修正后报告期股价指数} = \frac{\text{报告期股票市价总值}}{\text{新基期股票市价总值}} \times 100 \tag{12.19}$$

关键术语

统计指数 statistical index
个体指数 individual index
基期 base period
报告期 given period
总指数 combined index
综合指数 composite index

数量指标指数 quantity index　　质量指标指数 quality index
拉氏指数 Laspeyres index　　帕氏指数 Paasche index
消费者价格指数 consumer price index,CPI

本章小结

1. 统计指数。统计指数有广义和狭义之分。广义上讲,凡是说明现象对比关系的相对数都叫指数。狭义上讲,统计指数是指综合反映复杂现象在时间上的发展变化和程度的相对数,是一个动态的概念。统计指数按其所反映的对象范围不同分为个体指数和总指数,其中综合指数是总指数的基本形式。

2. 综合指数的编制。按照指数化指标的性质不同,综合指数有数量指标指数和质量指标指数之分。编制综合指数的一般原则是:编制数量指标指数时,将同度量的质量指标固定在基期;编制质量指标指数时,将同度量的数量指标固定在报告期。同度量因素指把不能直接进行加总对比的复杂现象变为可以进行加总比较的那个因素。综合指数有加权算术平均数指数和调和平均数指数两种变形形式。

3. 指数因素分析。若干个指数由于相互联系和数量上的关系而形成的整体,叫做指数体系,一般表达为:总变动指数等于若干个因素指数的乘积。基于指数体系可以进行指数因素分析,即将其他因素固定下来,测定某一因素的变动对总变动的影响程度。指数体系有总量指标指数体系和平均指标指数体系两种。

4. 统计指数应用。基于统计指数编制的基本原理,统计实践中我国编制的统计指数有农业生产资料价格指数、农产品生产者价格指数、居民消费价格指数和股票价格指数等。

思考和练习

一、思考题

12.1 统计指数的含义?为什么要编制统计指数?

12.2 编制综合指数时同度量因素所在的时期如何确定?

12.3 为什么会存在综合指数的变形形式?

12.4 在统计指数体系编制中,将多个指数联系在一起的依据是什么?

12.5 为何说平均指标指数体系是总量指标指数体系的一种应用?

12.6 三个以上因素的指数体系编制时,同度量因素所固定的时期如何确定?

二、练习题

12.1 某地出口三种蔬菜,价格与出口量资料如下:

品名	2019 年价格 (元/kg)	2019 年出口量 (t)	2020 年价格 (元/kg)	2020 年出口量 (t)
生鲜蔬菜	13.0	41.2	0.34	0.51
冷冻蔬菜	3.1	7.4	0.95	0.88
暂时储藏蔬菜	2.6	1.7	0.64	0.87

要求:

(1)计算各类蔬菜的个体价格指数和个体出口量指数；

(2)计算出口价格总指数、出口量总指数和出口额总指数。

12.2 某地养殖业在 2018 年与 2019 年的单位养殖成本及产量资料如下：

品名	单位成本(元/kg)		产量(kg)	
	2018 年	2019 年	2018 年	2019 年
生猪	10.31	10.91	111.51	110.96
奶牛	2.19	2.45	5543.15	5453.10
蛋鸡	6.97	7.67	1686.61	1693.13
肉鸡	8.90	9.81	221.35	220.36

要求：

(1)编制养殖成本总额变动的指数体系；

(2)从相对数和绝对数两个方面分析养殖成本总额变动的影响因素。

12.3 某地农产品销售资料如下：

农产品名称	基期销售额(万元)	销售价格的增减幅度(%)
粮食	693288.9	6.5
蔬菜	49172.4	8.8
蛋类	63829.6	5.7

要求：计算三种农产品的价格总指数。

12.4 某农场 2018 年和 2019 年三种不同农产品的单位成本和产量资料如下：

产品名称	产量(t)		单位成本(千元/t)	
	2018 年	2019 年	2018 年	2019 年
A	900	1000	8.5	9.0
B	500	650	6.3	7.2
C	700	830	6.1	6.5

要求：

(1)计算三种产品的成本总指数及总成本变动额；

(2)以 2019 年产量为同度量因素，计算三种产品的单位成本综合指数、单位成本变动对总成本额的影响；

(3)以 2018 年单位成本为同度量因素，计算三种产品的产量综合指数、产量变动对总成本额的影响。

12.5 某进出口企业进口商品的数据资料如下：

品名	计量单位	进口量		价格(元)	
		基期	报告期	基期	报告期
小麦	t	85	110	2200	2400
白糖	t	120	103	2750	2890
牛肉	t	70	55	80000	95000
合计	—	275	268	—	—

要求：

(1)计算该企业商品进口量总指数和进口价格总指数；

(2)计算进口额总指数,并进行影响因素分析。

12.6 某肉类加工企业生产鸡肉和牛肉两种商品,销售资料如下：

品名	计量单位	销售额(万元)		报告期比基期销售量增长(%)
		基期	报告期	
鸡肉	t	3000	5778	7
牛肉	t	4200	5796	20
合计	—	7200	11574	—

要求：

(1)编制两种产品的销售量总指数和销售价格总指数；

(2)进行销售额变动的影响因素分析。

12.7 某农业经营主体的生产情况如下：

品名	计量单位	报告期销售额(万元)	个体价格指数(%)
小麦	kg	137.5	122
棉花	kg	410.4	110
黄芪	kg	673.1	126
合计	—	1221.0	

要求:试编制三种产品的价格总指数。

12.8 某农产品加工企业员工人数和日工资水平资料如下：

员工类别	工人数		工资水平(元)	
	基期	报告期	基期	报告期
技术人员	80	100	100	150
普通员工	30	65	80	120

要求：

(1)计算总平均工资的可变构成指数；

(2)计算平均工资变动的固定构成指数和结构影响指数；

(3)从相对数和绝对数方面分析各因素变动对总平均工资变动的影响程度。

12.9 甲乙两地农业人口就业及其人均纯收入资料如下：

地区	农业就业人数(万人)		人均纯收入(元/人)	
	2018 年	2019 年	2018 年	2019 年
甲地	1994	2004	3129.3	3456.9
乙地	2765	2712	2890.6	3240.4

要求：

(1)计算两地纯收入总额综合指数、农业就业人数综合指数和人均纯收入综合指数,并从相对数和绝对数两方面分析农业就业人口和人均纯收入变化对两地纯收入总额变化的影响；

(2)计算两地人均纯收入可变构成指数、固定构成指数和结构影响指数,并从相对数和绝对数两方面分析农业就业人口和人均纯收入变化对两地人均纯收入变化的影响。

第 13 章　统计综合评价

统计与实践

多数情况下，评价一个事物往往需要从多个层次、多个方面进行综合评价，从而得出科学合理的结论。以一个国家或地区的可持续性发展评价为例，由于传统的国民经济核算指标 GDP/GNP 在测算发展的可持续性方面存在明显缺陷，从 1980 年代起一些国际组织和人员便开始提出定量评估一个国家或地区可持续发展的指标体系，其中社会－经济－环境三分量模式在可持续性评价中占有重要地位。具体地，以可持续发展能力为评价总目标，设置三个一级指标(生态环境可持续发展能力、经济可持续发展能力以及社会可持续发展能力)，每个一级指标再细化为二级指标(在生态环境可持续发展能力评价指标层，选取如森林覆盖率、化肥和杀虫剂的使用量、重要渔业种类的捕捞量、环境污染治理投资额等指标；在经济可持续发展能力评价指标层，选取如人均 GDP、GDP 中的投资份额、第三产业占比、人均年能源利用量、人均交通旅行距离等；在社会可持续发展能力评价指标层，选取如贫困线以下的人口比例、拥有安全用水的人口比例、拥有基本医疗服务的人口比例、人口自然增长率、乡村居民恩格尔系数等。再如，以扶贫工作成效评价为总目标，设置三个一级指标及各自的二级指标：贫困人口自身情况(比如，年平均收入水平；房屋质量；健康状况等。)、外部环境(比如，公共基础设施、交通、现代化程度；教育资源、技术引进等；扶贫产业发展状况等)、政府支持(比如，扶贫识别精准度；扶贫补贴金额多少、发放是否及时；医疗救助等)。对于诸如以上构建的评价指标体系，采用适当的统计综合评估法进行综合分析，就可以达到综合评价的目的。

为了保障评价结果的科学性，评价指标选择时应遵循一些基本的原则。例如，关于可持续发展指标的选择，Anderson(1991)指出应具备七个条件：(1)计算出指标的数据是可以获得的；(2)指标是易于理解的；(3)指标是可以测量的；(4)指标计量的内容是重要的和有意义的；(5)指标描述的事件状态与其获取的时间间隔是短暂的；(6)指标所依据的数据可以进行不同区域的比较；(7)可以进行国际比较。事实上，同一研究任务，选择的评价指标不同，统计综合评价的结果必有一定差异。不同的研究任务，指标选择的条件也会有所不同。

在统计分析工作中，我们常常需要参照一定的标准对事物进行综合评价，评价过程即为认知事物的过程，评价结果为我们提供判断和决策的依据。统计综合评价法较多，本章主要介绍效用函数综合评价法。

13.1　统计综合评价法概述

13.1.1　统计综合评价法的概念和作用

统计综合评价法(comprehensive evaluation of statistical methods)是当一个复杂系统受到多个因素影响时,依据多个有关指标对系统进行评价的方法。其基本思想是将多个指标转化为一个能够反映综合情况的指标来进行评价。该方法是在统计调查、统计整理之后进行的一项重要的工作,是充分发挥统计功能的重要环节。相较于一般传统的统计评价方法,该方法更具有全面性和综合性,其评价结果更具有说服力和可信度,可以使我们从不同的侧面认识研究对象总体的情况。

统计综合评价主要有两方面作用:认知方面和决策方面。

统计综合评价用一定的方法将不同的几种指标进行处理并综合成一个指标,这一个综合指标所包含的内容比一般的统计指标广泛得多,反映了多个统计指标的全部信息,从而使我们能够对事物有一个整体的、全面的认识。比如,农业类高校评价并不是简单地根据一个农科大学的科研成果、师资力量或升学率进行评价,而是将它们汇总成一个综合指标,这样可以展现学校的综合实力。同时,通过纵向评价,我们可以清晰地了解到评价对象的整体实力随着时间的推移变化情况,以便进一步改进工作。

在决策方面,统计综合评价的结果是可量化的。根据量化结果,我们可以将评价对象进行排序,有助于反映评价对象在整个行业中的位置和整体水平,具有激励先进、鞭策落后的效果等。

13.1.2　统计综合评价的过程

统计综合评价的工作程序包括以下六个主要方面,见图 13.1。

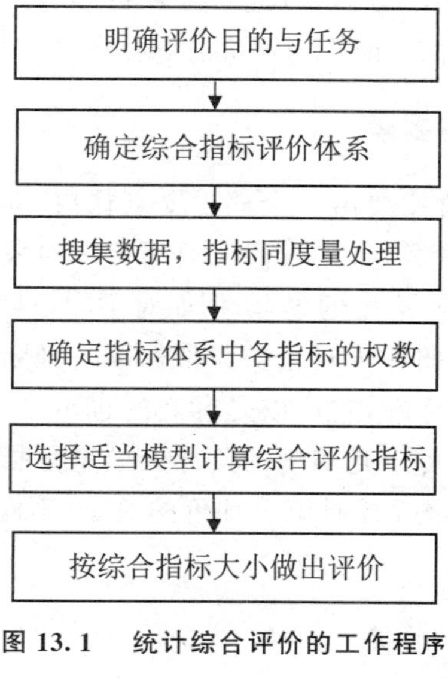

图 13.1　统计综合评价的工作程序

(1)明确评价目的与任务。统计综合评价中明确评价目的与任务是前提,界定所要评价对象的范围,了解评价对象的属性和结构,确定评价的精确度以及评价所要说明的问题等。只有明确评价目的才能顺利开展后续的确定评价指标体系、选择适当模型等工作。

(2)确定综合评价指标体系。根据统计评价的目的,我们需要选择合适的多个统计指标,从而建立一个能够从不同角度、不同侧面反映评价对象的评价指标体系。在选择指标时要注意对指标分级,通常可分为三个层级:前提指标、现状指标和后续指标,要根据评价目的谨慎选择指标所处层级,不能不区分指标层级笼统地选择。比如在评价一个人是否漂亮时,应该选择现状指标:五官、肤色、身材等,而不是前提指标:父母的长相。尽管父母的长相也会影响子女的面貌,但这种关系并不是必然的。在同一层级的指标中进行选择时,也不是越多越好,而应该遵循针对性原则,谨慎选择,通过少数指标抓住问题本质。

(3)搜集数据,指标同度量处理。评价指标体系建立后,我们需要根据指标体系搜集相关数据。由于指标类型、计量单位、数量级别往往不同,使得其不具有可比性,因此我们需要进行无量纲化(同度量化)处理,将其转化为有可比性的指标评价值,便于后期的综合汇总。

(4)确定指标体系中各指标的权数。由于综合评价指标体系中各个指标对总体的贡献度和重要性是不同的,因此需要将其赋予一定的权重系数来表示其重要程度,对评价目标越重要的应该赋予越大的权重,反之,重要性越小的应该赋予越小的权重。权重的确定方法主要分为两大类:主观赋权法和客观赋权法。在第 13.3 节我们会重点讨论几种评价权数的构造方法。

(5)选择适当模型计算综合评价指标。在统计综合评价中,我们需要将多个展现不同侧面和角度的指标通过一定的模型(函数)转化成一个综合性指标作为整体的评价值,即构造一个综合评价模型。这样的数学模型有很多,关键在于我们如何根据评价目的选择最为合适的模型。

(6)按综合指标大小作出评价。统计综合评价是一项主观性很强的工作,因此我们应尽量参考综合评价模型得出的综合值,以此对被评价的各个对象进行排序比较。但同时由于评价方法的缺陷,它的结论只能作为评价的重要参考,而不能作为决策的唯一依据。

13.1.3 统计综合评价的要素

一个完整的统计综合评价主要由三个核心要素构成,即:评价对象、评价标准和评价模型。评价对象也称为被评价客体,是我们所要研究的对象,是特定时间、地点之下的一个或多个可比单位、事物、行为、态度的集合,例如对不同地域农业生产经济效果进行评价时,全部参评的地区就是我们的评价对象。评价标准是判断评价对象价值高低或水平优劣的参照系,没有一个固定的标准,它可以是客观的也可以是主观的,可以是定性的也可以是定量的,可以是模糊的也可以是明确的。评价模型是指将多个评价指标合成为一个整体的数学模型,评价模型是整个统计综合评价的关键,不同的评价模型所得评价结果也不同。

13.1.4 统计综合评价的分类

具体地,典型的统计综合评价法包括效用函数综合评价法、层次分析法、熵值法等,这些方法在基本原理和应用方面有所不同，见表 13.1。

表 13.1　几种典型的统计综合评价法

方法	方法描述	使用路径	适用场景
效用函数综合评价法	对每个不同性质、不同单位的指标进行“无量纲化”处理和“加权合成”，求得总评估值并依此进行排序	权重计算－德尔菲法/AHP 层次分析法	竞争力排名、发展能力和创新能力排名等
聚类分析法	将多个指标聚为几个类别	进阶方法－分层聚类	指标筛选
因子分析/主成分分析法	将多个指标浓缩为概括性指标	进阶方法－分层聚类	信息浓缩；权重计算；竞争力排名
层次分析法	多个指标两两成对比较，确定判断矩阵，计算决策权重	权重计算－AHP 层次分析法	计算综合评价的权重；单独进行综合评价
模糊综合评价	运用模糊数学，对难以量化的指标进行综合评价	权重计算－模糊综合评价法	不能准确度量的事物的评价（质量评价、风险决策）；对目标指标进行综合评价
熵值法	根据各项指标提供的信息大小和变异程度，计算各项指标的权重	权重计算－熵值法	可配合因子分析/主成分分析得到一级指标权重，再使用熵值法计算二级指标权重，最终构建权重体系；可单独构建权重
灰色关联法	通过数据关联性大小，标准值和评分项（样本）之间的关联程度，得到各项指标排序	权重计算－灰色关联法	分析各个因素对结果的影响程度；竞争力评价；部分指标之间存在相关
TOPSIS 法	基于归一化后的原始数据矩阵，获得评价对象与理想化指标的接近程度，对评价对象（样本）排序	权重计算－TOPSIS	可配合层次分析法、熵值法确定权重，运用 TOPSIS 进行综合排名

基于以上方法，根据前面所介绍的统计综合评价的要素特点对统计综合评价进行分类：

（1）根据评价对象的时空纬度，将统计综合评价划分为纵向评价和横向评价。同一地区不同时间状态下的评价为纵向评价（动态评价），不同单位或地区同一时间节点的比较为横向评价（静态评价）。

（2）根据综合评价标准，将统计综合评价划分为绝对评价和相对评价。如果评价标准较为固定，且与评价对象集合内的单位个数无关则为绝对评价。如果评价对象集中，单位变动会影响评价名次的先后顺序则为相对评价。

别外，还可以根据评价结果的最终表现形式以及综合评价目标来进行分类。

13.1.5 统计综合评价的特点

相较于其他的评价方法，统计综合评价法具有综合性、相对性、数量性的特点。

(1)综合性。统计综合评价的方法和指标具有综合性。所谓综合性，指综合评价不仅能从多个方面对被评价对象给予综合的反映，还能够克服在不同被评价对象的比较中不同指标间相互矛盾的情况。比如，在评价教师综合素质时，可能有的教师在科研水平方面更加突出，在教学基本功上有所欠缺，有的老师却恰恰相反，统计综合评价则有助于解决这个问题。另外，利用综合评价模型把各指标评价值综合起来，以使得综合评价的结果能够反映被评价对象的整体情况。除此之外，在进行综合分析时不局限在统计分析方法的应用，还综合运用如系统工程学、计量经济学、产业组织学等学科方法。

(2)相对性。综合评价采用一定的数学模型对各指标的评价结果进行综合，且最后的综合评价结果用数值表示，这样有利于各评价对象间的比较排序，但此结论并非绝对，这些数据只具有相对意义。因为，当指标权重、综合评价方法甚至是无量纲化处理方法的选择不同时，最后的综合评价结果都有可能不同。究竟哪种评价方法是最优的，如何根据不同的评价方法确定出最合理的评价结果，这些问题都需要我们进一步探讨。

(3)数量性。数量性是统计综合评价的显著特征。虽然在统计综合分析中我们常常会用到定性分析的方法，但最终目的还是为了定量分析。通过相对主观的或客观的方法，对某些原本不具有数量特征的事物进行量化，使得我们对评价对象的总体进行更深刻、更全面的认识，以便于对其进行排序的决策。

13.2 效用函数综合评价法

效用函数综合评价法(comprehensive evaluation of utility functions)，又称“效用函数平均法”，是对每个评估指标首先按照特定的量化方法使之变成一个“量化值”(效用函数值)，再按一定的合成模型和权重值加权合成，最终求得总评估值，进而根据总评估值进行排序、优劣水平比较。这种方法的关键在于“无量纲化”和“加权合成”两个方面。“加权合成”不仅在这种评价方法里具有重要地位，在诸多其他领域都有重要意义，将在第13.3节重点介绍。

下面介绍三种常用的评价指标无量纲(indices non-dimension)的处理方法：相对化处理法(relativization processing)、功效系数处理法(efficiency coefficient approach)和标准化处理法(standardized approach)。

13.2.1 相对化处理法

相对化处理法是指对评价指标进行相对化处理以消除量纲的方法。这种方法首先需要确定一个参考值即比较的基准，然后计算实际值与基准值之比，以此作为指标评价值。相对化处理公式为：

$$\text{正指标：} z_i = \frac{x_i}{x_s} \tag{13.1}$$

$$\text{逆指标：} z_i = \frac{x_s}{x_i} \tag{13.2}$$

式(13.1)、式(13.2)中，z_i 表示经过处理后的评价值，x_i 表示实际值，x_s 表示设置的基准值。基准值可以是该行业过去几年的平均水平，也可以是未来的期望水平或计划水平等。正指标是指取值越大越好的指标，逆指标是指取值越小越好的指标。将原有的实际值转化为评价值后，$z_i>1$ 表示已经达到基准值的要求，$z_i<1$ 则表示还未达到基准值的要求，z_i 的值越大，表示评价客体的水平越高。

【例 13.1】根据针对性原则，将某新农合定点医疗机构的医疗工作质量指标分为工作量、工作效率和工作质量三大类，其中包括门急诊人数、手术次数、住院人数、病床使用率、治愈率、病死率几个指标，见表 13.2。以上指标数量级别往往不同，为了使指标之间具有可比性，对其进行相对化处理以消除量纲。

表 13.2　2014—2019 年某新农合定点医疗机构工作质量指标

年份	门急诊人数（人）	手术次数（台）	住院人数（人）	病床使用率（%）	治愈率（%）	病死率（%）
2014	1415698	20938	49837	78.53	93.27	1.35
2015	1564276	20783	50938	79.42	94.28	1.33
2016	1579834	21984	51730	80.01	95.37	1.21
2017	1628710	22846	52748	81.35	96.12	0.99
2018	1739762	23763	53085	83.64	96.78	0.98
2019	1745623	25673	55670	84.21	97.19	0.95
平均值	1612317	22665	52335	81.19	95.50	1.14

解：表 13.2 中，门急诊人数、手术次数、住院人数、病床使用率和治愈率为正指标，病死率为逆指标。

以 2014—2019 年各指标的平均值作为基准值，得到相对化处理计算结果。随后，对相对化处理后的指标进行综合，得到一个综合评价指标，并进行排序和比较，见表 13.3。

表 13.3　2014—2019 年某新农合定点医疗机构工作质量指标(去量纲)

年份	门急诊人数	手术次数	住院人数	病床使用率	治愈率	病死率
2014	0.8781	0.9238	0.9523	0.9672	0.9766	0.8407
2015	0.9702	0.9170	0.9733	0.9782	0.9872	0.8534
2016	0.9799	0.9700	0.9884	0.9854	0.9986	0.9380
2017	1.0102	1.0080	1.0079	1.0019	1.0065	1.1465
2018	1.0790	1.0485	1.0143	1.0301	1.0134	1.1582
2019	1.0827	1.1327	1.0637	1.0372	1.0177	1.1947

13.2.2　功效系数处理法

功效系数处理法又称功效函数法。这种方法是根据多目标规划原理，对每一项评价指标确定一个满意值和不允许值，以满意值为上限，以不允许值为下限，上限和下限可以根据实际情况确定，最简单的方法是使用参评单位中的最优值和最差值。确定了上下限后，分别计算评价对象各项指标接近、达到或超过满意值的程度，即功效系数，并转化为相应的功效评分值，作为指标评价值。功效系数的计算公式为：

$$正指标：d_{ij}=\frac{x_{ij}-m_j}{M_j-m_j}\quad (i=1,\ 2,\ \cdots,\ n;j=1,\ 2,\ \cdots,\ m)\tag{13.3}$$

$$逆指标：d_{ij}=\frac{M_j-x_{ij}}{M_j-m_j}\quad (i=1,\ 2,\ \cdots,\ n;j=1,\ 2,\ \cdots,\ m)\tag{13.4}$$

d_{ij} 表示第 i 个评价对象第 j 项评价指标的功效系数，x_{ij} 表示实际值，M_j 表示对第 j 项指标的满意值，m_j 表示对第 j 项指标的不允许值。式(13.3)、式(13.4)都满足 $0\leqslant d_{ij}\leqslant 1$，对于正指标，其越接近最佳值 M_j，d_{ij} 越接近1，反之，越接近0。对于逆指标，其越接近最佳值 m_j，d_{ij} 越接近1，反之，越接近0。无论正指标或逆指标，都是综合功效分数越大，表明评价对象的综合状况越佳。

由于式(13.3)、式(13.4)在实际值最差时，功效系数接近于0，可能给指标评价值后期的模型综合带来不便，因此为了使在综合评价中计算结果在任何情况下都不等于0，并与人们习惯的百分制评分方法一致，故进行如下改进：

$$正指标：d_{ij}=\frac{x_{ij}-m_j}{M_j-m_j}\times 40+60\quad (i=1,\ 2,\ \cdots,n;j=1,\ 2,\ \cdots,\ m)\tag{13.5}$$

$$逆指标：d_{ij}=\frac{M_j-x_{ij}}{M_j-m_j}\times 40+60\quad (i=1,2,\cdots,n;\ j=1,2,\cdots,m)\tag{13.6}$$

综上，运用功效系数法进行评价可以使指标评价值控制在某个范围内以便于比较，弥补了相对化处理法不能控制评价值的变动范围这个缺陷，也减少了因单一标准评价而造成的评价结果偏差。

【例 13.2】甲、乙、丙、丁四家公司的四项经济效益指标值见表13.4，利用改进后的功效系数法对四家公司进行排名(假设四项指标的权重系数分别相等)。

表 13.4　某地区四家公司经济效益指标

农业企业	全员劳动生产率(元/人年)	百元固定资产净产值(元)	百元总产值销售收入(元)	百元销售收入利税额(元)
甲	5723	60.3	91.4	16.8
乙	3776	52.3	93.2	7.3
丙	3930	71.3	84.5	12.7
丁	4507	68.2	88.1	12.8

解：首先，四项经济效益指标均为正指标。现以甲公司为例，利用改进后的正指标公式计算功效系数：

$$d_{12}=\frac{60.3-52.3}{71.3-52.3}\times 40+60=76.842$$

$$d_{11}=\frac{5723-3776}{5723-3776}\times 40+60=100$$

$$d_{13}=\frac{91.4-84.5}{93.2-84.5}\times 40+60=91.724$$

$$d_{14}=\frac{16.8-7.3}{16.8-7.3}\times 40+60=100$$

同理，计算出其他各公司改进后的功效系数值，见表 13.5。

表 13.5　某地区四家公司经济效益指标功效系数

农业企业	全员劳动生产率	百元固定资产净产值	百元总产值销售收入	百元销售收入利税额
甲	100.000	76.842	91.724	100.000
乙	76.842	60.000	100.000	60.000
丙	91.724	100.000	60.000	74.315
丁	100.000	93.473	76.551	83.157

13.2.3　标准化处理法

标准化处理法也是一种常用的消除量纲影响的处理方法，当评价指标的实际值符合正态分布时，可以利用评价指标的均值和标准差对其进行标准化处理，使其转化为服从均值为 0，标准差为 1 的标准正态分布的无量纲指标评价值。

标准化处理法首先要求出各指标的算术平均值 $\bar{x}_j$（数学期望）和标准差 σ_j，然后按照如下公式进行标准化处理：

$$\text{正指标：}z_{ij}=\frac{x_{ij}-\bar{x}_j}{s_j}\quad (i=1,\ 2,\ \cdots,\ n;\ j=1,\ 2,\ \cdots,\ m) \tag{13.7}$$

$$\text{逆指标：}z_{ij}=\frac{\bar{x}_j-x_{ij}}{s_j}\quad (i=1,\ 2,\ \cdots,\ n;\ j=1,\ 2,\ \cdots,\ m) \tag{13.8}$$

z_{ij} 表示第 i 个评价对象第 j 项评价指标的标准化后的评价值，该评价值围绕 0 上下波动，z_{ij} 大于 0 说明高于平均水平，z_{ij} 小于 0 说明低于平均水平。标准化处理法利用了原始数据的全部信息，没有人为选择阈值，因此标准化处理法比前面两种处理方法更科学，但标准化处理法的前提是原始数据一定要满足正态分布，并且要求样本容量较大。

【例 13.3】我国是水资源短缺最严重的国家之一，水资源人均占有量仅为世界平均水平的 1/4。提升用水效率，特别是提升农业用水效率对于解决我国水安全问题至关重要。表 13.6 为某地农业用水效率指标考察值，根据此表运用标准化处理法消除数据的量纲。

表 13.6　某地农业用水效率指标考察值

指标	指标类型	2010	2011	2012	2013	2014
灌溉水有效利用系数	效益型	0.48	0.50	0.50	0.55	0.51
耕地有效灌溉率/%	效益型	38.87	39.32	39.97	46.13	48.42
节水灌溉面积率/%	效益型	9.01	9.34	9.84	9.24	9.44
粮食作物种植比例/%	成本型	73.07	73.39	73.93	74.16	74.10
每立方水主要农作物产量/($kg\cdot m^{-3}$)	效益型	2.25	2.26	2.57	2.47	2.95
农业万元 GDP 产值用水量/m^3	成本型	1084.80	996.71	838.87	824.10	673.98

解：首先，计算出各项指标的平均值和标准差：

$$\bar{x}_1=0.509,\ s_1=0.022;\ \bar{x}_2=42.542,\ s_2=3.947$$

然后，根据指标性质(正指标、负指标)选择标准化处理公式：

$$z_{11}=\frac{x_{11}-\bar{x}_1}{s_1}=-1.227,\quad z_{12}=\frac{x_{12}-\bar{x}_2}{s_2}=-0.93$$

13.3　评价权数的构造方法

在综合评价过程中，一般要根据指标的重要性进行加权处理，评价结果不再是具有具体含义的统计指标，而是以指数或分值表示参评单位“综合状况”的排序。目前使用的赋权方法主要有主观赋权法和客观赋权法。

13.3.1　主观赋权法

主观赋权法是通过人为主观构造权数进行的，因而依照的标准并不是绝对的。不同的人可以依据个人经验和主观意识提出不同的赋权方法，且没有绝对理由认为由哪一种赋权方法所得到的权数就是正确的，因而在综合评价研究中的权数不可避免地会因人而异。

主流的主观赋权法主要有德尔菲构权法(Delphi's compositional power)和层次分析法(analytic hierarchy process，AHP)。

1. 德尔菲构权法

德尔菲构权法本质上是一种反馈匿名函询法，也称“专家意见法”。其大致流程是：在对所要预测的问题征得专家的意见之后，进行整理、归纳和统计，再匿名反馈给各专家，再次征求意见，再集中，再反馈，直至得到一致的意见。其过程可简单表示如下：

匿名征求专家意见－归纳、统计－匿名反馈－归纳、统计……，若干轮后停止。

德尔菲构权法的基本工作流程见图 13.2。该法是一种利用函询形式进行的集体匿名思想交流过程。它有三个明显区别于其他专家预测方法的特点，即匿名性、多次反馈、小组的统计回答。其中，专家人数一般不少于 5～6 名，既要有理论工作者也要有实际工作者。

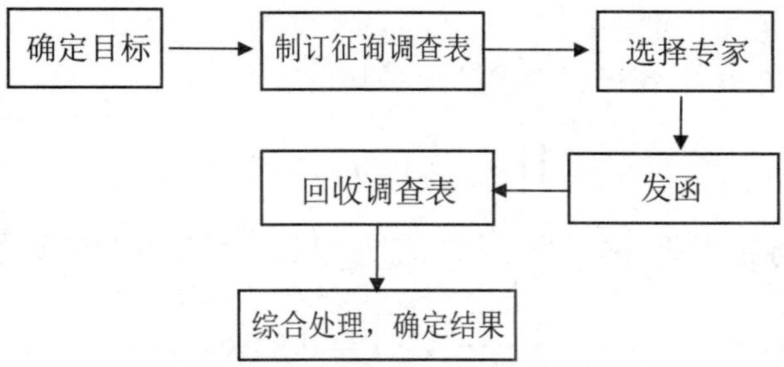

图 13.2　德尔菲构权法的基本工作流程

2. 层次分析法

层次分析法(AHP)也叫做互反式两两比较构权法，是一种定性和定量相结合的赋权方法，由美国运筹学家 Satty T. L. 于 20 世纪 70 年代提出。该方法可以较好地解决多要素相互关联、相互制约的复杂系统的评价，具有十分广泛的实用性，是一种新型简洁化、实用化的研究方法。在实际工作中，层次分析法经常和德尔菲法、百分权重法相结合，用于确定评价指标的权重。

层次分析法的主要步骤：

第一步，建立判断矩阵。将 n 个评价指标按照重要程度进行两两比较，构造出判断矩阵 $\boldsymbol{B}=(b_{ij})_{n\times n}$，其中 b_{ij} 表示的是第 i 个指标与第 j 个指标的重要程度之比 $\frac{w_i}{w_j}$ 的估计值。

$$\boldsymbol{B}=\begin{pmatrix} \frac{w_1}{w_1} & \frac{w_1}{w_2} & \cdots & \frac{w_1}{w_n} \\ \frac{w_2}{w_1} & \frac{w_2}{w_2} & \cdots & \frac{w_2}{w_n} \\ \vdots & \vdots & & \vdots \\ \frac{w_n}{w_1} & \frac{w_n}{w_2} & \cdots & \frac{w_n}{w_n} \end{pmatrix}=\begin{pmatrix} b_{11} & b_{12} & \cdots & b_{1n} \\ b_{21} & b_{22} & \cdots & b_{2n} \\ \vdots & \vdots & & \vdots \\ b_{n1} & b_{n2} & \cdots & b_{nn} \end{pmatrix}$$

该矩阵满足如下性质：

$$b_{ij}>0,\quad b_{ij}=1/b_{ji}\ (i=1,2,\cdots,n;j=1,2,\cdots,n),\quad b_{ii}=1$$

同时，该矩阵还应对于任意的 i,j,k，均有 $b_{ij}\cdot b_{jk}=b_{ik}$，此时该矩阵为一致矩阵。现实中构造的判断矩阵并不一定为一致矩阵，因此还需要进行一致性检验。

在层次分析法中，判断矩阵往往是由相关领域的专家(专家意见法)通过常用的 1～9 级标度法形成的，见表 13.7。

表 13.7　1～9 级标度法

序号	重要性等级	赋值
1	i，j 两元素同等重要	1
2	i 元素比 j 元素稍重要	3
3	i 元素比 j 元素明显重要	5
4	i 元素比 j 元素强烈重要	7
5	i 元素比 j 元素极端重要	9
	表示两相邻程度的中间值	2,4,6,8

第二步，计算各指标权重。

首先，对判断矩阵 $\boldsymbol{B}$ 中各行元素求几何平均值：

$$\bar{b}_i = \left(\prod_{j=1}^{n} b_{ij}\right)^{\frac{1}{n}}, \quad i = 1,2,\cdots,n \tag{13.9}$$

然后，对 $\bar{b}_i$ 进行正规化(归一化处理)，即可得到指标 i 的权重系数 w_i：

$$w_i = \frac{\bar{b}_i}{\sum_{i=1}^{n} \bar{b}_i}, \quad i = 1,2,\cdots,n \tag{13.10}$$

这时，$0 < w_i < 1$，且 $\sum_{i=1}^{n} w_i = 1$。

【例 13.4】某农业企业需要采购一台设备。在采购设备时，主要从功能、价格、维护性三个角度进行综合评价。对不同的几个品牌进行统计综合评价和排序时，首先需要确定不同影响因素的权重大小，这里采用主观和客观相结合的层次分析法，见图 13.3。

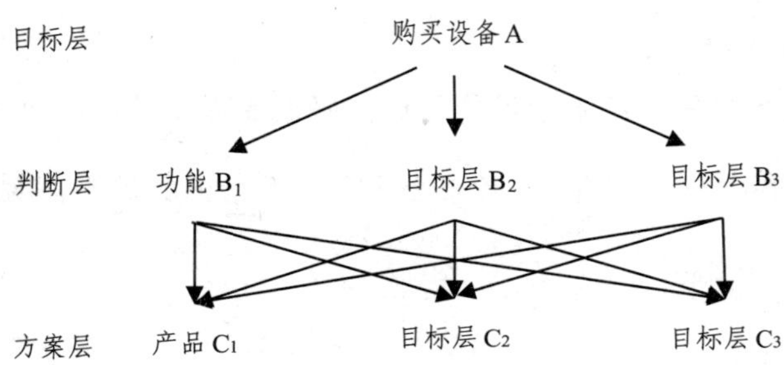

图 13.3　设备采购层次结构图

解：根据 1～9 级标度法，请到了六位相关领域的专家构建判断矩阵 $\boldsymbol{A}$：

$$\boldsymbol{A} = \begin{pmatrix} 1 & 1/3 & 2 \\ 3 & 1 & 5 \\ 1/2 & 1/5 & 1 \end{pmatrix}$$

计算矩阵的特征向量：

$$\boldsymbol{w} = (0.23 \quad 0.648 \quad 0.122)^T$$

则三个指标的权重系数分别为：0.23、0.648、0.122。

13.3.2　客观赋权法

由主观赋权法确定出的权重系数真实与否，在很大程度上取决于专家的知识、经验和偏好，为了避免过多受主观因素的影响，人们提出了客观赋权法。客观赋权法有多种，如主成分分析和因子分析等，在这里只介绍变异系数法这一种简便通用的方法。

变异系数法是直接利用各项指标所包含的信息，通过计算得到指标的权重，即在评价指标体系中，指标取值差异越大的指标，也就是越难以实现的指标，这样的指标更能反映被评价单位的差距。变异系数法公式如下：

$$V_i = \frac{s_i}{\bar{x}_i} \tag{13.11}$$

其中，s_i 是第 i 项指标的标准差，$\bar{x}_i$ 是第 i 项指标的均值。

各指标的权重为：

$$W_i=\frac{V_i}{\sum_{i=1}^{n}V_i} \tag{13.12}$$

【例 13.5】选取若干国家的六项指标作为评价现代化程度的指标体系，在收集数据后，对数据进行整理得表 13.8。利用变异系数法计算国家现代化程度评价指标体系中各项指标的权重。

表 13.8　国家现代化指标体系数据

指标	人均 GNP（美元）	农业占 GDP 的比重（%）	第三产业占 GDP 的比重（%）	非农劳动力的比重（%）	城市人口比重（%）	人口自然增长率（%）
平均数	10952.80	9.461	55.082	0.972	67.290	0.637
标准差	7857.26	7.462	13.560	0.560	20.872	0.763

解：根据各项指标的均值和标准差计算变异系数：

人均 GNP 的变异系数为：

$$V_1=\frac{s_1}{\bar{x}_1}=\frac{10952.8}{7857.26}=1.394$$

农业占 GDP 比重的变异系数为：

$$V_2=\frac{s_2}{\bar{x}_2}=\frac{9.461}{7.462}=1.268$$

其他指标的变异系数计算同理。

随后，将各指标的变异系数加总：

$$1.394+1.268+4.062+1.736+3.224+0.835=12.518$$

则人均 GNP 的权重为：

$$1.394\div 12.518=0.111$$

其他指标权重的计算同理。最终得到表 13.9。

表 13.9　国家现代化评价指标权重

指标	人均 GNP（美元）	农业占 GDP 的比重	第三产业占 GDP 的比重	非农劳动力的比重	城市人口比重	人口自然增长率
权重	0.111	0.101	0.325	0.139	0.258	0.067

13.4　评价结果的综合

评价结果的综合就是通过适当的模型对若干指标合成为一个整体性的综合评价值。对于某一个评价指标体系，对于给定的权数 $w_i(i=1,2,\cdots,m)$ 我们可以构造综合评价模型：$y_i=f(w_i,x_i)(i=1,2,\cdots,n)$，其中 y_i 为综合评价值，x_i 表示第 i 个指标的评价值向量(经过无量纲化处理)，f 代表一种合成算法或规则。综合评价模型有多种，这里仅介绍几种常规的综合方法。

13.4.1 算术加权综合法

算术加权综合法也称加法模型，指对各指标评价值进行加权算术平均求综合评价值，公式如下：

$$y_i = \sum_{j=1}^{n} w_j x_{ij}, \quad i = 1, 2, \cdots, n \tag{13.13}$$

式(13.13)中，y_i 为第 i 个被评价对象的综合评价值；w_j 为第 j 个指标的权重，且满足 $0 < w_j < 1$，$\sum_{j=1}^{m} w_j = 1$；x_{ij} 是经过无量纲化后的指标评价值。

算术加权综合法适用于以下两种情况：各评价指标之间相互独立及不同的指标评价值之间相差不大。如果各指标之间不能保证相互独立，那么加权求和的方法会导致信息的重复，不能保证统计综合评价的客观性和科学性。如果不同的指标评价值前后差距幅度过大，就会导致只要有一个指标足够大而不论其他指标的大小，都可以使最终的评价结果足够大，这样不能保证统计综合评价的综合性和整体性。

【例 13.6】根据例 13.2 得到的功效系数值，利用算术加权综合法对其进行综合评价，已知四项指标的权重系数分别相等。

解：仍以甲公司为例，计算综合评价值：

$$y_1 = \sum_{j=1}^{4} 0.25 \times x_{1j} = 0.25 \times (100 + 76.842 + 91.724 + 100) = 92.1415$$

同理，计算出其他三家公司的综合评价值，见表 13.10。

表 13.10 四家公司经济效益综合评价值

公司	经济效益综合评价值	排名
甲	92.1415	1
乙	74.2105	4
丙	81.5099	3
丁	88.2958	2

最终得到的评价结果表明，甲公司经济效益最好，乙公司经济效益最差。

13.4.2 几何加权综合法

几何加权综合法也称乘法模型，是对各指标评价值求几何平均数的一种方法。计算公式为：

$$y_i = \sum w_i \sqrt{\prod_{j=1}^{m} x_{ij}^{w_j}} = \prod_{j=1}^{m} x_{ij}^{w_j}, \quad i = 1, 2, \cdots, n \tag{13.14}$$

式(13.14)中，$\sum_{j=1}^{m} w_j = 1$。

几何加权综合法和算术加权综合法的适用场景恰恰相反：首先，由于乘积运算的性质，几何加权更适用于指标之间有相互关联的场景。其次，几何加权综合法会更突出评价值小的指标的作用，只要有一个指标的评价值趋近于 0，整体的综合评价值就会快速的趋于 0，这种方法相比算术加权综合法更强调整体均衡发展的重要作用，“一票否决”的评价方式中，更适合用这种合成方法。

【例 13.7】运用功效系数法、德尔菲构权法和几何加权综合法，评价某市土地利用综合效益。

解：首先，将全部指标分为经济效益、社会效益、生态效益三大类，搜集相关数据。

接着，邀请相关方面知名度最高的 100 名专家对指标进行赋权，经过多轮返回征询，各专家们的意见已基本一致，最终得到的权重结果见表 13.11。

表 13.11　某市土地利用效益评价指标体系

指标				权重
土地利用效益	经济效益	A1：人均二、三产业产值	万元/人	0.172
		A2：地均二、三产业产值	万元/平方公里	0.211
		A3：农村居民人均可支配收入	元	0.159
	社会效益	B1：人均住宅用地面积	平方米/人	0.502
		B2：农村人均道路面积	平方米	0.251
	生态效益	C1：人均公共绿地	平方米/人	0.35
		C2：建成区绿化覆盖率	%	0.363
		C3：生活垃圾无害化处理率	%	0.233
		C4：污水处理率	%	0.214

然后，根据各指标的计算原理和实际可能达到的水平确定各评价指标的满意值和不允许值。在确定过程中主要参考了政府部门出台的相关文案以及各指标历年来的最佳水平和最差水平，最终得到满意值和不满意值，见表 13.12。

表 13.12　某市 2014—2018 年土地利用效益主要指标值

指标层	满意值	不允许值	权重	2014 年	2015 年	2016 年	2017 年	2018 年
A1	2.794	1.612	0.175	1.613	1.857	1.911	2.078	2.396
A2	650.2	594.3	0.202	53692.3	8981.1	64298.4	624.8	860.8
A3	10849	6761	0.172	6893.92	7305.0	7820.24	8524.52	9564.05
B1	25.5	20.5	0.511	21.1	21.4	22.16	23.93	24.25
B2	11.5	4.1	0.293	4.5	4.1	7.8	8.38	9.1
C1	10	7.13	0.34	7.9	8.04	7.13	8.32	8.83
C2	40	32.9	0.369	34.1	33.57	34.16	34.92	36.02
C3	97.4	67.73	0.256	85.92	84.41	97.4	84.75	67.78
C4	40	21.4	0.221	30.34	28.94	21.4	21.4	21.6

在建立土地利用效益评价指标体系并获取相关数据后，由式(13.5)计算各项指标改

进后的功效系数，如对于 A1 指标：

$$d_{11}=\frac{x_{11}-m_1}{M_1-m_1}\times 40+60=0.068$$

随后，利用加权几何平均法和德尔菲法确定的各项指标权重进行各年份各项指标评价结果的综合，得到该市土地利用效益的综合功效系数，见表 13.13。

表 13.13　某市 2014—2018 年土地利用效益功效系数

指标	权重	2014 年	2015 年	2016 年	2017 年	2018 年
A1	0.172	0.916	0.929	0.941	0.953	0.975
A2	0.211	0.898	0.913	0.927	0.943	0.974
A3	0.176	0.914	0.964	0.987	1.000	0.993
A4	0.123	0.939	0.948	0.968	0.976	0.985
A5	0.159	0.998	1.000	0.993	0.985	0.952
A6	0.159	0.922	0.935	0.946	0.96	0.979
B1	0.220	0.894	0.916	0.934	0.971	0.977
B2	0.218	1.000	0.915	0.895	0.901	0.912
B3	0.181	1.000	0.98	0.925	0.943	0.946
B4	0.199	0.905	0.903	0.957	0.964	0.973
B5	0.183	1.000	0.993	0.982	0.958	0.946
C1	0.290	0.894	0.912	0.862	0.926	0.950
C2	0.263	0.874	0.888	0.900	0.915	0.935
C3	0.233	0.962	0.956	1.000	0.957	0.888
C4	0.214	0.955	0.944	0.896	0.896	0.898
经济效益	0.396	0.843	0.880	0.908	0.929	0.944
社会效益	0.302	0.938	0.912	0.908	0.921	0.926
生态效益	0.302	0.905	0.910	0.896	0.908	0.901
综合功效		0.715	0.730	0.739	0.777	0.788

表 13.13 综合功效的计算结果，较好地反映了该市城市土地利用效益的变化情况。2014—2018 年间该市农村土地利用整体效益逐年提高，但各类型效益变化呈现不同的变化趋势。经济效益变化同该市城市土地利用效益变化趋势基本一致，而社会效益和生态效益变化则有起有伏。说明该市在农村土地利用过程中更加注重其经济效益，而有所忽视社会效益和生态效益，导致出现社会效益和生态效益与经济效益变化步幅不一致的现象。

13.4.3　综合评价法

综合评价法也称理想点法，其基本原理是：通过检测评价对象与最优解、最劣解的距离来进行排序，若评价对象最靠近最优解同时又最远离最劣解，则为最好；否则不为最优。此时需要事先确定一个参考点，并以此为标准对各评价对象所对映点的优劣做出评价。通常，参考点有正理想点和负理想点之分，这里类似前面功效系数法中的满意值和不允许值，可以通过衡量评价对象的对映点与正理想点或负理想点的相对接近度来对被评价对象的综合状况做出评判，距离正理想点越近越好，距离负理想点越远越好。

综合评价法的基本步骤如下：

(1)首先要对指标实际值进行预处理求得指标评价值，在这种方法中通常使用相对化法进行指标的无量纲化。若 x_{ij} 为逆指标，则先取负数将其正指标化后，再按前面的方法进行无量纲化处理。

(2)对各指标评价值加权，求得加权评价值：

$$u_{ij}=w_j x_{ij}^m \quad (i=1,2,\cdots,n;j=1,2,\cdots,m) \tag{13.15}$$

(3)确定参考点。设正理想点和负理想点分别为 u^+、u^-。

(4)分别计算各评价对象对映点到正理想点和负理想点的距离及评价对象对映点到正理想点的相对接近度。距离的计算方式有很多，一般采用欧式距离：

$$D_i^+=\sqrt{\sum_{j=1}^{m}(u_{ij}-u_j^+)^2}, \quad i=1,2,\cdots,n \tag{13.16}$$

$$D_i^-=\sqrt{\sum_{j=1}^{m}(u_{ij}-u_j^-)^2}, \quad i=1,2,\cdots,n \tag{13.17}$$

式(13.17)中，D_i^+ 表示第 i 个被评价对象对映点到正理想点的距离，D_i^+ 值越小越好，表明距离正理想点越近，D_i^- 表示第 i 个被评价对象对映点到负理想点的距离，D_i^- 值越大越好，表明距离负理想点越远。

相对接近度可以用来综合评价评价对象的表现，计算公式为：

$$y_i=\frac{D_i^-}{D_i^+ +D_i^-}, \quad i=1,2,\cdots,n \tag{13.18}$$

y_i 表示第 i 个被评价对象与正理想点的相对接近度。y_i 的值越大，说明其与负理想点的相对距离越大，与正理想点的相对接近度越大，其综合表现越好。

关键术语

统计综合评价法 comprehensive evaluation of statistical methods
效用函数综合评价法 comprehensive evaluation of utility functions
指标无量纲化 indices non-dimension
相对化处理法 relativization processing
功效系数处理法 efficiency coefficient approach
标准化处理法 standardized approach
德尔菲构权法 Delphi’s compositional power
层次分析法 analytic hierarchy process，AHP

本章小结

1. 统计综合评价法是统计评价中最常用的一种方法。该法构建一套多层次的评价指标体系，将多个指标转化为一个能够反映社会经济现象总体情况的综合指标，完成对定性指标的定量化分析。

2. 统计综合评价法的工作步骤:首先要根据统计目的确定综合评价指标体系,然后搜集数据进行无量纲化处理、确定各指标的权数、根据适当的模型计算综合评价指标,最后根据综合指标做出评价。

3. 效用函数综合评价法是一种重要的统计综合评价法。该方法对每个评估指标首先按照特定的量化方法使之变成一个"量化值"(效用函数值),再按一定的合成模型和权重值加权合成,最终求得总评估值,进而根据总评估值进行排序、优劣水平比较。

4. 评价指标无量纲化处理的主要方法:相对化处理法、功效系数处理法和标准化处理法。标准化处理法利用了原始数据的全部信息,没有人为选择阈值,因此标准化处理法比前面两种处理方法更科学,但标准化处理法要求原始数据一定要满足正态分布,并且要求样本容量较大。

5. 评价权数的主要构造方法:主观赋权法和客观赋权法。主观赋权法中较为常用的有德尔菲构权法和层次分析法(AHP)。德尔菲构权法主要考虑专家的意见,具有很强的主观性,而层次分析法是通过根据专家意见构造出来的所有指标的两两互反矩阵来求解各指标的权重,这里的矩阵需要通过一致性检验才是合理的,这是一种主观和客观相结合的方法。客观赋权法里变异系数法是最简便通用的,这种方法认为指标取值差异越大的越能反应被评价单位的差距,权重越大。没有绝对理由认为由哪一种赋权方法所得到的权数就是正确的,要根据实际情况做出选择。

思考与练习

一、思考题

13.1 统计综合评价的步骤。

13.2 进行综合评价,选择单项指标时都只能是正向指标吗?请举例分析。

13.3 评价指标的选择原则是什么?

13.4 什么是效用函数综合评价法?

13.5 去量纲方法都有哪些,它们有什么区别?

13.6 功效系数法的优缺点都有哪些?

13.7 层次分析法相对德尔菲法哪种方法的主观性更强,为什么?

13.8 变异系数法的原理是什么?

13.9 运用德尔菲构权法时应该注意什么?

13.10 什么是综合统计分析?

二、练习题

13.1 依据生态农业的本质特征,将生态农业的综合效益分为生态效益、经济效益、社会效益三个子系统,分别在三个子系统选取了三个具有代表性的指标如下表。

评价指标	权数	A系统	B系统	C系统	D系统
农民人均纯收入(万元/人)	30	1.5	2	1.7	1.6
森林覆盖达标率(%)	25	65	38	46	51
农副产品商品率(%)	45	38	29	17	50

要求:采用改进的功效系数法和算术加权综合法评价ABCD四个系统的综合效益。

（满意值取指标实际值中的最大值，不允许值取最小值）

13.2 设有如下的 AHP 矩阵，已经通过一致性检验：

$$\begin{pmatrix} 3 & & \\ 2 & 2/3 & \end{pmatrix}$$

要求：

（1）完成矩阵中的空缺数据；

（2）利用 AHP 法，计算各指标权重。

13.3 某城市 2018 年土地利用效益评价指标实际值、满意值和不允许值（单位：亿元）如下表所示。其中，权重由德尔菲法确定，以 100 分制来计分，各个企业在不允许值及其以上时至少计 60 分，低于不允许值时最多以 40 分计。请运用功效系数法和几何加权综合法计算该城市 2018 年的土地利用综合经济效益。

指标名称	实际值	满意值	不允许值	权重
A1：人均二、三产业产值	2.08	2.79	1.61	0.175
A2：地均二、三产业产值	70624.80	96650.20	53594.30	0.202
A3：农村居民人均可支配收入	8524.52	10849.72	6761.00	0.172
B1：人均住宅用地面积	23.93	25.50	20.50	0.511
B2：农村人均道路面积	8.38	11.50	4.10	0.293
C1：人均公共绿地	8.32	10.00	7.13	0.340
C2：建成区绿化覆盖率	34.92	40.00	32.90	0.369
C3：生活垃圾无害化处理率	84.75	97.40	67.73	0.256
C4：污水处理率	21.40	40.00	21.40	0.221

13.4 下表是我国某 10 个省市改善民生综合评价的几个主要指标值。请分别对这些指标数据运用相对化方法进行无量纲处理，随后运用变异系数法确定各指标权重，最后运用理想点法进行统计综合评价，对该 10 个城市进行排序。

地区	城镇居民人均可支配收入（元）	农村人均纯收入（元）	城镇居民家庭人均年现金消费支出（元）	平均寿命（岁）	城镇登记失业率（%）
全国	25531.70	8643.80	19378.80	70.20	1.20
1	20974.60	9374.30	11140.47	72.30	2.30
2	35282.90	10493.20	11309.85	75.20	2.10
3	24693.60	9938.40	11479.23	77.57	2.77
4	30757.90	10384.50	11648.61	80.07	3.22
5	30562.40	10469.30	18454.91	71.30	3.67
6	28463.40	10239.00	16942.75	75.20	4.12
7	24482.30	9638.10	15430.59	70.66	2.57
8	20472.30	9208.10	18077.65	76.20	3.02
9	30486.90	10938.20	19061.03	81.74	2.47
10	40129.40	12039.30	20044.40	77.29	3.92

主要参考书目

[1]王治方．统计学原理[M]．北京:中国农业大学出版社,1995.
[2]辛贤,蒋乃华．统计学原理[M]．北京:中国农业大学出版社，2001.
[3]陈希孺．数理统计学的简史[M]．哈尔滨:哈尔滨工业大学出版社,2021.
[4]国家统计局．新中国统计制度方法的发展与改革[M]．北京:中国统计出版社,2021.
[5]吴和成．应用统计学[M]．北京:科学出版社,2015.
[6]龚曙明,朱海玲．应用统计学(第三版)[M]．北京:中国水利水电出版社,2010.
[7]张俊飚．农业统计学[M]．北京:中国农业出版社,2015.
[8]西北农业大学．统计学原理[M]．北京:农业出版社,1987.
[9]向书坚,张学毅．统计学[M]．北京:中国统计出版社,2019.
[10]李金昌,苏为华．统计学[M]．北京:机械工业出版社,2019.
[11]吴喜之．统计学:从数据到结论(第四版)[M]．北京:中国统计出版社,2013.
[12]贾俊平,何晓群,金勇进．统计学(第7版)[M]．北京:中国人民大学出版社,2018.
[13]蒋萍．社会统计学[M]．北京:中国统计出版社,2013.
[14]魏振军．概率论与数理统计三十三讲(第三版)[M]．北京:中国统计出版社,2013.
[15]吴喜之．非参数统计[M]．北京:中国统计出版社,2019.
[16]赵喜林,李宜德,龚谊承．应用数理统计与SPSS操作[M]．武汉:武汉大学出版社,2014.
[17]张文彤．SPSS统计分析基础教程(第3版)[M]．北京:高等教育出版社,2017.
[18]夏丽华．SPSS数据统计与分析[M]．北京:清华大学出版社,2014.
[19]张奕,张彩伢,黄炜编．应用统计学[M]．北京:高等教育出版社,2019.
[20]高铁梅,陈磊,王金明,张同斌．经济周期波动分析与预测方法(第二版)[M]．北京:清华大学出版社,2015.
[21]菲利普·汉斯·弗朗西斯．商业和经济预测中的时间序列模型[M]．北京:中国人民大学出版社,2002.
[22]沃尔特·恩德斯．应用计量经济学:时间序列分析(第三版)[M]．北京:机械工业出版社,2012.
[23]曾五一,朱建平．统计学 [M]．北京:上海财经大学出版社,2012.
[24]瓦尔特·克莱默．统计数据的真相[M]．北京:机械工业出版社,2008.
[25]戴维 R. 安德森等著,张建华等译．商务与经济统计[M]．北京:机械工业出版社,2006.
[26]庞皓．统计学[M]．成都:西南财经大学出版社,2019.
[27]邱东．多指标综合评价方法的系统分析[M]．北京:中国统计出版社,2014.

附表 1 标准正态分布

$$\Phi(x)=\frac{1}{\sqrt{2\pi}}\int_{-\infty}^{x}e^{-\frac{x^2}{2}}dx \quad (x \geqslant 0)$$

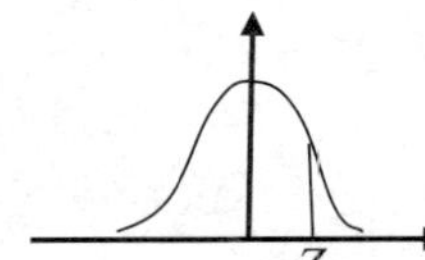

x	0	0.01	0.02	0.03	0.04	0.05	0.06	0.07	0.08	0.09
0	0.5000	0.5040	0.5080	0.5120	0.5160	0.5199	0.5239	0.5279	0.5319	0.5359
0.1	0.5398	0.5438	0.5478	0.5517	0.5557	0.5596	0.5636	0.5675	0.5714	0.5753
0.2	0.5793	0.5832	0.5871	0.5910	0.5948	0.5987	0.6026	0.6064	0.6103	0.6141
0.3	0.6179	0.6217	0.6255	0.6293	0.6331	0.6368	0.6406	0.6443	0.6480	0.6517
0.4	0.6554	0.6591	0.6628	0.6664	0.6700	0.6736	0.6772	0.6808	0.6844	0.6879
0.5	0.6915	0.6950	0.6985	0.7019	0.7054	0.7088	0.7123	0.7157	0.7190	0.7224
0.6	0.7257	0.7291	0.7324	0.7357	0.7389	0.7422	0.7454	0.7486	0.7517	0.7549
0.7	0.7580	0.7611	0.7642	0.7673	0.7704	0.7734	0.7764	0.7794	0.7823	0.7852
0.8	0.7881	0.7910	0.7939	0.7967	0.7995	0.8023	0.8051	0.8078	0.8106	0.8133
0.9	0.8159	0.8186	0.8212	0.8238	0.8264	0.8289	0.8315	0.8340	0.8365	0.8389
1	0.8413	0.8438	0.8461	0.8485	0.8508	0.8531	0.8554	0.8577	0.8599	0.8621
1.1	0.8643	0.8665	0.8686	0.8708	0.8729	0.8749	0.8770	0.8790	0.8810	0.8830
1.2	0.8849	0.8869	0.8888	0.8907	0.8925	0.8944	0.8962	0.8980	0.8997	0.9015
1.3	0.9032	0.9049	0.9066	0.9082	0.9099	0.9115	0.9131	0.9147	0.9162	0.9177
1.4	0.9192	0.9207	0.9222	0.9236	0.9251	0.9265	0.9279	0.9292	0.9306	0.9319
1.5	0.9332	0.9345	0.9357	0.9370	0.9382	0.9394	0.9406	0.9418	0.9429	0.9441
1.6	0.9452	0.9463	0.9474	0.9484	0.9495	0.9505	0.9515	0.9525	0.9535	0.9545
1.7	0.9554	0.9564	0.9573	0.9582	0.9591	0.9599	0.9608	0.9616	0.9625	0.9633
1.8	0.9641	0.9649	0.9656	0.9664	0.9671	0.9678	0.9686	0.9693	0.9699	0.9706
1.9	0.9713	0.9719	0.9726	0.9732	0.9738	0.9744	0.9750	0.9756	0.9761	0.9767
2	0.9772	0.9778	0.9783	0.9788	0.9793	0.9798	0.9803	0.9808	0.9812	0.9817
2.1	0.9821	0.9826	0.9830	0.9834	0.9838	0.9842	0.9846	0.9850	0.9854	0.9857
2.2	0.9861	0.9864	0.9868	0.9871	0.9875	0.9878	0.9881	0.9884	0.9887	0.9890
2.3	0.9893	0.9896	0.9898	0.9901	0.9904	0.9906	0.9909	0.9911	0.9913	0.9916
2.4	0.9918	0.9920	0.9922	0.9925	0.9927	0.9929	0.9931	0.9932	0.9934	0.9936
2.5	0.9938	0.9940	0.9941	0.9943	0.9945	0.9946	0.9948	0.9949	0.9951	0.9952
2.6	0.9953	0.9955	0.9956	0.9957	0.9959	0.9960	0.9961	0.9962	0.9963	0.9964
2.7	0.9965	0.9966	0.9967	0.9968	0.9969	0.9970	0.9971	0.9972	0.9973	0.9974
2.8	0.9974	0.9975	0.9976	0.9977	0.9977	0.9978	0.9979	0.9979	0.9980	0.9981
2.9	0.9981	0.9982	0.9982	0.9983	0.9984	0.9984	0.9985	0.9985	0.9986	0.9986
3	0.9987	0.9987	0.9987	0.9988	0.9988	0.9989	0.9989	0.9989	0.9990	0.9990
3.1	0.9990	0.9991	0.9991	0.9991	0.9992	0.9992	0.9992	0.9992	0.9993	0.9993
3.2	0.9993	0.9993	0.9994	0.9994	0.9994	0.9994	0.9994	0.9995	0.9995	0.9995
3.3	0.9995	0.9995	0.9995	0.9996	0.9996	0.9996	0.9996	0.9996	0.9996	0.9997
3.4	0.9997	0.9997	0.9997	0.9997	0.9997	0.9997	0.9997	0.9997	0.9997	0.9998
3.5	0.9998	0.9998	0.9998	0.9998	0.9998	0.9998	0.9998	0.9998	0.9998	0.9998
3.6	0.9998	0.9998	0.9999	0.9999	0.9999	0.9999	0.9999	0.9999	0.9999	0.9999
3.7	0.9999	0.9999	0.9999	0.9999	0.9999	0.9999	0.9999	0.9999	0.9999	0.9999
3.8	0.9999	0.9999	0.9999	0.9999	0.9999	0.9999	0.9999	0.9999	0.9999	0.9999
3.9	1.0000	1.0000	1.0000	1.0000	1.0000	1.0000	1.0000	1.0000	1.0000	1.0000
4	1.0000	1.0000	1.0000	1.0000	1.0000	1.0000	1.0000	1.0000	1.0000	1.0000
4.1	1.0000	1.0000	1.0000	1.0000	1.0000	1.0000	1.0000	1.0000	1.0000	1.0000
4.5	1.0000	1.0000	1.0000	1.0000	1.0000	1.0000	1.0000	1.0000	1.0000	1.0000
4.9	1.0000	1.0000	1.0000	1.0000	1.0000	1.0000	1.0000	1.0000	1.0000	1.0000

附表 2　χ^2 分布分位数表

$$\int_{\chi_\alpha^2(n)}^{+\infty} f(x)dx = P(\chi^2(n) > \chi_\alpha^2(n)) = \alpha$$

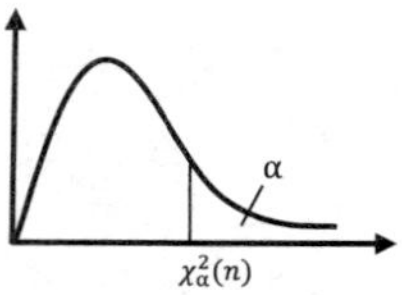

n	α=0.005	0.99	0.975	0.95	0.90	0.75	0.25	0.10	0.05	0.025	0.01	0.005
1	0.000	0.000	0.001	0.004	0.016	0.102	1.323	2.706	3.841	5.024	6.635	7.879
2	0.010	0.020	0.051	0.103	0.211	0.575	2.773	4.605	5.991	7.378	9.210	10.597
3	0.072	0.115	0.216	0.352	0.584	1.213	4.108	6.251	7.815	9.348	11.345	12.838
4	0.207	0.297	0.484	0.711	1.064	1.923	5.385	7.779	9.488	11.143	13.277	14.806
5	0.412	0.554	0.831	1.145	1.610	2.675	6.626	9.236	11.070	12.833	15.086	16.750
6	0.676	0.872	1.237	1.635	2.204	3.455	7.841	10.645	12.592	14.449	16.812	18.548
7	0.989	1.239	1.690	2.167	2.833	4.255	9.037	12.017	14.067	16.013	18.475	20.278
8	1.344	1.646	2.180	2.733	3.490	5.071	10.219	13.362	15.507	17.535	20.090	21.955
9	1.735	2.088	2.700	3.325	4.168	5.899	11.389	14.684	16.919	19.023	21.666	23.589
10	2.156	2.558	3.247	3.940	4.865	6.737	12.549	15.987	18.307	20.483	23.209	25.188
11	2.603	3.053	3.816	4.575	5.578	7.584	13.701	17.275	19.675	21.920	24.725	26.757
12	3.074	3.571	4.404	5.226	6.304	8.438	14.845	18.549	21.026	23.337	26.217	28.300
13	3.565	4.107	5.009	5.892	7.042	9.299	15.984	19.812	22.362	24.736	27.688	29.819
14	4.075	4.660	5.629	6.571	7.790	10.165	17.117	21.064	23.685	26.119	29.141	31.319
15	4.601	5.229	6.262	7.261	8.547	11.037	18.245	22.307	24.996	27.488	30.578	32.801
16	5.142	5.812	6.908	7.962	9.312	11.912	19.369	23.542	26.296	28.845	32.000	34.267
17	5.697	6.408	7.564	8.672	10.085	12.792	20.489	24.769	27.587	30.191	33.409	35.718
18	6.265	7.015	8.231	9.390	10.865	13.675	21.605	25.989	28.869	31.526	34.805	37.156
19	6.844	7.633	8.907	10.117	11.651	14.562	22.718	27.204	30.144	32.852	36.191	38.582
20	7.434	8.260	9.591	10.851	12.443	15.452	23.828	28.412	31.410	34.170	37.566	39.997
21	8.034	8.897	10.283	11.591	13.240	16.344	24.935	29.615	32.671	35.479	38.932	41.401
22	8.643	9.542	10.982	12.338	14.041	17.240	26.039	30.813	33.924	36.781	40.289	42.796
23	9.260	10.196	11.689	13.091	14.848	18.137	27.141	32.007	35.172	38.076	41.638	44.181
24	9.886	10.856	12.401	13.848	15.659	19.037	28.241	33.196	36.415	39.364	42.980	45.559
25	10.520	11.524	13.120	14.611	16.473	19.939	29.339	34.382	37.652	40.646	44.314	46.928
26	11.160	12.198	13.844	15.379	17.292	20.843	30.435	35.563	38.885	41.923	45.642	48.290
27	11.808	12.879	14.573	16.151	18.114	21.749	31.528	36.741	40.113	43.195	46.963	49.645
28	12.461	13.565	15.308	16.928	18.939	22.657	32.620	37.916	41.337	44.461	48.278	50.993
29	13.121	14.256	16.047	17.708	19.768	23.567	33.711	39.087	42.557	45.722	49.588	52.336
30	13.787	14.953	16.791	18.493	20.599	24.478	34.800	40.256	43.773	46.979	50.892	53.672
31	14.458	15.655	17.539	19.281	21.434	25.390	35.887	41.422	44.985	48.232	52.191	55.003
32	15.134	16.362	18.291	20.072	22.271	26.304	36.973	42.585	46.194	49.480	53.486	56.328
33	15.815	17.074	19.047	20.867	23.110	27.219	38.058	43.745	47.400	50.725	54.776	57.648
34	16.501	17.789	19.806	21.664	23.952	28.136	39.141	44.903	48.602	51.966	56.061	58.964
35	17.192	18.509	20.569	22.465	24.797	29.054	40.223	46.059	49.802	53.203	57.342	60.275
36	17.887	19.233	21.336	23.269	25.643	29.973	41.304	47.212	50.998	54.437	58.619	61.581
37	18.586	19.960	22.106	24.075	26.492	30.893	42.383	48.363	52.192	55.668	59.893	62.883
38	19.289	20.691	22.878	24.884	27.343	31.815	43.462	49.513	53.384	56.896	61.162	64.181
39	19.996	21.426	23.654	25.695	28.196	32.737	44.539	50.660	54.572	58.120	62.428	65.476
40	20.707	22.164	24.433	26.509	29.051	33.660	45.616	51.805	55.758	59.342	63.691	66.766
41	21.421	22.906	25.215	27.326	29.907	34.585	46.692	52.949	56.942	60.561	64.950	68.053
42	22.138	23.650	25.999	28.144	30.765	35.510	47.766	54.090	58.124	61.777	66.206	69.336
43	22.859	24.398	26.785	28.965	31.625	36.436	48.840	55.230	59.304	62.990	67.459	70.616
44	23.584	25.148	27.575	29.787	32.487	37.363	49.913	56.369	60.481	64.201	68.710	71.893
45	24.311	25.901	28.366	30.612	33.350	38.291	50.985	57.505	61.656	65.410	69.957	73.166

附表3 t 分布分位数表

$$\int_{-\infty}^{t_\alpha(n)} f(x)dx = P(t(n) < t_\alpha(n)) = \alpha$$

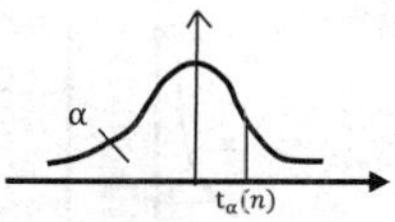

n	$\alpha=0.750$	0.900	0.950	0.975	0.990	0.995
1	1.0000	3.0777	6.3138	12.7062	31.8205	63.6567
2	0.8165	1.8856	2.9200	4.3027	6.9646	9.9248
3	0.7649	1.6377	2.3534	3.1824	4.5407	5.8409
4	0.7407	1.5332	2.1318	2.7764	3.7469	4.6041
5	0.7267	1.4759	2.0150	2.5706	3.3649	4.0321
6	0.7176	1.4398	1.9432	2.4469	3.1427	3.7074
7	0.7111	1.4149	1.8946	2.3646	2.9980	3.4995
8	0.7064	1.3968	1.8595	2.3060	2.8965	3.3554
9	0.7027	1.3830	1.8331	2.2622	2.8214	3.2498
10	0.6998	1.3722	1.8125	2.2281	2.7638	3.1693
11	0.6974	1.3634	1.7959	2.2010	2.7181	3.1058
12	0.6955	1.3562	1.7823	2.1788	2.6810	3.0545
13	0.6938	1.3502	1.7709	2.1604	2.6503	3.0123
14	0.6924	1.3450	1.7613	2.1448	2.6245	2.9768
15	0.6912	1.3406	1.7531	2.1314	2.6025	2.9467
16	0.6901	1.3368	1.7459	2.1199	2.5835	2.9208
17	0.6892	1.3334	1.7396	2.1098	2.5669	2.8982
18	0.6884	1.3304	1.7341	2.1009	2.5524	2.8784
19	0.6876	1.3277	1.7291	2.0930	2.5395	2.8609
20	0.6870	1.3253	1.7247	2.0860	2.5280	2.8453
21	0.6864	1.3232	1.7207	2.0796	2.5176	2.8314
22	0.6858	1.3212	1.7171	2.0739	2.5083	2.8188
23	0.6853	1.3195	1.7139	2.0687	2.4999	2.8073
24	0.6848	1.3178	1.7109	2.0639	2.4922	2.7969
25	0.6844	1.3163	1.7081	2.0595	2.4851	2.7874
26	0.6840	1.3150	1.7056	2.0555	2.4786	2.7787
27	0.6837	1.3137	1.7033	2.0518	2.4727	2.7707
28	0.6834	1.3125	1.7011	2.0484	2.4671	2.7633
29	0.6830	1.3114	1.6991	2.0452	2.4620	2.7564
30	0.6828	1.3104	1.6973	2.0423	2.4573	2.7500
31	0.6825	1.3095	1.6955	2.0395	2.4528	2.7440
32	0.6822	1.3086	1.6939	2.0369	2.4487	2.7385
33	0.6820	1.3077	1.6924	2.0345	2.4448	2.7333
34	0.6818	1.3070	1.6909	2.0322	2.4411	2.7284
35	0.6816	1.3062	1.6896	2.0301	2.4377	2.7238
36	0.6814	1.3055	1.6883	2.0281	2.4345	2.7195
37	0.6812	1.3049	1.6871	2.0262	2.4314	2.7154
38	0.6810	1.3042	1.6860	2.0244	2.4286	2.7116
39	0.6808	1.3036	1.6849	2.0227	2.4258	2.7079
40	0.6807	1.3031	1.6839	2.0211	2.4233	2.7045
41	0.6805	1.3025	1.6829	2.0195	2.4208	2.7012
42	0.6804	1.3020	1.6820	2.0181	2.4185	2.6981
43	0.6802	1.3016	1.6811	2.0167	2.4163	2.6951
44	0.6801	1.3011	1.6802	2.0154	2.4141	2.6923
45	0.6800	1.3006	1.6794	2.0141	2.4121	2.6896

附表 4　F 分布分位数表

$$\int_{F_a(n_1,n_2)}^{+\infty} f(x)dx = P\{F(n_1,n_2) > F_a(n_1,n_2)\} = a$$

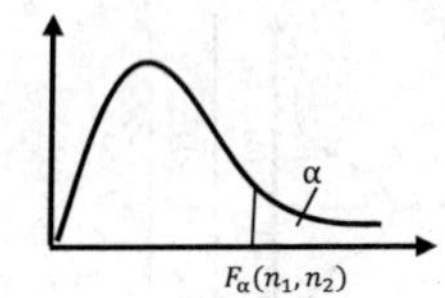

$F_{0.10}(n_1,n_2)$

n_2 \ n_1	1	2	3	4	5	6	7	8	9	10	15	20	29	30	40	60	80	100	200	500
1	39.9	49.5	53.6	55.8	57.2	58.2	58.9	59.4	59.9	60.2	61.2	61.7	62.2	62.3	62.5	62.8	62.9	63.0	63.2	63.3
2	8.53	9.00	9.16	9.24	9.29	9.33	9.35	9.37	9.38	9.39	9.42	9.44	9.46	9.46	9.47	9.47	9.48	9.48	9.49	9.49
3	5.54	5.46	5.39	5.34	5.31	5.28	5.27	5.25	5.24	5.23	5.20	5.18	5.17	5.17	5.16	5.15	5.15	5.14	5.14	5.14
4	4.54	4.32	4.19	4.11	4.05	4.01	3.98	3.95	3.94	3.92	3.87	3.84	3.82	3.82	3.80	3.79	3.78	3.78	3.77	3.76
5	4.06	3.78	3.62	3.52	3.45	3.40	3.37	3.34	3.32	3.30	3.24	3.21	3.18	3.17	3.16	3.14	3.13	3.13	3.12	3.11
6	3.78	3.46	3.29	3.18	3.11	3.05	3.01	2.98	2.96	2.94	2.87	2.84	2.80	2.80	2.78	2.76	2.75	2.75	2.73	2.73
7	3.59	3.26	3.07	2.96	2.88	2.83	2.78	2.75	2.72	2.70	2.63	2.59	2.56	2.56	2.54	2.51	2.50	2.50	2.48	2.48
8	3.46	3.11	2.92	2.81	2.73	2.67	2.62	2.59	2.56	2.54	2.46	2.42	2.39	2.38	2.36	2.34	2.33	2.32	2.31	2.30
9	3.36	3.01	2.81	2.69	2.61	2.55	2.51	2.47	2.44	2.42	2.34	2.30	2.26	2.25	2.23	2.21	2.20	2.19	2.17	2.17
10	3.29	2.92	2.73	2.61	2.52	2.46	2.41	2.38	2.35	2.32	2.24	2.20	2.16	2.16	2.13	2.11	2.09	2.09	2.07	2.06
11	3.23	2.86	2.66	2.54	2.45	2.39	2.34	2.30	2.27	2.25	2.17	2.12	2.08	2.08	2.05	2.03	2.01	2.01	1.99	1.98
12	3.18	2.81	2.61	2.48	2.39	2.33	2.28	2.24	2.21	2.19	2.10	2.06	2.01	2.01	1.99	1.96	1.95	1.94	1.92	1.91
13	3.14	2.76	2.56	2.43	2.35	2.28	2.23	2.20	2.16	2.14	2.05	2.01	1.96	1.96	1.93	1.90	1.89	1.88	1.86	1.85
14	3.10	2.73	2.52	2.39	2.31	2.24	2.19	2.15	2.12	2.10	2.01	1.96	1.92	1.91	1.89	1.86	1.84	1.83	1.82	1.80
15	3.07	2.70	2.49	2.36	2.27	2.21	2.16	2.12	2.09	2.06	1.97	1.92	1.88	1.87	1.85	1.82	1.80	1.79	1.77	1.76
16	3.05	2.67	2.46	2.33	2.24	2.18	2.13	2.09	2.06	2.03	1.94	1.89	1.84	1.84	1.81	1.78	1.77	1.76	1.74	1.73
17	3.03	2.64	2.44	2.31	2.22	2.15	2.10	2.06	2.03	2.00	1.91	1.86	1.81	1.81	1.78	1.75	1.74	1.73	1.71	1.69
18	3.01	2.62	2.42	2.29	2.20	2.13	2.08	2.04	2.00	1.98	1.89	1.84	1.79	1.78	1.75	1.72	1.71	1.70	1.68	1.67
19	2.99	2.61	2.40	2.27	2.18	2.11	2.06	2.02	1.98	1.96	1.86	1.81	1.76	1.76	1.73	1.70	1.68	1.67	1.65	1.64
20	2.97	2.59	2.38	2.25	2.16	2.09	2.04	2.00	1.96	1.94	1.84	1.79	1.74	1.74	1.71	1.68	1.66	1.65	1.63	1.62
21	2.96	2.57	2.36	2.23	2.14	2.08	2.02	1.98	1.95	1.92	1.83	1.78	1.72	1.72	1.69	1.66	1.64	1.63	1.61	1.60
22	2.95	2.56	2.35	2.22	2.13	2.06	2.01	1.97	1.93	1.90	1.81	1.76	1.71	1.70	1.67	1.64	1.62	1.61	1.59	1.58
23	2.94	2.55	2.34	2.21	2.11	2.05	1.99	1.95	1.92	1.89	1.80	1.74	1.69	1.69	1.66	1.62	1.61	1.59	1.57	1.56
24	2.93	2.54	2.33	2.19	2.10	2.04	1.98	1.94	1.91	1.88	1.78	1.73	1.68	1.67	1.64	1.61	1.59	1.58	1.56	1.54

附表 4(续 1)

n_2 \ n_1	1	2	3	4	5	6	7	8	9	10	15	20	29	30	40	60	80	100	200	500
25	2.92	2.53	2.32	2.18	2.09	2.02	1.97	1.93	1.89	1.87	1.77	1.72	1.66	1.66	1.63	1.59	1.58	1.56	1.54	1.53
26	2.91	2.52	2.31	2.17	2.08	2.01	1.96	1.92	1.88	1.86	1.76	1.71	1.65	1.65	1.61	1.58	1.56	1.55	1.53	1.51
27	2.90	2.51	2.30	2.17	2.07	2.00	1.95	1.91	1.87	1.85	1.75	1.70	1.64	1.64	1.60	1.57	1.55	1.54	1.52	1.50
28	2.89	2.50	2.29	2.16	2.06	2.00	1.94	1.90	1.87	1.84	1.74	1.69	1.63	1.63	1.59	1.56	1.54	1.53	1.50	1.49
29	2.89	2.50	2.28	2.15	2.06	1.99	1.93	1.89	1.86	1.83	1.73	1.68	1.62	1.62	1.58	1.55	1.53	1.52	1.49	1.48
30	2.88	2.49	2.28	2.14	2.05	1.98	1.93	1.88	1.85	1.82	1.72	1.67	1.61	1.61	1.57	1.54	1.52	1.51	1.48	1.47
40	2.84	2.44	2.23	2.09	2.00	1.93	1.87	1.83	1.79	1.76	1.66	1.61	1.55	1.54	1.51	1.47	1.45	1.43	1.41	1.39
60	2.79	2.39	2.18	2.04	1.95	1.87	1.82	1.77	1.74	1.71	1.60	1.54	1.48	1.48	1.44	1.40	1.37	1.36	1.33	1.31
80	2.77	2.37	2.15	2.02	1.92	1.85	1.79	1.75	1.71	1.68	1.57	1.51	1.45	1.44	1.40	1.36	1.33	1.32	1.28	1.26
100	2.76	2.36	2.14	2.00	1.91	1.83	1.78	1.73	1.69	1.66	1.56	1.49	1.43	1.42	1.38	1.34	1.31	1.29	1.26	1.23
200	2.73	2.33	2.11	1.97	1.88	1.80	1.75	1.70	1.66	1.63	1.52	1.46	1.39	1.38	1.34	1.29	1.26	1.24	1.20	1.17
500	2.72	2.31	2.09	1.96	1.86	1.79	1.73	1.68	1.64	1.61	1.50	1.44	1.36	1.36	1.31	1.26	1.23	1.21	1.16	1.12

$F_{0.05}(n_1, n_2)$

n_2 \ n_1	1	2	3	4	5	6	7	8	9	10	11	12	13	14	15	16	17	18	19	20
1	161	200	216	225	230	234	237	239	241	242	243	244	245	245	246	246	247	247	248	248
2	18.5	19.0	19.2	19.2	19.3	19.3	19.4	19.4	19.4	19.4	19.4	19.4	19.4	19.4	19.4	19.4	19.4	19.4	19.4	19.4
3	10.1	9.55	9.28	9.12	9.01	8.94	8.89	8.85	8.81	8.79	8.76	8.74	8.73	8.71	8.70	8.69	8.68	8.67	8.67	8.66
4	7.71	6.94	6.59	6.39	6.26	6.16	6.09	6.04	6.00	5.96	5.94	5.91	5.89	5.87	5.86	5.84	5.83	5.82	5.81	5.80
5	6.61	5.79	5.41	5.19	5.05	4.95	4.88	4.82	4.77	4.74	4.70	4.68	4.66	4.64	4.62	4.60	4.59	4.58	4.57	4.56
6	5.99	5.14	4.76	4.53	4.39	4.28	4.21	4.15	4.10	4.06	4.03	4.00	3.98	3.96	3.94	3.92	3.91	3.90	3.88	3.87
7	5.59	4.74	4.35	4.12	3.97	3.87	3.79	3.73	3.68	3.64	3.60	3.57	3.55	3.53	3.51	3.49	3.48	3.47	3.46	3.44
8	5.32	4.46	4.07	3.84	3.69	3.58	3.50	3.44	3.39	3.35	3.31	3.28	3.26	3.24	3.22	3.20	3.19	3.17	3.16	3.15
9	5.12	4.26	3.86	3.63	3.48	3.37	3.29	3.23	3.18	3.14	3.10	3.07	3.05	3.03	3.01	2.99	2.97	2.96	2.95	2.94
10	4.96	4.10	3.71	3.48	3.33	3.22	3.14	3.07	3.02	2.98	2.94	2.91	2.89	2.86	2.85	2.83	2.81	2.80	2.79	2.77
11	4.84	3.98	3.59	3.36	3.20	3.09	3.01	2.95	2.90	2.85	2.82	2.79	2.76	2.74	2.72	2.70	2.69	2.67	2.66	2.65

附表 4(续 2)

n_2 \ n_1	1	2	3	4	5	6	7	8	9	10	11	12	13	14	15	16	17	18	19	20
12	4.75	3.89	3.49	3.26	3.11	3.00	2.91	2.85	2.80	2.75	2.72	2.69	2.66	2.64	2.62	2.60	2.58	2.57	2.56	2.54
13	4.67	3.81	3.41	3.18	3.03	2.92	2.83	2.77	2.71	2.67	2.63	2.60	2.58	2.55	2.53	2.51	2.50	2.48	2.47	2.46
14	4.60	3.74	3.34	3.11	2.96	2.85	2.76	2.70	2.65	2.60	2.57	2.53	2.51	2.48	2.46	2.44	2.43	2.41	2.40	2.39
15	4.54	3.68	3.29	3.06	2.90	2.79	2.71	2.64	2.59	2.54	2.51	2.48	2.45	2.42	2.40	2.38	2.37	2.35	2.34	2.33
16	4.49	3.63	3.24	3.01	2.85	2.74	2.66	2.59	2.54	2.49	2.46	2.42	2.40	2.37	2.35	2.33	2.32	2.30	2.29	2.28
17	4.45	3.59	3.20	2.96	2.81	2.70	2.61	2.55	2.49	2.45	2.41	2.38	2.35	2.33	2.31	2.29	2.27	2.26	2.24	2.23
18	4.41	3.55	3.16	2.93	2.77	2.66	2.58	2.51	2.46	2.41	2.37	2.34	2.31	2.29	2.27	2.25	2.23	2.22	2.20	2.19
19	4.38	3.52	3.13	2.90	2.74	2.63	2.54	2.48	2.42	2.38	2.34	2.31	2.28	2.26	2.23	2.21	2.20	2.18	2.17	2.16
20	4.35	3.49	3.10	2.87	2.71	2.60	2.51	2.45	2.39	2.35	2.31	2.28	2.25	2.22	2.20	2.18	2.17	2.15	2.14	2.12
21	4.32	3.47	3.07	2.84	2.68	2.57	2.49	2.42	2.37	2.32	2.28	2.25	2.22	2.20	2.18	2.16	2.14	2.12	2.11	2.10
22	4.30	3.44	3.05	2.82	2.66	2.55	2.46	2.40	2.34	2.30	2.26	2.23	2.20	2.17	2.15	2.13	2.11	2.10	2.08	2.07
23	4.28	3.42	3.03	2.80	2.64	2.53	2.44	2.37	2.32	2.27	2.24	2.20	2.18	2.15	2.13	2.11	2.09	2.08	2.06	2.05
24	4.26	3.40	3.01	2.78	2.62	2.51	2.42	2.36	2.30	2.25	2.22	2.18	2.15	2.13	2.11	2.09	2.07	2.05	2.04	2.03
25	4.24	3.39	2.99	2.76	2.60	2.49	2.40	2.34	2.28	2.24	2.20	2.16	2.14	2.11	2.09	2.07	2.05	2.04	2.02	2.01
26	4.23	3.37	2.98	2.74	2.59	2.47	2.39	2.32	2.27	2.22	2.18	2.15	2.12	2.09	2.07	2.05	2.03	2.02	2.00	1.99
27	4.21	3.35	2.96	2.73	2.57	2.46	2.37	2.31	2.25	2.20	2.17	2.13	2.10	2.08	2.06	2.04	2.02	2.00	1.99	1.97
28	4.20	3.34	2.95	2.71	2.56	2.45	2.36	2.29	2.24	2.19	2.15	2.12	2.09	2.06	2.04	2.02	2.00	1.99	1.97	1.96
29	4.18	3.33	2.93	2.70	2.55	2.43	2.35	2.28	2.22	2.18	2.14	2.10	2.08	2.05	2.03	2.01	1.99	1.97	1.96	1.94
30	4.17	3.32	2.92	2.69	2.53	2.42	2.33	2.27	2.21	2.16	2.13	2.09	2.06	2.04	2.01	1.99	1.98	1.96	1.95	1.93
40	4.08	3.23	2.84	2.61	2.45	2.34	2.25	2.18	2.12	2.08	2.04	2.00	1.97	1.95	1.92	1.90	1.89	1.87	1.85	1.84
60	4.00	3.15	2.76	2.53	2.37	2.25	2.17	2.10	2.04	1.99	1.95	1.92	1.89	1.86	1.84	1.82	1.80	1.78	1.76	1.75
80	3.96	3.11	2.72	2.49	2.33	2.21	2.13	2.06	2.00	1.95	1.91	1.88	1.84	1.82	1.79	1.77	1.75	1.73	1.72	1.70
100	3.94	3.09	2.70	2.46	2.31	2.19	2.10	2.03	1.97	1.93	1.89	1.85	1.82	1.79	1.77	1.75	1.73	1.71	1.69	1.68
200	3.89	3.04	2.65	2.42	2.26	2.14	2.06	1.98	1.93	1.88	1.84	1.80	1.77	1.74	1.72	1.69	1.67	1.66	1.64	1.62
500	3.86	3.01	2.62	2.39	2.23	2.12	2.03	1.96	1.90	1.85	1.81	1.77	1.74	1.71	1.69	1.66	1.64	1.62	1.61	1.59

附表 4(续 3)

$F_{0.01}(n_1, n_2)$

n_2 \ n_1	1	2	3	4	5	6	7	8	9	10	11	12	14	16	18	20
1	4052	4999.5	5403	5625	5764	5859	5928	5981	6022	6056	6083	6106	6142.7	6170.1	6191.5	6208.7
2	98.5	99.0	99.2	99.2	99.3	99.3	99.4	99.4	99.4	99.4	99.4	99.4	99.4	99.4	99.4	99.4
3	34.12	30.82	29.46	28.71	28.24	27.91	27.67	27.49	27.35	27.23	27.13	27.05	26.92	26.83	26.75	26.69
4	21.20	18.00	16.69	15.98	15.52	15.21	14.98	14.80	14.66	14.55	14.45	14.37	14.25	14.15	14.08	14.02
5	16.26	13.27	12.06	11.39	10.97	10.67	10.46	10.29	10.16	10.05	9.96	9.89	9.77	9.68	9.61	9.55
6	13.75	10.92	9.78	9.15	8.75	8.47	8.26	8.10	7.98	7.87	7.79	7.72	7.60	7.52	7.45	7.40
7	12.25	9.55	8.45	7.85	7.46	7.19	6.99	6.84	6.72	6.62	6.54	6.47	6.36	6.28	6.21	6.16
8	11.26	8.65	7.59	7.01	6.63	6.37	6.18	6.03	5.91	5.81	5.73	5.67	5.56	5.48	5.41	5.36
9	10.56	8.02	6.99	6.42	6.06	5.80	5.61	5.47	5.35	5.26	5.18	5.11	5.01	4.92	4.86	4.81
10	10.04	7.56	6.55	5.99	5.64	5.39	5.20	5.06	4.94	4.85	4.77	4.71	4.60	4.52	4.46	4.41
11	9.65	7.21	6.22	5.67	5.32	5.07	4.89	4.74	4.63	4.54	4.46	4.40	4.29	4.21	4.15	4.10
12	9.33	6.93	5.95	5.41	5.06	4.82	4.64	4.50	4.39	4.30	4.22	4.16	4.05	3.97	3.91	3.86
13	9.07	6.70	5.74	5.21	4.86	4.62	4.44	4.30	4.19	4.10	4.02	3.96	3.86	3.78	3.72	3.66
14	8.86	6.51	5.56	5.04	4.69	4.46	4.28	4.14	4.03	3.94	3.86	3.80	3.70	3.62	3.56	3.51
15	8.68	6.36	5.42	4.89	4.56	4.32	4.14	4.00	3.89	3.80	3.73	3.67	3.56	3.49	3.42	3.37
16	8.53	6.23	5.29	4.77	4.44	4.20	4.03	3.89	3.78	3.69	3.62	3.55	3.45	3.37	3.31	3.26
17	8.40	6.11	5.18	4.67	4.34	4.10	3.93	3.79	3.68	3.59	3.52	3.46	3.35	3.27	3.21	3.16
18	8.29	6.01	5.09	4.58	4.25	4.01	3.84	3.71	3.60	3.51	3.43	3.37	3.27	3.19	3.13	3.08
19	8.18	5.93	5.01	4.50	4.17	3.94	3.77	3.63	3.52	3.43	3.36	3.30	3.19	3.12	3.05	3.00
20	8.10	5.85	4.94	4.43	4.10	3.87	3.70	3.56	3.46	3.37	3.29	3.23	3.13	3.05	2.99	2.94
21	8.02	5.78	4.87	4.37	4.04	3.81	3.64	3.51	3.40	3.31	3.24	3.17	3.07	2.99	2.93	2.88
22	7.95	5.72	4.82	4.31	3.99	3.76	3.59	3.45	3.35	3.26	3.18	3.12	3.02	2.94	2.88	2.83
23	7.88	5.66	4.76	4.26	3.94	3.71	3.54	3.41	3.30	3.21	3.14	3.07	2.97	2.89	2.83	2.78
24	7.82	5.61	4.72	4.22	3.90	3.67	3.50	3.36	3.26	3.17	3.09	3.03	2.93	2.85	2.79	2.74
25	7.77	5.57	4.68	4.18	3.85	3.63	3.46	3.32	3.22	3.13	3.06	2.99	2.89	2.81	2.75	2.70
26	7.72	5.53	4.64	4.14	3.82	3.59	3.42	3.29	3.18	3.09	3.02	2.96	2.86	2.78	2.72	2.66

附表 4(续 4)

n_2 \ n_1	1	2	3	4	5	6	7	8	9	10	11	12	14	16	18	20
27	7.68	5.49	4.60	4.11	3.78	3.56	3.39	3.26	3.15	3.06	2.99	2.93	2.82	2.75	2.68	2.63
28	7.64	5.45	4.57	4.07	3.75	3.53	3.36	3.23	3.12	3.03	2.96	2.90	2.79	2.72	2.65	2.60
29	7.60	5.42	4.54	4.04	3.73	3.50	3.33	3.20	3.09	3.00	2.93	2.87	2.77	2.69	2.63	2.57
30	7.56	5.39	4.51	4.02	3.70	3.47	3.30	3.17	3.07	2.98	2.91	2.84	2.74	2.66	2.60	2.55
40	7.31	5.18	4.31	3.83	3.51	3.29	3.12	2.99	2.89	2.80	2.73	2.66	2.56	2.48	2.42	2.37
60	7.08	4.98	4.13	3.65	3.34	3.12	2.95	2.82	2.72	2.63	2.56	2.50	2.39	2.31	2.25	2.20
80	6.96	4.88	4.04	3.56	3.26	3.04	2.87	2.74	2.64	2.55	2.48	2.42	2.31	2.23	2.17	2.12
100	6.90	4.82	3.98	3.51	3.21	2.99	2.82	2.69	2.59	2.50	2.43	2.37	2.27	2.19	2.12	2.07
200	6.76	4.71	3.88	3.41	3.11	2.89	2.73	2.60	2.50	2.41	2.34	2.27	2.17	2.09	2.03	1.97
500	6.69	4.65	3.82	3.36	3.05	2.84	2.68	2.55	2.44	2.36	2.28	2.22	2.12	2.04	1.97	1.92

附表 5 柯尔莫哥洛夫检验临界值 $D_{n,\alpha}$ 表

$$P(D_n > D_{n,\alpha}) = \alpha$$

n \ α	0.20	0.10	0.05	0.02	0.01	n \ α	0.20	0.10	0.05	0.02	0.01
1	0.900 00	0.950 00	0.975 00	0.990 00	0.995 00	31	0.187 32	0.214 12	0.237 88	0.265 96	0.286 30
2	0.633 77	0.776 29	0.341 89	0.900 00	0.992 29	32	0.184 45	0.210 85	0.234 24	0.261 89	0.280 94
3	0.564 81	0.638 04	0.707 60	0.784 56	0.829 00	33	0.181 71	0.207 71	0.230 76	0.258 01	0.276 77
4	0.492 56	0.686 22	0.623 94	0.688 87	0.734 24	34	0.179 09	0.204 72	0.227 43	0.264 29	0.272 79
5	0.446 98	0.509 45	0.563 28	0.627 18	0.668 53	35	0.176 59	0.201 85	0.224 25	0.250 73	0.268 96
6	0.410 37	0.467 99	0.519 26	0.577 41	0.616 61	36	0.174 18	0.199 10	0.221 19	0.247 32	0.265 32
7	0.381 48	0.436 07	0.483 42	0.538 44	0.575 81	37	0.171 88	0.196 46	0.218 26	0.244 04	0.261 80
8	0.358 31	0.409 62	0.454 27	0.506 54	0.541 79	38	0.169 66	0.193 92	0.215 44	0.240 89	0.258 43
9	0.339 10	0.387 46	0.430 01	0.489 60	0.513 32	39	0.167 53	0.191 48	0.212 73	0.237 86	0.255 13
10	0.322 60	0.368 66	0.409 25	0.456 62	0.483 93	40	0.165 47	0.189 13	0.210 12	0.237 86	0.255 13
11	0.308 29	0.352 42	0.391 22	0.436 70	0.467 70	41	0.163 49	0.186 87	0.207 60	0.232 13	0.249 04
12	0.295 77	0.338 15	0.375 43	0.419 18	0.449 50	42	0.161 58	0.184 68	0.200517	0.229 41	0.246 13
13	0.284 70	0.325 49	0.361 43	0.403 62	0.432 47	43	0.159 74	0.182 57	0.202 83	0.220 79	0.243 32
14	0.274 81	0.314 17	0.348 90	0.389 70	0.417 62	44	0.157 96	0.180 53	0.200 56	0.224 26	0.240 60
15	0.295 83	0.303 97	0.337 60	0.377 13	0.401 20	45	0.156 23	0.178 56	0.198 37	0.221 81	0.237 98
16	0.257 78	0.294 72	0.327 33	0.365 71	0.392 01	46	0.154 57	0.176 65	0.196 25	0.219 44	0.235 44
17	0.250 39	0.286 27	0.317 96	0.355 28	0.380 86	47	0.152 95	0.174 81	0.194 20	0.217 15	0.232 98
18	0.243 60	0.278 51	0.309 36	0.345 69	0.370 62	48	0.151 39	0.173 02	0.192 21	0.214 93	0.230 59
19	0.237 35	0.271 36	0.301 43	0.336 35	0.361 17	49	0.149 87	0.171 23	0.190 28	0.212 77	0.228 28
20	0.231 56	0.264 73	0.294 03	0.322 66	0.352 41	50	0.148 40	0.169 59	0.188 41	0.210 68	0.223 04
21	0.226 17	0.258 58	0.287 24	0.321 04	0.344 27	55	0.141 61	0.161 86	0.179 81	0.201 07	0.215 74
22	0.221 15	0.252 83	0.280 37	0.313 94	0.336 66	60	0.135 73	0.155 11	0.172 31	0.192 67	0.206 73
23	0.216 45	0.247 46	0.274 90	0.307 23	0.329 54	65	0.130 52	0.149 13	0.165 67	0.185 25	0.198 77
24	0.212 05	0.242 42	0.269 31	0.301 04	0.322 86	70	0.125 86	0.148 81	0.159 75	0.178 33	0.191 67
25	0.207 90	0.237 68	0.264 04	0.295 16	0.316 57	75	0.124 67	0.139 01	0.154 42	0.172 68	0.185 23
26	0.203 99	0.233 20	0.269 07	0.289 62	0.310 64	80	0.117 87	0.134 67	0.149 60	0.167 28	0.179 49
27	0.200 30	0.228 98	0.254 38	0.284 38	0.305 02	85	0.114 42	0.130 72	0.145 20	0.162 36	0.174 21
28	0.196 30	0.224 97	0.249 33	0.279 42	0.299 71	90	0.111 25	0.127 09	0.141 17	0.157 80	0.169 33
29	0.193 18	0.221 17	0.245 71	0.274 71	0.294 66	95	0.108 33	0.123 75	0.137 46	0.153 71	0.164 93
30	0.190 52	0.217 56	0.241 70	0.270 23	0.289 87	100	0.105 63	0.120 67	0.134 03	0.149 87	0.160 81

附表 6　D_n 的极限分布函数数值表($\lambda_{1-\alpha}$)

$$K(\lambda)=\lim_{n\to\infty}P(D_n<\lambda/\sqrt{n})=\sum_{k=-\infty}^{\infty}(-1)^k e^{-2k^2\lambda^2}\quad(\lambda>0)$$

λ	0.00	0.01	0.02	0.03	0.04	0.05	0.06	0.07	0.08	0.09
0.2	0.000 000	0.000 000	0.000 000	0.000 000	0.000 000	0.000 000	0.000 000	0.000 000	0.000 000	0.000 000
0.3	0.000 000	0.000 021	0.000 046	0.000 091	0.000 171	0.000 303	0.000 511	0.000 826	0.001 285	0.001 929
0.4	0.002 808	0.003 972	0.005 476	0.007 377	0.009 730	0.012 590	0.016 005	0.020 022	0.024 682	0.030 017
0.5	0.036 056	0.042 814	0.050 306	0.058 534	0.067 497	0.077 182	0.087 577	0.098 656	0.110 396	0.122 760
0.6	0.136 718	0.149 229	0.163 225	0.117 153	0.192 677	0.207 987	0.223 637	0.239 532	0.255 780	0.272 189
0.7	0.288 765	0.305 471	0.322 265	0.339 113	0.355 981	0.372 833	0.389 640	0.406 372	0.423 002	0.439 505
0.8	0.455 857	0.472 041	0.488 030	0.503 808	0.519 366	0.534 682	0.549 744	0.564 546	0.579 070	0.593 316
0.9	0.607 270	0.620 928	0.634 286	0.617 338	0.660 082	0.672 516	0.684 630	0.696 444	0.707 940	0.719 126
1.0	0.730 000	0.740 566	0.750 826	0.769 780	0.779 434	0.779 794	0.788 860	0.797 636	0.806 128	0.814 342
1.1	0.822 282	0.829 950	0.837 356	0.844 502	0.851 394	0.858 0.8	0.854 442	0.870 612	0.876 548	0.882 258
1.2	0.887 750	0.893 030	0.898 104	0.902 972	0.907 648	0.912 132	0.916 432	0.920 556	0.924 505	0.928 288
1.3	0.931 908	0.935 370	0.938 682	0.941 848	0.944 872	0.947 756	0.950 512	0.953 142	0.955 650	0.958 040
1.4	0.960 318	0.962 486	0.964 552	0.966 516	0.968 382	0.970 158	0.971 846	0.973 448	0.974 970	0.976 412
1.5	0.977 782	0.979 080	0.980 310	0.981 476	0.982 578	0.983 622	0.984 610	0.985 544	0.986 426	0.987 260
1.6	0.988 043	0.988 791	0.989 492	0.990 154	0.990 777	0.991 364	0.991 917	0.992 438	0.992 928	0.993 389
1.7	0.993 828	0.994 230	0.994 612	0.994 972	0.995 309	0.995 625	0.995 922	0.996 200	0.996 460	0.996 704
1.8	0.996 932	0.997 146	0.997 346	0.997 533	0.997 707	0.997 870	0.998 023	0.998 145	0.998 297	0.998 421
1.9	0.998 586	0.998 644	0.998 744	0.998 837	0.998 924	0.999 004	0.999 079	0.999 149	0.999 213	0.999 273
2.0	0.999 329	0.999 380	0.999 428	0.999 474	0.999 516	0.999 552	0.999 588	0.999 620	0.999 650	0.999 680
2.1	0.999 705	0.999 728	0.999 750	0.999 770	0.999 790	0.999 806	0.999 822	0.999 838	0.999 852	0.999 864
2.2	0.999 874	0.999 886	0.999 896	0.999 904	0.999 912	0.999 920	0.999 926	0.999 934	0.999 940	0.999 944
2.3	0.999 949	0.999 954	0.999 958	0.999 962	0.999 965	0.999 968	0.999 970	0.999 973	0.999 976	0.999 978
2.4	0.999 980	0.999 982	0.999 984	0.999 986	0.999 987	0.999 988	0.999 988	0.999 990	0.999 991	0.999 992

附表 7 曼一惠特尼 U 检验的临界值

单侧检验在 0.025 或双侧检验在 0.05 处的 U 临界值

n_1 \ n_2	1	2	3	4	5	6	7	8	9	10	11	12	13	14	15	16	17	18	19	20
1																				
2								0	0	0	0	1	1	1	1	1	2	2	2	2
3					0	1	1	2	2	3	3	4	4	5	5	6	6	7	7	8
4				0	1	2	3	4	4	5	6	7	8	9	10	11	11	12	13	13
5			0	1	2	3	5	6	7	8	9	11	12	13	14	15	17	18	19	20
6			1	2	3	5	6	8	10	11	13	14	16	17	19	21	22	24	25	27
7			1	3	5	6	8	10	12	14	16	18	20	22	24	26	28	30	32	34
8		0	2	4	6	8	10	13	15	17	19	22	24	26	29	31	34	36	38	41
9		0	2	4	7	10	12	15	17	20	23	26	28	31	34	37	39	42	45	48
10		0	3	5	8	11	14	17	20	23	26	29	33	36	39	42	45	48	52	55
11		0	3	6	9	13	16	19	23	26	30	33	37	40	44	47	51	55	58	62
12		1	4	7	11	14	18	22	26	29	33	37	41	45	49	53	57	61	65	69
13		1	4	8	12	16	20	24	28	33	37	41	45	50	54	59	63	67	72	76
14		1	5	9	13	17	22	26	31	36	40	45	50	55	59	64	67	74	78	83
15		1	5	10	14	19	24	29	34	39	44	49	54	59	64	70	75	80	85	90
16		1	6	11	15	21	26	31	37	42	47	53	59	64	70	75	81	86	92	98
17		2	6	11	17	22	28	34	39	45	51	57	63	67	75	81	87	93	99	105
18		2	7	12	18	24	30	36	42	48	55	61	67	74	80	86	93	99	106	112
19		2	7	13	19	25	32	38	45	52	58	65	72	78	85	92	99	106	113	119
20		2	8	13	20	27	34	41	48	55	62	69	76	83	90	98	105	112	119	127

单侧检验在 0.05 或双侧检验在 0.10 处的 U 临界值

n_1 \ n_2	1	2	3	4	5	6	7	8	9	10	11	12	13	14	15	16	17	18	19	20
1																			0	0
2					0	0	0	1	1	1	1	2	2	2	3	3	3	4	4	4
3			0	0	1	2	2	3	3	4	5	5	6	7	7	8	9	9	10	11
4			0	1	2	3	4	5	6	7	8	9	10	11	12	14	15	16	17	18
5		0	1	2	4	5	6	7	8	11	12	13	15	16	18	19	20	22	23	25
6		0	2	3	5	7	8	10	12	14	16	17	19	21	23	25	26	28	30	32
7		0	2	4	6	8	11	13	15	17	19	21	24	26	28	30	33	35	37	39
8		1	3	5	8	10	13	15	18	20	23	26	28	31	33	36	39	41	44	47
9		1	3	6	9	12	15	18	21	24	27	30	33	36	39	42	45	48	51	54
10		1	4	7	11	14	17	20	24	27	31	34	37	41	44	48	51	55	58	62
11		1	5	8	12	16	19	23	27	31	34	38	42	46	50	54	57	61	65	69
12		2	5	9	13	17	21	26	30	34	38	42	47	51	55	60	64	68	72	77
13		2	6	10	15	19	24	28	33	37	42	47	51	56	61	65	70	75	80	84
14		2	7	11	16	21	26	31	36	41	46	51	56	61	66	71	77	82	87	92
15		3	7	12	18	23	28	33	39	44	50	55	61	66	72	77	83	88	94	100
16		3	8	14	19	25	30	36	42	48	54	60	65	71	77	83	89	95	101	107
17		3	9	15	20	26	33	39	45	51	57	64	70	77	83	89	96	102	109	115
18		4	9	16	22	28	35	41	48	55	61	68	75	82	88	95	102	109	116	123
19	0	4	10	17	23	30	37	44	51	58	65	72	80	87	94	101	109	116	123	130
20	0	4	11	18	25	32	39	47	54	62	69	77	84	92	100	107	115	123	130	138

附表 8　游程检验中的临界值

游程检验中的临界值 La

n_1 \ n_2	2	3	4	5	6	7	8	9	10	11	12	13	14	15	16	17	18	19	20
2											2	2	2	2	2	2	2	2	2
3					2	2	2	2	2	2	2	2	2	3	3	3	3	3	3
4				2	2	2	3	3	3	3	3	3	3	3	4	4	4	4	4
5			2	2	3	3	3	3	3	4	4	4	4	4	4	4	5	5	5
6		2	2	3	3	3	3	4	4	4	4	5	5	5	5	5	5	6	6
7		2	2	3	3	3	4	4	5	5	5	5	5	6	6	6	6	6	6
8		2	3	3	3	4	4	5	5	5	6	6	6	6	6	7	7	7	7
9		2	3	3	4	4	5	5	5	6	6	6	7	7	7	7	8	8	8
10		2	3	3	4	5	5	5	6	6	7	7	7	7	8	8	8	8	8
11		2	3	4	4	5	5	6	6	7	7	7	8	8	8	9	9	9	9
12	2	2	3	4	4	5	6	6	7	7	7	8	8	8	9	9	9	10	10
13	2	2	3	4	5	5	6	6	7	7	8	8	9	9	9	10	10	10	10
14	2	2	3	4	5	5	6	7	7	8	8	9	9	9	10	10	10	11	11
15	2	3	3	4	5	6	6	7	7	8	8	9	9	10	10	11	11	11	12
16	2	3	4	4	5	6	6	7	8	8	9	9	10	10	11	11	11	12	13
17	2	3	4	4	5	6	7	7	8	9	9	10	10	11	11	11	12	12	13
18	2	3	4	5	5	6	7	8	8	9	9	10	10	11	11	12	12	13	13
19	2	3	4	5	6	6	7	8	8	9	10	10	11	11	12	12	13	13	13
20	2	3	4	5	6	6	7	8	9	9	10	10	11	12	12	13	13	13	11

游程检验中的临界值 Lb

n_1 \ n_2	2	3	4	5	6	7	8	9	10	11	12	13	14	15	16	17	18	19	20
2																			
3																			
4				9	9														
5			9	10	10	11	11												
6			9	10	11	12	12	13	13	13	13								
7				11	12	13	13	14	14	14	14	15	15	15					
8				11	12	13	14	14	15	15	16	16	16	16	17	17	17	17	17
9					13	14	14	15	16	16	16	17	17	18	18	18	18	18	18
10					13	14	15	16	16	17	17	18	18	18	19	19	19	20	20
11					13	14	15	16	17	17	18	19	19	19	20	20	20	21	21
12					13	14	16	16	17	18	19	19	20	20	21	21	21	22	22
13						15	16	17	18	19	19	20	20	21	21	22	22	23	23
14						15	16	17	18	19	20	20	21	22	22	23	23	23	24
15						15	16	18	18	19	20	21	22	22	23	23	24	24	25
16							17	18	19	20	21	21	22	23	23	24	25	25	25
17							17	18	19	20	21	22	23	23	24	25	25	26	26
18							17	18	19	20	21	22	23	24	25	25	26	26	27
19							17	18	20	21	22	23	23	24	25	26	26	27	27
20							17	18	20	21	22	23	24	25	25	26	27	27	28